# 唐宋八大家 文鉴

【主　编】白春平
【副主编】杜　立　宋福聚
【编　委】张卫军　杨春爽
　　　　　李　颖　麻红忠
　　　　　梁晶晶　杜白羽
【绘　画】段　明　段婷婷
　　　　　张玉英

华夏出版社

# 前　言

明代散文家茅坤，一定想不到他编选的《唐宋八大家文钞》给中国文坛以至中国文化史稳稳地塑造了一个极为强势的概念，以至它行云流水般地畅行了数百年，且将一路畅行下去。

茅坤以唐代的韩愈、柳宗元发轫"八大家"，实在是慧眼独具，因为他们大力倡导的古文运动，随着有宋一代诸多文章泰斗的弘扬，此风直飚千余载，鼓荡起了中国古代散文的再度辉煌。

有必要粗略地回望一番，从史的角度看一看"八大家"的坐标。

远在殷商时代，即产生了散体的文章，甲骨文、铭文已有一些成文的片段，但基本上是佶屈聱牙的文字。上古散文在战国时期获得了飞跃，其背景是思想自由、开放的"百家争鸣"。清代大儒章学诚说："周衰道弊，六艺道息，而诸子争鸣。盖至战国而文章之变尽，至战国而著述之事专，至战国而后世之文体备。故论文于战国，而升降盛衰之故可知也。"尽管"尽"、"备"之说有过誉偏私之嫌，但章氏从文章体裁、风格变化多样等大势上着眼立言，足见战国文章确已十分壮观。"诸子"文章的事实，无可辩驳地展览了战国文章的发达。《左传》、《战国策》、《国语》最能代表这个时代的文风文气。

秦并六国后，焚书毁文，百家之学遭禁；楚汉既起，百家之学复兴；汉初，空气清新，文网亦疏，贾谊等人文章颇有战国遗风，司马迁的《史记》，更是集战国散文艺术之大成，巍巍皇皇，彪炳千秋。武帝"罢黜百家"，实施思想禁锢，学术不自由，《汉书》的文章不及《史记》即为明鉴，除了个人因素，外部环境的掣肘不可小觑。

汉末，王权解体，儒术独尊的局面有所松动，在"挟天子以令诸侯"的曹操的提倡下，有了"邺下之学"，而这一局面释放的自由，远弱于"百家争鸣"的时代，那愤世嫉俗、放言无忌的嵇康，只能是令人敬而远之的极少数。

魏晋之际，易代频繁，文人往往少谈时事，多谈风月，清淡之余，寄情山水，讲求声律、形式，骈丽文体应运而生，浮饰词藻，缺少风骨，远远背离了战国文风的刚健粗砺与血性贲张，只有鲍照、庾信等少数人能有悲慨苍凉、惊心动魄之作。

隋唐之际，六朝浮靡余习未变，直至中唐，韩愈、柳宗元横空出世！

古代中国的散文从战国末年至韩柳，其间经历了近千年的曲折，除了上述提及的那些风骨凛然之士，在太多的时段是沦为低迷，尤其是汉末至中唐的这五百多年，盛唐的奢华弘阔，实际上是助长了浮靡之气，由此，更可以看出韩柳力倡古文运动是多么的非同凡响、石破天惊！

经历了南北朝的纷乱，唐代初年政治开明，思想也比较自由。朝廷虽宗道教，却也允许三教并行，但这样的开放并没必然酿就风骨散文的复兴，六朝的骈丽文仍旧畅行其道。中唐祚衰，文人"多求理道"，当此时，韩愈主张复兴"古道"，排斥佛术，提倡儒学道统，兼采儒墨名法，力推孔孟之学，以丰厚的儒学深蕴抵制单纯讲求形式的骈文。他重视作家的道德修养与人格心灵，提倡向先秦两汉古文学习，力主继承先贤的文章传统，坚持"词必己出"、"陈言务去"，更是以自己丰富、鲜明的创作实绩，为自己的著文理论鸣锣开道。柳宗元与韩愈气味相投引为知己,且更为活跃。他以大量的创作印证了诸子散文的文化力度与时代、时政的关联,正是人格与心灵的坚实才会让文章生动鲜活,富于生命韵律。即将弱化、断裂的散文纽带,经由韩柳之手,重新接续延展起来,这就使韩柳成为了中国散文/文化史上耀眼的巨人。就连后世一些反对文言、提倡白话的先驱者,也不反对"复古"的韩柳,且真诚地称赞他们的古文运动是"文学上的一次革命"。

生机勃勃的古文运动与浮靡的六朝文风的搏杀,经由北宋欧阳修、苏轼等文坛宗师的推助,在有宋一朝基本上取得了完胜。欧阳修在政治上、学术上地位高,影响大,是北宋文坛诗文革新运动的领袖,他不仅以自己的创作承袭了韩柳的衣钵,更是以独具的慧眼,发掘并培养了王安石、曾巩、苏轼等人,这使得韩柳精神,在北宋得以更大规模的传承,并且终于使这种文化精神成为了文坛文风的正统,元明清三代的古文,基本上继承了唐宋文风,这当然是"唐宋八大家"的历史贡献。

金元之际,是文人的多难之世,散文作者少、好作品不多。明初,朱元璋大兴党狱、文字狱,提倡理学,规定八股取士,通过文化禁锢思想,尽管明代文坛有较多的文学流派,但不同于"百家争鸣"是思想活跃的产物,那恰是思想压迫的反射。清代仿模明朝,理学、八股、文字狱变本加厉,禁忌更多。乾嘉以后出现了以古文风行一代的"桐城派",但已是唐宋古文的残声和变种,它被后来的"五四运动"所抛弃则是历史的必然了。

作为历史现象的古文,自有它发生发展和衰亡的过程,它于我们今天的实际运用并无直接的关系,但作为一份宝贵的遗产,我们从中可以汲取无尽的滋养,这远比我们学习用古文写作更具意义。

研究、理解、传承先贤蕴含在古文中的那些精神、思想,更好地通过古文学习优秀的传统文化和先贤的气概、人格与心灵，这是我们应该并且能够做到的。

古文之海蔚为壮观，而无疑，"唐宋八大家"的散文可以成为我们解读华夏古文的范本（当然不是唯一的），只是，作为一个传统"品牌"、"老字号"自有它的道理，就像"诸子散文"、《古文观止》同是经典一样，那应该是殊途同归的。

"八大家"各自的文章风采，书内已有高度凝练的概述，更有诸多流光溢彩的文章为据。然而，毕竟由于语言流变，今人研读古文存在天然的障碍，故此，白话翻译自然成为了今人，尤其是大多数非专业人士学习、欣赏古文的必备锁钥。这样，本书就应运而生了。

书中所选篇目大多是"八大家"的代表作，是文理、文采俱佳的上乘珍品。"八大家"佳作丰盈，本书难免有遗珠之憾。欢迎读者对本书的编选提出宝贵的意见，以备本书修订时改进。

白春平<br>
2011 年 1 月 31 日

# 目 录

## 韩愈文集

| | |
|---|---|
| 原　道 | 2 |
| 原　毁 | 8 |
| 杂说四 | 12 |
| 师　说 | 13 |
| 进学解 | 15 |
| 讳　辩 | 19 |
| 争臣论 | 22 |
| 与于襄阳书 | 27 |
| 送孟东野序 | 29 |
| 送李愿归盘谷序 | 32 |
| 送董邵南序 | 35 |
| 送杨少尹序 | 36 |
| 送石处士序 | 38 |
| 送温处士赴河阳军序 | 40 |
| 祭十二郎文 | 43 |
| 柳子厚墓志铭 | 47 |
| 伯夷颂 | 51 |
| 《张中丞传》后序 | 53 |
| 毛颖传 | 59 |
| 蓝田县丞厅壁记 | 62 |

答李翊书 ······· 65

## 柳宗元文集

驳复仇议 ······· 70
桐叶封弟辨 ······· 73
箕子碑 ······· 75
捕蛇者说 ······· 77
种树郭橐驼传 ······· 79
梓人传 ······· 82
钴鉧潭西小丘记 ······· 87
小石城山记 ······· 89
封建论 ······· 90
段太尉逸事状 ······· 98
童区寄传 ······· 104
蝜蝂传 ······· 107
三戒 ······· 108
至小丘西小石潭记 ······· 112
石涧记 ······· 113
始得西山宴游记 ······· 114
牛赋 ······· 116
观八骏图说 ······· 117
吊乐毅文 ······· 119
与友人论为文书 ······· 120
答韦中立论师道书 ······· 123
序棋 ······· 128

## 欧阳修文集

朋党论 ······· 132
纵囚论 ······· 134

| 送杨寘序 | 137 |
| 五代史伶官传序 | 138 |
| 相州昼锦堂记 | 140 |
| 丰乐亭记 | 143 |
| 醉翁亭记 | 145 |
| 秋声赋 | 147 |
| 祭石曼卿文 | 150 |
| 岘山亭记 | 151 |
| 卖油翁 | 154 |
| 养鱼记 | 155 |
| 有美堂记 | 156 |
| 尹师鲁墓志铭 | 159 |
| 答吴充秀才书 | 163 |
| 为君难论上 | 166 |
| 为君难论下 | 170 |
| 苏氏文集序 | 173 |
| 六一居士传 | 176 |
| 贾谊不至公卿论 | 179 |
| 读李翱文 | 182 |

## 曾巩文集

| 赠黎安二生序 | 186 |
| 醒心亭记 | 188 |
| 墨池记 | 190 |
| 道山亭记 | 191 |
| 送李材叔知柳州序 | 194 |
| 书《魏郑公传》 | 197 |
| 唐论 | 200 |
| 序越州鉴湖图 | 204 |

送蔡元振序……………………………………… 213
与王介甫第一书………………………………… 215
学 舍 记………………………………………… 217
南 轩 记………………………………………… 220
夫人周氏墓志铭………………………………… 222
洪 渥 传………………………………………… 224

## 王安石文集

读《孟尝君传》………………………………… 228
同学一首别子固………………………………… 228
游褒禅山记……………………………………… 230
伤 仲 永………………………………………… 232
祭欧阳文忠公文………………………………… 234
答司马谏议书…………………………………… 236
上 人 书………………………………………… 238
谏 官 论………………………………………… 239
伯 夷 论………………………………………… 243
子 贡 论………………………………………… 245
老 子 论………………………………………… 248
荀 卿 论………………………………………… 250
复 仇 解………………………………………… 252
答曾子固书……………………………………… 255
君子斋记………………………………………… 256
太平州新学记…………………………………… 258
李通叔哀辞……………………………………… 260

## 苏洵文集

管 仲 论………………………………………… 264
辨 奸 论………………………………………… 267

| 心　术 | 270 |
| 名二子说 | 273 |
| 六　国　论 | 273 |
| 广　　士 | 276 |
| 上欧阳内翰第一书 | 281 |
| 老翁井铭 | 286 |
| 送石昌言使北引 | 288 |
| 谏　论（上） | 290 |
| 谏　论（下） | 294 |
| 项　　籍 | 297 |
| 高　　祖 | 301 |
| 御　　将 | 304 |
| 任　　相 | 309 |
| 利者义之和论 | 313 |
| 仲兄文甫说 | 316 |

## 苏轼文集

| 刑赏忠厚之至论 | 320 |
| 范　增　论 | 323 |
| 留　侯　论 | 325 |
| 贾　谊　论 | 328 |
| 晁　错　论 | 331 |
| 喜雨亭记 | 334 |
| 凌虚台记 | 336 |
| 超然台记 | 338 |
| 放鹤亭记 | 341 |
| 石钟山记 | 344 |
| 前赤壁赋 | 346 |
| 后赤壁赋 | 349 |

三槐堂铭……………………………………… 351
方山子传……………………………………… 354
在儋耳书……………………………………… 356
答黄鲁直书…………………………………… 357
与王定国书…………………………………… 359
亡妻王氏墓志铭……………………………… 359
刚　说………………………………………… 361
宝绘堂记……………………………………… 364
记承天寺夜游………………………………… 367
记游松风亭…………………………………… 367
游白水书付过………………………………… 368
秋　阳赋……………………………………… 369
滟滪堆赋……………………………………… 372
文与可画筼筜谷偃竹记……………………… 373
上荆公书……………………………………… 377
李靖李勣为唐腹心之病……………………… 378

## 苏辙文集

六　国论……………………………………… 382
上枢密韩太尉书……………………………… 384
黄州快哉亭记………………………………… 387
东　轩记……………………………………… 389
孟　德传……………………………………… 392
武昌九曲亭记………………………………… 394
为兄轼下狱上书……………………………… 396
三　国论……………………………………… 399
墨　竹赋……………………………………… 402
答黄庭坚书…………………………………… 405
卜居赋并引…………………………………… 407

| | |
|---|---|
| 秦　论 | 410 |
| 汉　论 | 412 |
| 晋　论 | 416 |
| 隋　论 | 419 |
| 唐　论 | 423 |
| 五代论 | 429 |
| 蜀　论 | 434 |
| 《书》论 | 437 |

# 韩愈文集

**韩　愈**（768—824）　唐代诗人、文学家。字退之，河南河阳（今河南孟县西）人。自谓郡望昌黎，世称韩昌黎。贞元八年（792）登进士第。贞元间曾任四门博士、监察御史，因事贬阳山令。宪宗元和间历任河南令、刑部侍郎等职。元和十四年（819），因上书谏迎佛骨，触怒宪宗，被贬为潮州刺史，又改任袁州刺史。翌年召为国子祭酒，历兵部侍郎、京兆尹。官终吏部侍郎，因称韩吏部。谥曰文，又称韩文公。反对骈俪文风，大力提倡古文，与柳宗元同为古文运动的倡导者和领袖。亦工诗，尤长于古风，往往以散文、辞赋笔法为之。气势雄浑、想象奇特，具有宏伟奇崛的独特风格，是韩、孟（郊）诗派的主要代表人物。有《昌黎先生集》传世。《全唐诗》存其诗四百余首，编为十卷。《旧唐书》卷160、《新唐书》卷176有传。

# 原　道

　　博爱叫做"仁"，恰当地去实行"仁"就是"义"，沿着"仁"、"义"之途前进，便为"道"，使自己具备完美的修养，而不去凭借外界的力量就是"德"。"仁"与"义"，是有着确切含义的"定名"，"道"与"德"，是可做不同解释的"虚位"；因此，"道"便可分为"君子之道"与"小人之道"，而"德"也有所谓"吉德"和"凶德"。老子轻视"仁"、"义"，并非有意诋毁"仁"、"义"，而是由于他自己见识短浅的缘故。这就好像坐井观天，而说天很小一样，其实并不是天小啊！他认为待人和顺就是"仁"，小恩小惠就是"义"，基于这种理解，他轻视"仁义"是必然的。他所说的"道"，阐明了他自己信奉遵循的原理，并不是我这里所讲的"道"啊；他所说的"德"，推崇他自己认为是高尚的德行，也不是我这里所讲的"德"啊。凡是我阐述的"道"、"德"，都是与"仁"、"义"一致的理论，是为天下所公认的大道理；老子所说的"道"、"德"，是离开了"仁"、"义"而讲的，是他一个人的偏见。

　　周朝的礼制衰败，孔子离开人世，儒家的经籍被秦始皇焚毁，道家的学说盛行于汉代，佛教又在晋、北魏、南朝及隋代流传开来。这期间那些讲"道"、"德"、"仁"、"义"的学者，不是流于杨朱的"为我"之说，就是归附墨翟的"兼爱"之论；不是采纳道家的宗旨，就是尊奉佛教的经义。信奉杨、墨、佛、老，必然背离儒家之道。信奉的邪说成了主宰，离弃的正道则变为奴仆；信奉邪说必然要遵循它，而离弃正道则必然对它加以诋毁。唉！后代的学者要想了解"仁义道德"的学说，跟谁去学习呢？道家的信徒们说："孔子，是我们祖师老聃的学生。"佛教的信徒们说："孔子，是我们的祖师释迦牟尼的弟子。"而研究孔子学说的儒生们，听惯了他们的宣传，乐于接受他们的荒诞无据的谣言而自轻自贱，也说什么我们的祖师曾经以老、佛为师之类的话，不仅口中这样说，而且还写在书里。唉！后代的学者要想了解"仁"、"义"、"道"、"德"的原理，能够向谁学习而加以探求呢？人们喜爱奇谈怪论的风气是何等严重啊！既不研究它的本原，也不探讨它的演变，就是愿意听怪诞的言辞。

古时候人民是分为士、农、工、商四类，现在又加上僧、道成了六类；古时候担负教化任务的"士"只居其一，而现今的"教育者"却占了三类。务农的有一家，而吃粮的就有六家；工匠一家，而使用器皿的就有六家。经商的一家，而花钱的就有六家；人民又怎么能够不贫困破产而沦为盗贼呢？

古时候，人民的祸患是非常多的。圣人出现了，教给他们互相依附、共同生存繁育的本领。做他们的君主，做他们的导师，带领他们驱逐毒虫、长蛇、怪禽、猛兽，而使他们定居于中原。冷了教他们做衣服，饿了教他们种庄稼。看到他们住在树上常常跌伤，睡在野地容易生病，便指导他们盖起房屋。教他们做工，以使他们的器皿充足；教他们经商，使他们的财物能互通有无；教他们看病吃药，帮助他们不至于年轻而死亡；教他们葬埋死者、祭祀先人，使他们之间增长恩爱之情；给他们制定礼仪，使他们懂得贵贱老幼的次序；为他们创造音乐，来抒发他们郁积在心中的感情；对他们实行政治教化，加以督促引导，不使他们懒惰松懈；为他们确定刑法，以铲除他们之中的凶横顽固之徒。发生了欺骗行为，就用符契、印章、斗斛、权衡等物来使他们诚信；出现争夺现象，就设置城郭、军队来保护他们的生命财产；祸害来了使他们早做好准备，灾患发生带领他们进行预防。而现今道家却说："圣人不死，盗贼便不会停止抢掠；劈了斗，折了秤，老百姓就不会互相争夺了。"唉！这不过是不动脑子罢了！假如古代没有圣人，人类早就灭亡已久了。为什么呢？因为人类没有羽毛、鳞片、甲壳来抵御寒冷和炎热，没有尖爪利牙来猎取食物啊。故此，君主是发布命令的；臣僚是将君主的命令传达贯彻到人民中去的；而民众，则是生产粮食、麻布、丝绸，制造器皿，流通财物，以此来为自己的君主长官服务的。君主如果不发布命令，就丧失了作为君主的资格；臣僚如果不将君主的命令传达贯彻到人民中，就怠忽了作为臣僚的职责；民众如果不生产粮食、麻布、丝绸，制造器皿，流通财货，来侍奉自己的君主长官，就要予以惩治。而现今佛教的法则却说："必须抛弃你们的君臣之分，除去你们的父子之情，禁绝互相依附、共同生存和发展的规则。"以便追求所谓的清净闲淡、孤寂无欲的境界。唉！这些佛、道的信徒有幸生在夏、商、周三代之后，而不会遭到禹、汤、文王、武王、周公、孔子这些先圣的斥责贬黜；然而，他们没有生在三代之前也正是他们的不幸，使他们不能得到禹、汤、文王、武王、周公、孔子的教导和指正。

尧、舜称帝，三代称王，名称虽然不一样，但是在圣明这一点上却是一致的。夏天穿葛布，冬天穿皮裘，渴了要饮水，饿了就吃饭，行为方式虽然有别，但都是人类智慧的表现。现今他们却说："为什么不效法上古时期的清静无为？"这就像责备冬天穿皮裘的人说："葛布衣服多么轻便，你为什么不穿呢？"责备饿了吃饭的人说："饮水多么简易，你为什么不去喝水呢？"《礼记·大学》篇说："古代想要在天下发扬昌明那贤明的德行教化的人，一定要先治理好自己的封国；要想治理自己的封国，一定要先整顿好自己的家族；想整顿自己的家族，必须加强自身的修养；想加强自身的修养，则须先端正自己的思想；想端正自己的思想，就必定先确立诚挚而坚定的意念。"这就说明古代所说的端正思想、确定诚意，是要对国家、天下有所作为啊！而现在那种想陶冶心灵的人却置天下、国家于不顾,毁弃了伦理纲常,作为儿子而不孝敬父亲,作为臣僚而不忠于君主,作为庶民而不致力于自己的本业。孔子写《春秋》,凡国君采用异族的礼仪风俗的就把他们当做异族来记载,效法中国的礼仪风俗的就将他们看做中国的王侯。《论语·八佾》篇说:"异族虽有君主,也不如中国没有君主。"《诗经·閟宫》中说:"北方的戎狄要抵御,南方的荆舒要打击。"而现在却把异族的佛法,置于古代圣王的教导之上,这和让大家都做夷狄又有多少差别呢?

而所谓先王的教导是指什么呢?所说的博爱叫做"仁",恰当地去实行"仁"叫做"义",沿着"仁义"之途前进便是"道",使自己具备完美的修养,而不去依凭外界的力量就是"德"。先王的著作是《诗》、《书》、《易》、《春秋》,他们的方法是制礼、作乐、定刑、施政,他们治理的百姓分士、农、工、商;他们确立的地位次序是君臣、父子、师友、宾主、兄弟和夫妇,他们让人们穿的服装是麻布、丝绸,他们教人们建造的住处是宫室、房舍,他们给人们吃的食物是粮食、果实、菜蔬和鱼肉,他们传布的道理容易明白,他们实施的教化便于通行。因此,自己尊奉先王之教,境遇便会顺利而吉祥;用以对待他人,就会博爱而无私;用以陶冶心灵,思想便会平和而端正;用以治理天下,便没有一项措置而不得当。故而活着情满意足,死时得到善终;祭祀天神而天神降临,祭奠祖庙而先人的魂灵也会乐于享用供品。若问:"这种'道',是什么'道'呢?"答曰:"这就是我所说的'道',并非前面说的黄老和佛教所宣扬的'道'啊!"尧将这种"道"传给了舜,舜以此传给禹,禹以此传给汤,汤以此传给文王、武王和周公,文王、武王和周公又传给了孔子,孔子传给孟轲,孟轲死后,就没再得到流传了。荀况和扬雄,有所择取然而并不精当,有所论述然而并不周详。自周公以前,禹、汤、文、武身居上位而为君主,所以他们的政绩为人颂扬;自周公以后,孔子、孟轲处于下位而为臣民，所以他们主要以言论来传播先王之道了。

既然如此，怎么去做才合适呢？答曰：不堵截佛道之说，儒家的主张便不能流布；不制止佛道之说，先王之教便不能施行。让他们的信徒还俗为民，将他们的经籍著述全部焚毁，把他们的庵观寺院改为平民的住宅。昌明发扬先王之道作为治理天下的准则，使鳏寡孤独残疾以及长年患病的人得到赡养。这样做大概也就可以了！

**原文**

博爱之谓仁，行而宜之之谓义，由是而之焉之谓道，足乎己无待于外之谓德。仁与义，为定名，道与德，为虚位。故道有君子小人，而德有凶有吉。老子之小仁义，非毁之也，其见者小也。坐井而观天，曰天小者，非天小也。彼以煦煦为仁，孑孑为义，其小之也则宜。其所谓道，道其所道，非吾所谓道也；其所谓德，德其所德，非吾所谓德也。凡吾所谓道德云者，合仁与义言之也，天下之公言也；老子之所谓道德云者，去仁与义言之也，一人之私言也。

周道衰，孔子没，火于秦，黄老于汉，佛于晋魏梁隋之间，其言道德仁义者，不入于杨，则入于墨；不入于老，则入于佛。入于彼，必出于此。入者主之，出者奴之；入者附之，出者污之。噫！后之人其欲闻仁义道德之说，孰从而听之？老者曰："孔子，吾师之弟子也。"佛者曰："孔子，吾师之弟子也。"为孔子者，习闻其说，乐其诞而自小也，亦曰："吾师亦尝师之云尔。"不惟举之于其口，而又笔之于其书。噫！后之人虽欲闻仁义道德之说，其孰从而求之？甚矣，人之好怪也！不求其端，不讯其末，唯怪之欲闻。

古之为民者四，今之为民者六；古之教者处其一，今之教者处其三。农之家一，而食粟之家六；工之家一，而用器之家六；贾之家一，而资焉之家六。奈之何民不穷且盗也！

古之时，人之害多矣。有圣人者立，然后教之以相生相养之道，为之君，为之师，驱其虫蛇禽兽而处之中土。寒，然后为之衣，饥，然后为之食。木处而颠，土处而病也，然后为之宫室。为之工，以赡其器用；为之贾，以通其有无；为之医药，以济其夭死；为之葬埋祭祀，以长其恩爱；为之礼，以次其先后；为之乐，以宣其湮郁；为之政，以率其倦怠；为之刑，以锄其强梗。相欺也，为之符玺、斗斛、权衡以信之；相夺也，为之城郭，甲兵以守之。害至而为之备，患生而为之防。今其言曰："圣人不死，大盗不止；剖斗折衡，而民不争。"呜呼！其亦不思而已矣！如古之无圣人，人之类灭久矣。何也？无羽毛鳞介以居寒热也，无爪牙以争食也。是故君者，出令者也；臣者，行君之令而致之民者也；民者，出粟米麻丝，作器皿，通货财，以事其上者也。君不出令，则失其所以为君；臣不行君之令而致之民，则失其所以为臣；民不出粟米麻丝，作器皿，通货财，以事其上，则诛。今其法曰："必弃而君臣，去而父子，禁而相生相养之道。"以求其所谓清净寂灭者。呜呼？其亦幸而出于三代之后，不见黜于禹、汤、文、武、周公、孔子也；其亦不幸而不出于三代之前，不见正于禹、汤、文、武、周公、孔子也。

帝之与王，其号虽殊，其所以为圣一也。夏葛而冬裘，渴饮而饥食，其事虽殊，其所以为智一也。今其言曰："曷不为太古之无事？"是亦责冬之裘者曰："曷不为葛之之易也？"责饥之食者曰："曷不为饮之之易也？"传曰："古之欲明明德于天下者，先治其国；欲治其国者，先齐其家；欲齐其家者，先修其身；欲修其身者，先正其心；欲正其心者，先诚其意。"然则古之所谓正心而诚意者，将以有为也。今也欲治其心，而外天下国家者，灭其天常，子焉而不父其父，臣焉而不君其君，民焉而不事其事。孔子之作《春秋》也，诸侯用夷礼，则夷之，进于中国则中国之。经曰："夷狄之有君，不如诸夏之亡。"《诗》曰:"戎狄是膺,荆舒是惩。"今也,举夷狄之法,而加之先王之教之上,几何其不胥而为夷也?

夫所谓先王之教者,何也?博爱之谓仁,行而宜之之谓义,由是而之焉之谓道,足乎己,无待于外之谓德。其文《诗》、《书》、《易》、《春秋》,其法礼、乐、刑、政,其民士、农、工、贾,其位君臣、父子、师友、宾主、昆弟、夫妇,其服麻丝,其居宫室,其食粟米、果蔬、鱼肉,其为道易明,而其为教易行也。是故以之为己,则顺而祥;以之为人,则爱而公;以之为心,则和而平;以之为天下国家,无所处而不当。是故生则得其情,死则尽其常;郊焉而天神假,庙焉而人鬼飨。曰:"斯道也,何道也?"曰:斯吾所谓道也,非向所谓老与佛之道也。尧以是传之舜,舜以是传之禹,禹以是传之汤,汤以是传之文武周公,文武周公传之孔子,孔子传之孟轲,轲之死,不得其传焉。荀与杨也,择焉而不精,语焉而不详。由周公而上,上而为君,故其事行;由周公而下,下而为臣,故其说长。

然则如之何而可也?曰:不塞不流,不止不行。人其人,火其书,庐其居,明先王之道以道之。鳏寡孤独废疾者有养也,其亦庶乎其可也!

# 原　　毁

　　古时候有德行的人,他们对自己的要求是严格而全面的,他们对别人的要求是宽容而简易的。严格而全面,所以自己就不会懈怠;宽容而简易,因此人们也就乐于做好事,求上进。听说古人中有一位叫舜的,他这个人,是一位仁义的人,便探求舜之所以成为舜的道理,勉励自己说:"他,是个人;我,也是个人。他能这样,我就不能这样?"日夜加以揣摩,克服自己那些不如舜的缺点，发扬那些与舜相同的长处。听到古人中有一位叫周公的，他这个人，是一位多才多艺的人，便探求周公之所以成为周公的原因，勉励自己说："他，是个人；我，也是个人。他能这样，我就不能这样？"日夜加以揣摩，克服自己那些不如周公的缺点，发扬那些和周公相同的长处。

舜是一位大圣人，后代没有能赶上他的；周公是一位大圣人，后代没有能赶上他的。而这个人就说："比不上舜，比不上周公，这正是我的弊病啊！"这不正是要求自己严格而全面吗？而对别人，却说："那个人，能有这样的品德，这就足以称得上贤良的人了；能擅长这样的技艺，这就足以称得上有才能的人了。"取其一个方面的长处，而不苛求其他方面的短处；赞扬别人现在的优点和成绩，而不去追究别人过去的缺点和失误，诚惶诚恐地担心别人不能得到做好事理应得到的赞扬和利益。一种好品德是容易养成的，一种技艺是容易娴熟的。古代君子对于他人，则说："能有这样的品德，这也就够了。"又说："能有这样的本领，也就够了。"这不正是对他人的要求宽容而简易吗！

现今那些有地位的人却截然不同了。他们对待别人是求全责备的，对自己的要求却很低。求全责备，故而使人们感到做好事、求上进很难；对自己要求很低，故而自己得益就少。自己没有什么长处，却说："我在这方面很好，也就足够了。"自己没有什么技能，却说："我有这种本领，也就足够了。"对外以此来欺骗别人，对内以此来蒙蔽自己，还没有取得一点收获便止步不前了，这不正是对自己的要求太低了吗！而对别人，却说："他虽然能做到这一点，但其为人是不足挂齿的；他虽然擅长这种技艺，但用处却是不值得称道的。"举出人家的一项缺点，而不去考虑人家的十种长处；一味追究人家的过去，而不考虑人家现在的进步；惶惶然唯恐他人获得好的声望。这不正是对别人苛求得太周全了吗？这就叫做不以一般人的标准来要求自己，而以圣人的标准来期待别人，我看不出他对自己的尊重啊！

虽然如此，这样做的人是有其原因的，原因就是懒惰和嫉妒啊。由于懒惰，使自己不能刻苦地进行品德修养，而嫉妒又使他害怕别人得到很好的修养。我曾经做过试验，试着对人们说："某人是位贤明之士，某人是位贤明之士。"那些赞同附和的一定是这个人的好朋友；要不然，就是和他关系非常疏远没有共同利害的人；再不然，就是畏惧他的人。如果不是这样，那么有势力的人就会愤怒地用言辞加以反驳，软弱的人也会表现出生气的样子。我又曾经试着对大家说："某人不是位贤明之士，某人不是位贤明之士。"那些不赞同附和的，一定是这个人的好朋友；要不然，就是和他关系非常疏远没有共同利害的人；再不然，就是畏惧他的人。如果不是这样，有势力的人便会用言辞说出自己的喜悦，软弱的人也会流露出高兴的神情。正是因为这样，事业有了成绩，诽谤便兴起了；道德高尚了，诋毁也就随之而来了。唉，士人处在这种环境中，而要期望自己有个好的名誉，自己的道德能够施行，太难了！

身在高位而将要有所作为的人，听到我的议论而能够予以思考和采纳，国家大概也就可以得到治理了吧！

**原文**

古之君子，其责己也重以周，其待人也轻以约。重以周，故不怠；轻以约，故人乐为善。闻古之人有舜者，其为人也，仁义人也；求其所以为舜者，责于己曰："彼，人也；予，人也。彼能是，而我乃不能是！"早夜以思，去其不如舜者，就其如舜者。闻古之人有周公者，其为人也，多才与艺人也。求其所以为周公者，责于己曰："彼，人也；予，人也。彼能是，而我乃不能是！"早夜以思，去其不如周公者，就其如周公者。

舜，大圣人也，后世无及焉；周公，大圣人也，后世无及焉。是人也，乃曰："不如舜，不如周公，吾之病也！"是不亦责于身者重以周乎！其于人也，曰："彼人也，能有是，是足为良人矣；能善是，是足为艺人矣。"取其一，不责其二；即其新，不究其旧；恐恐然惟惧其人之不得为善之利。一善易修也，一艺易能也；其于人也，乃曰："能有是，是亦足矣。"曰："能善是，是亦足矣。"不亦待于人者轻以约乎！

今之君子则不然，其责人也详，其待己也廉。详，故人难于为善；廉，故自取也少。己未有善，曰："我善是，是亦足矣。"己未有能，曰："我能是，是亦足矣。"外以欺于人，内以欺于心，未少有得而止矣，是不亦待于身者已廉乎！其于人也，曰："彼虽能是，其人不足称也；彼虽善是，其用不足称也。"举其一，不计其十；究其旧，不图其新；恐恐然惟惧其人之有闻也。是不亦责于人者已详乎！夫是之谓不以众人待其身，而以圣人望于人，吾未见其尊己也！

虽然，为是者有本有原，怠与忌之谓也。怠者不能修，而忌者畏人修。吾尝试之也。尝试语于众曰："某良士，某良士。"其应者，必其人之与也；不然，则其所疏远不与同其利者也；不然，则其畏也。不若是，强者必怒于言，懦者必怒于色矣。又尝语于众曰："某非良士，某非良士。"其不应者，必其人之与也；不然，则其所疏远不与同其利者也；不然，则其畏也。不若是，强者必说于言，懦者必说于色矣。是故事修而谤兴，德高而毁来。呜呼！士之处此世，而望名誉之光，道德之行，难已！

将有作于上者，得吾说而存之，其国家可几而理欤？

# 杂说 四

世上有了伯乐，然后才会有千里马。能日行千里的马是常有的，然而伯乐却不是常有的。因此，即使有了名马，也只能辱没于养马的奴仆之手，最后是接连不断地死在马厩之中，永远不能以日行千里而著名。

那些马中能日行千里的，吃一顿往往要吃完一石粟；可是饲养的人，却不知道这马能日行千里而要吃那么多。这样的马，虽有日行千里的本领，但是吃不饱，力气不足，能力特长也就表现不出来，即使想求得与平常的马相等的地位都不可得，哪里还能要求它日行千里呢？

那些饲养马的人，驾驭马时不能按照规律，喂养马又不尽其能力给足饲料，对马的哀鸣，又一点也不懂它的意思。他们还手执马鞭，居高临下地说什么"天下没有好马"。唉！是真的没有好马吗？是确实不识好马呀！

**原文**

世有伯乐，然后有千里马；千里马常有，而伯乐不常有。故虽有名马，辱于奴隶人之手，骈死于槽枥之间，不以千里称也。

马之千里者，一食或尽粟一石；食马者不知其能千里而食也。是马也，虽有千里之能，食不饱，力不足，才美不外见，且欲与常马等不可得，安求其能千里也？

策之不以其道，食之不能尽其材，鸣之而不能通其意，执策而临之曰："天下无马。"呜呼！其真无马邪？其真不知马也！

# 师　说

古代求学的人一定有老师。老师，就是传授道理、讲授学业、解答困惑的人。人不是一生下来就什么都懂得的，谁能够没有困惑呢？有困惑而不从师学习，那么困惑就始终不能解除。出生在我前面的，他懂得道理自然比我早，我跟从他学习；出生在我后面的，他懂得道理如果比我早，我也跟从他学习。我是学习道理，哪里管他出生在我之前还是我之后呢？因此，无论高贵还是低贱，无论年长还是年少，道理在哪里，老师就在哪里。

唉！从师求学的风尚，未能流传已经很久了，想要人们没有困惑就难了。古代的圣人，他们超出一般人很远了，尚且要向老师请教；现在的普通人，他们低于圣人也很远了，却耻于向老师学习。因此，圣人更加圣明，愚人更加愚昧。圣人之所以成为圣人，愚人之所以成为愚人，大概都是由于这个缘故吧？

人们爱自己的孩子，就选择老师来教他，而对于自己，却把向老师学习看做耻辱，真是太糊涂了！那孩子的老师，只是教孩子读书断句的人，还不是我所说的那种传授道理、解除困惑的人。不懂得断句，还向老师学习，心里有疑惑不能解开，却不向老师学习，小事学习而大事遗弃，我看不出这种人的明智。

巫医、乐师和各种工匠,不把互相学习看做耻辱;士大夫这类人,说到"老师"、"弟子"这些话的时候,就许多人凑在一起嘲笑。问他们为什么嘲笑,就说:"某人和某人年纪接近,学问也差不多,称地位低的人为老师实在羞人,称官职高的人为老师则近于谄谀。"唉!从师求学的风尚不能得到恢复,由此可知了!巫医、乐师和各种工匠,是君子所不屑提起的,而如今君子的见识反而不如他们,这可真是怪事啊!

圣人没有固定的老师。孔子曾经向郯子、苌弘、师襄、老聃请教。郯子这些人,他们的贤能比不上孔子。孔子说:"三人在一起相处,其中一定有可以做我的老师的人。"因此,弟子不一定不如老师,老师不一定比弟子高明。懂得道理有先有后,学术、技能各有专门研究,如此罢了。

李家有个孩子名叫蟠的,十七岁,爱好古文,六部经书的经文和传文都广泛地学习,不受时俗风气的束缚,向我求学。我赞许他能实行古人的从师求学之道,所以写了这篇《师说》赠给他。

**原文**

古之学者必有师。师者,所以传道、授业、解惑也。人非生而知之者，孰能无惑？惑而不从师，其为惑也，终不解矣。生乎吾前，其闻道也固先乎吾，吾从而师之；生乎吾后，其闻道也亦先乎吾，吾从而师之。吾师道也，夫庸知其年之先后生于吾乎？是故无贵无贱，无长无少，道之所存，师之所存也。

嗟乎！师道之不传也久矣，欲人之无惑也难矣。古之圣人，其出人也远矣，犹且从师而问焉；今之众人，其下圣人也亦远矣，而耻学于师。是故圣益圣，愚益愚；圣人之所以为圣，愚人之所以为愚，其皆出于此乎？

爱其子，择师而教之；于其身也，则耻师焉，惑矣！彼童子之师，授之书，而习其句读者也，非吾所谓传其道、解其惑者也。句读之不知，惑之不解，或师焉，或不焉，小学而大遗，吾未见其明也。

巫医、乐师、百工之人，不耻相师；士大夫之族，曰师曰弟子云者，则群聚而笑之。问之，则曰：彼与彼年相若也，道相似也，位卑则足羞，官盛则近谀。呜呼！师道之不复可知矣。巫医、乐师、百工之人，君子不齿，今其智乃反不能及，其可怪也欤！

圣人无常师，孔子师郯子、苌弘、师襄、老聃。郯子之徒，其贤不及孔子。孔子曰："三人行，则必有我师。"是故弟子不必不如师，师不必贤于弟子；闻道有先后，术业有专攻，如是而已。

李氏子蟠，年十七，好古文，六艺经传，皆通习之；不拘于时，学于余。余嘉其能行古道，作《师说》以贻之。

# 进 学 解

国子监的先生清晨来到太学里，把学生召集到教室前，教导他们说："学业的精深是依靠勤奋，学业的荒废则由于嬉游；德行的养成是靠思考，德行的败坏则由于因循。现今圣君贤臣相会，法律政令健全完备，除掉了凶险邪恶之人，提拔起才智贤良之辈。具有一点优秀品行的人都被录取，以一种技艺著称的人无不委任。搜罗鉴别人才，消除蒙在他们身上的污垢，使他们的德才发出夺目光辉。大约有无才无德的而侥幸获选，但绝没有博学多能的而不被举荐。诸位学子只需担心自己的学业不能精通，不必顾虑主管长官选材不明；只需担心自己的德行不能养成，不必顾虑主管长官用心不公。"

话没说完，队列中的一个学生冷笑说："先生骗我们啊！学生我侍奉先生，到如今已经很多年了。先生口中从不停止吟诵'六经'的文章，手头从不停止翻检'百家'的著述；阅读记事的作品必定列出提纲要领，研究立论的撰著必定探索深奥宗旨；贪恋广博的知识，力争更大的收获，大处小处都不放过；点起灯烛而夜以继日，经常劳苦而终年不休。先生治学，可真称得上勤奋啊！抨击异端邪说，驳斥佛老之道；补正儒学的缺漏，阐发精深的奥秘；探寻那漫无头绪的失传的正道，独自去广征博求，远承那先哲的遗教；拦堵众多的河川使它东流大海，挽回那泛滥的狂涛使它复归故道。先生对于发扬儒家的道统，可真算得上辛劳！沉湎陶醉在典籍浓郁的情味之中，咀嚼体会那名著精湛的内容和文采。创作文章，书稿摆满了屋子。向上取法《虞书》、《夏书》的深奥无极，《周诰》、《盘庚》的简古艰涩，《春秋》的谨严精当，《左传》的夸饰铺排，《易经》的富有变化而具定则，《诗经》的内容端正和辞藻华美；下面直到《庄子》、《离骚》，太史公的撰著，还有那异曲同工的司马相如和扬雄的辞赋。先生的文章，可以称得上有深博的内容和奔放雄奇的笔触。年幼刚懂得读书，便勇于大胆实践；成年之后深明大义，一切行动都合情合理。先生的为人，可以说具备了高尚的品质。然而仗义为公不能得到人们的信任，个人的事情也没有朋友相帮。进退两难，一动就惹来祸害。才当了几天监察御史,便获罪贬谪到荒远的阳山。做了三年的国子博士,闲散的职务难以发挥治国的才干。命运啊似乎和仇敌早已商定,使您不时遭到挫败摧残。冬天虽然温暖,儿女衣单却不住地喊冷;年成尽管丰收,老妻腹饥常常泪眼难干。只落得头秃齿落,就是到死也难有什么补益改善。您不知考虑个人的遭际,反而教导别人也这样去干。"

先生说:"哦!请你站到前面。粗大的木料用来做梁,细小的木料便做成椽,还有那托梁的斗拱,梁上的短柱,门旁的竖木,门栓门枢,各自得到适当的用处,用以构造整个房屋,这便是土木工匠高明的技术。贵重的地榆朱砂,天麻青芝,粗贱的车前草、马屁菌,还有那破败的鼓皮,全都收存,一并蓄积,以备使用,无有缺漏,这便是医师精良的医理。提拔人才能明辨贤愚,选择良士能居心公正,有巧有拙量材使用;沉稳而有涵养的是佳士,刚直而不阿附的是俊才;比较他们的长处和短处,各种人才都作出合理安排,这就是宰相用人的原则。古时候孟轲能言善辩,孔子的学说由他而得到阐明,车辙遍布天下的道路,周游列国,一生消耗在奔波之中;荀况坚守儒学的正道,孔子的博大思想在他这里得到发扬,逃避谗言跑到楚国,免掉了职务啊老死在兰陵。这两位儒者,他们的言论成为经典,他们的行为便是法则,远远超出了一般人士,优异杰出,达到了圣贤的境界,然而他们在世上的遭遇又是怎么样呢?

"现今先生我学习虽然勤奋,但并不能完全遵循儒学的正统;言论著述虽然很多,但却没有要领;文章虽然奇诡绚丽,却不实用;德行虽然有一定修养,却不曾超凡出众。尚且月月领取朝廷的俸钱,年年耗费官仓的粟米;儿子不会耕种,妻子不用纺织;胯下骑骏马,身后有随从,安坐于家中,不劳而得食;走的是寻常道路,因循拘谨,剽窃前人著作,毫无创新。然而圣明的君主不加惩罚,贤能的宰相不予斥逐,这难道不是很幸运吗？一有行动便受到诽谤，名声也就要受影响；安置到闲散的职务上，这是情理应当。至于计较利禄财物的有无，较量官阶品级的高低，忘掉自己的能力可以胜任什么职务，一味去指摘身居上位的大臣的缺点，这就如同责备工匠不用短小的木橛去做房柱，责备医师本想拿菖蒲使人延年益寿，却打算推荐给他利尿的豨苓啊！"

**原文**

国子先生晨入太学，招诸生立馆下，诲之曰："业精于勤，荒于嬉；行成于思，毁于随。方今圣贤相逢，治具毕张，拔去凶邪，登崇俊良。占小善者率以录，名一艺者无不庸。爬罗剔抉，刮垢磨光。盖有幸而获选，孰云多而不扬？诸生业患不能精，无患有司之不明；行患不能成，无患有司之不公。"

言未既，有笑于列者曰："先生欺余哉！弟子事先生，于兹有年矣。先生口不绝吟于六艺之文，手不停披于百家之编；记事者必提其要，纂言者必钩其玄；贪多务得，细大不捐；焚膏油以继晷，恒兀兀以穷年；先生之业，可谓勤矣。抵排异端，攘斥佛老，补苴罅漏，张皇幽眇；寻坠绪之茫茫，独旁搜而远绍；障百川而东之，回狂澜于既倒；先生之于儒，可谓劳矣。沉浸浓郁，含英咀华，作为文章，其书满家；上规姚姒，浑浑无涯；周诰殷盘，佶屈聱牙；《春秋》谨严，左氏浮夸；《易》奇而法，《诗》正而葩；下逮庄骚，太史所录；子云相如，同工异曲；先生之于文，可谓闳其中而肆其外矣。少始知学，勇于敢为；长通于方，左右具宜；先生之于为人，可谓成矣。然而公不见信于人，私不见助于友，跋前踬后，动辄得咎。暂为御史，遂窜南夷；三年博士，冗不见治。命与仇谋，取败几时。冬暖而儿号寒，年丰而妻啼饥。头童齿豁，竟死何裨。不知虑此，反教人为？"

先生曰："吁！子来前，夫大木为杗，细木为桷，欂栌侏儒，椳闑扂楔，各得其宜，施以成室者，匠氏之工也。玉札丹砂，赤箭青芝，牛溲马勃，败鼓之皮，俱收并蓄，待用无遗者，医师之良也。登明选公，杂进巧拙，纡余为妍，卓荦为杰，校短量长，惟器是适者，宰相之方也。昔者孟轲好辩，孔道以明，辙环天下，卒老于行；荀卿守正，大论是弘，逃逸于楚，废死兰陵。是二儒者，吐辞为经，举足为法，绝类离伦，优入圣域，其遇于世何如也？

"今先生学虽勤而不由其统，言虽多而不要其中，文虽奇而不济于用，行虽修而不显于众。犹且月费俸钱，岁靡廪粟，子不知耕，妇不知织，乘马从徒，安坐而食。踵常途之役役，窥陈编以盗窃，然而圣主不加诛，宰臣不见斥，非其幸欤！动而得谤，名亦随之；投闲置散，乃分之宜。若夫商财贿之有亡，计班资之崇庳，忘己量之所称，指前人之瑕疵，是所谓诘匠氏之不以杙为楹，而訾医师以昌阳引年，欲进其豨苓也。"

# 讳　辩

我给李贺写了一封信，劝李贺参加进士考试。李贺参加进士考试就会考中，于是同李贺争名的人就毁谤他，说："李贺的父亲名叫晋肃，李贺不参加进士考试是对的，劝他参加进士考试是不对的。"听到这话的人不仔细分析，也随声附和，于是众口一词。皇甫湜说："如果不把事情辩明白，您与李贺都要获罪。"我说："是的。"

律令上说："两个字的名字不单独讳其中的一个字。"解释的人说："这就好比孔子的母亲名徵在，说'徵'就不说'在'字，说'在'字就不说'徵'字那样。"律令上又说："不避讳和名字同音的字。"解释的人说："譬如'禹'和'雨'、'丘'和'䒮'一类字就是这样。"现在李贺的父亲名叫晋肃，李贺考进士，是违犯了避讳中的"二名律"，还是违背了"嫌名律"呢?父亲的名字叫"晋肃",儿子就不能考进士,如果父亲名叫"仁",儿子就不能称作人了吗?

试问避讳是从什么时候开始的呢?创立礼法来教化天下人,不是周公、孔子吗?周公作诗不避忌讳,孔子不避讳母亲双名中的一个字,《春秋》不讥刺不避讳声音相近的字。周康王名钊,他的孙子,就是昭王;曾参的父亲名晳,曾子不忌讳"昔"字。周朝的时候有个人叫骐期,汉朝的时候有个人叫杜度,他们的儿子应该怎样避讳呢?是要避讳声音相近的字,于是连姓也要避讳呢,还是不避讳声音相近的字呢?汉朝讳武帝的名字"彻"为"通",没有听说又讳"车辙"的"辙"为某字;讳吕后的名字"雉"为"野鸡",没有听说又讳"治理天下"的"治"为某字;现在上奏章和下诏谕,没有听说讳"浒"、"势"、"秉"、"机"一类字。只有宦官和宫中侍妾,才不敢说"谕"字和"机"字,认为会触犯名讳。士君子说话做事,应该遵循什么样的礼法呢?现在考证经典,对照法律,考察国家典章,李贺考进士是可以呢,还是不可以呢?

凡是侍奉父母能够像曾参那样,就可以不受讥谤了;做人能像周公、孔子那样，也算是到了顶点了。现在世上的读书人，不努力效法曾参、周公、孔子的品行，而在避讳父母的名讳方面力求胜过曾参、周公、孔子，可见他们太糊涂了！周公、孔子、曾参，毕竟是不能胜过的。在避讳方面，如果胜过周公、孔子、曾参，那便是与宦官和宫中侍妾等同了，那么，岂不是那些宦官、宫中侍妾孝顺他们的父母，还胜过周公、孔子、曾参吗？

**原文**

愈与李贺书，劝贺举进士。贺举进士有名，与贺争名者毁之，曰："贺父名晋肃，贺不举进士为是，劝之举者为非。"听者不察也，和而倡之，同然一辞。皇甫湜曰："若不明白，子与贺且得罪。"愈曰："然。"

律曰："二名不遍讳。"释之者曰："谓若言'徵'不称'在'，言'在'不称'徵'是也。"律曰："不避嫌名。"释之者曰："谓若'禹'与'雨'，'邱'与'蓲'之类是也。"今贺父名"晋肃"，贺举进士，为犯二名律乎？为犯嫌名律乎？父名"晋肃"，子不得举进士，若父名"仁"，子不得为人乎？

夫讳始于何时？作法制以教天下者，非周公、孔子欤？周公作诗不讳，孔子不避讳二名，《春秋》不讥不讳嫌名。康王钊之孙，实为昭王，曾参之父名晳，曾子不讳"昔"。周之时有骐期，汉之时有杜度，此其子宜如何讳？将讳其嫌，遂讳其姓乎？将不讳其嫌者乎？汉讳武帝名"彻"为"通"，不闻又讳"车辙"之"辙"为某字也；讳吕后名"雉"为野鸡，不闻又讳"治天下"之"治"为某字也。今上章及诏，不闻讳"浒"、"势"、"秉"、"机"也；惟宦官宫妾，乃不敢言"谕"及"机"，以为触犯；士君子立言行事，宜何所法守也？今考之于经，质之于律，稽之以国家之典，贺举进士为可邪？为不可邪？

凡事父母，得如曾参，可以无讥矣；做人得如周公、孔子,亦可以止矣。今世之士,不务行曾参、周公、孔子之行,而讳亲之名则务胜于曾参、周公、孔子,亦见其惑也。夫周公、孔子、曾参,卒不可胜;胜周公、孔子、曾参,乃比于宦官、宫妾;则是宦官宫妾之孝于其亲,贤于周公、孔子、曾参者邪?

# 争 臣 论

有人问我:"谏议大夫阳城,可以称为有高尚道德的人吗?他学识广博见闻很多,而不去追求世上虚名。效法古人的遗风,隐居在晋的边远乡野,晋边远地区的人们,受他的道德的熏陶而品德贤良的有几千人。朝中大臣听到他的名声便举荐了他,天子任命他做了谏议大夫。人们都认为这是荣耀的事情,而阳先生却没有喜形于色。在这个职位上已经五年了,人们看到他的德行仍然和隐居田野时一样。他哪里会因为富贵而改变自己的节操呢?"我回答说:"这就是《易经》中所说的'经常保持一种德操'而'对男子来说反倒是不祥'的啊,哪里能算得上贤明高尚的人呢?《易经》中《蛊卦》'上九'说:'不侍奉王侯,使自己的行为高尚。'《蹇卦》'六二'则说:'君王的臣属不断地直言进谏,并不是为了自身利益的缘故。'这也就是因为所处的时势不同,而所遵循的道德准则便不同啊。如果像《蛊卦》'上九'所说,处于无职无权的地位,而偏去实行'匪躬'的节操,照《蹇卦》'六二'的说法,在君王臣属的职位上,却以不臣事王侯的志向为高尚,那么,前者就会带来贸然求仕的灾患,后者就要招致怠忽职守的批评。这种思想志向不能去效法,而过失也不会长期避免。现今阳先生在谏官的职位上,不能算不久了;他对天下的利弊得失的了解,不能算不熟了;天子对待他,不能算不重视了,但却从没有说过一句涉及朝政的话；看国家政治的得失，就像越国的人对待秦国的人的胖瘦，十分淡漠而无动于衷。问他的官职，便说是谏议大夫；问他的俸禄，便说是下大夫的级别；问他朝政，则说我不了解。贤明有道的人，能是这个样子吗？而且我听人说：有官职的人，如果不能称职就要辞官；有进谏责任的人，如果不能向君王进言就要辞职。现今阳先生认为能够向君王进言吗？能够进言而不进言，与不能进言而不辞职，二者都是不对的。阳先生或许是为了俸禄而做官吧？古代的贤人说：做官不是因为穷，但有人确也因为家贫，指的就是为俸禄而出仕的啊。这样的话，就应当辞掉高位而就任卑职，辞掉富贵而居于贫贱，担任看守城门、巡夜打更的差使就可以了。孔子曾经做过管理仓库的小官，曾经做过管理放牧的贱吏，却也不敢怠慢自己的职责，一定要说'计算准确就行了'，一定要说'牛羊肥壮就行了'。像阳先生的官级俸禄，不算低微和贫贱，是十分明显的，而他的这种做法难道恰当吗？"

有人说："不对，不是这样！阳先生讨厌诽谤君上的人，讨厌那种作为臣属而去公开指摘君主的过失，以博取自己敢于直谏的名声的人。因此他虽然也规谏评议，却使人不知道。《周书》说：'你有好主意好计谋，就到宫内告诉你的君王，而你在公开场合却要顺从君王的意旨。'说：'这好计谋和好主意，都靠我王的贤德圣明啊。'阳先生的用心，也正是如此啊！"我回答说："如果阳先生的用心是这样，更是所谓的糊涂人了。进宫规谏君主，到外面不让人知道，这是大臣宰相的事情，不是阳先生所应该做的。阳先生本来以平民的身份隐居于山野之间，君主赞赏他的德行，提拔到这个职位上。官是以谏议为名称的，实在应当有所作为来履行自己的职责，使四方之人和子孙后代，知道朝廷上有敢于直言、耿介正直的臣子，君主具备不滥加赏赐、能虚心采纳意见的美德；能让那些隐居的贤士，听到这种情况而心向往之，系好衣带、盘结头发，愿意到朝廷中来阐述自己的见解和主张；使我们的君主成为尧舜那样的圣君，让君主贤德的大名光照万代。像《周书》中所说的大臣宰相的事情，不是阳先生所应当做的。况且阳先生这样的想法，是让君临天下的帝王讨厌听到自己的过失呢，还是要诱导君主文过饰非呢？"

　　有人说："阳先生不求闻名而人们却听到他的名声，不求任用而君主却任用了他，是不得已才出山的，他能保持自己高洁的品德不变，为什么您却这么苛刻地责备他呢？"我答道："自古至今的圣人贤者，都是不追求闻名和官职的。他们忧虑时势不安定，人民得不到治理，自己掌握了道义，不敢只是修养个人的品德，而一定要为天下人民谋利。勤奋劳苦，一直到死。因此大禹治水三次经过家门而不进去；孔子周游列国，坐席都来不及坐暖；墨子奔走四方，家中的烟囱都烧不黑。这两位圣人一位贤者，难道不知道自己安闲自在是乐事吗？实在是敬畏天命而哀怜人民困穷啊。天授予人以贤圣的才智，难道只是为了使他自己去过优裕的生活吗？确实是想让他来补救天下的不足啊。耳、目对于身体来说，耳管听，目管看，听觉辨别是非，视觉观察安危，然后身体才会得到安康。圣贤，好像当代人的耳目；当时的一般人，恰似圣贤的身体啊。况且阳先生如果不贤明，就要被贤者役使来侍奉自己的主人；如果确实贤明，就应敬畏天命而忧虑人民困穷，怎么会贪图自己逍遥自在呢！"

　　有人说："我听说君子是不想把自己的意见强加于人，厌恶那种好指摘别人以表现自己正直的人，像您这种说法，坦率是够坦率的了，不是有损于德行而多费唇舌吗？好直言不讳以显扬人家的过失，这就是国武子在齐国被杀的缘故啊，您大概也知道吧？"我说："君子处在一定官职上，就要考虑为自己的职责献出生命；没有得到官职，就考虑使言论善美以阐明自己的主张。我是要以这些话来阐明道义，不是为了表现正直而强加于人的。况且国武子没遇到贤人,却喜好在淫乱的国家中直言不讳,因此被杀。经传说:'只有善人才能采纳直言。'是说他们听到批评而能改正失误啊。您告诉我:阳先生可以算做有道之士。现在看来虽然够不上有道之士的标准,难道阳先生还算不上一位勇于更正的善人吗?"

**原文**

或问谏议大夫阳城于愈:"可以为有道之士乎哉?学广而闻多,不求闻于人也。行古人之道,居于晋之鄙;晋之鄙人,薰其德而善良者几千人。大臣闻而荐之,天子以为谏议大夫。人皆以为华,阳子不色喜;居于位五年矣,视其德如在野,彼岂以富贵移易其心哉?"愈应之曰:是《易》所谓恒其德贞,而夫子凶者也,恶得为有道之士乎哉!在《易》"蛊"之上九云:"不事王侯,高尚其事。""蹇"之六二则曰:"王臣蹇蹇,匪躬之故。"夫亦以所居之时不一,而所蹈之德不同也。若蛊之上九,居无用之地,而致匪躬之节;以蹇之六二,在王臣之位,而高不事之心;则冒进之患生,旷官之刺兴。志不可则,而尤不终无也。今阳子在位,不为不久矣;闻天下之得失,不为不熟矣;天子待之,不为不加矣;而未尝一言及于政,视政之得失,若越人视秦人之肥瘠,忽焉不加喜戚于其心。问其官,则曰谏议也;问其禄,则曰下大夫之秩也;问其政,则曰我不知也。有道之士,固如是乎哉?且吾闻之:有官守者,不得其职则去;有言责者,不得其言则去;今阳子以为得其言乎哉?得其言而不言,与不得其言而不去,无一可者也。阳子将为禄仕乎?古之人有云:仕不为贫,而有时乎为贫,谓禄仕者也。宜乎辞尊而居卑,辞富而居贫。若抱关击柝者可也。盖孔子尝为委吏矣,尝为乘田矣,亦不敢旷其职,必曰会计当而已矣,必曰牛羊遂而已矣。若阳子之秩禄,不为卑且贫,章章明矣,而如此其可乎哉?

或曰:"否,非若此也,夫阳子恶讪上者,恶为人臣招其君之过而以为名者,故虽谏且议。使人不得而知焉。《书》曰:尔有嘉谟嘉猷,则入告尔后于内,尔乃顺之于外。'曰:'斯谟斯猷,惟我后之德。'矢阳子之用心,亦若此者。"愈应之曰:若阳子之用心如此,滋所谓惑者矣!入则谏其君,出不使人知者,大臣宰相者之事,非阳子之所宜行也。夫阳子本以布衣,隐于蓬蒿之下;主上嘉其行谊,擢在此位。官以谏为名,诚宜有以奉其职,使四方后代,知朝廷有直言骨鲠之臣,天子有不僭赏从谏如流之美。庶岩穴之士,闻而慕之,束带结发,愿进于阙下而伸其辞说,致吾君于尧舜,熙鸿号于无穷也。若《书》所谓则大臣宰相之事,非阳子之所宜行也。且阳子之心,将使君人者。恶闻其过乎?是启之也?

或曰:"阳子之不求闻而人闻之,不求用而君用之,不得已而起,守其道而不变,何子过之深也?"愈曰:自古圣人贤士,皆非有求于闻用也。闵其时之不平,人之不乂,得其道,不敢独善其身,而必以兼济天下也。孜孜矻矻,死而后已。故禹过家门不入,孔席不暇暖,而墨突不得黔。彼二圣一贤者,岂不知自安逸之为乐哉?诚畏天命而悲人穷也!夫天授人以贤圣才能,岂使自有余而已?诚欲以补其不足者也!耳目之于身也,耳司闻而目司见,听其是非,视其险易,然后身得安焉。圣贤者,时人之耳目也;时人者,圣贤之身也。且阳子之不贤,则将役于贤以奉其上矣;若果贤,则固畏天命而闵人穷也。恶得以自暇逸乎哉!

或曰:"吾闻君子不欲加诸人,而恶讦以为直者,若吾子之论,直则直矣,无乃伤于德而费于辞乎?好尽言以招人过,国武子之所以见杀于齐也,吾子其亦闻乎?"愈曰:君子居其位。则思死其官;未得位。则思修其辞以明其道,我将以明道也,非以为直而加入也。且国武子不能得善人,而好尽言于乱国,是以见杀。《传》曰:"惟善人能受尽言。"谓其闻而能改之也。子告我曰:"阳子可以为有道之士也。"今虽不能及已,阳子将不得为善人乎哉！

# 与于襄阳书

七月三日，将仕郎国子四门博士韩愈，恭敬地呈上书信给尚书阁下：

　　士人之所以能够享有大名、显扬于当世，没有一个不是因为有享誉天下的前辈做他的先导；士人之所以能够美誉流传、照耀后世，没有一个不是因为有享誉天下的后辈做他的后继者。没有人做先导，即使才德美好也不能显扬；没有人做后继者，即使盛大的业绩也不能流传。这两种人，未尝不互相期待，但是却要千百年才有一次这样的知遇出现。难道是身居高位的人无人值得他提携，身居下位的人无人值得他推崇吗？为什么互相期待如此殷切而相互知遇的情况却如此稀少啊？其中的原因，是身居下位的人倚恃才能而不肯逢迎上位的人，身居上位的人倚仗地位而不肯顾念下面的人。因此，有才学之人往往因不得志而忧伤，而上位之人也不能使显赫名声流传后世。这两种人的作为都有过失。不肯去求进显达的人，不能说上面没有提携后进的人；没有去访求人才，不能说下面没有值得举拔的人。我琢磨这话已经很久了，还没敢把这些话讲给别人听。

　　我从旁听说阁下怀有卓绝于世的才能，立身行事非同一般，道德方正而讲求实际，行止不随时俗，有文武才能的人都希望为您所用，这难道不是我听说的那种身居上位提携后进的人吗？但是我却没有听说后辈之中有您赏识而在您门下获得礼遇的人。难道是您访求而没有得到吗？抑或是您志在建立功业，专注于报答，遇到了这种身居下位的人，却无暇以礼相待吗？为什么应该听到您有礼遇后进的声誉却长久没有听到呢？

韩愈虽然没有才能，但自己立身处世还不敢落在常人之后。阁下大概访求人才而没有得到吧？古人说："请从郭隗开始。"我现在正为每日购买草料、口粮以及雇佣仆人和租赁房屋的开销着急，这些只不过花费阁下一顿早餐的费用就够了。您如果说："我志在建立功业，专注于报答主上，遇到了这种身居下位的人，却无暇以礼相待。"那就不是我韩愈所敢请求知遇的了。世上那些平庸短见之辈，既然不值得向他们陈说，磊落奇伟的人，又无暇听我诉说，那就确实是命中注定要困顿窘迫了。

谨献上我从前所写的文章十八篇，如能赏光看看，也足以知道我的志向所在了。韩愈惶恐，再拜。

**原文**

七月三日，将仕郎守国子四门博士韩愈，谨奉书尚书阁下：

士之能享大名、显当世者，莫不有先达之士，负天下之望者，为之前焉。士之能垂休光，照后世者，亦莫不有后进之士，负天下之望者，为之后焉。莫为之前，虽美而不彰；莫为之后，虽盛而不传。是二人者，未始不相须也，然而千百载乃一相遇焉；岂上之人无可援，下之人无可推欤？何其相须之殷、而相遇之疏也。其故在下之人，负其能不肯谄其上；上之人，负其位不肯顾其下。故高材多戚戚之穷，盛位无赫赫之光，是二人者之所为皆过也。未尝干之，不可谓上无其人；未尝求之，不可谓下无其人。愈之诵此言久矣，未尝敢以闻于人。

侧闻阁下抱不世之才，特立而独行，道方而事实，卷舒不随乎时，文武唯其所用。岂愈所谓其人哉？抑未闻后进之士，有遇知于左右，获礼于门下者，岂求之而未得邪？将志存乎立功，而事专乎报主，虽遇其人，未暇礼邪？何其宜闻而久不闻也？愈虽不材，其自处不敢后于恒人，阁下将求之而未得欤？古人有言，请自隗始。愈今者惟朝夕刍米仆赁之资是急，不过费阁下一朝之享而足也。如日吾志存乎立功，而事专乎报主，虽遇其人，未暇礼焉，则非愈之所敢知也。世之龊龊者，既不足以语之；磊落奇伟之人，又不能听焉，则信乎命之穷也！

谨献旧所为文一十八首，如赐览观，亦足知其志之所存。愈恐惧再拜。

# 送孟东野序

　　大凡东西不平衡时，就要发出响声。草木本无声音，风吹动它们就发出声音；水本无声音，风振荡它就发出声音。水流腾起波浪，是因为受到激扬；水流得迅疾，是因为水道狭窄形成阻塞；水的沸腾，是因为用火来烧它。金属、石头本无声音，是因为敲打它们而发出声音。人们发表言论也是这样，是因为心中有不得已的感情激发而发表言论。他们的歌咏是因为有所思虑，他们的哭泣是因为有所感怀。凡是从口中发出而成为声音，大概都是有所不平吧！

　　音乐是郁结于心的感情抒发出来的，选择了那些善于发声的东西并借助它们来发出声音。金、石、丝、竹、匏、土、革、木八种乐器，是器物中最善于发声的。自然界对于四时也是如此，选择了善于发声的东西而借助它们发出声音。所以，春天用鸟来发出声音，夏天用雷来发出声音，秋天用虫来发出声音，冬天用风来发出声音。四时的推移变化，大概也必定有不平之处吧！

　　对于人来说也是如此。人的声音的精华是语言，对语言来说，文辞又是精华，更要选择善于表达的人并借助于他们来发表议论。在唐尧、虞舜的时代，咎陶和大禹是善鸣的人，就借助他们来发表议论。夔不能用文辞来发表议论，又自己借韶乐来抒发感情。夏朝的时候，太康的五个弟弟作《五子之歌》

而鸣。伊尹鸣于殷代，周公鸣于周朝。凡是记载在《诗经》、《尚书》等六部经书中的文辞，都是言论中的优秀者。周朝衰微，孔子那样的人发表议论，他们的言论声音洪大，流传久远。《论语》说："上天要把孔子作为百姓之师啊。"难道不正是这样的吗？周朝末年，庄周以他汪洋恣肆的文辞而鸣。楚国是一个大国，在它灭亡之际，以屈原而鸣。臧孙辰、孟轲、荀卿，以他们的学说而鸣。杨朱、墨翟、管夷吾、晏婴、老聃、申不害、韩非、慎到、田骈、邹衍、尸佼、孙武、张仪、苏秦一班人，都以他们的策略主张而鸣。秦的兴起，李斯为它而鸣。汉朝的时候，司马迁、司马相如、扬雄，是最善于以文辞而鸣的人。以后魏晋时，发表议论的人比不上古代，但还未曾断绝。就其中的优秀者而论，他们的声音清丽而浮夸，节奏繁密而急促，词句淫靡而哀伤，感情松弛而放荡，著作杂乱而无章。大概是上天认为那个时代德行丑恶而不加以眷顾吧？不然，为什么不让那些善鸣的人来鸣呢？

唐朝得到天下以后，陈子昂、苏源明、元结、李白、杜甫、李观，都以他们各自的才能而鸣。那些活着而处于下位的人中，孟东野开始以诗歌而鸣，他的诗歌超出魏、晋时代，有些经过不懈的努力，可以达到古代的水平，其余的也接近汉代诗歌的水平了。跟从我学习的人中，李翱、张籍是最杰出的。孟东野、李翱、张籍三人的诗文确实优秀啊。不知道是上天将使他们的声音谐和，让他们为国家的兴盛而鸣呢，还是将使他们受穷挨饿，心情愁苦，而让他们为自己的不幸而鸣？这三个人的命运，就取决于上天了。那么他们处在高位有什么可欢喜的呢？沉沦于下位又有什么可悲愁的呢？

东野这次到江南就职，仿佛有些失意的样子，所以我说命运取决于上天，以此来宽解他。

**原文**

大凡物不得其平则鸣。草木之无声，风挠之鸣；水之无声，风荡之鸣。其跃也或激之，其趋也或梗之，其沸也或炙之。金石之无声，或击之鸣。人之于言也亦然，有不得已者而后言，其歌也有思，其哭也有怀；凡出乎口而为声者，其皆有弗平者乎？

乐也者，郁于中而泄于外者也，择其善鸣者而假之鸣。金、石、丝、竹、匏、土、草、木，八者物之善鸣者也。维天之于时也亦然，择其善鸣者而假之鸣。是故以鸟鸣春，以雷鸣夏，以虫鸣秋，以风鸣冬。四时之相推敚，其必有不得其平者乎？

其于人也亦然。人声之精者为言；文辞之于言，又其精也，尤择其善鸣者而假之鸣。其在唐、虞，咎陶、禹，其善鸣者也，而假以鸣；夔弗能以文辞鸣，又自假于韶以鸣。夏之时，五子以其歌鸣。伊尹鸣殷，周公鸣周。凡载于《诗》、《书》六艺，皆鸣之善者也。周之衰，孔子之徒鸣之，其声大而远，传曰："天将以夫子为木铎。"其弗信矣乎？其末也，庄周以其荒唐之辞鸣。楚，大国也，其亡也，以屈原鸣。臧孙辰、孟轲、荀卿，以道鸣者也；杨朱、墨翟、管夷吾、晏婴、老聃、申不害、韩非、慎到、田骈、邹衍、尸佼、孙武、张仪、苏秦之属，皆以其术鸣。秦之兴，李斯鸣之。汉之时，司马迁、相如、扬雄，最其善鸣者也。其下魏晋氏，鸣者不及于古，然亦未尝绝也。就其善者，其声清以浮，其节数以急，其辞淫以哀，其志弛以肆，其为言也，乱杂而无章。将天丑其德莫之顾耶？何为乎不鸣其善鸣者也？

唐之有天下，陈子昂、苏源明、元结、李白、杜甫、李观，皆以其所能鸣。其存而在下者，孟郊东野始以其诗鸣。其高出魏、晋，不懈而及于古，其他浸淫乎汉氏矣。从吾游者，李翱、张籍其尤也。三子者之鸣信善矣。抑不知天将和其声而使鸣国家之盛耶？抑将穷饿其身，思愁其心肠，而使自鸣其不幸耶？三子者之命，则悬乎天矣。其在上也奚以喜，其在下也奚以悲?

　　东野之役于江南也，有若不释然者，故吾道其命于天者以解之。

# 送李愿归盘谷序

　　太行山的南麓有一个盘谷。盘谷，泉水甘甜而土地肥沃，花草树木茂密繁盛，居民稀少。有人说："因为它环绕在两山之间，故而称为盘。"有的则说："这山谷，位置深幽而地势险阻，是隐士们居留盘旋的地方。"我的朋友李愿便住在这里。

　　李愿的话是这样说的："人们称为大丈夫的人，我知道他们。他把利益恩泽给众人，美好的名声耀于当世。身居朝廷之上，任免各级官员而辅佐天子发布政令。他们被派到外地，则旌旗高树，弓箭罗列，武士们在前面开道，侍从们填塞了道途，负责供给的人，在大路上来往奔驰。高兴时便可随心赏赐，发怒时便可任情惩罚。才智英俊之士聚集在他们周围，谈古论今并赞誉他们的美德，听起来一点也不嫌絮烦。弯弯的娥眉、丰腴的面颊，清脆的声音、轻盈的体态，秀美的外貌、聪慧的头脑，衣襟飘动，长袖掩映，洁白皮肤、黛青双眉的美女，在一排排的后房中悠闲地居住，为了得宠，互相嫉妒，各以色艺而自负，争娇斗艳一心要获取主人的怜爱。这就是为天子所信用、替当世效力的大丈夫的作为啊。我并非厌恶这种处境而逃避它，只是命中注定不能幸运地得到啊！

　　"置身于困穷的境地而隐居于山野之间，登上山峦而信目远眺，坐在茂密的林木中悠闲度日，用清澈的泉水洗浴使身体洁净。在山上采摘野果啊，甘美能食；在水中钓来鱼虾啊，鲜嫩可口。行动和休息都没有定时，只求舒适与安逸。与其当面受到赞誉，哪比得背后不受毁谤；与其身体享受康乐，哪比得心中无忧无虑。赏赐到不了名下，刑罚也落不到头上。朝政的治乱漠不关心，官员的升降塞耳不闻。这是在当世不得志的大丈夫的作为啊，我便是这样做的。

"在公卿的门下伺候，在权势的路上奔走。脚要向前行而又踟蹰畏缩，嘴要说话而吞吐，处于污秽之中不觉羞耻，触犯了刑法便遭杀戮。在万一之中求侥幸，直到老死才罢休。这对于做人来说，是贤明还是不肖呢？"

昌黎韩愈听了他的议论后，佩服他的气魄豪壮，向他献酒并为他歌

道："盘谷中间，是您的居室。盘谷的土地，可以播种五谷。盘谷中的泉水，可以沐浴呀可以游赏。盘谷地势阻塞，谁来和您争夺住处？环境幽静而深远，宽阔啊它有很大的容量。迂回而曲折，好像走了过去却又回到原处。赞叹盘谷的乐趣啊，乐趣无尽无休。虎豹跑到远方啊，蛟龙逃遁隐藏。鬼神守卫保护啊，呵斥禁止不祥事物的来往。酒足饭饱啊长寿而健康，毫无不足啊还有什么奢望。给我的车加油啊将我的马喂饱，随着您到盘谷啊，悠闲自在地度过我终生的时光。"

## 原文

太行之阳有盘谷，盘谷之间，泉甘而土肥，草木丛茂，居民鲜少。或曰："谓其环两山之间，故曰盘。"或曰："是谷也，宅幽而势阻，隐者之所盘旋。"友人李愿居之。

愿之言曰："人之称大丈夫者，我知之矣。利泽施于人，名声昭于时。坐于庙朝，进退百官而佐天子出令。其在外，则树旗旄，罗弓矢，武夫前呵，从者塞途，供给之人，各执其物，夹道而急驰。喜有赏，怒有刑。才畯满前，道古今而誉盛德，入耳而不烦。曲眉丰颊，清声而便体，秀外而惠中，飘轻裾，翳长袖，粉白黛绿者，列屋而闲居，妒宠而负恃，争妍而取怜。大丈夫之遇知于天子，用力于当世者之所为也。吾非恶此而逃之，是有命焉，不可幸而致也。

"穷居而野处，升高而望远，坐茂树以终日，濯清泉以自洁。采于山，美可茹；钓于水，鲜可食。起居无时，惟适之安。与其有誉于前，孰若无毁于其后；与其有乐于身，孰若无忧于其心。车服不维，刀锯不加，理乱不知，黜陟不闻。大丈夫不遇于时者之所为也，我则行之。

"伺候于公卿之门，奔走于形势之途，足将进而趑趄，口将言而嗫嚅。处污秽而不羞，触刑辟而诛戮，侥幸于万一，老死而后止者，其于为人，贤不肖何如也？"

昌黎韩愈，闻其言而壮之。与之酒而为之歌曰："盘之中，维子之宫；盘之土，可以稼；盘之泉，可濯可沿；盘之阻，谁争子所？窈而深，廓其有容；缭而曲，如往而复。嗟盘之乐兮，乐且无央虎豹远迹兮，蛟龙遁藏；鬼神守护兮，呵禁不祥。饮且食兮寿而康，无不足兮奚所望？膏吾车兮秣吾马，从子于盘兮，终吾生以徜徉。"

# 送董邵南序

燕赵一带地方,自古以来被认为多有慷慨悲歌的豪侠人物。董生考进士,接连几次没有被主考官录取,怀抱杰出的才能,闷闷不乐地到燕赵那个地方去。我知道您一定会受到赏识。董生,努力吧!

凭您的才能而不逢时,只要是仰慕正义,勉力行仁的人都会爱护同情你,何况燕赵的人士仰慕正义,勉力行仁是出于本性呢。但是我曾经听说风俗是随着教化变动的,我怎么知道那里现在的风俗和古代所说的没有不同呢?姑且以您这次前去验证一下吧。董生,努力吧!

我因为你这次燕赵之行而有些感想。请为我凭吊一下诸君的坟墓,并到街市上看看,还有从前那种卖狗肉的民间豪侠吗?请替我告诉他们说:"圣明的天子在上,可以出来做官了。"

**原文**

燕、赵古称多感慨悲歌之士。董生举进士,连不得志于有司,怀抱利器,郁郁适兹土。吾知其必有合也。董生勉乎哉!

夫以子之不遇时,苟慕义强仁者皆爱惜焉。矧燕、赵之士出乎其性者哉!然吾尝闻风俗与化移易,吾恶知其今不异于古所云邪?聊以吾子之行卜之也。董生勉乎哉!

吾因之有所感矣。为我吊望诸君之墓,而观于其市,复有昔时屠狗者乎?为我谢曰:"明天子在上,可以出而仕矣。"

# 送杨少尹序

　　古时候疏广、疏受叔侄二人,因为年老,同一天辞掉职位离去。当时,朝廷中的公卿摆设宴席,在京都门外为他们饯行,车驾有数百辆之多;道路上旁观的,有很多人为之感叹并流下了眼泪,无不称赞他们贤明。汉代的史书既记载了他们的事迹,而后世擅长绘画的人,又画下了他们的形象;到今天依然光彩照人,清清楚楚的,仿佛是前不久发生的事情。

　　国子监司业杨巨源,正以他善于写诗来教育学生,一旦到了七十岁,也禀告丞相离职回归他的故乡。世上常说古时的人和现今的人是不能相提并论的,而今杨巨源与疏氏二人,他们的思想难道有什么差异吗?

　　我攀附于公卿之末,恰逢生病不能出去送行。不知道杨少尹走的时候,都城门外送行的有多少人?车有多少辆?马有多少匹?道边的旁观者,也有为他的行为感叹,知道他是贤者的,还有没有呢?而史官能不能铺张渲染他的事迹,写成传记以作为疏氏二人的事迹的继续呢？不会冷落寂寞吧？我看到现在世上没有擅长绘画的，而画还是不画，也就不必考虑了！

然而我听说杨侯的辞归，丞相中有敬重而怜惜他的，奏明皇上任命他为其故乡河中府的少尹，以便不断绝他的俸禄，又亲自写诗来慰勉他。京城中擅长写诗的人，也作诗来应和。又不知道古时候疏氏二人的归乡，有这样的事吗？古人与今人相同还是不同，不得而知啊！

中古以后的士大夫，往往依靠官俸来养家，罢官之后就无归宿之处。杨侯刚成年，便在他的家乡被荐举，是参加了《鹿鸣》宴而来到朝廷的。现在回到故乡，指着乡间的树说："那些树是我的先人种的。""那条溪流，那座山丘，是我小时候钓鱼、游戏的地方。"故乡的人没有不对他表示敬意的，人们告诫子孙要以杨侯不舍弃故土的美德作为榜样。古人所谓"乡先生"，逝去之后能够在乡里社庙中享受祭祀的，大概就是这样的人吧？大概就是这样的人吧？

### 原文

昔疏广、受二子，以年老，一朝辞位而去。于时公卿设供张，祖道都门外，车数百辆；道路观者，多叹息泣下，共言其贤。汉史既传其事，而后世工画者，又图其迹，至今照入耳目，赫赫若前日事。

国子司业杨君巨源，方以能诗训后进，旦以年满七十，亦白丞相去归其乡。世常说古今人不相及，今杨与二疏，其意岂异也？

予忝在公卿后，遇病不能出。不知杨侯去时，城门外送者几人？车几辆？马几匹？道路观者，亦有叹息知其为贤与否？而太史氏又能张大其事，为传继二疏踪迹否？不落莫否？见今世无工画者，而画与不画，固不论也。

然吾闻杨侯之去，丞相有爱而惜之者，白以为其都少尹，不绝其禄。又为歌诗以劝之，京师之长于诗者，亦属而和之。

又不知当时二疏之去，有是事否？古今人同不同未可知也。

中世士大夫，以官为家，罢则无所于归。杨侯始冠，举于其乡，歌鹿鸣而来也。今之归，指其树曰：某树吾先人之所种也；某水某丘，吾童子时所钓游也。乡人莫不加敬，诫子孙以杨侯不去其乡为法。古之所谓乡先生，没而可祭于社者，其在斯人欤？其在斯人欤？

# 送石处士序

河阳军节度使、御使大夫乌公，就任节度使的第三个月，就在僚属中贤能的人中访求贤才。有推荐石先生的，乌公问道："石先生为人如何呢？"回答说："先生隐居在嵩、邙二山和瀍、谷二水之间，冬天一件皮袍，夏天一身葛衣；早晚用餐，都是一碗饭，一盘青菜。人们送他钱，他推辞不受，请他外出游玩，从来没有借故推托过。劝他做官，则不答应。独坐一室，两旁都是图书，和他谈论道义事理，分析古今大事的得失，评论人物德才的高低，预卜事情的成败，他的口才好像黄河决流波涛奔腾东入大海，好像四匹骏马拉着轻便的车子在熟悉的道路上奔驰，而又是王良、造父这样的高手驾驭；好像用明烛照察幽微，以蓍草计数算卦，灼龟壳占卜那样痛快淋漓、明确无误，富有预见性！"御史大夫问道："先生有颐养天年的条件，对他人没有什么期求，难道愿意为了我而出山吗？"僚属答道："大夫您具备文才武略而且忠孝两全，搜求人才为了国家，而不谋私利。现在叛贼结集在恒州，大军包围了恒州的境地，农民不能耕种收获，财物粮食损失已尽。我们所处的地方，是供给转运军需的要地，治理的办法和征讨的谋略，都应该有高人出谋划策。先生仁德而且勇敢，如能以道义去敦请而恳切地委以重任，他有什么理由能够推辞呢？"于是便写好书信，准备好了马匹礼品，挑选吉日交付使者，到先生的家中去敦请。

先生既不将此事告诉家人，也不跟朋友商量，戴冠结带出来会见客人，在家中恭敬地接受了聘书和礼物。当晚就沐浴身体，备好行李，装起书籍，问明了路从哪儿走，然后向经常来往的朋友辞行。第二天清早，朋友们都来到上东门外为他设宴饯行。酒过三巡，将要起身，有一位朋友手持酒杯说："御史大夫真能够以道义访求人才，先生真能够以道义作为自己的使命，来决定去留，我为先生送行！"又斟满了酒祝愿说："退隐、出仕没有定规，只能以道义作为标准。因此我为先生祝贺。"又斟满了一杯祝愿说："希望御史大夫永远不改变他的初衷，不去做使自己的家庭富有而让军士挨饿的事情，不是内心喜好花言巧语的人而表面上却装作尊敬正直的人，不被谗言迷惑，能够对先生言听计从，以便建功立业，保持住天子宠信的委命。"又祝愿说："希望先生不要在御史大夫那儿图谋私利，而使自身得到方便。"先生站起来施礼答谢祝词说："我怎么敢不恭敬小心地力求按照朋友祝词中的规诫去做呢。"由此，洛阳的人士都预见到御史大夫和先生必定能够融洽相处并会作出一番事业。于是在座的各位都写了一首六韵十二句的诗歌送行。并委派我为之写了这篇序。

**原文**

河阳军节度、御史大夫乌公，为节度之三月，求士于从事之贤者。有荐石先生者，公曰："先生何如？"曰："先生居嵩、邙、瀍、谷之间。冬一裘，夏一葛。食，朝夕饭一盂、蔬一盘。人与之钱，则辞。请与出游，未尝以事免。劝之仕，不应。坐一室，左右图书。与之语道理，辨古今事当否，论人高下，事后当成败，若河决下流而东注，若驷马驾轻车就熟路，而王良、造父为之先后也，若烛照、数计而龟卜也！"大夫曰："先生有以自老，无求于人，其肯为某来邪？"从事曰：

"大夫文武忠孝,求士为国,不私于家。方今寇聚于恒,师环其疆;农不耕收,财粟殚亡。吾所处地,归输之涂,治法征谋,宜有所出。先生仁且勇,若以义请而强委重焉,其何说之辞?"于是撰书词,具马币,卜日以受使者,求先生之庐而请焉。

先生不告于妻子,不谋于朋友,冠带出见客,拜受书礼于门内。宵则沐浴,戒行李,载书册,问道所由。告行于常所来往,晨则毕至张上东门外,酒三行,且起,有执爵而言者曰:"大夫真能以义取人,先生真能以道自任,决去就,为先生别。"又酌而祝曰:"凡去就出处何常?惟义之归,遂以为先生寿!"又酌而祝曰:"使大夫恒无变其初,无务富其家而饥其师,无甘受佞人而外敬正士,无昧于谄言,惟先生是听,以能有成功,保天子之宠命。"又祝曰:"使先生无图利于大夫,而私便其身图。"先生起拜祝辞曰:"敢不敬蚤夜以求从祝规!"于是东都之人士,咸知大夫与先生果能相与以有成也。遂各为歌诗六韵,遣愈为之序云。

## 送温处士赴河阳军序

伯乐一旦经过冀北的原野,马群便空了。那冀北产的马多于天下各地的马,伯乐虽然擅长辨认良马,哪能使马群空了呢?解释的人说:"我所谓的空,并不是没有马了,而是说没有好马了。伯乐擅长识马,遇见其中好的就带走它,马群里没有再留下良马。如果没有好马了,那么说成是没有马了也并不是假话啊!"

东都洛阳,本来就好比是士大夫的"冀北"啊!有才能而隐居不仕的,洛水北岸的那位是石生,南岸的那位是温生。御史大夫乌公以节度使的仪仗镇守河阳的第三个月,认为石生有才能，便以礼聘作为网罗，将石生罗致在幕府中。没过几个月，认为温生有才能，于是就让石生做媒介，以礼聘做网罗，又将温生罗致在幕府中了。东都洛阳虽然确实有很多才智之士，早晨录用一个而且选拔其中杰出的，晚上录用一个而且选拔其中杰出的。这样下去，从东都留守、河南尹直到各部门的官

员，以及像我们这洛阳、河南两县的官员，施政有不能畅通之处，事情有疑难不解之处，向哪里去咨询而加以处置呢？士大夫中的辞去官位归居里巷的，谁和他们嬉戏交游呢？年轻的晚辈到哪里去研讨德行，领教学业呢？达官贵人由四方经过这个都城的，也不能到他们的家中施礼致意了。鉴于这种情况而称之为："乌公一旦镇守河阳，而东都的处士住宅里便没有人了！"难道不是可以的吗？

面南为君治理天下，委以重任并依靠他们才力者，只有丞相和将帅啊！丞相为天子选用人才到朝廷为官，将帅为天子搜罗有文才武略的人到幕府供职，这样就是想使天下得不到治理，也不能办到啊。我韩愈羁留在这里，不能靠自己的力量离去，全仗与石、温二人的交游来度过余年，现在都被有力量的

人夺走了，心中哪里能不怅惘遗憾呢？温生到河阳之后，在军门之前拜见了乌公，那正像我前面所说的那样，要为天下祝贺；像我后面所说的那样，乌公将人才搜罗净尽而招致了我个人的私怨啊！

洛阳留守郑余庆相公首先写了四韵的诗来咏唱这件事，我由他的诗推度他的本意而写了这篇序。

**原文**

伯乐一过冀北之野，而马群遂空。夫冀北马多天下，伯乐虽善知马，安能空其群邪？解之者曰："吾所谓空，非无马也，无良马也。伯乐知马，遇其良辄取之，群无留良焉。苟无良，虽谓无马，不为虚语矣。"

东都，固士大夫之冀北也。恃才能深藏而不市者，洛之北涯曰石生，其南涯曰温生。大夫乌公以铁钺镇河阳之三月，以石生为才，以礼为罗，罗而致之幕下。未数月也，以温生为才，于是以石生为媒，以礼为罗，又罗而致之幕下。东都虽信多才士，朝取一人焉拔其尤，暮取一人焉拔其尤，自居守河南尹以及百司之执事，与吾辈二县之大夫，政有所不通，事有所可疑，奚所咨而处焉？士大夫之去位而巷处者，谁与嬉游？小子后生于何考德而问业焉？缙绅之东西行过是都者，无所礼于其庐。若是而称曰："大夫乌公一镇河阳，而东都处士之庐无人焉。"岂不可也？

夫南面而听天下，其所托重而恃力者，惟相与将耳。相为天子得人于朝廷，将为天子得文武士于幕下，求内外无治，不可得也。愈縻于兹，不能自引去，资二生以待老。今皆为有力者夺之，其何能无介然于怀邪？生既至，拜公于军门，其为吾以前所称为天下贺，以后所称为吾致私怨于尽取也。

留守相公首为四韵诗歌其事，愈因推其意而序之。

# 祭十二郎文

年、月、日，叔父韩愈听到你去世消息后的第七天，才能够含着悲痛向你表达心意，让建中从远地备办应时的鲜美的菜肴祭品，祭告你十二郎的魂灵。

唉！我幼年就死去父亲，到长大成人，不记得父亲的容貌，只有依靠哥哥嫂嫂。哥哥中年死在南方，我和你年纪都小，跟随嫂嫂把灵柩送回河阳安葬。接着又同你到江南度日，虽然孤苦伶仃，但一天也不曾离开过。我上边有三个哥哥，都不幸早死，继承祖先的后代，在孙辈只有你，在子辈只有我。子孙两代各剩下一个人，真是形影孤单。大嫂曾经抚摸着你，指着我说："韩家两辈，只有你们叔侄两个罢了！"你那时更小，一定不会再记得了，我当时虽然能记事，但也不能体会嫂嫂这句话中的悲痛啊！

我十九岁，初次来到京城。四年以后，才回去看你。又过了四年，我去河阳祭扫祖坟，碰到你护送嫂嫂的灵柩回来安葬。又过了两年，我在汴州辅助董丞相，你来探望我。住了一年，你请求回去接妻子儿女。第二年，董丞相去世，我离开汴州，结果你没有能来。这一年，我在徐州参助军事，派去接你的人刚动身，我又罢职而离开徐州，结果你又没来成。我想你跟随我东来徐州，也是异乡客地，不能久住，从长远打算，不如西归，把家安置好再来接你。唉！谁能料到你突然离开我而死去啊！我和你都还年轻，认为虽然暂时离别，终究会长久住在一起的。所以我丢下你到长安谋生，以求得微薄的俸禄。假使早知道会是这样，即使做车马万乘的公卿宰相，我也不会离开你一天而去赴任。

去年，孟东野到江南，我写信给你说："我年纪还不到四十，却已视力模糊，头发花白，牙齿松动。想到父兄，都身体强壮而过早去世，像我这样衰弱的人，还能够活得长久吗？我不能离去，你不愿前来，担心我早晚死去，而使你抱无穷无尽的悲伤啊。"谁能料到年轻的死去了，年长的却活着，健康的人夭折，有病的人却能保全呢？唉！是真的如此呢，还是一场梦呢？还是传来的消息不真实呢？真的如此，我的哥哥具有美好的德行，他的儿子会夭亡吗？你那样纯正贤明竟不能承受他的福泽吗？年轻强壮的反而夭亡，年长体弱的却能保全活着吗？实在不能相信啊！如果是一场梦，传来的消息是不真实的，为什么孟东野的书信、耿兰送来的讣告，却在我的身旁呢？唉！这是确实的了。我哥哥具有美好的德行竟夭亡了他的子孙啊。你如此纯正贤明，应该继承家业，却不能承受你父亲的福泽啊。这实在是苍天难以猜测，神灵实在难以明白啊！这实在是天理不可推究，寿命不可预卜啊！虽然如此，我从今年以来，花白的头发有的变为雪白了，松动的牙齿有的脱落了，体质一天天衰弱，精神一天天衰退，没有多久就会跟着你死去了。死后如果有知，那我们就不会离开多久了；如果死后无知，这悲伤的时间就不会太长，而不悲伤的日子倒是无穷无尽的了。你的儿子刚十岁，我的儿子才五岁。年轻强健的尚且不能保全，这样的幼儿，又怎能希望他们成长自立呢？唉，悲伤哀痛啊！唉，悲伤哀痛啊！

你去年的信中说："近来患了软脚病，时常发作很厉害。"我回信说："这种疾病，江南的人经常有的。"当初没有把它看做一种忧患。唉，难道竟然因为这种病就让你丧生了吗？还是有别的疾病才导致这种不幸呢？你的来信写于六月十七日，东野说你死于六月二日，耿兰报丧，不知道应该写明月日。大概东野派来的人不知道向家里人问明你的死期，正如耿兰报丧不知道应当讲明你的忌日。东野给我写信时，才问差遣的人，这人随便说一个日子来回答罢了。是这样呢？不是这样呢？

现在我派建中前来祭奠你，慰问你的孤儿和你的乳母。他们若有吃的，就可以守丧到丧期终了，待结束了丧期再把他们接来。如果他们不能守到丧期终了，那就立刻把他们接来。其余的奴婢，叫他们一起为你守丧。如果我有能力改葬，最后一定把你安葬在祖先的墓地，这样才能了却我的心愿。

唉！你生病我不知道时间，你去世我不知道日子；活着的时候我没有抚养你，同你在一起生活，你死后我没有亲自抚摸你的遗体，表达我的哀伤之情，你入殓时我没有靠在你的棺木旁，下葬时我没有亲临你的墓穴。我的行为辜负了神灵而使你早早死去。我对上不孝顺，对下不慈爱，因而不能和你相养而生，相守而死。一个在天涯，一个在地角。你生时，影子不同我的形体相依；你死后，魂魄不在我的梦中相遇。这实在是我造成的，能够怨谁？那苍天啊，这悲伤哪有尽头！

从今以后，我将无意在人世上奔忙了。还是在伊、颍的故土置办几顷田地，来度过余下的岁月。教育我的儿子和你的儿子，希望他们成长；养育我的女儿和你的女儿，等到她们出嫁。就这样罢了。唉，话有说完的时候，可是哀痛之情却不可终止。你是知道呢，还是不知道呢？

唉，悲伤哀痛啊！你来享用祭品吧！

**原文**

年、月、日，季父愈闻汝丧之七日，乃能衔哀致诚，使建中远具时羞之奠，告汝十二郎之灵。

呜呼！吾少孤，及长，不省所怙，惟兄嫂是依。中年兄殁南方，吾与汝俱幼，从嫂归葬河阳。既又与汝就食江南，伶仃孤苦，未尝一日相离也。吾上有三兄，皆不幸早逝。承先人后者，在孙唯汝，在子惟吾，两世一身，形单影只。嫂尝抚汝指吾而言曰："韩氏两世，唯此而已！"汝时尤小，当不复记忆；吾时虽能记忆，亦未知其言之悲也。

吾年十九，始来京城。其后四年，而归视汝。又四年，吾往河阳省坟墓，遇汝从嫂丧来葬。又二年，吾佐董丞相幕于汴州，汝来省吾。止一岁，请归取其孥。明年，丞相薨，吾去汴州，汝不果来。是年，吾佐戎徐州，使取汝者始行，吾又罢去，汝又不果来。吾念汝从于东，东亦客也，不可以久。图久远者，莫如西归，将成家而致汝。呜呼，孰谓汝遽去吾而殁乎！吾与汝俱少年，以为虽暂相别，终当久相与处，故舍汝而旅食京师，以求斗斛之禄。诚知其如此，虽万乘之公相，吾不以一日辍汝而就也！

去年，孟东野往，吾书与汝曰："吾年未四十，而视茫茫，而发苍苍，而齿牙动摇。念诸父与诸兄，皆康强而早世，如吾之衰者，其能久存乎？吾不可去，汝不肯来，恐旦暮死，而汝抱无涯之戚也。"孰谓少者殁而长者存，强者夭而病者全乎？呜呼！其信然邪？其梦邪？其传之非其真也？信也，吾兄之盛德，而夭其嗣乎？汝之纯明，而不克蒙其泽乎？少者强者而夭殁，长者衰者而存全乎？未可以为信也。梦也？传之非其真也？东野之书，耿兰之报，何为而在吾侧也？呜呼！其信然矣！吾兄之盛德而夭其嗣矣！汝之纯明宜业其家者，不克蒙其泽矣！所谓天者诚难测，而神者诚难明矣！所谓理者不可推，而寿者不可知矣！虽然，吾自今年来，苍苍者或化而为白矣，动摇者或脱而落矣。毛血日益衰，志气日益微，几何不从汝而死也！死而有知，其几何离？其无知，悲不几时，而不悲者无穷期矣。汝之子始十岁，吾之子始五岁，少而强者不可保，如此孩提者又可冀其成立耶？呜呼哀哉！呜呼哀哉！

汝去年书云："比得软脚病，往往而剧。"吾曰是疾也，江南之人，常常有之，未始以为忧也。呜呼！其竟以此而殒其生乎？抑别有疾而致斯乎？汝之书，六月十七日也。东野云：汝殁以六月二日也。耿兰之报无月日。盖东野之使者不知问家人以月日。如耿兰之报，不知当言月日。东野与吾书，乃问使者，使者妄称以应之耳，其然乎？其不然乎？

今吾使建中祭汝，吊汝之孤与汝之乳母。彼有食可守以待终丧，则待终丧而取以来；如不能守以终丧，则遂取以来。其余奴婢，并令守汝丧。吾力能改葬，终葬汝于先人之兆，然后惟其所愿。

呜呼！汝病吾不知时，汝殁吾不知日；生不能相养以共居，殁不能抚汝以尽哀，殓不得凭其棺，窆不得临其穴。吾行负神明，而使汝夭。不孝不慈，而不得与汝相养以生，相守以死，一在天之涯，一在地之角，生而影不与吾形相依，死而魂不与吾梦相接。吾实为之，其又何尤！彼苍者天，曷其有极！

自今已往，吾其无意于人世矣！当求数顷之田于伊、颍之上，以待余年。教吾子与汝子，幸其成；长吾女与汝女，待其嫁：如此而已！呜呼，言有穷而情不可终，汝其知也耶？其不知也耶？

呜呼哀哉！尚飨。

# 柳子厚墓志铭

子厚，名叫宗元。他的七世祖柳庆，做过北魏王朝的侍中，封为济阴公。曾伯祖柳奭，做过唐朝的宰相，跟褚遂良、韩瑗一道得罪了武则天皇后，在高宗皇帝时被杀。父亲名叫镇，为了奉养母亲，辞去了太常博士的官职，请求在江南当县令。后来，又因为不能够讨好当权大臣，丢掉了御史官职，当权大臣死去，才又被任命为侍御史。人们称赞他刚毅正直，跟他交往的，都是当时的知名人士。

子厚小时候就精明敏捷，没有不明白通晓的事。他父亲在世时，他虽还年轻，但已经成材，能够考取进士，突出地显示了自己的才华。大家都说柳家有个好儿子。后来，又通过博学宏词科的考试，被任命为集贤殿正字。他才智出众，行为端正，讨论问题，引证古今事例，融会贯通经史及诸子百家，言辞锋利，意气风发，经常使在座的人为之折服。他名声远扬，一时之间人们都钦慕他和他往来交朋友，权贵大人们争着想要他成为自己的门生，众口一词地推荐他、称赞他。

贞元十九年，子厚由蓝田县尉提升为监察御史。顺宗即位后，任命他为礼部员外郎。遇到当权的人获罪，他也被循例贬出京城做刺史，还没到任，又按规定被再降职做永州司马。闲居在永州，他更加刻苦用功，专心阅读和写作。他的诗文汪洋恣肆，深厚凝练，达到深厚广博、无边无际的境界。同时，他还恣意尽情地游山玩水。

元和年间，他曾与一起被贬官的人奉召回到京城，又一道派遣出去做刺史。子厚被派往柳州。到任后，他感叹地说："这里难道就不能作出政绩吗？"他根据当地的风俗，替他们设立教化、禁令，州民都顺从信服。当地有种习惯：拿儿女做抵押来借钱，约定如果不按期赎回，等利钱累积到与本钱一样多时，债主就把抵押的子女收做奴仆丫鬟。子厚为他们想方设法，让他们都把子女赎回家去。其中特别贫穷而无力赎回的，就叫人记下他们的劳动报酬，等到数目和借款相等，就责令放回那些做抵押的子女。观察使把这种办法推广到别的州，到了一年，免除奴婢身份而回家的将近一千人。衡山、湘江以南考中进士的人，都把子厚当老师。那些受过子厚指点讲解而写文章的人，他们的文章都有章法，值得欣赏。

他被召回京城而又被派出去做刺史的时候，中山人刘梦得（禹锡）也在被派遣之列，应当到播州去。子厚流着眼泪说："播州不是一般人能居住的地方，而且梦得家还有母亲。我不忍心看到梦得的困苦，他无法把这种情况禀告给母亲，而且也绝没有母子都去播州的道理。"他决定向朝廷请求，准备呈递奏章，情愿拿柳州换播州，即使再次获罪，死也无憾。恰巧有人把梦得的情况上奏皇上，梦得于是被改派去连州任刺史。

唉，士人在困境中就显得出操守和道义。如今那些平日居住在里巷中的人，彼此倾慕相好，吃喝游乐相互应酬，恭维讨好，强装笑语以示谦虚，手拉着手简直像要掏心挖肺给对方看，指着青天白日流泪发誓，不论死活谁也不做对不起谁的事，简直像真的一样可信。可是一旦遇到细小的利害冲突，哪怕只有像汗毛头发那样的小事，就翻脸不认人；对方掉进陷阱，不伸一下手相救，反倒把他向下推，还投下石头。这样的人，到处都是呀。这就是野蛮人甚至禽兽都不忍心做的，可是那些人却自以为得计。他们听到子厚的风范，也应该感到一点羞愧吧！

子厚年轻的时候，勇于帮助别人，不看重、顾惜自己，以为建功立业可以立刻成功，因此受牵连被贬斥。既被贬谪，又没有人了解他，有权力、职位高的人又不推荐引进，所以最终死在荒僻辽远的地方。才能未被当世所用，政治主张不能在当时推行。假使子厚在御使台、尚书省时，自己谨慎保重，能像在当司马、刺史时一样，也就不会被贬斥；被贬斥后若有人极力保举他，一定会被重新起用，不再处于困境。可是如果子厚被贬斥的时间不长，困厄不达于极点，虽然功业上出人头地，可是，他的文学辞章，一定不会下苦工夫，达到像今天这样必能流传后代的水平。这是毫无疑问的。即使让子厚遂了心愿，在一个时期内出将入相，拿功名事业来换传世的文章，得失如何，一定有人能够明辨的。

子厚在元和十四年十一月初八去世，终年四十七岁。十五年七月初十，运回万年县祖坟旁安葬。子厚有两个儿子，大的叫周六，只有四岁；小的叫周七，子厚去世之后才出生的。两个女儿都还幼小。子厚的遗体能够回乡安葬，费用全是观察使河东人裴行立先生出的。行立有操守，有信用，和子厚是朋友。子厚对他也很尽心，到底倚仗了他的力量得以归葬。把子厚葬到万年县祖坟上去的，是他的表弟卢遵，卢遵是涿州人，性恭谨，对学问从不满足。自从子厚被贬谪以来，卢遵就跟随他和他住在一起,一直到他去世都没有离开。在他把子厚安葬好之后,又准备安排子厚家属往后的生活,可以说是一位有始有终的人。

铭文是:这里是子厚的安息处,又稳固,又安静,有利于他的后代子孙!

**原文**

子厚,讳宗元。七世祖庆,为拓跋魏侍中,封济阴公。曾伯祖奭,为唐宰相,与褚遂良、韩瑗俱得罪武后,死高宗朝。皇考讳镇,以事母弃太常博士,求为县令江南。其后以不能媚权贵,失御史。权贵人死,乃复拜侍御史,号为刚直。所与游皆当世名人。

子厚少精敏,无不通达。逮其父时,虽少年,已自成人,能取进士第,崭然见头角,众谓柳氏有子矣。其后以博学宏词,授集贤殿正字。俊杰廉悍,议论证据今古,出入经史百子,踔厉风发,率常屈其座人,名声大振,一时皆慕与之交。诸公要人,争欲令出我门下,交口荐誉之。

贞元十九年,由蓝田尉拜监察御史,顺宗即位,拜礼部员外郎。遇用事者得罪,例出为刺史。未至,又例贬永州司马。居闲,益自刻苦,务记览,为词章,泛滥停蓄,为深博无涯涘。而自肆于山水间。

元和中,尝例召至京师,又偕出为刺史,而子厚得柳州。既至,叹曰:"是岂不足为政耶?"因其土俗,为设教禁,州人顺赖。其俗以男女质钱,约不时赎,子本相侔,则没为奴婢。子厚与设方计,悉令赎归。其尤贫力不能者,令书其佣,足相当,则使归其质。观察使下其法于他州,比一岁,免而归者且千人。衡湘以南为进士者,皆以子厚为师,其经承子厚口讲指画为文词者,悉有法度可观。

其召至京师而复为刺史也,中山刘梦得禹锡亦在遣中,当诣播州。子厚泣曰:"播州非人所居,而梦得亲在堂,吾不忍梦得之穷，无辞以白其大人，且万无母子俱往理。"请于朝，将拜疏，愿以柳易播，虽重得罪，死不恨。遇有以梦得事白上者，梦得于是改刺连州。呜呼！士穷乃见节义。今夫平居里巷相慕悦，酒食游戏相征逐，诩诩强笑语以相取下，握手出肺肝相示，指天日涕泣，誓生死不相背负，真若可信。一旦临小利害，仅如毛发比，反眼若不相识，落陷阱，不一引手救，反挤之，又下石焉者，皆是也。此宜禽兽夷狄所不忍为，而其人自视以为得计，闻子厚之风，亦可以少愧矣！

子厚前时少年，勇于为人，不自贵重顾藉，谓功业可立就，故坐废退。既退，又无相知有气力得位者推挽，故卒死于穷裔，材不为世用，道不行于时也。使子厚在台省时，自持其身，已能如司马刺史时，亦自不斥；斥时，有人力能举之，且必复用不穷。然子厚斥不久，穷不极，虽有出于人，其文学词章，必不能自力以致必传于后如今，无疑也。虽使子厚得所愿，为将相于一时，以彼易此，孰得孰失，必有能辨之者。

子厚以元和十四年十一月八日卒，年四十七。以十五年七月十日，归葬万年先人墓侧。子厚有子男二人，长曰周六，始四岁；季曰周七，子厚卒乃生。女子二人，皆幼。其得归葬也，费皆出观察使河东裴君行立。行立有节概，重然诺，与子厚结交，子厚亦为之尽，竟赖其力。葬子厚于万年之墓者，舅弟卢遵。遵，涿人，性谨慎，学问不厌。自子厚之斥，遵从而家焉，逮其死不去。既往葬子厚，又将经纪其家，庶几有始终者。

铭曰：是唯子厚之室，既固既安，以利其嗣人！

# 伯 夷 颂

读书人做人做事，有自己独特的见解和行事方式，都只把义作为自己做事的依托。不管别人的看法如何而坚持自己行为的，都是豪杰之士，是能够坚信自己的道并对自己的所作所为非常清楚的人。不管一家的批评而去坚持的人很少，而尽管一国一地的人批评他，仍然去坚持的人，整个天下恐怕只能找得到一个人而已。如果全世界的人都批评他，还能坚持自己做法的人，千百年来好像只有一个人。像伯夷的做人做事，哪怕经历了万世万代也不会回头的。和他相比，日月的光都不够明亮，泰山也不够雄峻，即便是天地之大也无法包容。

当殷商快要灭亡，而周要兴起的时候，连微子这样的贤人都抱着祭祀用的器具离开了殷商。武王、周公般的圣人带领着天下的贤德之士和各诸侯国攻打殷商，没有听到过谁批评他们。只有伯夷、叔齐认为他们做得不对。殷商灭亡后，全天下的人都承认了周的统治，只有伯夷、叔齐认为吃周的粮食是耻辱的事，即使饿死也不吃。他们这样做难道是为了要博取什么吗？只是忠实地坚信自己的道并且清楚自己的所作所为罢了。

现在所谓的读书人，一旦有人称赞他，就觉得自己品德高尚才学过人，想要更多的赞誉，而一旦有人不满他，就会认为批评者的话不一定正确。他可以自以为是到独自去批评圣人的地步，要知道圣人的行事是万世的标准啊。所以我说：像伯夷这样的人，是做人做事特立独行，即便经历了万世万代也不会回头的人。尽管说如果不是他们两个，乱臣贼子也不会接连不断地在后世出现。

**原文**

士之特立独行，适于义而已。不顾人之是非，皆豪杰之士，信道笃而自知明者也。一家非之，力行而不惑者，寡矣；至于一国一州非之，力行而不惑者，盖天下一人而已矣；若至于举世非之，力行而不惑者，则千百年乃一人而已耳。若伯夷者，穷天地，亘万世，而不顾者也。昭乎日月不足为明，崒乎泰山不足为高，巍乎天地不足为容也。

当殷之亡,周之兴,微子贤也,抱祭器而去之。武王,周公,圣也,从天下之贤士与天下之诸侯而往攻之,未尝闻有非之者也。彼伯夷叔齐者,乃独以为不可。殷既灭矣,天下宗周,彼二子乃独耻食其粟,饿死而不顾。繇是而言,夫岂钉求而为哉?信道笃而自知明也。

今世之所谓士者,一凡人誉之,则自以为有余;一凡人沮之,则自以为不足。彼独非圣人,而自足如此。夫圣人乃万世之标准也,余故曰:若伯夷者,特立独行,穷天地,亘万世而不顾者也。虽然,微二子,乱臣贼子接迹于后世矣。

# 《张中丞传》后序

元和二年四月十三日那天晚上,我和吴郡人张籍一起翻看家里的旧书,发现了李翰写的《张巡传》。李翰此人以写文章写得好自夸,这篇传记写得非常周密详尽,但可惜的是,这其中还是有不好的地方,既没有替许远立传,也没有写下雷万春事迹的开始和结尾。

许远的才能虽然比不上张巡,但他打开城门接纳张巡,本来自己的官位在张巡之上,却把兵权交给了张巡,听从他的指挥而没有妒忌猜测。最后和张巡一起遭受磨难,成就了功名,守卫的城池沦陷后被俘虏,他与张巡的死比起来只是先后时间不同罢了。许家和张家两家的子弟不明事理,不能从根本上理解两位贤人的志气。张家的子弟认为张巡牺牲而许远被俘虏,因此怀疑许远是怕死。如果他真的怕死的话,为什么要苦苦地守着一个小小的城池,把自己的仆人杀了让士兵吃,抗战到底而不投降呢?当他们被围困的时候,城外连一个援兵都没有,他们想要效忠的只是国家和自己的君主而已,叛军告诉许远唐朝已经灭亡,君主死了。许远看到一直没有救兵,而城外的叛

军越来越多,一定相信了敌人的话。明知没有救兵还在坚守,城内人吃人也快吃完了,就是蠢人也知道死亡近在眼前。这样看来,许远不怕死是非常明显了!哪有城池被攻破,将士死完,而他自己却承受耻辱活下来的呢?即便是最愚蠢的人也不会这么做的,难道像许远这么贤德的人会这么做吗?

评论者又说许远和张巡分开守城,城破是从许远这里开始的。用这个来骂许远,就跟孩子的见识没什么两样了。人要死的时候,他的五脏六腑一定有个先得病的器官,拉断绳子,首先断开的一定是绳子的某一处。观察者看到这样的情况,就责怪先得病的那个部位和先断开的绳子那一段,也太不懂事情的道理了。小人喜欢非议别人,不喜欢夸赞成全别人到了这个地步!像张巡、许远这么卓越的贡献还不能免除别人的指责,其他的事情该怎么说呢?

当张巡、许远两个人刚刚守城的时候,他们怎么能知道没有人来救援,从而放弃城池退走呢?如果不能够坚守睢阳,即使退到别的地方又能有什么用呢?等到没有一个救兵陷入困境的时候,两人率领着伤兵弱兵,即使想走也走不了了。像他们这样贤明的人，想得已经够周全了！守卫一座城池，保卫着朝廷的周全，凭借着千百个濒临死亡的残兵，抵挡着上百万且越来越多的大军，遮蔽江淮之地，阻遏敌军前进的势头，朝廷没有灭亡，到底应该是谁的功劳呢？那个时候，放弃城池保全自己的不是少数几人，坐拥强兵静观局势的人满地都是。不去批评这些人，反而责怪死守城池的张许两人，由此可见那些抨击者是把自己比作了叛军，用歪理邪说来帮助叛军攻击两人。

我曾经在汴州、徐州两地任过推官，经常来往于两州之间，多次经过睢阳城，亲自到被人称为"双庙"的地方祭拜过。在那里生活的老人经常会谈论到张、许两人的事迹。老人常说：南霁云曾经向贺兰进明请求出兵援助，贺兰妒忌张、许两人，觉得他们的声名和功绩超过了自己，不愿意派兵。贺兰欣赏南霁云的勇猛壮硕，不理会他要求出兵的请求，强行想要把他留在自己的身边做部将，并且摆下了酒肉准备了歌舞请南霁云入座。南霁云慷慨激昂地说："我来这里求援的时候，整个睢阳城里的人已经有一个多月没什么可吃的了。我虽然想独自一个人吃，但道义上不能这么做，即使我吃进嘴里也咽不下去啊！"而后他拔出自己随身带的刀砍掉一根指头，血淋淋地拿给贺兰看。在座的人都大惊失色，感动得快要哭了出来。南霁云看出来贺兰说到底也不会出兵援救睢阳了，就拍马离开。即将离开城池的时候，南霁云一箭射向佛寺高塔上面的图案，箭头有一半都扎进了墙里。南霁云说："我这次返回睢阳，如果能够打退叛军，一定回来杀掉贺兰！这一箭就代表我的决心！"我在贞元年间路过泗州的时候，船上的人还指着当年被箭射中的佛塔给我描述当时的情况。当睢阳城沦陷的时候，叛军用刀逼迫张巡投降，张巡宁死不屈，就被拉到一边准备斩首。叛军又去威逼南霁云，南霁云没有说话。张巡大喊到："南八，大丈夫死就死了，不能屈服于不义的人！"南霁云笑着说："我本来还想做些事情的。您现在说了这样的话，我敢不死吗?"于是就从容就义。

张籍说:有一个名叫于嵩的人,年轻的时候跟着张巡做事。张巡起兵讨伐叛军的时候,于嵩也曾被敌军围困过。张籍大历年间曾经在和州乌江县看到过于嵩,这时于嵩已经六十来岁了。由于张巡曾经建立战功而自己跟随过张巡的原因,曾经当过临涣县县尉。于嵩喜欢读书,涉猎很广。张籍那个时候年纪还小,只是简单了解过张、许二人的事迹,知道的并不是很详细。于嵩说张巡有七尺多高,胡子长得像神灵一般威武。有一次张巡看见于嵩在看《汉书》,就问他:"你怎么总是读这一本书呢?"于嵩说:"我现在还没有读熟呢。"张巡说:"我读一本书从来不会多于三遍,读过后一辈子都不会忘记。"于是就背诵起于嵩正在读的那一卷,整卷书一个字都没有背错。于嵩非常惊讶,他认为张巡只是凑巧对这一卷书非常熟悉,于是就随意抽出其他的各卷来让张巡背,结果都背得非常熟。于嵩又从书架里抽出另外一些书来试着考张巡,张巡立马背诵,没有丝毫停顿。于嵩跟着张巡很久,很少见到张巡读书。但在写文章的时候,起笔就写,从来没有打过草稿。张巡刚开始驻守睢阳的时候,士兵的数量几乎有上万人,城中的居民也有差不多几万户。张巡只要见过一个人一面,问过他的姓名后,以后再看到时都能认识。张巡发怒的时候胡子总是张开的。城池沦陷的时候,张巡等几十个人被捆着,坐在一起等着被杀。张巡站起来小便,其他人看到张巡站起来,有的也跟着站起来,有的坐在地上流眼泪。张巡说:"你们都不要害怕,死是命中注定的事情。"将士们低头哭泣,都不忍心抬起头来。张巡被杀害的时候,脸色没有丝毫变化,就跟平常一个样子。许远是个老实人,宽厚待人,相貌和他的内心一样朴实。他和张巡同年出生,出生的日子在张巡之后,所以称呼张巡兄长。许远死时四十九岁。于嵩在贞元初年死于亳、宋那一片。有人说于嵩在那里有一些田产,有个武人强行霸占了他的田宅。于嵩想要去睢阳告状，结果却被杀害。于嵩没有儿子。这些都是张籍所说的。

**原文**

元和二年四月十三日夜，愈与吴郡张籍阅家中旧书，得李翰所为《张巡传》。翰以文章自名，为此传颇详密。然尚恨有阙者：不为许远立传，又不载雷万春事首尾。

远虽材若不及巡者，开门纳巡，位本在巡上。授之柄而处其下，无所疑忌，竟与巡俱守死，成功名，城陷而虏，与巡死先后异耳。两家子弟材智下，不能通知二父志，以为巡死而远就虏，疑畏死而辞服于贼。远诚畏死，何苦守尺寸之地，食其所爱之肉，以与贼抗而不降乎？当其围守时，外无蚍蜉蚁子之援，所欲忠者，国与主耳，而贼语以国亡主灭。远见救援不至，而贼来益众，必以其言为信；外无待而犹死守，人相食且尽，虽愚人亦能数日而知死处矣。远之不畏死亦明矣！乌有城坏其徒俱死，独蒙愧耻求活？虽至愚者不忍为，呜呼！而谓远之贤而为之耶？

说者又谓远与巡分城而守，城之陷，自远所分始。以此诟远，此又与儿童之见无异。人之将死，其脏腑必有先受其病者；引绳而绝之，其绝必有处。观者见其然，从而尤之，其亦不达于理矣！小人之好议论，不乐成人之美，如是哉！如巡、远之所成就，如此卓卓，犹不得免，其他则又何说！

当二公之初守也，宁能知人之卒不救，弃城而逆遁？苟此不能守，虽避之他处何益？及其无救而且穷也，将其创痍饿羸之余，虽欲去，必不达。二公之贤，其讲之精矣！守一城，捍天下，以千百就尽之卒，战百万日滋之师，蔽遮江淮，沮遏其势，天下之不亡，其谁之功也！当是时，弃城而图存者，不可一二数；擅强兵坐而观者，相环也。不追议此，而责二公以死守，亦见其自比于逆乱，设淫辞而助之攻也。

愈尝从事于汴徐二府，屡道于两府间，亲祭于其所谓双庙者。其老人往往说巡、远时事云：南霁云之乞救于贺兰也，贺兰嫉巡、远之声威功绩出己上，不肯出师救；爱霁云之勇且壮，不听其语，强留之，且食与乐，延霁云坐。霁云慷慨语曰："云来时，睢阳之人，不食月余日矣！云虽欲独食，义不忍；虽食，且不下咽！"因拔所佩刀，断一指，血淋漓，以示贺兰。一座大惊，皆感激为云泣下。云知贺兰终无为云出师意，即驰去；将出城，抽矢射佛寺浮图，矢著其上砖半箭，曰："吾归破贼，必灭贺兰！此矢所以志也。"愈贞元中过泗州，船上人犹指以相语。城陷，贼以刃胁降巡，巡不屈，即牵去，将斩之；又降霁云，云未应。巡呼云曰："南八，男儿死耳，不可为不义屈！"云笑曰："欲将以有为也；公有言，云敢不死！"即不屈。

张籍曰："有于嵩者，少依于巡；及巡起事，嵩常在围中。籍大历中于和州乌江县见嵩，嵩时年六十余矣。以巡初尝得临涣县尉，好学无所不读。籍时尚小，粗问巡、远事，不能细也。云：巡长七尺余，须髯若神。尝见嵩读《汉书》，谓嵩曰：'何为久读此？'嵩曰：'未熟也。'巡曰：'吾于书读不过三遍，终身不忘也。'因诵嵩所读书，尽卷不错一字。嵩惊，以为巡偶熟此卷，固乱抽他帙以，无不尽然。嵩又取架上诸书试以问巡，巡应口诵无疑。嵩从巡久，亦不见巡常读书也。为文章，操纸笔立书，未尝起草。初守睢阳时，士卒仅万人，城中居人户，亦且数万，巡因一见问姓名，其后无不识者。巡怒，须髯辄张。及城陷，贼缚巡等数十人坐，且将戮。巡起旋，其众见巡起，或起或泣。巡曰：'汝勿怖！死，命也。'众泣不能仰视。巡就戮时，颜色不乱，阳阳如平常。远宽厚长者，貌如其心；与巡同年生，月日后于巡，呼巡为兄，死时年四十九。"嵩贞元初死于亳宋间。或传嵩有田在亳宋间，武人夺而有之，嵩将诣州讼理，为所杀。嵩无子。张籍云。

## 毛颖传

毛颖，中山人。他的先祖明视，曾经辅佐禹管理东方地界的事情，养育万物立下了汗马功劳，所以被封在了卯地，死后成为十二生肖神其中的一个。他曾经说过："我的子孙都是神明的后代，不能跟普通人一样，应该像兔子一样从口中生出来。"后来他的子孙果真是这样。明视的八世孙䰷，人们传说他在殷朝的时候，在中山居住，学会了神仙的法术，能够躲藏在光线之中驱鬼使物，后来偷了嫦娥，骑着癞蛤蟆跑去月亮上了，所以他的子孙都隐居起来不去朝廷做官。有个居住在中山东城外的子孙叫做䨲，善于奔跑、非常狡猾，他和韩卢较量高低，韩卢比不上他；韩卢对此很恼火，和宋鹊密谋杀害了他，还把他的一家老小都剁成了肉酱。

秦始皇的时候，蒙恬将军带兵去攻打南方的楚国，大军驻扎在了中山，蒙恬想要搞次大规模的围猎，来震慑楚国。蒙恬叫来左庶长、右庶长和军尉，用《连山》来占卜这件事的吉凶，卦象显示了天运、人事的吉利兆头。占卜者祝贺蒙恬说："这次田猎所要获得的，不是长角利齿的野兽，而是身着粗布短衣的人，这些人嘴上有缺口、胡须很长，长有八窍，盘腿坐在自己的脚背上。您只需要选取他们之中的'佼佼者'，依靠他们来书写竹简，使之成为统一天下文字的范本，秦国估计就能兼并诸侯国了吧！"蒙恬听后于是去田猎，抓住了毛氏家族，并从他们之中选出了最优秀的人，用车子把毛颖拉了回来，并且在章台宫把俘虏献给了秦始皇，把他的族人都聚集在一起居住，管制住他们。秦始皇让蒙恬赐给了毛颖一些土地，把他封在管城，人称管城子。毛颖渐渐受到了始皇的亲近和宠爱，并承担起了重要工作。

毛颖博闻强记、做事聪明快捷，他把从早期结绳记事那时候开始，一直到现在秦朝的历史，全部记载编录了下来。阴阳、占卜、看相、医方、族氏、山经、地志、字书、图画、九流、百家、天人等方面的书籍，以及佛家、老子、外国等方面的学说，他也都知道得非常详细。对于现在的各种事务他也很熟悉，政府公文以及市面上记载钱财、货物数额的账本，都能按照皇上的意思写好。这样一来，上至秦始皇、太子扶苏、胡亥、丞相李斯、中车府令赵高，下到普通的老百姓，没有不欣赏重视他的。他还很善于做人，不管对方为人正直还是邪恶、做事聪明还是笨拙，他都听任这些人的安排，即使最后被他们抛弃，也什么都不说，始终守口如瓶。他唯一不喜欢的就是军人，但这些人请他的时候他也经常去。这样，他的官一步步高升，坐到了中书令的位置，和皇帝的关系也越来越好，皇帝曾经亲切地称呼他为"中书君"。皇帝每天亲自管理政事，批阅的公文达到一百二十斤竹简，即便是官人也不能站在他的身边侍奉，只有毛颖与拿烛火照明的人能够经常陪着他，直到皇上休息的时候才离开。毛颖与绛州人陈玄、弘农的陶泓以及会稽的褚先生关系非常好，互相夸赞推荐，他们不管是在家还是出门都在一起。皇帝召见毛颖的时候，其他三个人不等到皇帝下诏就一起去，皇帝也从来没有因为这个而怪罪他们。

后来，有一次毛颖进见的时候，皇帝想要给他派任务，拂了他一下，他就取下帽子向皇帝请罪。皇帝看到他头发都掉了，又看到他写画的东西已经不能称自己的心意，就笑呵呵地对他说："中书君，你现在又老又秃，我已经很难重用你了，以前我叫你'中书'，你现在难道不擅长书写了吗？"毛颖答道："我是个对皇上尽心尽意的臣子。"从此皇帝再也不召见他了。毛颖后来回到了自己的封地，最终死在了管城。他的子孙后代很多，散居在各地，都说自己是管城人。而只有居住在中山的子孙，能够继承先祖的事业。

太史公说：毛氏有两族人，其中姬姓的一族，是文王儿子封在毛地的，即封在鲁、卫、毛、聃四地中的一个。所以战国时有毛公、毛遂这两个人。只有在中山居住的那一族，查不到他们先祖的出处，子孙人数也最多。《春秋》上面写的历史，到了孔子死的时候就没有了，但这并不是毛氏族人的过失。等到蒙恬挑选出了居住在中山毛氏的佼佼者，而秦始皇给毛颖封地，让他的族人住在了管城，中山毛氏就在这世上有了名声，但是姬姓的毛氏还是没有多少人知道。毛颖刚开始见到皇帝的时候是俘虏的身份，最后终于被信任并做了高官。在秦国吞并各诸侯国的时候他也参与其中，有很大的功劳，但始皇对他的赏赐不能够匹配他做出的成绩。最后反而因为自己年纪大了就被皇帝疏远，秦国真是少恩啊！

**原文**

毛颖者，中山人也。其先明视，佐禹治东方土，养万物有功，因封于卯地，死为十二神。尝曰："吾子孙神明之后，不可与物同，当吐而生。"已而果然，明视八世孙䨲，世传当殷时，居中山，得神仙之术，能匿光使物，窃姮娥，骑蟾蜍入月，其后代遂隐而不仕云。居东郭者，曰㕙，狡而善走，与韩卢争能，卢不及。卢怒，与宋鹊谋而杀之，醢其家。

秦始皇时，蒙将军恬南伐楚，次中山，将大猎以惧楚，召左右庶长与军尉，以《连山》筮之，得天与人文之兆。筮者贺曰："今日之获，不角不牙，衣褐之徒，缺口而长须，八窍而趺居，独取其髦，简牍是资，天下其同书。秦其遂兼诸侯乎！"遂猎，围毛氏之族，拔其豪，载颖而归，献俘于章台宫，聚其族而加束缚焉。秦皇帝使恬赐之汤沐，而封诸管城，号曰管城子，日见亲宠任事。

颖为人强记而便敏，自结绳之代，以及秦事，无不纂录。阴阳、卜筮、占相、医方、族氏、山经、地志、字书、图画、九流百家、天人之书，及至浮图、老子、外国之说，皆所详悉。又通于当代之务，官府簿书，市井货钱注记，惟上所使。自秦皇帝及太子扶苏、胡亥、丞相斯、中车府令高，下及国人，无不爱重。又善随人意，正直、邪曲、巧拙，一随其人；虽见废弃，终默不泄。惟不喜武士，然见请亦时往。累拜中书令，与上益狎，上尝呼为"中书君"。上亲决事，以衡石自程，虽官人不得立左右，独颖与执烛者常侍，上休方罢。颖与绛人陈玄、弘农陶泓及会稽褚先生友善，相推致，其出处必偕。上召颖，三人者不待诏，辄俱往，上未尝怪焉。

后因进见，上将有任使，拂拭之，因免冠谢。上见其发秃，又所摹画不能称上意。上嘻笑曰："中书君，老而秃，不任吾用。吾尝谓君中书，今不中书邪？"对曰："臣所谓尽心者。"因不复召，归封邑，终于管城。其子孙甚多，散处中国夷狄，皆冒管城，惟居中山者，能继父祖业。

太史公曰：毛氏有两族，其一姬姓，文王之子，封于毛，所谓鲁、卫、毛、聃者也。战国时，有毛公、毛遂。独中山之族，不知其本所出，子孙最为蕃昌。《春秋》之成，见绝于孔子，而非其罪。及蒙将军拔中山之豪，始皇封诸管城，世遂有名，而姬姓之毛无闻。颖始以俘见，卒见任使。秦之灭诸侯，颖与有功，赏不酬劳，以老见疏，秦真少恩哉！

# 蓝田县丞厅壁记

县丞这个职务是专门帮助县令的，对于自己管辖范围县域的事情都可以过问。县丞手下有主簿、尉的官职，他们都分别有自己的职责。县丞在官位职权上仅次于县令，而比主簿、尉都要高。但为了避嫌，县丞一般对公务不多加过问，在公文即将发出去的时候，小吏抱着已经写好定下来的公文案卷，送到县丞办公处，把前面的重要内容卷起来，用左手夹住，然后右手指着公文卷尾需要签名的地方，像雁子那样一摇一摆地走进来，直着身子斜眼瞄着县丞，说道："这里需要你签个名。"县丞拿着笔看着需要自己签名的地方，小心谨慎地签上字，而后看着小吏问："这样行了吗？"小吏说："这就行了。"而后就走了。县丞不敢问一句自己签署的公文到底是什么内容，一点都不知道到底卷宗上写的是什么。虽然其官职上稍微高一些，但实权却在主簿和尉之下。谚语一旦说到没有实权纯做摆设的官职，一定会提到县丞，甚至百姓互相谩骂攻击时都说对方是县丞。县丞这个职务，难道设立之初就是这个目的吗？

博陵人崔斯立，为了丰富自己的学识刻苦勤勉，学习不倦。他的学识内容丰富，兼容并包，日益精进，以致才华横溢。贞元初年，他带着满腹经纶，在京城和别人比较文学方面的造诣，接连让众人折服。元和初年，他任大理评事的时候，因为呈上奏折议论政事而遭贬，经过两次周折，

来到这个地方担当县丞的职务。刚到这里的时候，他感慨地说："官职没有大小的区别，怕就怕我能力有限，不能称职啊。"然而在县丞只能装聋作哑什么都做不了的残酷现实面前，他又感慨道："县丞啊县丞，我没有辜负你，你却对不起

我!"于是他完全去除自己的锋芒和棱角,做事的方式也完全和以前的县丞一样,平庸地度过每一天。

县丞的办公处原来有面墙上刻有文章,由于屋破漏水导致没有办法阅读。崔斯立把房屋修整一番,把墙壁粉刷一新,将以前在这里做过县丞的人的名字全部写上。庭院还有四行老槐树,南墙那里有千株很大的竹子,傲然站立,好像僵持的样子互不相让,庭阶下潺潺而过的水流汨汨做声。斯立把屋里屋外都清扫得干干净净,在位置对着的两个地方种上两棵松树,每天在庭院里吟诗诵文。有人来找他,他就说:"我正在忙公事,请您走吧。"

考功郎中知制诰韩愈记。

**原文**

丞之职所以贰令,于一邑无所不当问。其下主簿、尉,主簿、尉乃有分职。丞位高而偪,例以嫌不可否事。文书行,吏抱成案诣丞,卷其前,钳以左手,右手执纸尾,雁鹜行以进,平立睨丞曰:"当署。"丞涉笔占位,署惟谨,目吏,问:"可不可?"吏曰:"得。"则退。不敢略省,漫不知何事。官虽尊,力势反出主簿、尉下。谚数慢,必曰"丞"。至以相訾謷。丞之设,岂端使然哉?

博陵崔斯立,种学绩文,以蓄其有,泓涵演迤,日大以肆。贞元初,挟其能战艺于京师,再进再屈千人。元和初,以前大理评事言得失黜官,再转而为丞兹邑。始至,喟曰:"官无卑,顾材不足塞责。"既噤不得施用,又喟曰:"丞哉,丞哉!余不负丞,而丞负余。"则尽枿去牙角,一蹴故迹,破崖岸而为之。

丞厅故有记,坏漏污不可读。斯立易楹与瓦,墁治壁,悉书前任人名氏。庭有老槐四行,南墙巨竹千梃,俨立若相持,水㶁㶁循除鸣。斯立痛扫溉,对树二松,日哦其间。有问者,辄对曰:"余方有公事,子姑去。"

考功郎中、知制诰韩愈记。

# 答李翊书

六月二十六日，韩愈启，李生足下：

　　你信中的文辞很好，而求教的态度又是多么谦逊、恭敬。能像这样，谁不愿把他所懂得的仁义之道告诉你呢？看来，你成为一个有道德的人已经指日可待了，更何况文章是道德的外在表现呢。但我是个所谓望见孔子的门墙而没有进入他的家门的人，哪能分清道理是对还是不对呢？虽然这样，我也不能不对你谈谈这个问题。

　　你所讲的志在立言的话，是正确的，你所写的文章和你所期望的，很相似而且很接近了。但是我不知道你的理想，是要求胜过一般人而被人学习呢，还是要求达到古代著书立说的人的标准呢？如果要求胜过一般人而被人学习的话，那你现在就已经胜过一般人而可以被人学习了；如果要求达到古代著书立说的人的标准的话，就不能指望很快能成功，也不能受权势和功利的诱惑，而要像栽培果树一样，先培养它的根再等着它结果，又要像燃灯一样，先添进油脂再希望它发出光亮。根长得茂盛的树木，它的果实就顺利成长，油脂肥沃，灯自然就会明亮。奉行仁义之道的人，他说起话来总是和蔼温顺的。

　　可是又有为难的地方，我韩愈的行为，自己也不知道是达到了古代立言者的标准还是没有达到。虽然如此，但我也学习了二十多年。起初，不是夏、商、周和两汉时代的书我不敢看，不是圣人的观点我不敢记。无论是在静处的时候还是行动的时候，我都像忘掉了世上的一切，成天一副庄重的样子，总像在思索问题，茫茫然像被什么东西迷惑住了。当我把心里的想法用手写出来时，凡是陈旧的观点和言辞都一定要去掉，真是困难啊！我把写好的文章给别人看，不把人们的讥笑当做讥笑。像这样过了好些年，还是没有改过来。然后才识别出古书中哪些是讲的真正的儒家之道，哪些不是讲的儒家之道，和虽然是讲的儒家之道却还没有达到完美境界的地方，对这些区别得清清楚楚如同黑白分明一样。而后务必除去自己文章中的不可取的地方，这样才渐渐地有获得。当把自己的想法写出来时候，文思勃发就像流水奔涌一样不可遏止。当把写好的文章给别人看时，人家笑话，我就认为值得高兴；人家赞美，我便感到发愁，因为这说明文章中还保留着一般人的观点。像这样也过了好些年，然后文思就像水浩浩荡荡地奔流。这时我又担心内容不纯，便让文思的奔流停止下来，平心静气地考虑一下，使内容都纯正了，然后放手去写。即便如此，但是自己不能不继续加强修养。要在仁义的大道上行进，在《诗经》、《尚书》等儒家经典著作的源泉中游泳，不迷失仁义这条道路，不离开《诗经》、《尚书》等儒家经典著作这个源泉，我终身如此。人的精神状态好比是水，言辞好比是浮在水面的物体，水大，那么能浮在水面的物体大大小小都能浮起来。气和言辞的关系就如同水和浮物的关系一样，气盛，那么言辞的长短、声调的高下便都会恰到好处。

  虽然到了这种地步，难道自己敢认为已经接近成功了吗？即使自己的文章接近成功了，待到为人所用时，人家从中能得到什么呢？虽说如此，大概一般等待别人任用的人就像器物一样吧？用和不用都听从别人的摆布。君子就不是这样，他思考问题有一定的方法，自己行事有一定的原则，能为人所用就把自己的道德表现出来，给人们带来好处；不能为人所用就把自己的道德传给他的弟子，把它写在文章中让后人学习。像这样做是值得高兴呢，还是不值得高兴呢？

  现在有志于学古人立言的人太少了。有志于学古人立言必然会被今人遗弃，我确实为他们既感到高兴又感到悲哀。我多次赞扬这些人,用来鼓励他们,并不是我敢赞美那些应该赞美的人和敢批评那些应该批评的人。向我求学的人很多,我想到你说的用心不在于急于求利,姑且对你说了以上这些看法。韩愈诚告。

**原文**

六月二十六日,愈白,李生足下:

生之书辞甚高,而其问何下而恭也。能如是,谁不欲告生以其道?道德之归也有日矣,况其外之文乎?抑愈所谓望孔子之门墙而不入于其宫者,焉足以知是且非邪?虽然,不可不为生言之。

生所谓立言者,是也,生所为者与所期者,甚似而几矣。抑不知生之志,蕲胜于人而取于人邪?将蕲至于古之立言者邪?蕲胜于人而取于人,则固胜于人而可取于人矣;将蕲至于古之立言者,则无望其速成,无诱于势利,养其根而俟其实,加其膏而希其光。根之茂者其实遂,膏之沃者其光晔。仁义之人,其言蔼如也。

抑又有难者,愈之所为,不自知其至犹未也。虽然,学之二十余年矣。始者,非三代两汉之书不敢观,非圣人之志不敢存。处若忘,行若遗,俨乎其若思,茫乎其若迷,当其取于心而注于手也,惟陈言之务去,戛戛乎其难哉!其观于人,不知其非笑之为非笑也。如是者亦有年,犹不改。然后识古书之正伪,与虽正而不至焉者,昭昭然白黑分矣,而务去之,乃徐有得也。当其取于心而注于手也,汩汩然来矣。其观于人也,笑之则以为喜,誉之则以为忧,以其犹有人之说者存焉。如是者亦有年,然后浩乎沛然矣。吾又惧其杂也,迎而距之,平心而察之,其皆醇也,然后肆焉。虽然,不可以不养也。行之乎仁义之途,游之乎《诗》、《书》之源,无迷其途,无绝其源,终吾身而已矣。气,水也;言,浮物也。水大而物之浮者大小毕浮。气之与言犹是也,气盛则言之短长与声之高下者皆宜。

虽如是,其敢自谓几于成乎?虽几于成,其用于人也奚取焉?虽然,待用于人者,其肖于器邪?用与舍属诸人。君子则不然,处心有道,行己有方,用则施诸人,舍则传诸其徒、垂诸文而为后世法。如是者其亦足乐乎?其无足乐也?

有志乎古者希也。志乎古必遗乎今,吾诚乐而悲之。亟称其人,所以劝之,非敢褒其可褒,而贬其可贬。问于愈者多矣,念生之言不志乎利,聊相为言之。愈白。

# 柳宗元文集

**柳宗元**（773—819） 唐代诗人、散文家。字子厚，河东解县（今山西运城县解州镇）人，世称柳河东。贞元九年（793）登进士第，后又登博学宏词科。始授校书郎、调蓝田县尉，迁监察御史里行。是王叔文集团重要成员，积极参与"永贞革新"。任礼部员外郎。革新失败后，被贬为永州司马。十年后又迁柳州刺史，因称柳柳州。在任革弊兴利，为政清廉，为柳州人民所感怀。提倡"文以明道"，与韩愈共同倡导古文运动。是"唐宋八大家"之一。与韩愈齐名，并称"韩柳"。其散文题材广泛，风格多样，在山水游记方面有突出成就。其诗善借山水景物的描写寄寓悲愤孤清之情。有《河东先生集》传世。《全唐诗》存其诗一百八十余首，编为四卷。《旧唐书》卷160、《新唐书》卷168有传。

# 驳复仇议

　　臣从记载上看到武则天在位时,有个叫徐元庆的同州下邽人,父亲徐爽被县吏赵师韫杀害,但他最终亲手杀死父亲的仇人,然后自缚其身,投案自首。当时谏臣陈子昂提出建议,主张将他处以死刑,之后在他家乡予以表彰;并且请求将这一案例载入律令,永做国家法典。臣私下认为这是不对的。

　　我听说"礼"的根本作用,是用以防止混乱。按照"礼"来说,不许残害虐杀,凡是做儿子的不应复仇而复仇的,要处以死刑而不能赦免。"刑"的根本作用,也是用以防止"暴乱",按照"刑"的规定不许残害虐杀,凡是做官的,杀害无辜之人,要处以死刑而不能赦免。"礼"与"刑"的本质相同,而具体运用的对象和方法却不一样,表彰和惩处是不能同时运用到一件事情上的。惩办应当表彰的,这就叫滥杀,是严重亵渎刑法的尊严啊。表彰那应该惩处的,这就叫错赏,是严重破坏礼仪的规范啊。如果以这种做法来昭布天下,传给后世,那么,追求正义的人就弄不清前进方向了,躲避祸患的人就不知怎么处世了,用这个建议来作为国家的法典,行吗?

圣人的原则无非是彻底弄清事理以定赏罚,根据情况来正确地加以赞扬或贬斥,统一于一个标准罢了。如果调查审理了事情的真假,辨明了它的是非,研究了事情的发生而探求它的起因,那么"刑"与"礼"的运用,就能明确地区别开了。为什么呢?假如元庆的父亲没有犯下违背国法的罪行,师韫对他的诛戮,只是因为个人的怨恨,滥施他当官的威风,对无辜的人加以迫害,州里的长官不去追究他的罪行,刑部的官员不去加以责问,上下都蒙骗包庇,冤屈的呼叫充耳不闻;而元庆则认为和杀父的仇人一起活是耻辱,以为身带武器时刻准备报仇是合乎礼义,想方设法,来刺穿仇人的胸膛,正直坚强,严格要求自己,即使丧命也不遗憾,这正是遵守礼而实行义啊。执政的官员应该惭愧,向元庆道歉还来不及,又如何能去处死他呢?

或许元庆的父亲确实有罪,师韫对他的诛戮,不违背国法,这就不是死在官吏的手中,而是死于国法啊。国法难道可以仇视吗?仇视天子的法令而杀害奉行法令的官吏,是骄顽凶横、犯上作乱啊。逮捕他并处以死刑,正是用以明正国法,又怎么能表彰他呢?而且陈子昂的议状中说:"人必定会有儿子,儿子也必定有双亲,因为爱自己的双亲而互相仇杀,这种混乱状态谁来解救呢?"这是太不明白"礼"了。"礼"所说的仇,是怀着冤屈悲痛而无处申诉啊;不是指的犯罪违法,陷于死刑之中。若说"他杀了人,我就杀死他",不去评断是非,不过是欺负孤单力弱的人罢了。这违反经典、背离圣人的教诲不是太过分了吗?

《周礼》说:"调人的职务就是负责执掌万民冤仇之事。凡是杀人而合情合理的,便命令死者亲属不许报仇;假如报仇便处死。有为报复而杀人的，全国的人共诛之。"又怎么会发生因爱自己的父母而互相仇杀的事呢？《春秋·公羊传》说："父亲罪不当诛而被杀，儿子是可以报仇的。父亲罪该死，儿子报仇，这是为往来仇杀不止开先河，虽然报了仇但却消除不了祸害。"现在如果能根据上述原则来审断双方的相互杀戮，就符合礼了。

况且不忘父仇，是孝道；不惜一死，是义。元庆能按照礼的规定，尽了孝道并为义而赴死，这一定是个通达事理而明白道义的人。通达事理明白道义的人，难道会把王法看做仇敌吗？陈子昂反而主张把他处死，既亵渎了刑法，又败坏了礼义，它不能列为国家法典，是显而易见的。

请求把我的议状，附于律令之后颁布天下，有审理这类案件的，不应当按照从前陈子昂的意见去做。谨对此提出上述建议。

### 原文

臣伏见天后时，有同州下邽人徐元庆者，父爽为县尉赵师韫所杀。卒能手刃父仇，束身归罪。当时谏臣陈子昂建议诛之而旌其闾，且请编之于令，永为国典。臣窃独过之。

臣闻礼之大本，以防乱也。若曰无为贼虐，凡为子者杀无赦。刑之大本，亦以防乱也。若曰无为贼虐，凡为治者杀无赦。其本则合，其用则异，旌与诛莫得而并焉。诛其可旌，兹谓滥，黩刑甚矣；旌其可诛，兹谓僭，坏礼甚矣。果以是示于天下，传于后代，趋义者不知所以向，违害者不知所以立，以是为典，可乎？

盖圣人之制，穷理以定赏罚，本情以正褒贬，统于一而已矣。向使刺谳其诚伪，考正其曲直，原始而求其端，则刑礼之用，判然离矣。何者？若元庆之父，不陷于公罪；师韫之诛，独以其私怨。奋其吏气，虐于非辜，州牧不知罪，刑官不知问，上下蒙冒，吁号不闻。而元庆能以戴天为大耻，枕戈为得礼，处心积虑，以冲仇人之胸，介然自克，即死无憾，是守礼而行义也。执事者宜有惭色，将谢之不暇，而又何诛焉？

其或元庆之父，不免于罪，师韫之诛，不愆于法。是非死于吏也，是死于法也。法其可仇乎？仇天子之法，而戕奉法之吏，是悖骜而凌上也。执而诛之，所以正邦典，而又何旌焉？且其议曰："人必有子，子必有亲，亲亲相仇，其乱谁救？"是惑于礼也甚矣！礼之所谓仇者，盖以冤抑沉痛，而号无告也；非谓抵罪触法，陷于大戮。而曰"彼杀之，我乃杀之"，不议曲直，暴寡胁弱而已。其非经背圣，不亦甚哉！

周礼："调人掌司万人之仇，凡杀人而义者，令勿仇，仇之则死。有反杀者，邦国交仇之。"又安得亲亲相仇也？《春秋·公羊传》曰："父不受诛，子复仇可也；父受诛，子复仇，此推刃之道，复仇不除害。"今若取此以断两下相杀，则合于礼矣。

且夫不忘仇，孝也；不爱死，义也。元庆能不越于礼，服孝死义，是必达理而闻道者也。夫达理闻道之人，岂其以王法为敌仇者哉？议者反以为戮，黩刑坏礼，其不可以为典，明矣！

请下臣议附于令，有断斯狱者，不宜以前议从事，谨议。

# 桐叶封弟辨

古籍上有这样一种说法：周成王拿一片梧桐叶给年幼的弟弟，开玩笑说："将这个封赏你。"周公听说后便入宫祝贺，成王说："这是开玩笑啊！"周公说："天子是不能开玩笑的！"于是就将"唐"这块土地封给了成王年幼的弟弟。

我认为这是不可信的。成王的弟弟本当封赐吗？那样的话周公应当及时禀奏成王，不应趁成王开玩笑之机而去祝贺以促成它啊。不应当封赐吗?那么周公竟使成王的这个不恰当的玩笑成了事实,将土地与百姓交给年幼的弟弟,使他成为封地的国主,周公难道能算个圣人吗?而且周公只是认为君王不能随便乱说罢了,何必一定要依照他的话使之成为事实呢?假如不幸君王也拿着桐叶和妇女、宦官开玩笑,也要全部照他的戏言去做吗?

君王的德操在于其政令实行的效果怎么样,假设实施不得当,虽然改变十次也不算毛病;如果切实得当,就不能使它变更了,而何况是戏言呢。开玩笑的话而一定要照办,这是周公怂恿成王去做错事了。

我认为周公辅佐成王,应当以道义来从容不迫、和颜悦色地加以引导,以便使他归到正确的原则上罢了;一定不会迎合他的过失而为他辩解,也不应当束缚他的手脚,驱使他奔走,使他像牛马一样。催逼太急就要失败啊!而且家庭成员、父子之间尚不能用这种办法来管理,何况号称为君臣的人呢。这是耍小聪明的庸人所做的事情,不是周公所应该办的,故而不可相信。

有人说:"封赏唐叔,是史佚促成的。"

### 原文

古之传者有言,成王以桐叶与小弱弟戏,曰:"以封汝。"周公入贺,王曰:"戏也。"周公曰:"天子不可戏!"乃封小弱弟于唐。

吾意不然。王之弟当封邪?周公宜以时言于王,不待其戏而贺以成之也。不当封邪?周公乃成其不中之戏,以地以人与小弱者为之主,其得为圣乎?且周公以王之言不可苟焉而已,必从而成之邪?设有不幸,王以桐叶戏妇寺,亦将举而从之乎?

凡王者之德,在行之何若。设未得其当,虽十易之不为病;要于其当,不可使易也。而况以其戏乎?若戏而必行之,是周公教王遂过也。

吾意周公辅成王，宜以道，从容优乐，要归之大中而已，必不逢其失而为之辞；又不当束缚之，驰骤之，使若牛马然，急则败矣。且家人父子，尚不能以此自克，况号为君臣者邪？是直小丈夫缺缺者之事，非周公所宜用，故不可信。

或曰："封唐叔，史佚成之。"

# 箕 子 碑

凡是道德高尚的人，他的处世方法有三种：一是蒙受患难而仍能坚持正道，二是把法典传授给圣君，三是教化人民。殷代有个仁人叫箕子，他确实是具备了这些处世之道而立身于世的。所以孔子在阐述六经大义时，曾特别深情地提到他。

在纣王当政的时候，大道颠倒混乱，上天的震怒不能引起他的警戒，圣人的话对他也不起作用。在这种情况下，臣下冒死进谏，确实是够仁爱了，但是对延续殷商的国运没有什么益处，所以箕子不这样做。托身于新的王朝以保存殷商的宗祀，也确实是够仁爱了，但这等于参与了灭亡自己国家的行动，所以箕子不忍心这样做。这两条道路，都有人走过了。因此，箕子保持了自己的明智，与纣王周旋，隐藏起自己的谋略，暂且忍受被囚禁、做奴隶的屈辱；处于黑暗的环境中而不走邪路，跌倒了仍努力向前。所以《易经》中说："箕子处于不能显其明智的环境中。"但他却能在蒙受患难时坚持正道。等到天运改变、商灭周兴以后，周用正道教化人民，箕子便献出他那宏伟的大法，因而成为圣君的老师，周人因此得以整顿伦常纲纪，建立国家的典章制度。所以《尚书》中说："因为箕子归来，才作了《洪范》这部著作。"这就是把法典传授给圣君。等到箕子在朝鲜受封以后，他便推行王道教化人民，人不分尊

卑,居无论远近,都不能例外,以此来延续殷商的宗祀,使边远地区的少数民族和华夏民族相同。这就是用王道教化人民。大致这些处世原则,都集中体现在箕子的身上,无论天地如何变化,他始终能坚持正道,他真是一位伟大的人啊!

唉!当周朝还没有建立,殷商还没有灭亡的时候,比干已死,微子也已经离去。假使纣王还没有恶贯满盈而自己死去,他的儿子武庚想发动叛乱以图谋复辟,这时国内没有贤明的人,谁来辅佐治理呢?这本来是人事中可能出现的情况。那么先生忍辱负重地这样做,大概是想在这方面有所作为吧?

唐朝某年,在汲郡建了一座箕子庙,每年按时祭祀。我钦佩先生的行为独能列于《周易》的卦象中,便写了这篇颂词。

### 原文

凡大人之道有三:一曰正蒙难,二曰法授圣,三曰化及民。殷有仁人曰箕子,实具兹道以立于世,故孔子述六经之旨,尤殷勤焉。

当纣之时,大道悖乱,天威之动不能戒,圣人之言无所用。进死以并命,诚仁矣,无益吾祀,故不为。委身以存祀,诚仁矣，与亡吾国，故不忍。具是二道，有行之者矣。是用保其明哲，与之俯仰；晦是谟范，辱于囚奴；昏而无邪，聩聩而不息；故在易曰"箕子之明夷"，正蒙难也。及天命既改，生人以正，乃出大法，用为圣师。周人得以序彝伦而立大典；故在书曰"以箕子归作《洪范》"，法授圣也。及封朝鲜，推道训俗，惟德无陋，惟人无远，用广殷祀，俾夷为华，化及民也。率是大道，丛于厥躬，天地变化，我得其正，其大人欤？

於虖！当其周时未至，殷祀未殄，比干已死，微子已去，向使纣恶未稔而自毙，武庚念乱以图存，国无其人，谁与兴理？是固人事之或然者也。然则先生隐忍而为此，其有志于斯乎？

唐某年，作庙汲郡，岁时致祀，嘉先生独列于易象，作是颂云。

# 捕蛇者说

永州的山野出产一种奇异的蛇，黑色的身体长着白色的花纹；碰着草木，草木便都被毒死；咬了人，就无法救治。然而捉住它晒干来做药饵，可用以治愈麻风、手足弯曲、颈肿和恶疮等病痛，除去腐败的肌肉，杀死三尸之虫。起初，太医凭皇帝的诏命来征集它，每年征收两次。招募能捉这种蛇的人，代替他们的赋税来交纳。于是，永州的百姓争着去捕这种蛇。

有个姓蒋的人，他家独自享受这种好处已经三辈子了。问他情况，他说："我的爷爷死在这事，我的父亲死在这事，现在我接替来做这件事十二年了。差一点被咬死的情况已经有好多次了。"言谈之间，表情十分悲伤。

我很同情他，并且说："你为这事很苦恼吗？我可以去告诉掌管此事的官员，改换你的这个差使，恢复你的赋税，怎么

样呢?"

　　姓蒋的人更痛苦了,流着泪说:"您大概是可怜我而想叫我活下去吧?那么我这种差使带来的不幸,远远不如恢复我的赋税所造成的不幸更厉害啊。假如我不干这种差使,我早就困苦不堪了。自从我们一家三辈子住在这个地方,到现在已经六十年了,而同村邻居的生活一天比一天困窘。他们全部交纳了地里的出产,用尽了家中的收入,啼哭呻吟着到处逃亡,饥渴劳累跌倒地上,受尽风吹雨打,忍受严寒酷暑,呼吸着毒气,往往因此而死的人一批接着一批。过去和我的爷爷一块儿居住的,如今他们十户之中剩不下一户了;和我父亲一块儿居住的,如今他们十户之中,余留下不过两三户了;和我同居十二年的,如今他们十户之中保存不了四五户了。不是死去就是逃亡了,而我家却因为担负捕蛇的差役独自保存下来。凶横的差吏来到我们村中,到处狂喊乱叫,骚扰破坏,惊呼而胆寒的,不仅是人,就连鸡狗也不得安宁。我则小心地站起身来,看看那个瓦罐,发现我捉的蛇还在,便放心地躺下睡觉。细心地喂养它,到了规定的日期便献上去。回到家中美美地享用那田中的产品,来度过我的一生。一年之中冒死的危险不过两回,其余的时间,是安闲而快乐的。哪里像我乡间的邻居天天都受着死亡的威胁呢!如今就是死在这上头,比起我的邻居来,死得也算是晚多了,哪里又敢怨恨呢?"

　　我听了他的话以后更加悲伤。孔子说:"暴政比老虎更凶狠啊。"我曾经对这种说法表示怀疑,而今从姓蒋的人的遭遇来看,才知道这话千真万确。唉!谁知道赋税征敛的毒害,比这种毒蛇还更厉害呢!所以为此事写了这篇文章,留待那些考察民情的官员得知。

**原文**

　　永州之野产异蛇,黑质而白章,触草木尽死,以啮人,无御之者。然得而腊之以为饵,可以已大风、挛、踠、瘘、疠,去死肌，杀三虫。其始，太医以王命聚之，岁赋其二。募有能捕之者，当其租入。永之人争奔走焉。

有蒋氏者，专其利三世矣。问之，则曰："吾祖死于是，吾父死于是，今吾嗣为之十二年，几死者数矣。"言之，貌若甚戚者。

余悲之，且曰："若毒之乎？余将告于莅事者，更若役，复若赋，则何如？"

蒋氏大戚，汪然出涕曰："君将哀而生之乎？则吾斯役之不幸，未若复吾赋不幸之甚也。向吾不为斯役，则久已病矣。自吾氏三世居是乡，积于今六十岁矣，而乡邻之生日蹙、殚其地之出，竭其庐之入，号呼而转徙，饥渴而顿踣，触风雨，犯寒暑，呼嘘毒疠，往往而死者相藉也。曩与吾祖居者，今其室十无一焉；与吾父居者，今其室十无二三焉；与吾居十二年者，今其室十无四五焉。非死则徙尔，而吾以捕蛇独存。悍吏之来吾乡，叫嚣乎东西，隳突乎南北，哗然而骇者，虽鸡狗不得宁焉。吾恂恂而起，视其缶，而吾蛇尚存，则弛然而卧。谨食之，时而献焉。退而甘食其土之有，以尽吾齿。盖一岁之犯死者二焉，其余，则熙熙而乐。岂若吾乡邻之旦旦有是哉？今虽死乎此，比吾乡邻之死，则已后矣，又安敢毒耶？"

余闻而愈悲。孔子曰："苛政猛于虎也。"吾尝疑乎是。今以蒋氏观之犹信。呜呼！孰知赋敛之毒有甚是蛇者乎！故为之说，以俟夫观人风者得焉。

# 种树郭橐驼传

郭橐驼，不知他原来叫什么名字。因为生佝偻病，驼着背低头弯腰地走路的样子，有点像骆驼，所以村里人都叫他郭橐驼。他听了说："很好嘛！这样叫我正合适。"于是丢掉原来的名字,也自称为"橐驼"了。

他所住的地方叫丰乐乡,在长安西郊。郭橐驼以种树为业,凡是长安豪门富户要修建园林及经营水果买卖的,都争相召请雇用他。看郭橐驼栽种或移植的树木,没有一棵不成活的,而且长得高大茂盛,果子结得又早又多。其他种树的人虽然偷看仿效他的方法,但都不如他种得好。

有人问他有什么诀窍。郭橐驼回答说:"我郭橐驼并不能使树木活得长久生得繁茂,只不过能够顺着树木的天性让它自己去发展罢了。大凡种植树木的特性是:树根要让它舒展,培土要均匀,根部要保留原有的熟土,树根周围的泥土要捣得结实。种好以后,不要再动它替它担心,尽可以走开不管。总之,在栽种的时候要像哺育子女一样地小心,种好以后完全可以置之不理,那样树木的天性就得到了保全,而能按自己的本性生长了。所以说我只是不去妨碍树木的生长罢了,并没有使它长得高大茂盛的好办法;只是不去抑制减少它挂果结实罢了,并没有使它既早又多地结果实的诀窍。别的植树人却不是这样,种的时候树根卷曲,把熟土都换上生土,培土的时候,不是过多,就是不足。即使有和上述情况相反的人,却又对树苗爱惜得太过分,担心得太多余,早上去看看,晚上去摸摸,已经走开了又回过来再瞧瞧。有些更过分的竟用指甲抠开树皮检验它究竟是死是活,摇摇树干看它种得牢固还是疏松,经过这样的折腾,树木的天性就一天一天地被破坏了。这种做法,虽说是爱它,其实恰恰是害了它;虽说是担心它,其实恰恰是仇视它。所以他们种的树都不如我。我又有什么别的本领呢?"

问他的人说:"把你种树的道理用到当官理政上去,可以吗?"

郭橐驼说:"我只知道种树罢了,治民理政可不是我的职业。不过我居住在乡下,见当官的总喜欢不断地发号施令,好像是很爱护百姓似的，最终却给百姓带来了灾难。官吏们一天到晚跑来吆喝："长官命令你们快耕田，劝你们快下种，催你们快收割，早些煮茧缫丝，早些纺线织布，养育好你们的孩子，喂好你们的鸡和猪。"一会儿击鼓集合百姓，一会儿又敲梆子召集大家，弄得我们小百姓为招待官吏连吃饭也没工夫，又靠什么让我们人丁兴旺生活安定呢？所以老百姓都十分困苦疲累了。像这样治民的办法，同我那些种树同行的做法不是也有些类似吗？"

问的人笑着说："哈，这不是很好嘛！我问植树的道理，却得到了治民的办法。"于是就记下这件事，以供当官的鉴戒。

### 原文

郭橐驼，不知始何名。病偻，隆然伏行，有类橐驼者，故乡人号之"驼"。驼闻之曰："甚善，名我固当。"因舍其名，亦自谓"橐驼"云。

其乡曰丰乐乡，在长安西。驼业种树，凡长安豪家富人为观游，及卖果者，皆争迎取养。视驼所种树，或迁徙，无不活，且硕茂蚤实以蕃。他植者虽窥伺效慕，莫能如也。

有问之。对曰："橐驼非能使木寿且孳也，能顺木之天以致其性焉尔。凡植木之性：其本欲舒，其培欲平，其土欲故，其筑欲密。既然已，勿动勿虑，去不复顾。其莳也若子，其置也若弃，则其天者全而其性得矣。故吾不害其长而已，非有能硕茂之也；不抑耗其实而已，非有能蚤而蕃之也。他植者则不然，根拳而土易。其培之也，若不过焉则不及。苟有能反是者，则又爱之太殷，忧之太勤，旦视而暮抚，已去而复顾，甚者爪其肤以验其生枯，摇其本以观其疏密，而木之性日以离矣。虽曰爱之，其实害之；虽曰忧之，其实仇之。故不我若也。吾又何能为哉？"

问者曰："以子之道，移之官理可乎？"

驼曰："我知种树而已，官理非我业也。然吾居乡，见长人者，好烦其令，若甚怜焉，而卒以祸。旦暮吏来而呼曰：'官命促尔耕，勖尔植，督尔获，蚤缫而绪，蚤织而缕，字而幼孩，遂而鸡豚！'鸣鼓而聚之，击木而召之。吾小人辍飧饔以劳吏者且不得暇，又何以蕃吾生而安吾性耶？故病且怠。若是，则与吾业者其亦有类乎？"

问者嘻曰："不亦善夫！吾问养树得养人术。"传其事以为官戒也。

# 梓 人 传

裴封叔的住宅在光德里，有一个匠人来到他家中，愿意租赁空闲房屋居住。所带的工具有寻、引、圆规、矩尺和绳墨，屋中没有存放磨石和锯、斧之类器具。问他的技能，他说："我善于计算材料，根据房屋的构造，高、宽、圆、方、短、长的需要，我加以指点分派而由工匠们动手去做。离开了我，大伙连一间屋也盖不起来。因此，为官府干活，我拿的工钱是普通工匠的三倍；替私人盖房，我要拿全部工值的一大半。"有一天，我走进他的屋，看到他的床缺了一条腿而他却不会修理，说是将去请别的工匠替他修修。我觉得很可笑，认为他是个毫无本领而贪图财货的人。

后来，京兆尹要修缮官衙，我到了那里。只见那儿准备好了各种材料，聚集了许多工匠。工匠们有的拿着斧子，有的拿着锯和砍刀，都站成圆圈围着那位匠人。那位匠人左手拿着"引"，右手拿着杖立在中央。计算房屋构造的需要，看好木料能做什么东西，挥挥手中木杖说："用斧子砍那里！"拿斧子的便赶紧跑到右边去；回头指指说："锯这儿！"拿锯的便疾步赶到左边。一会儿的工夫，拿斧子劈的，用刀削的，都看着他的脸色,等着他的指使,没有敢自作主张的。那些不能胜任的,他朝他们发火,辞退他们,也没有敢表示恼恨的。他把房舍的图样画在墙上,一尺见方的图样却详细地表示出房舍的整个结构,依照图样的精确计算来建造高大房屋,毫无不恰当准确的地方。房屋建成之后,便在大梁上写

下:"某年某月某日某人建造。"这就是他的姓名,那些具体操作的工匠一概不能列名。我看了一遍,大吃一惊,从这件事才了解到他的技艺的作用太大了!

随后,我又感叹说:他大概是抛开手艺,专门使用自己的智慧,而能够掌握主体和要领的人吧?我听说操劳心智的役使他人,操劳体力的被他人役使,他莫非就属于操劳心智的一类人吗?有手艺的专管干活,而有智慧的出计谋,他可以算作有智慧的人吧?这是完全可以供辅佐天子治理天下的人效法啊,再没有比这更相似的事情了。那治理天下的人,必须依靠众人。为他服务的,是差役,是乡长、里长。他们之上是下士,再往上是中士,是上士。再往上是大夫,是卿,是诸侯。分工之后而成为吏、户、礼、兵、刑、工六部,细分还有朝中各级各类的官员。朝廷之外直达四海,设有封疆大吏;郡有郡守,

县有县令，他们又都有辅佐政事的人。他们之下有小吏，小吏之下又有负责诉讼赋税的乡官和掌管户籍的乡官，以担承各种差事，就好像工匠们各自具有自己的技艺靠劳动来换得衣食啊。那辅佐天子治理天下的人，身居于所有这些人之上，指挥、使用他们，调理国家的宪令而加以增减，统一国家的法制而予以整顿，好像那位木匠有圆规、矩尺、绳墨来确定房屋的构造。选拔天下的人才，使他们各称其职；安顿天下的百姓，使他们各守其业；视察了都城的情况就能掌握乡村的情况，视察了乡村的情况就能了解各个封国的情况，视察了封国的情况就能明白天下的情况；无论远近大小，都能手指着地图而加以考察，好像那位木匠在墙上画成房舍图样而施工兴建啊。有才能的人，由于他的推荐受到任用，却使他们不去感念自己的恩德；没有才能的予以贬退罢免，也没有敢于怨怒的。不炫耀个人的才能，不矜夸自己的名声，不亲自去做具体琐细的事务，不侵犯众官的职责，每日里和天下的英俊之才讨论治理国家的根本策略和措施，恰似那位木匠调动众多的工匠而不去卖弄自己的技术一样啊。这样一来才算是掌握了做宰相的法则而使天下得到治理。掌握了做宰相的法则，国家得到治理，天下的人民才会抬头仰望说："这是我们宰相的功劳啊！"后代的人才会根据他的事迹而景慕地说："这是那位宰相的才能啊！"人们有时谈到殷、周的政绩，只提伊尹、傅说、周公和召公，当时百官的辛勤劳苦，却得不到记载；这就犹如那位木匠自己记下自己的功绩，而具体操作的人却不能写上名字一样。伟大啊！宰相之道！通晓这个道理的，也只是起到所谓辅助天子的作用而已。那些不能识大体、懂要领的人却与此相反，认为谨慎勤苦便是一心为公，把书牍公文看得十分重要，炫耀才能，矜夸名节，干些琐碎的事务，侵犯众官的权限，窃取了六部和百官的职责，在相府之中扬扬自得，却丢弃了他的重大的、长远的责任，这就是所谓不明白为相之道的人啊！就好像那位木匠不懂得绳、墨的曲直，规、矩的方圆，寻、引的长短，姑且夺过工匠们的斧子、砍刀和锯，来帮着他们干活，却又不能掌握他们的手艺，以至于遭到失败。尽了力量而一事无成，这不是很荒唐的吗？

有人说："那房屋的主人，倘若提出自己的主意，牵制那位匠人的谋虑，剥夺了他世代所遵循的规则，而听信不负责任的议论，虽然不能成功，难道能算他的罪过吗？因此，成败的关键，在于能不能得到信任而已。"我认为这种说法不对。曲直已定，方圆已成，高的就不能再截短，窄的就不能再加宽。按照自己的设计去做就会牢固，不按自己的设计去做就要倒塌。那主人要是乐于不要房舍牢固而偏爱使房屋倒塌，那么就收起自己的技术，藏起自己的智谋，扬长而去，而不使自己的技艺受屈，这才真是好匠人呢。假如贪图财物，容忍主人的错误而不能抛舍，丢掉自己的设计，屈从主人的意愿而不坚守自己的原则，待到栋梁断裂房屋倒塌之时，却说："不是我的过失！"能够这样吗？能够这样吗？

我认为匠人的技艺和宰相治国之道有类似之处，因此写成文章保存起来。"梓人"就是古时候的审视度量材料的曲直形状的人，现在叫做都料匠。我遇到的这个人姓杨，名叫潜。

**原文**

裴封叔之第，在光德里。有梓人款其门，愿佣隟宇而处焉。所职寻引、规矩、绳墨，家不居砻斫之器。问其能，曰："吾善度材，视栋宇之制，高深圆方短长之宜，吾指使而群工役焉。舍我，众莫能就一宇。故食于官府，吾受禄三倍；作于私家，吾收其直大半焉。"他日，入其室，其床阙足而不能理，曰："将求他工。"余甚笑之，谓其无能而贪禄嗜货者。

其后京兆尹将饰官署，余往过焉，委群材，会众工。或执斧斤，或执刀锯，皆环立向之。梓人左持引，右执杖，而中处焉。量栋宇之任，视木之能举，挥其杖曰："斧！"彼执斧者奔而右；顾而指曰："锯！"彼执锯者趋而左。俄而斤者斫，刀者削，皆视其色，俟其言，莫敢自断者。其不胜任者，怒而退之，亦莫敢愠焉。画宫于堵，盈尺而曲尽其制，计其毫厘而构大厦，无进退焉。既成，书于上栋曰："某年、某月、某日、某建。"则其姓字也。凡执用之工不在列。余圜视大骇，然后知其术之工大矣。

继而叹曰：彼将舍其手艺，专其心智，而能知体要者欤？吾闻劳心者役人，劳力者役于人，彼其劳心者欤？能者用而智者谋，彼其智者欤？是足为佐天子相天下法矣，物莫近乎此也。彼为天下者，本于人。其执役者，为徒隶，为乡师里胥。其上为下士，又其上为中士，为上士。又其上为大夫，为卿，为公。离而为六职，判而为百役。外薄四海，有方伯连帅；郡有守，邑有宰，皆有佐政。其下有胥吏，又其下皆有啬夫版尹，以就役焉。犹众工之各有执技以食力也。彼佐天子相天下者，举而加焉，指而使焉，条其纲纪而盈缩焉，齐其法制而整顿焉，犹梓人之有规矩绳墨以定制也。择天下之士，使称其职；居天下之人，使安其业。视都知野，视野知国，视国知天下，其远迩细大，可手据其图而究焉。犹梓人画宫于堵而绩于成也。能者进而由之，使无所德；不能者退而休之，亦莫敢愠。不炫能，不矜名，不亲小劳，不侵众官，日与天下之英才，讨论其大经，犹梓人之善运众工而不伐艺也。夫然后相道得而万国理矣。相道既得，万国既理，天下举首而望曰："吾相之功也。"后之人循迹而慕曰："彼相之才也。"士或谈殷周之理者，曰伊傅周召，其百执事之勤劳，而不得纪焉。犹梓人自名其功，而执用者不列也。大哉相乎！通是道者，所谓相而已矣。其不知体要者反此，以恪勤为公，以簿书为尊，炫能矜名，亲小劳，侵众官，窃取六职百役之事，听听于府庭，而遗其大者远者焉，所谓不通是道者也。犹梓人而不知绳墨之曲直、规矩之方圆、寻引之短长，姑夺众工之斧斤刀锯，以佐其艺，又不能备其工，以至败绩，用而无所成也，不亦谬欤！

或曰："彼主为室者，倘或发其私智，牵制梓人之虑，夺其世守，而道谋是用，虽不能成功，岂其罪邪？亦在任之而已。"余曰不然。夫绳墨诚陈，规矩诚设，高者不可抑而下也，狭者不可张而广也。由我则固，不由我则圮。彼将乐去固而就圮也，则卷其术，默其智，悠尔而去，不屈吾道，是诚良梓人耳！其或嗜其货利，忍而不能舍也；丧其制量，屈而不能守也。栋桡屋坏，则曰："非我罪也。"可乎哉？可乎哉？

余谓梓人之道类于相，故书而藏之。梓人盖古之审曲面势者，今谓之都料匠云。余所谓者杨氏，潜，其名。

# 钴鉧潭西小丘记

找到西山美景之后的第八天，沿着山口西北的山路走了二百步，又找到了钴鉧潭。潭西二十五步，在流急水深的地方，垒着一道鱼梁。鱼梁旁边的岸上有座小丘，上面长着翠竹绿树。小丘上突兀耸立、露出地面呈现出奇形怪状的山石不可胜数。那些层出叠立由上而下的，好像一群牛马拥挤着到溪中饮水；那些高耸突出、如兽角斜列往上冲排列的，好像熊罴在攀登。

丘很小，面积不足一亩，可以全部买下来。打听它的主人是谁，答道："是唐家舍弃的一块地方，想卖而卖不出。"问它的价钱，答道："只要四百文钱。"我很喜爱它，便将它买了下来。当时李深源、元克己和我同游，都非常高兴，真是出乎意料。立即共同拿起工具，铲除荒草，伐尽杂树，燃起烈火将它们烧掉。于是绿树挺立，翠竹露形，奇石显现。从小丘上眺望，那高耸的山峦，飘拂的白云，涌流的溪水，翱翔游荡的鸟兽，全都高兴地以各自的姿容技巧，在这座小丘之下呈献。

铺设枕席躺在这里,那清澈明净的溪水映入我的眼帘,那回旋流淌的水声响在我的耳际,悠远空虚的气氛与我的精神融合,深处寂静的情景和我的心情相通。不满一旬而发现了两处奇景,即便是古代好游山水的人,或许也不能达到这境界吧。

啊!把这座小丘的美景,放到长安近郊的沣、镐、鄠、杜等地,那些爱好游览的豪门,即使日增千金也难以买到它。现在被抛弃在这荒僻的永州,农人渔民走过这儿都认为它鄙陋无用,卖四百文的价钱,多年都卖不出去。唯独我和深源、克己却喜出望外地得到了它,是它果然有这种遇合的缘分吗?故而我撰文刻石,用来庆贺这座小丘的好运。

**原文**

得西山后八日,寻山口西北道二百步,又得钴𬭁潭。潭西二十五步,当湍而浚者为鱼梁。梁之上存丘焉,生竹树。其石之突怒偃蹇,负土而出,争为奇状者,殆不可数。其嵌然相累而下者,若牛马之饮于溪;其冲然角列而上者,若熊罴之登于山。

丘之小不能一亩,可以笼而有之。问其主,曰:"唐氏之弃地,货而不售。"问其价,曰:"止四百。"余怜而售之。李深源、元克己时同游,皆大喜,出自意外。即更取器用,铲刈秽草,伐去恶木,烈火而焚之。嘉木立,美竹露,奇石显。由其中以望,则山之高,云之浮,溪之流,鸟兽之遨游,举熙熙然回巧献技,以效兹丘之下。枕席而卧,则清泠之状与目谋,瀯瀯之声与耳谋,悠然而虚者与神谋,渊然而静者与心谋。不匝旬而得异地者二,虽古好事之士,或未能至焉。

噫!以兹丘之胜,致之沣、镐、鄠、杜,则贵游之士争买者,日增千金而愈不可得。今弃是州也,农夫渔父过而陋之,贾四百,连岁不能售。而我与深源、克己独喜得之,是其果有遭乎!书于石,所以贺兹丘之遭也。

# 小石城山记

从西山道口一直朝北走,越过黄茅岭往下走,有两条路:一条向西,走过去寻找,却没有遇见什么风景;另一条稍为偏北而向东,走不到四十丈远,路就被一条河流隔断了,有一座石山横挡在路的旁边。石山顶部的形状像城墙和房屋的栋梁,旁边凸出的一块好像堡垒,有一个洞似门。往洞里看去,一片漆黑。投一块小石头进去,"咚"地一下有水的响声,那响亮的声音好久才停止。石山有小道,可以盘绕着登到山顶,站在上面能望得很远。石山上没有泥土,却生长着好树美竹,形状非常奇特而且质地坚硬,它们分布得疏密有致、高低参差,好像是聪明的巧匠精心布置的。

唉!我怀疑上帝的有无已经很久了,等到看见这一切,便相信上帝是确实有的了。但又奇怪他为什么不把这座小石城山布置到人烟稠密的中原地区去,而把它放在荒凉僻远的夷狄之地,即使经过千百年也不能显现一下自己的奇异景色,这真是费力而毫无用处,上帝似乎是不会这样做的。这样看来又好像确实是没有上帝的吧?有人说:"这是用来安慰那些蒙受屈辱被贬到此的贤人的。"也有人说:"这个地方的灵气没能造就出伟人,而唯独聚集成如此优美的山水,所以楚地的南部少出人才而多产奇峰怪石。"这两种说法,我都不相信。

**原文**

自西山道口径北,逾黄茅岭而下,有二道:其一西出,寻之无所得;其一少北而东,不过四十丈,土断而川分,有积石横当其垠。其上,为睥睨梁欐之形;其旁,出堡坞,有若门焉,窥之正黑,投以小石,洞然有水声,其响之激越,良久乃已。环之可上,望甚远。无土壤而生嘉树美竹,益奇而坚,其疏数偃仰，类智者所施设也。

噫！吾疑造物者之有无久矣，及是愈以为诚有。又怪其不为之中州，而列是夷狄，更千百年不得一售其伎，是固劳而无用。神者傥不宜如是，则其果无乎？或曰："以慰夫贤而辱于此者。"或曰："其气之灵，不为伟人而独为是物，故楚之南少人而多石。"是二者，余未信之。

# 封建论

难道天地真的没有最原初的阶段吗？我无法知道。人类真的有最原初的阶段吗？我也无法知道。那么，这两种说法哪种更符合事实呢？在我看来：有最原初的阶段这种说法比较吻合事实。从何而知呢？从"赏封国土、设立诸侯"的封建制就能够知道。那种封建制，经历了古代圣贤的君王尧、舜、禹、商汤、周文王和周武王，但是却没有一个人能够废止它。大概并非不想废除它，而是形势不允许废除它吧！

这种形势的产生，应该是在人类的最原初的阶段吧？没有最原

初的阶段的那种形势，封建制就不可能诞生。封建制，并非古代圣贤之人的本意。

人在最初的阶段是和万物生活在一起的，那时草木杂乱芜秽，野兽四处奔窜，人不能像野兽一样抓扑啃咬，并且也没有毛羽来御寒，不能自我供养，自我保护。荀卿说："人类必然要借外物为己用。"然而借助外物必然会引起纷争，纷争不能停止，就肯定会找一个能够明辨是非的人，并且听从于他的命令。如果是既智慧又能明辨事理的人，那么必定会有很多人服从于他；把正确的告诉那些起纷争的人，他们却不悔改，就必定会遭受痛苦，之后产生畏惧，于是君长、刑法、政令就诞生了。如此一来附近的人就会结成群体，分成各个群体之后，彼此间的纷争就会更大，争斗的规模变大了之后就会出现军队和威德。如此，就又会出现更有威德的人，各个部族的首领就又会听命于他，以此来使部属安定，于是就产生了诸侯。这样争斗就会更大，又有更具威德的人，诸侯们又会听从于他的命令，以此使自己的封国安定，于是就又产生了方伯、连帅这样的诸侯首领，他们的争斗当然也会更大。这样就又出现了更具威德的人，方伯、连帅这样的首领也要听从他的命令，以此安定百姓，这之后天下就统治在天子一人之手了。所以说有了乡里的长官之后才产生县大夫，有了县大夫之后才产生了诸侯，有了诸侯之后才产生了方伯、连帅，而有了方伯、连帅之后才产生了天子。从天子到乡官，那些造福于民的人死了之后，人们一定会遵奉他们的子孙担任他的职务。因此说封建制不是出于圣人之意，而是形势所迫。

尧、舜、禹、汤的事情已经太遥远了，到了周朝的时候记载得就十分详备了。周朝统治天下之后，就把土地分割、瓜分开来，分为公、侯、伯、子、男五等爵位，把土地分封给了众多的诸侯，诸侯国就像天空的繁星一样多，遍布于国家的各个方向，围在天子周围，就像车轮一样辐条集中在车毂上，围绕着中心旋转。诸侯集合的时候朝拜天子,分离的时候就要守卫疆土、捍卫城池。然而到了周夷王的时候,立法就被破坏了,天子的尊严也受到损伤,天子只能下堂去迎接觐见的诸侯。到了周宣王的时候,他虽然有复兴周王朝的功德,具有南征北伐的威名,但是终究无法决定鲁王的继承人。从周夷王到后来的幽王、厉王,后来周平王东迁国都,也就把自己列在与诸侯一样的位置上去了。从此以后,向周天子询问九鼎的轻重的事情出现了,射杀天子射中天子肩膀的事情出现了,威逼天子讨伐凡伯、诛杀大夫苌弘的事情也出现了。天下一片混乱,再也没有尊重天子的心了。在我看来周王朝丧失实际的统治权已经很长了,只不过保留着一个在公侯之上的空名罢了!这难道不是由于诸侯过于强大,就像尾巴太大而摇不动所产生的过错吗?于是周王朝就分裂为十二个诸侯国,后来又合并为七个,国家的权威都分散到了陪臣的国家,最终被很晚才分封为诸侯的秦国所灭。周王朝衰败的开端,应该就在这里吧。

秦一统天下之后,分裂诸侯国改设郡邑,废除诸侯而设置郡县长官。雄踞天下险要的地势,在上游建立国都,掌控全国,将国家掌握在自己手中,这是它做得对的地方。没过几年天下就大乱,那是另有原因的。秦王朝多次紧急征集上万人的劳役,使严酷的刑法暴露无遗,钱财也被消耗殆尽。那些扛着锄头木棍被责罚戍守边境的百姓,彼此环视一下就联合起来了,呼号成群。当时只有造反的百姓却没有造反的官吏,处于下层的百姓仇恨秦朝,但是官吏却对朝廷十分畏惧。天下百姓互相配合,都在劫杀郡守县令。这过失在于引起民怨,却不在于郡邑制度。

汉朝统一天下之后,矫正了秦朝的过失,遵循周朝的封建制,分割四海,分赏给宗子和功臣。几年之间,奔走平息镇压诸侯国的叛乱,以至连救死扶伤都顾不上。汉高祖刘邦被围困在平城,为箭射伤,国家日益衰落,三代都没能强盛。后来谋臣晁错进谏献策，削弱诸侯国，并由朝廷官员管理诸侯国。但是汉朝采用封建制之初，诸侯国和郡县的土地各占一半，那时有诸侯国叛乱却没有郡县叛乱，秦朝采用的郡县制是正确的，也就可以看出来了。汉以后称帝的统治者，即使再过一百代，也可以知道这种郡县制的优越性。

　　唐朝建立以后，设立州邑，任命州县官员，这么做是对的。但有时还会有一些暴虐狡猾之人进行叛乱、侵州夺县，这样的过失不在于实行州县制度而在于军事制度，当时只有反叛的将领却没有叛乱的州县。因此州县制度的设立，的确是不能改变的。

　　有的人说："封建制分封的诸侯，必定会认真治理其封地，对待自己封地的百姓就像对待自己的儿女一样，适应那里的风俗，治理国家，比较便于施行教化。而郡县制的州县官员，抱着一种苟且的心理，只想着怎么升官而已，如何能够治理好州县呢？"我并不认同这种说法。从周朝的事情，可以很清楚地看到这一点：诸侯们骄奢淫逸，贪财好战，基本上是混乱的诸侯国多，而治理得好的诸侯国少。诸侯们无法改变混乱的政局，天子不能撤换诸侯国的君王，真正珍惜土地像爱护子女一样爱护人民的诸侯，一百个人之中还没有一个。弊病在于封建制，而不在于政治治理，周朝的事情就是这样。从秦朝的情况来看，也可以很清楚地看出这一点：国家有治理百姓的制度，不委权于郡县，这是对的；国家有管理百姓的大臣，不让郡县的官员自行其是，这也是对的。只是郡县未能很好地发挥郡县制的作用，郡县的官员不能很好地治理百姓，严酷的刑罚、繁重的劳役，使百姓侧目而视。弊病在于政治治理，而不在于郡县制，秦朝的情况就是如此。汉朝兴建之时，天子的政令能够在郡县实行，却不能在诸侯国实施；天子只能掌控郡县官员，却不能掌控诸侯。即使诸侯胡作非为，天子也无权撤换；即使诸侯国的百姓生活困顿，国家也不能解救他们。只能等到诸侯发生叛乱,这之后才能将其逮捕、流放,或者兴兵讨伐、灭掉他们。在他们的罪恶还没有完全暴露之时,即使他们搜刮钱财,凭借权势作威作福,给百姓造成很大的灾难,国家也不能将他们怎么样。而郡县,可以说是得到了很好的治理,社会安定。为什么这样说呢?汉王朝从汉中守田叔那里知道了孟舒,从冯唐那里知道了魏尚,听闻了黄霸此人明察审慎,目睹了汲黯为人从政简约,就可以授予他们官职或恢复他们原来的官职,甚至可以让汲黯躺着上任,委任他去安抚一方。官员触犯了法律可以被罢免,有才能的可以奖赏。早晨刚刚任命,但是倘若发现他不行正道,晚上就可以罢免;晚上任命的官吏,倘若发现他违法乱纪,第二天早晨就能废除他。如果汉王朝把土地全部分封给诸侯,纵使诸侯危害百姓,也只能发愁而已。孟舒、魏尚治理国家的方法无法实施,黄霸、汲黯的教化也不能推行。公开地谴责劝导诸侯,他们当面即使接受了,但转身就又违反了;倘若下令削减他们的土地,诸侯国彼此之间就会互相串通联合阴谋反叛,怒视天子,气势汹汹地反叛朝廷。即使很庆幸,他们没有联合反叛,那么就能削减他们一半的土地,可即使削减了他们一半的封地,百姓还是要受害,为什么不彻底废除诸侯以保护那里的百姓呢?汉朝的情况便是如此。现在国家全部实行郡县制,接连不断地任命郡县官员,这种制度是一定不能改变的。只要妥善地治理军队,谨慎认真地选择官吏,国家就会太平了。

又有人说:"夏、商、周、汉四代实行封建制国家都统治了很久,而秦朝实行郡县制,却很快就灭亡了。"说这种话的人更不是懂得治理国家的人。魏承袭汉朝,继续实行封爵的封建制;西晋延续魏代,承袭旧制不加变革。这两个朝代都很快就灭亡了,没有听说过统治长久的。如今我们唐朝矫正魏晋的错误加以改变,国家已经统治了近二百年,国家基业更为稳固,这和分封诸侯有关系吗?

又有人认为："商、周二朝的君王，都是圣君，但是他们都未曾变革封建制，改变封建制这件事原本就不该再议论了。"这种说法十分错误。商、周二朝之所以没有变革封建制，是没有办法的事。归顺于商朝的诸侯国大概有三千个，商朝凭借他们的力量才灭掉了夏，因此商汤不能废除诸侯；归顺于周朝的诸侯有八百个，周朝也是依靠他们的力量才打败了商朝，因此周武王也无法废除诸侯。沿用它是为了安定，因袭它是为了习俗，这就是商汤王、周武王没有废除封建制的原因。他们这是没有办法，并不是大公无私，他们是要借诸侯之力为己用，借诸侯的力量保卫自己的子孙。秦朝的变革，所采用的郡县制，是最大的公；它的目的是为自己，是想要树立自己的权威，使天下所有的人都服从于自己。但是废除封建制，以天下为公，却是以秦朝开端的。

天下的治国之道，是国家安定，得到百姓的拥护。有贤能的人居于上位，没有才能的人居于下位，之后国家才会安定。封建制的诸侯，是世代相袭地统治。世代相袭治理诸侯国，居于上位的真的会很贤明吗？居于下位的人就真的没有才能吗？如此一来，百姓究竟是享受太平还是遭受祸乱，也就不知道了。倘若想要有利于国家社稷，统一人民的思想，同时又世袭爵位俸禄，占尽诸侯国的封地，即使是圣贤之人，生活在那个时代，也将无法在天下立足，这都是源于封建制。难道是圣人想使事情发展到这种地步吗？因此我说："这并非圣人的本意，而是形势所致。"

### 原文

天地果无初乎？吾不得而知之也。生人果有初乎？吾不得而知之也。然则孰为近？曰：有初为近。孰明之？由封建而明之也。彼封建者，更古圣王尧、舜、禹、汤、文、武而莫能去之。盖非不欲去之也，势不可也。势之来，其生人之初乎？不初，无以有封建。封建，非圣人意也。

彼其初与万物皆生，草木榛榛，鹿豕狉狉，人不能搏噬，而且无毛羽，莫克自奉自卫，荀卿有言，必将假物以为用者也。夫假物者必争，争而不已，必就其能断曲直者而听命焉。其智而明者，所伏必众；告之以直而不改，必痛之而后畏；由是君长刑政生焉。故近者聚而为群。群之分，其争必大，大而后有兵有德。又有大者，众群之长又就而听命焉，以安其属，于是有诸侯之列。则其争又有大者焉。德又大者，诸侯之列又就而听命焉，以安其封，于是有方伯、连帅之类，则其争又有大者焉。德又大者，方伯、连帅之类又就而听命焉，以安其人，然后天下会于一。是故有里胥而后有县大夫，有县大夫而后有诸侯，有诸侯而后有方伯、连帅，有方伯、连帅而后有天子。自天子至于里胥，其德在人者，死必求其嗣而奉之。故封建非圣人意也，势也。

夫尧、舜、禹、汤之事远矣，及有周而甚详。周有天下，裂土田而瓜分之，设五等，邦群后，布履星罗，四周于天下，轮运而辐集。合为朝觐会同，离为守臣扞城。然而降于夷王，害礼伤尊，下堂而迎觐者。历于宣王，挟中兴复古之德，雄南征北伐之威，卒不能定鲁侯之嗣。陵夷迄于幽、厉，王室东徙，而自列为诸侯矣。厥后，问鼎之轻重者有之，射王中肩者有之，伐凡伯、诛苌弘者有之。天下乖戾，无君君之心。余以为周之丧久矣，徒建空名于公侯之上耳。得非诸侯之盛强，末大不掉之咎欤？遂判为十二，合为七国，威分于陪臣之邦，国殄于后封之秦。则周之败端，其在乎此矣。

秦有天下，裂都会而为之郡邑，废侯卫而为之守宰，据天下之雄图，都六合之上游，摄制四海，运于掌握之内，此其所以为得也。不数载而天下大坏，其有由矣。亟役万人，暴其威刑，竭其货贿。负锄梃谪戍之徒，圜视而合从，大呼而成群。时则有叛人而无叛吏，人怨于下而吏畏于上，天下相合，杀守劫令而并起。咎在人怨，非郡邑之制失也。

汉有天下，矫秦之枉，徇周之制，剖海内而立宗子，封功臣，数午之间，奔命扶伤之不暇。困平城，病流矢，陵迟不救者三代。后乃谋臣献画，而离削自守矣。然而封建之始，群邑居半，时则有叛国而无叛郡。秦制之得，亦以明矣。继汉而帝者，虽百代可知也。

唐兴，制州邑，立守宰，此其所以为宜也。然犹桀猾时起，虐害方域者，失不在于州而在于兵，时则有叛将而无叛州。州县之设，固不可革也。

或者曰："封建者，必私其上，子其人，适其俗，修其理，施化易也。守宰者，苟其心，思迁其秩而已，何能理乎？"余又非之。周之事迹，断可见矣。列侯骄盈，黩货事戎。大凡乱国多，理国寡。侯伯不得变其政，天子不得变其君。私土子人者，百不有一。失在于制，不在于政，周事然也。秦之事迹，亦断可见矣。有理人之制，而不委郡邑，是矣。有理人之臣，而不使守宰，是矣。郡邑不得正其制，守宰不得行其理，酷刑苦役，而万人侧目。失在于政，不在于制。秦事然也。汉兴，天子之政行于郡，不行于国；制其守宰，不制其侯王。侯王虽乱，不可变也；国人虽病，不可除也。及夫人逆不道，然后掩捕而迁之，勒兵而夷之耳。大逆未彰，奸利浚财。怙势作威，大刻于民者，无如之何。及夫郡邑，可谓理且安矣。何以言之？且汉知孟舒于田叔，得魏尚于冯唐，闻黄霸之明审，睹汲黯之简靖，拜之可也，复具位可也，卧而委之以辑一方可也。有罪得以黜，有能得以赏。朝拜而不道，夕斥之矣；夕受而不法，朝斥之矣。设使汉室尽城邑而侯王之，纵令其乱人，戚之而已。孟舒、魏尚之术，莫得而施；黄霸、汲黯之化，莫得而行。明谴而导之，拜受而退已违矣。下令而削之，缔交合从之谋，周于同列，则相顾窃眦，勃然而起。幸而不起，则削其半，削其半，民犹瘁矣，曷若举而移之以全其人乎？汉事然山。今国家尽制郡邑，连置守宰，其不可变也固矣。善制兵，谨择守，则理平矣。

或者又曰："夏、商、周、汉封建而延，秦郡邑而促。"尤非所谓知理者也。魏之承汉山，封爵犹建。晋之承魏也，因循不革。而二姓陵替，不闻延祚。今矫而变之，乘二百祀，大业弥固，何系于诸侯哉？

或者又以为："殷、周，圣王也，丽不革其制，固不当复议也。"是大不然。夫殷、周之不革者，是不得已也。盖以诸侯归殷者三千焉，资以黜夏，汤不得而废；归周者八百焉，资以胜殷，武王不得而易。徇之以为安，仍之以为俗，汤、武之所不得已也。夫不得已，非公之大者也，私其力于己也，私其卫于子孙也。秦之所以革之者，其为制，公之大者也；其情，私也，私其一己之威也，私其尽臣畜于我也。然而公天下之端自秦始。

夫天下之道，理安斯得人者也。使贤者居上，不肖者居下，而后可以理安。今夫封建者，继世而理。继世而理者，上果贤乎？下果不肖乎？则生人之理乱未可知也。将欲利其社稷，以一其人之视听，则又有世大夫世食禄邑，以尽其封略。圣贤生于其时，亦无以立于天下，封建者为之也。岂圣人之制使至于是乎？吾固曰："非圣人之意也，势也。"

# 段太尉逸事状

段太尉出任泾州刺史之时，汾阳王凭借副元帅的身份将军队驻扎在蒲州。当时汾阳王的三子郭晞任职尚书，兼任行营节度使，把军队驻扎在他辖管区域以外的邠州，纵容士兵胡作非为。邠州那些狡猾贪婪、暴戾凶恶的人，都用钱财进行贿赂，使自己名列军队之中，于是更加肆无忌惮，官吏们都不敢过问。每天成群结队地在街市上强取豪夺,不能满足的时候,就大打出手,折断别人的手脚,街道上到处都是被棍棒打烂的器皿,然后裸露着臂膀扬长而去,甚至还撞杀过孕妇。邠宁节度使白孝德由于汾阳王的原因,心中虽然悲戚却不敢说。

段太尉在泾州用文书向节度使府禀报,希望能够管制此事。段太尉到了节度使府就说:"天子把百姓托付给您来治理,而您看到百姓遭到残害,却无动于衷。将要发生大乱了,您打算怎么办啊?"白孝德说:"我愿意听从您的赐教。"段太尉说:"我治理泾州,十分闲适,事务很少;如今看到百姓没有敌

寇却要身遭残害心中十分不忍,这也是扰乱天子的边防。倘若你能够任命我为都虞侯,我就能为您制止暴乱,使您的百姓不再受到残害。"白孝德说:"太好了!"于是就应许了段太尉的请求。

段太尉出任都虞侯之职一个月,郭晞部下有十七个人到街市上拿酒,又用刀刃刺伤卖酒的老翁,砸坏了酿酒的器皿,酒都流到了沟中。段太尉让士兵捉拿了这十七人,把他们全都砍了头,并且把头挂在长矛上,立在城门外。郭晞的整个军营都

十分骚动，全都穿上了盔甲。白孝德十分恐惧，就把段太尉召过来问："这可怎么办啊？"段太尉说："没事！您让我到军中去和他们讲理。"白孝德想派几十名士兵跟着段太尉，可太尉都谢绝了。他解下佩刀，选了一个又老又跛的士兵给他牵马，到了郭晞军营门外。身披盔甲的士兵都冲了出来，段太尉笑着走进营门，说道："杀一个老兵，用得着身披盔甲吗？我顶着我的头颅来啦！"身着战甲的士兵很惊讶。于是段太尉乘机劝解说："难道郭尚书有负于你们吗？难道副元帅有负于你们吗？为何要用暴乱的行径败坏郭家的威名呢？请替我禀报郭尚书，请他出来听我一言。"

郭晞出来会见太尉。段太尉说："副元帅的功勋卓著，应该力求善始善终啊。如今您纵容士兵胡作非为，就将发生变乱，祸乱边境，打算归罪于谁啊？这罪行将会累及副元帅啊。如今邠州这些恶霸子弟用钱财在军名册上冒充挂名，残害百姓，倘若这样不加制止，还能有几天不造成大乱啊？大乱从您这里产生，人们都会说尚书您是仰仗着副元帅，才会对部下不加管束的。如此一来郭氏一门的英名，还能保存下多少呢？"太尉话还没说完，郭晞就再拜道："承蒙您对我的教诲，您的恩情如此之大，我愿意奉全军听命于您。"回头训斥部下说："全都脱了盔甲，解散回到队伍之中，有胆敢滋事者，杀无赦！"段太尉说："我还没有吃晚饭，请您为我简单准备些吃的。"吃完之后，又说："我的病又犯了，想在您的军中留宿。"于是就让牵马的人先回去，第二天早上再来。于是段太尉就在军中睡下了。郭晞衣服都不脱，命令侍卫敲打着梆子以保护段太尉。第二天早上，郭晞就同段太尉一起到节度使白孝德那儿，向他道歉说自己不才，请求改正错误。邠州从此以后再也没有祸乱了。

在此之前，段太尉在泾州担任营田官。泾州大将焦令谌霸占他人土地，自己一人就占有土地数十顷，他把地租给农民耕种，并说："作物熟了的时候，一半的粮食要归我。"这一年天大旱，地里寸草不生，农民把情况禀报给焦令谌。焦令谌却说："我只知道我要收取多少，不知道天旱不旱。"还更加紧急地催逼讨要粮食，农民都要饿死了，没有粮食偿还，于是只好禀报段太尉。

段太尉言辞很温和地写了判决书，派人拜见并告知焦令谌。焦令谌非常愤怒，就把农民叫来，说道："难道我会怕那姓段的吗？你胆敢去告我！"他拿出判决书平铺在农民背上，打了农民二十大杖，农民都快被打死了，才被抬到太尉府上。太尉见了大哭道："是我害了你啊！"赶紧亲自取水来为农民洗去身上的血，撕下衣服给农民包扎伤口，亲手为他敷上好药，早晚亲自先喂农民吃完饭自己才吃。并卖掉自己的马，换来谷子替农民偿还粮食，还瞒着农民不让他知道。

驻扎在淮西的军队主帅尹少荣，为人刚直，前来会见焦令谌，大骂道："你还是不是人？泾州土地干旱，百姓都要饿死了；你还必须要得到谷子，又用大杖打没有犯罪的人。段太尉是个十分仁义守信的人，但是你却不知道要尊敬他。如今段太尉只剩下一匹马了，还把它贱卖了买了谷子交给你，你竟然还收下了，一点也不觉得羞耻。大凡不顾及天灾、冒犯长者、杖打没有罪过的人，又收取仁者的谷子，使主人外出没有马匹，你有何颜面面对天地啊，难道你还比不上做奴仆的吗？"虽然焦令谌为人骄横暴戾，但听了之后，还是惭愧得都流泪了，吃不下东西，说："我终究不可以见段太尉了。"一天晚上，就怨恨而死。

等到段太尉从泾州被召为司农卿的时候，警戒他的家人道："路过岐州的时候，朱泚可能会送给你们钱财，一定不能收啊。"段太尉的家人经过岐州之时，朱泚坚持要送给他们三百匹大绫，太尉的女婿韦晤坚决拒绝，最终还是没有推辞掉。到了京城，段太尉知道之后非常愤怒地说："居然不听我的话!"韦晤道歉说:"我出身卑微,不能拒绝啊。"太尉说:"无论如何不能把东西放在我家。"于是就将绫绢送往司农办公的地方,存放在了梁木上。朱泚叛乱,段太尉死后,官吏们把此事禀报给了朱泚,朱泚把绫绢取下来看了看,原来的封识还完整无损。

段太尉逸事如上。

元和九年某月某日,永州司马员外置同正员柳宗元恭谨地将此文献给史馆。如今赞扬段太尉有大节的人,基本上是认为其是武夫,一时冲动不畏惧死亡,从此才成名于天下,不知道太尉是像上面所讲述的那样安身立命。我曾经出入于岐、周、邠、斄诸州之间,经过真定,北上马岭山,游历了亭台、屏障、堡垒和戍所等军事建筑,私下里喜欢访问年迈和退役的将士,他们都给我讲述一些段太尉的事迹。太尉为人谦逊,经常低着头、拱着手走路,说话语气卑微,从来不给人脸色看;人们都把他视作一个儒者。遇到不认可的事情,他必须实现自己的心志,这种事绝不偶然。永州刺史崔能前来,言而有信、做事正直,比较全面地了解了段太尉的逸事,反复核对没有可疑之处。我还是担心有的被遗漏,没有为史官搜集到,因此要将这篇状私下呈送给执事。谨为此状。

**原文**

太尉始为泾州刺史时,汾阳王以副元帅居蒲。王子晞为尚书,领行营节度使,寓军邠州,纵士卒无赖。邠人偷嗜暴恶者,率以货窜名军伍中,则肆志,吏不得问。日群行丐取于市,不嗛,辄奋击折人手足,椎釜鬲瓮盎盈道上,袒臂徐去,至撞杀孕妇人。邠宁节度使白孝德以王故,咸不敢言。

太尉自州以状白府,愿计事。至则曰:"天子以生人付公理,公见人被暴害,因恬然。且大乱,若何?"孝德曰:"愿奉教。"太尉曰:"某为泾州,甚适,少事;今不忍人无寇暴死,以乱天子边事。公诚以都虞侯命某者,能为公已乱,使公之人不得害。"孝德曰："幸甚！"如太尉请。

既署一月，晞军士十七人入市取酒，又以刃刺酒翁，坏酿器，酒流沟中。太尉列卒取十七人，皆断头注槊上，植市门外。晞一营大噪，尽甲。孝德震恐，召太尉曰："将奈何？"太尉曰："无伤也！请辞于军。"孝德使数十人从太尉，太尉尽辞去。解佩刀，选老躄者一人持马，至晞门下。甲者出，太尉笑且入曰："杀一老卒，何甲也？吾戴吾头来矣！"甲者愕。因谕曰："尚书固负若属耶？副元帅固负若属耶？奈何欲以乱败郭氏？为白尚书，出听我言。"

晞出见太尉。太尉曰："副元帅勋塞天地，当务始终。今尚书恣卒为暴，暴且乱，乱天子边，欲谁归罪？罪且及副元帅。今邠人恶子弟以货窜名军籍中，杀害人，如是不止，几日不大乱？大乱由尚书出，人皆曰尚书倚副元帅，不戢士。然则郭氏功名，其与存者几何？"言未毕，晞再拜曰："公幸教晞以道，恩甚大，愿奉军以从。"顾叱左右曰："皆解甲散还大伍中，敢哗者死！"太尉曰："吾未晡食，请假设草具。"既食，曰："吾疾作，愿留宿门下。"命持马者去，且日来。遂卧军中。晞不解衣，戒侯卒击柝卫太尉。旦，俱至孝德所，谢不能，请改过。邠州由是无祸。

先是，太尉在泾州为营田官。泾大将焦令谌取人田，自占数十顷，给与农，曰："且熟，归我半。"是岁大旱，野无草，农以告谌。谌曰："我知入数而已，不知旱也。"督责益急。且饥死，无以偿，即告太尉。

太尉判状辞甚巽，使人求谕谌。谌盛怒，召农者曰："我畏段某耶？何敢言我！"取判铺背上，以大杖击二十，垂死，舆来廷中。太尉大泣曰："乃我困汝！"即自取水洗去血，裂裳衣疮，手注善药，旦夕自哺农者，然后食。取骑马卖，市谷代偿，使勿知。

淮西寓军帅尹少荣，刚直士也。入见谌，大骂曰："汝诚人耶？泾州野如赭，人且饥死；而必得谷，又用大杖击无罪者。段公，仁信大人也，而汝不知敬。今段公唯一马，贱卖市谷入汝，汝又取不耻。凡为人傲天灾、犯大人、击无罪者，又取仁者谷，使主人出无马，汝将何以视天地，尚不愧奴隶耶！"谌虽暴抗，然闻言喇大愧流汗，不能食，曰："我终不可以见段公！"一夕，自恨死。

及太尉自泾州以司农征，戒其族："过岐，朱泚幸致货币，慎勿纳。"及过，泚固致大绫三百匹。太尉婿韦晤坚拒，不得命。至都，太尉怒曰："果不用吾言！"晤谢曰："处贱无以拒也。"太尉曰："然终不以在吾第。"以如司农治事堂，栖之梁木上。泚反，太尉终，吏以告泚，泚取视，其故封识具存。

太尉逸事如右。

元和九年月日，永州司马员外置同正员外宗元谨上史馆。今之称太尉大节者，出入以为武人一时奋不虑死，以取名天下，不知太尉之所立如是。宗元尝出入岐、周、邠、鄜间，过真定，北上马岭，历亭鄣堡戍，窃好问老校退卒，能言其事。太尉为人姁姁，常低首拱手行步，言气卑弱，未尝以色待物；人视之，儒者也。遇不可，必达其志，绝非偶然者。会州刺史崔公来，言信行直，备得太尉遗事，复校无疑，或恐尚逸坠，未集太史氏，敢以状私于执事。谨状。

# 童区寄传

柳先生说：越人很少有恩情，生了孩子，必定会把他们视作货物。七岁以上的孩子，父亲兄长就会把他们卖了，以贪图利益。孩子不到七岁的，就去偷别人家的孩子，捆绑住孩子，至于那些年老的人，不能以力取胜了，就都会屈服作为仆人。

在大道上贼寇厮杀已经习以为常了，如果有幸比较强大，就束缚捆绑幼小柔弱的。汉官为了自己的利益，倘若能够得到仆人，就会放纵他们的行为不加过问。由于这样的原因，越中这个地方人口越来越少。很少有能逃脱这些的，只有儿童区寄十一岁时胜利脱身，这就更加奇特了。桂部的从事杜周士对我言说了此事。

儿童区寄，是郴州一个砍柴放牧的孩子。一次，他正在放牧砍柴，两个豪强劫持捆绑了他，把他的手反捆起来，用布塞住他的嘴，把他带到四十多里以外的集市上要把他卖了。区寄故意假装像小孩一样啼哭，吓得浑身发抖，像常见的小孩那样。这两个豪强就觉得他很好对付，互相对饮，后来就喝醉了。一个豪强到市场上去卖区寄；另一个豪强卧躺着，把刀插在了路上。孩子偷偷地观察着等他睡着了，就把捆绑着手的绳子凑到刀刃上，用劲地上下摩擦，绳子割断了，于是他拿起刀就把那个人给杀了。

区寄还没来得及跑远，到市场上去的那个强盗就回来了，抓住孩子，十分惊恐。将要杀区寄的时候，区寄赶紧说："给两个人当随从，哪里能和给一个人当仆人相比呢？他对我不好，你倘若真的能保全我的性命，好好待我，什么我都能替你做。"这个豪强考虑了很久，心想："与其杀了这个孩子，不如卖了他；与其把他卖了钱两个人分，不如我独自占有。幸好这个孩子把他杀了，很好！"于是就把那个贼寇的尸体掩藏起来，带着孩子到主人家，当然他也把孩子捆绑得更加结实了。半夜的时候，区寄自己转过身，把捆着手的绳子靠近炉火，烧断了绳子，虽然手也被烧伤了但却不害怕，然后他又拿起刀把那个到市场上卖他的强盗杀了。而后大声哭号，集市上的人都十分吃惊。孩子说："我是区家的儿子，不应该成为别人的奴仆。有两个豪强抓了我，很幸运地我把他们都杀了。希望能让官府知道这件事情。"

管理集市的小吏向州官禀报,州官又向太府禀报。太府召见这个孩子,看了看,这是个年幼老实的孩子。刺史颜证觉得他很奇特,就想把区寄留下来当做小吏,区寄不肯。于是刺史赠给他些衣服,让小吏护送他回乡。乡里那些抢劫绑架的人,都不敢正视他,不敢从他家门前经过,都说:"这孩子比秦武阳当时还要小两岁呢,却已经杀了两个豪强了,怎能接近呢?"

**原文**

柳先生曰:越人少恩,生男女必货视之。自毁齿已上,父兄鬻卖,以觊其利。不足,则盗取他室,束缚钳梏之,至有须鬣者,力不胜,皆屈为僮。当道相贼杀以为俗,幸得壮人,则缚取幺弱者。汉官因以为己利,苟得僮,恣所为不问。以是越中户口滋耗。少得自脱,惟童区寄以十一岁胜,斯亦奇矣。桂部从事杜周士为余言之。

童寄者,郴州荛牧儿也。行牧且荛,二豪贼劫持反接,布囊其口,去逾四十里之虚所卖之。寄伪儿啼,恐栗,为儿恒状。贼易之,对饮酒,醉。一人去为市,一人卧,植刃道上。童微伺其睡,以缚背刃,力上下,得绝,因取刃杀之。

逃未及远,市者还,得僮大骇。将杀童,遽曰:"为两郎僮,孰若为一郎僮耶?彼不我恩也。郎诚见完与恩,无所不可。"市者良久计曰:"与其杀是僮,孰若卖之;与其卖而分,孰若吾得专焉。幸而杀彼,甚善。"即藏其尸,持僮抵主人所,愈束缚牢甚。夜半,童自转,以缚即炉火烧绝之,虽疮手勿惮,复取刃杀市者。因大号,一虚皆惊。童曰:"我区氏儿也,不当为僮。贼二人得我,我幸皆杀之矣,愿以闻于官。"

虚吏白州,州白大府,大府召视儿,幼愿耳。刺史颜证奇之,留为小吏。不肯。与衣裳,吏护还之乡。乡之行劫缚者,侧目莫敢过其门,皆曰:"是儿少秦武阳二岁,而讨杀二豪,岂可近耶!"

# 蝜蝂传

蝜蝂，是一种喜欢负载东西的小虫。前行的时候碰到什么东西，就会抓过来，仰着头背上这些东西。背的东西越来越重，即使极为疲惫也不会停止。它的背很涩，不光滑，所以那些东西就会积聚在背上不散落，以致最终被压倒爬不起来。有些人怜悯它，把它背上的东西弄下来。但是倘若蝜蝂还能爬行，它就会像之前一样再把东西驮到背上。而且蝜蝂还喜欢向高处爬，用尽所有的力气也不愿停下来，最终掉到地上摔死。

如今世间那些贪婪的人，碰到钱财绝不会躲避，以此使自己的家产更为丰厚，不知道这些钱财已经成为自己的累赘了，还担心无法积攒更多的钱财。等到由于疏忽懈怠而垮下来的时候，被废黜，贬谪迁徙到边远之地，也算吃了苦头了。倘若还能够东山再起，他们就又会不思悔改。整天想着升官晋爵，更为贪婪，以至于就快要被摔死了，看到以前那些已经被摔死的人还不知以之为戒。虽然表面看来他们很庞大，他们是人，但智力却和蝜蝂一样，实在是太可悲了！

**原文**

蝜蝂者，善负小虫也。行遇物，辄持取，卬其首负之。背愈重，虽困剧不止也，其背甚涩，物积因不散，卒踬仆不能起。人或怜之，为去其负。苟能行，又持取如故。又好上高，极其力不已，至坠地死。

今世之嗜取者，遇货不避，以厚其室，不知为己累也，惟恐其不积。及其怠而踬也，黜弃之，迁徙之，亦以病矣。苟能起，又不艾。日思高其位，大其禄，而贪取滋甚，以近于危坠，观前之死亡不知戒。虽其形魁然大者也，其名人也，而智则小虫也。亦足哀夫！

# 三 戒

我常常痛恨世人,不知道要从自己的实际情况出发来考虑问题,而是仰仗外物逞强。有的人倚仗权势触犯他人的利益,实施权术伎俩激怒强者。利用时机肆意猖狂,这样终招来祸患。有位客人谈论麋、驴、鼠这三种动物,与此十分相似,因此写下了《三戒》。

**原文**

吾恒恶世之人,不知推己之本,而乘物以逞。或依势以干非其类,出技以怒强。窃时以肆暴,然卒迫于祸。有客谈麋、驴、鼠三物,似其事,作《三戒》。

## 临江之麋

临江有个猎人,得到一只小鹿仔,就想饲养它。刚进家门,群狗就对小鹿仔垂涎三尺,都摇着尾巴跑过来了。猎人十分愤怒，把那些狗吓走了。从这天起猎人每天都抱着这只小鹿仔去和狗亲近，让狗看习惯它，不再伤害它，并慢慢地让狗和小鹿仔一起嬉戏。时间长了，狗都知道了主人的心意了。小鹿仔稍微长大些之后，就忘了自己是麋鹿了，以为狗真的是它的朋友，与狗一起头角相抵，在地上翻滚，与狗更加亲近了。狗因为畏惧主人，也就很温驯地和小鹿仔一起嬉戏，但是有时候仍然舔着自己的舌头，馋得发慌。

三年之后，有一次麋鹿自己出门，看到路上有许多别人家的狗，就跑过去想要和它们一起玩耍。别人家的狗看到麋鹿，既高兴又愤怒，一起把它吃了，路上一片狼藉，可是麋鹿到死也不明白这究竟是为什么。

### 原文

临江之人畋，得麋麑，畜之。入门，群犬垂涎，扬尾皆来。其人怒，怛之。自是日抱就犬，习示之，使勿动，稍使与之戏。积久，犬皆如人意。麋麑稍大，忘己之麋也，以为犬良我友，抵触偃仆，益狎。犬畏主人，与之俯仰甚善，然时啖其舌。

三年，麋出门，见外犬在道甚众，走欲与为戏。外犬见而喜且怒，共杀食之，狼藉道上，麋至死不悟。

## 黔 之 驴

黔这个地方没有驴子，有个好事者就用船载了头驴运进去。到了以后，觉得驴子没什么用处，于是就把驴放到了山下。老虎看到它那么庞大，就以为它是神。于是就躲避到树林中偷偷地观察，逐渐靠近它，十分小心谨慎，不知驴子是什么东西。

有一天，驴子长鸣了一声，老虎十分害怕，逃遁得远远的，以为驴子要吃了它，十分恐惧。但是来回观察驴子，也没有发现它有什么独特的本领。后来老虎更加习惯了驴子的叫声,又开始靠近驴子,在它周围出没,但始终不敢与之搏斗。渐渐地越发接近驴子,就越发轻视它,并开始冲撞冒犯它,驴子不禁大怒,就用脚踢老虎。老虎因此十分高兴,心中盘算道:"原来本领不过如此啊。"于是老虎就跳跃起来,大声怒吼,一下子就咬断了驴子的喉咙,吃完了驴子的肉,然后就走了。

唉!驴子形体如此庞大,好像很有道行的样子,声音那么洪亮,也好像本领很高。倘若起初不露出自己的本领的话,那么虽然老虎十分凶猛,但由于疑虑恐惧,也终究不敢进攻。如今却是这个下场,实在是可悲啊!

**原文**

黔无驴,有好事者船载以入,至则无可用,放之山下。虎见之,庞然大物也,以为神。蔽林间窥之,稍出近之,慭慭然莫相知。

他日,驴一鸣,虎大骇远遁,以为且噬已也,甚恐。然往来视之,觉无异能者。益习其声,又近出前后,终不敢搏。稍近益狎,荡倚冲冒,驴不胜怒,蹄之。虎因喜,计之曰:"技止此耳!"因跳踉大㘎,断其喉,尽其肉,乃去。

噫!形之庞也类有德,声之宏也类有能,向不出其技,虎虽猛,疑畏,卒不敢取;今若是焉,悲夫!

## 永某氏之鼠

永州有个人,害怕犯了日忌,做事十分拘谨忌讳。认为自己出生之年正是子年,而鼠,是子年的生肖,所以就喜欢老鼠,不畜养猫和狗,也禁止仆人伤害老鼠。粮仓、厨房,都纵容老鼠肆意横行,不加管制。

因此老鼠互相转告,都来了这个人家里,既能吃得饱又不会有什么灾祸。所以这个人家里没有一件完好的器皿，衣架上也没有一件完好的衣服，吃的东西也差不多都是老鼠吃剩下的。白天成群的老鼠和人并行，夜里就会偷偷地咬东西，互相争斗打闹，什么样的声音都有，人都没法睡觉，但是这个人始终不厌恶老鼠。

几年之后，这个人搬到了其他州；后来的人居住在这里，老鼠仍然像以前一样猖獗。之后住进来的人就说："老鼠是偷偷活动的十分可憎的动物，这里的老鼠偷吃东西吵闹得尤其严重，是什么原因使它这么猖狂呢？"于是就借了几只猫，关上屋门，翻开瓦片，往老鼠洞里灌水，出钱雇用仆人捕杀。杀的老鼠都堆积成了小山，然后把它们扔在隐蔽的地方，臭了几个月才停止。

唉！那些老鼠认为既能吃饱又不会有灾祸，但岂能一直这样？

**原文**

永有某氏者，畏日，拘忌异甚。以为己生岁直子；鼠，子神也，因爱鼠，不畜猫犬，禁僮勿击鼠。仓廪庖厨，悉以恣鼠，不问。

由是鼠相告，皆来某氏，饱食而无祸。某氏室无完器，椸无完衣，饮食大率鼠之余也。昼累累与人兼行，夜则窃啮斗暴，其声万状，不可以寝，终不厌。

数岁，某氏徙居他州；后人来居，鼠为态如故。其人曰："是阴类，恶物也，盗暴尤甚。且何以至是乎哉？"假五六猫，阖门撤瓦灌穴，购僮罗捕之，杀鼠如丘，弃之隐处，臭数月乃已。

呜呼！彼以其饱食无祸为可恒也哉！

# 至小丘西小石潭记

从小丘向西走一百二十步,隔着竹林,就能听到水声,好像玉佩、玉环碰撞发出的声音一样清脆,我的心情十分愉悦。砍伐竹林,从中开辟一条小道,在下面发现了一个小水潭,潭水十分清澈明净。一块完整的石头作为潭底,临近岸边,有些石头从潭底突出,成为形状各异的坻、屿、嵁、岩。青翠的树木和茎蔓,互相遮蔽纠结,参差错落,随风摇摆。潭中的鱼大概有百十来条,都好像是在空中游动,没有任何可依托的。阳光直照到清澈的潭水上,鱼的影子映在石头上,一动不动,忽然间又游了很远,来回游动得很快,好似是与游人一起欢乐。

从小石潭向西南望去,溪流弯弯曲曲,忽明忽暗,若隐若现。溪岸的地势就像狗的牙齿一样参差交错,无法知道它的源头所在。坐在小石潭上,四面竹林树木环绕,空静寂寥,不见一人,忽然很是凄凉,寒意逼骨,寂静得使人忧伤。由于此地的环境太过凄清,不可久留,于是写下此文就走了。

同游的人有吴武陵、龚古、我的弟弟宗玄。跟随而来的还有两个姓崔的少年,一个叫恕己,一个叫奉壹。

**原文**

从小丘西行百二十步,隔篁竹,闻水声,如鸣佩环,心乐之。伐竹取道,下见小潭,水尤清洌。泉石以为底,近岸,卷石底以出,为坻为屿,为嵁为岩。青树翠蔓,蒙络摇缀,参差披拂。潭中鱼可百许头,皆若空游无所依。日光下彻,影布石上,怡然不动;俶尔远逝,往来翕忽,似与游者相乐。

潭西南而望,斗折蛇行,明灭可见。其岸势犬牙差互,不可知其源。坐潭上,四面竹树环合,寂寥无人,凄神寒骨,悄怆幽邃。以其境过清,不可久居,乃记之而去。

同游者吴武陵、龚古，余弟宗玄；隶而从者，崔氏二小生，曰恕己，曰奉壹。

# 石涧记

游赏、整治石渠的事已经结束，从桥上向西北方向走，一直走到土山的北坡，百姓们又修了一座桥。这儿的水，比石渠的水量还要大三倍。横着的石头连接两端，构成涧底。有的像床，有的像门堂，有的像摆满了菜肴的宴席，有的像用门槛分隔开的内外屋。水又平铺在这些石头之上，水流的纹理就像纺织物上的花纹，泉水叮咚作响就像是弹奏的琴声。光着脚走过去，折竹箭，扫陈叶，排腐木，清理出的这块空地可以罗列十八九张交椅。像交织一样的纹理的流水，水流激撞的声音，都在床下；如同翠鸟羽毛一样苍翠的树木，像鱼龙鳞片一样的石块，都遮蔽在泉上。古代的人有谁能有这样的乐趣吗？后人，会有人追寻我的足迹来到此地吗？找到石涧的这一天，和发现石渠的那天是同一天。

从袁家渴这个地方过来的人，会先找到石渠，后发现石涧；而从百家濑过来的人，会先找到石涧，后发现石渠。要穷究石涧的源头，要一直走出石城村，源头就在其东南方向，在这路上可以使人愉悦的地方有很多处。上游的深山幽林，道路越来越陡峭险峻，道路十分狭窄不能走到头。

**原文**

石渠之事既穷，上由桥西北，下土山之阴，民又桥焉。其水之大，倍石渠三之一。亘石为底，达于两涯。若床若堂，若陈筵席，若限阃奥。水平布其上，流若织文，响若操琴。揭跣而往，折竹箭，扫陈叶，排腐木，可罗胡床十八九居之。交络之流，触激之音，皆在床下；翠羽之木，龙鳞之石，均荫其上。古之人其有乐乎此耶？后之来者，有能追余之践履耶？得意之日，与石渠同。

由渴而来者，先石渠，后石涧；由百家濑上而来者，先石涧，后石渠。涧之可穷者，皆出石城村东南，其间可乐者数焉。其上深山幽林，逾峭险，道狭不可穷也。

# 始得西山宴游记

自从我受到刑辱，贬到永州以来，就常常感到恐惧不安。在有空闲的时候，就慢慢地散步，随意而没有目的地游赏。每天都和那些同伴、随从一同走到山上，进入林子里，沿着曲折的溪水一直找到它的源头；清幽的泉水、奇异的石头，无论它们在多遥远的地方，没有不去看看的。到了那里，我们就拨开杂草，席地而坐，喝尽了壶里的酒；醉了，就相互枕靠着躺下来，躺下睡着了便梦见自己意想中最好的境界，在梦中得到了这境界的相同趣味，梦醒之后便起身回去。我认为但凡永州的山光水色有特殊正式形态的，都是我曾见过的了，而还从不知道西山是这样的特别奇怪。

今年的九月二十八日，因为坐在法华寺西边的亭子里，远望看见西山，才觉得西山特别怪异。于是就吩咐仆人越过湘江，沿着染溪，砍伐掉杂乱丛生的树和草，烧焚掉那些众多的茅草树叶，一直清除到高山之顶。我攀缘着登上高山，伸开双腿坐在地上游赏四方，就看见周围各州的土地，都在我们坐席下面了。

这里的地势有高有低，有的山势深邃，有的地势凹陷，有的看去像蚁封和小洞；千里之遥的大片土地，看上去只有尺寸大小，千里以内的美丽景色，全都聚集在眼前，没有什么隐藏看不见的。在视线以外，缭绕着一道青白的光，远处与天相连接，向四外看去像是一片。后来才知道，这是因为山势奇特耸立，不是小山丘之类的土堆；它长久地和天地间浩然之气在一起而没有人能看得到它的边际。非常满意而自足地与天地做朋友，一起游玩而没有尽头。

我们举起酒杯，斟满酒一饮而尽，颓然醉倒了，都不知道太阳已入山。黄昏时的天色，慢慢地从远处过来了，一直到什么也看不见了还不想回去。整个心像凝结住了什么都没有想，整个身体完全放松了像消散了一样，深深地融化在万物之中。后来才知道我过去是未尝来游玩过，今天到这里游赏才是第一次。所以写下这篇文章作为记载。今年是宪宗的元和四年。

### 原文

自余为僇人，居是州，恒惴慄。其隟也，则施施而行，漫漫而游，日与其徒上高山，入深林，穷回溪。幽泉怪石，无远不到；到则披草而坐，倾壶而醉；醉则更相枕以卧，意有所极，梦亦同趣；觉而起，起而归。以为凡是州之山水有异态者，皆我有也，而未始知西山之怪特。

今年九月二十八日，因坐法华西亭，望西山，始指异之。遂命仆人过湘江，缘染溪，斫榛莽，焚茅茷，穷山之高而上。

攀援而登，箕踞而遨，则凡数州之土壤，皆在衽席之下。其高下之势，岈然洼然，若垤若穴；尺寸千里，攒蹙累积，莫得遁隐；萦青缭白，外与天际，四望如一。然后知是山之特立，不与培塿为类。悠悠乎与颢气俱，而莫得其涯！洋洋乎与造物者游，而不知其所穷！引觞满酌，颓然就醉，不知日之入。苍然暮色，自远而至，至无所见，而犹不欲归，心凝形释，与万化冥合。然后知吾向之未始游，游于是乎始。故为之文以志。

是岁，元和四年也。

# 牛　赋

你了解牛吗？牛这种动物，身躯魁伟，头部硕大，两耳下垂，两角向上弯曲，毛疏皮厚。牛哞哞的叫声，像黄钟一样浑厚低沉。它冒着烈日，一天耕田百亩。它往来拉的田垄又长又直，可以种上你们的作物。它不但耕种收获，还要拉着车子奔跑。把一车车粮食送进官仓，自己却吃不上可口的食物。它使穷人富起来，使饿人吃得饱，却不争半点功劳。它有时陷入泥沼，有时跌倒在地，经常在野外忙碌。人们感到惭愧，天下都得到它的好处。它的皮角被利用，骨肉无法保全。有的用绳子穿起来制成用具，有的装在祭器里作为祭品。由此可见，没有什么东西比牛的用处更大。

牛不像瘦驴那样，习惯地跟在劣马身后奔跑。不择场合地曲意奉迎，趋炎附势。瘦驴既不耕地，又不驾车，吃上好饲料。奔走在康庄大道上，出入自由自在。高兴时扬鼻相对，恼怒时使劲蹬蹄。站在大路上昂首长鸣，听到的人都吓得慌忙逃开。善于钻营，奔走豪门大户，终身安稳，不用受怕担惊。

牛虽然对人们有功，但对自己能有什么好处？命运本来就有好有坏，不是能力所能改变的。千万不要怨天尤人，这样就能获得更多的洪福。

**原文**

若知牛乎？牛之为物，魁形巨首，垂耳拘角，毛革疏厚。牟然而鸣，黄钟满脰。抵触隆曦，日耕百亩。往来修直，植乃禾黍。自种自敛，服箱以走。输入官仓，己不适口。富穷饱饥，功用不有。陷泥蹶块，常在草野。人不惭愧，利满天下。皮角见用，肩尻莫保。或穿緘縢，或实俎豆。由是观之，物无逾者。不如羸驴，服逐驽马。曲意随势，不择处所。不耕不驾，藿菽自与。腾踏康庄，出入轻举。喜则齐鼻，怒则奋踯。当道长鸣，闻者惊辟。善识门户，终身不惕。牛虽有功，于己何益？命有好丑，非若能力。慎勿怨尤，以受多福。

# 观八骏图说

古书上记载周穆王驾着八匹骏马登上昆仑山的故事，后来那些好事之徒把这段故事画成图，宋齐以后一直流传下来。看到画上那些马的形状，十分离奇怪异，好像在飞腾翱翔，好像龙、凤、麒麟、螳螂的样子。那些书上所记载的就更加荒诞不经了，这类书在世上有很多，然而都没有可取的地方。世俗的人听说这是骏马，因此就想象它是奇形怪状的样子。那么他们所说的圣人的形状，与此类似。所以传说伏羲氏长着牛头，女娲的身体像蛇，孔子面部好像傩头面具，类似这样的情况还有很多。孟子说："为什么会与常人不同呢？尧、舜也和普通人一样嘛。"

现在的马，驾车而行，有的走上一里路就出汗了，有的走上十里路才出汗，有的却走上千百里路还不出汗。可是就表面而言，都是满身长着毛，有尾有鬃，四脚有蹄，吃草饮水，全都没有区别。由此类推到骏马，自然也是一样。现在的人，有

的当不成小商贩,有的不能当小吏,有的做不了大官,然而有的人就能胜任。从外表上看,他们的脑袋都是圆的,眼睛都是横着长的,都吃五谷,喜欢吃肉,觉得穿细麻衣裳凉快,穿上皮袄就感到暖和,全都一样。由此类推到圣人,自然也相同。那么,伏羲氏、女娲氏、孔子,他们也都是人罢了。骅骝、白羲、山子之类骏马,如果当真有的话,它们也不过是马罢了。又怎么能成为牛头,成为蛇身,成为供头,成为龙、凤、麒麟、螳螂的样子呢?

可是世上那些寻求骏马的人,不在马群中找,而一定找像图上画的那种样子的马,所以终究得不到骏马。敬仰渴慕圣人的人,不从人群去寻求,而一定要去寻求像牛头、蛇身或供头那样的人,所以终究寻找不到圣人。如果天下藏有这样的图画的人,把画统统拿来烧掉,那么骏马和圣人就出现了。

**原文**

古之书有记周穆王驰八骏升昆仑之墟者,后之好事者为之图,宋、齐以下传之。观其状甚怪,咸若骞若翔,若龙凤、麒麟,若螳螂然。其书尤不经,世多有,然不足采。世闻其骏也,因以异形求之。则其言圣人者,亦类是矣。故传伏羲曰牛首,女娲曰其形类蛇,孔子如供头,若是者甚众。孟子曰:

"何以异于人哉？尧、舜与人同耳！"

今夫马者，驾而乘之，或一里而汗，或十里而汗，或千百里而不汗者，视之，毛物尾鬣，四足而蹄，龁草饮水，一也。推是而至于骏，亦类也。今夫人，有不足为负贩者，有不足为吏者，有不足为士大夫者，有足为者，视之，圆首横目，食谷而饱肉，绨而清，裘而燠，一也。推是而至于圣，亦类也。然则伏羲氏、女娲氏、孔子氏，是亦人而已矣。骅骝、白义、山子之类，若果有之，是亦马而已矣。又乌得为牛，为蛇，为供头，为龙、凤、麒麟、螳螂然也哉？

然而世之慕骏者，不求之马，而必是图之似，故终不能有得于骏也。慕圣人者，不求之人，而必若牛、若蛇、若供头之间，故终不能有得于圣人也。诚使天下有是图者，举而焚之，则骏马与圣人出矣。

# 吊乐毅文

许纵来自燕地，说：燕南有一座坟墓，坟墓上刻着"乐生之墓"。我听了感到很伤心。在他回燕地的时候，把这篇文章给他，请他前去表示悼念。

大厦崩坏时啊，风雨集中袭击它。车子失掉了主轴啊，就被乘车的人抛弃。唉，先生在昭王死后的遭遇啊，不幸的情况同这些相似。还能有什么作为呢？昭王不能长生不死啊，他的治国的方略也不能长久保持。你为避祸只好逃走啊，既惊慌四顾又彷徨犹豫。一度属于燕国的领地又复归于齐国啊，东海依然是无边无际。你只知道以忠贞正直的态度对待君王啊，不知道自己的未来作好预防。为什么厌弃圆滑而坚持正确主张啊，结果受到阻滞不得不流亡？只感叹您无法成就一番辉煌的功业呀，致使那些愚昧的家伙到处得逞。难道您就不能为自己多作打算啊，无奈厌恶他们奔走钻营？您回答赵王时体现了赤胆忠心，对故国实在是怀着不忍的心肠。您这种依恋故国的感情啊，到了千秋万代更加光彩夺目。实在是所遭遇的时势不好啊，并不是您的谋虑不够深长。我长跪着含泪向您陈词悼念啊，仰望天宇苍茫。像我这样苟且偷生，不知世人将怎样议论啊，大概会说我的心不好。

**原文**

许纵自燕来，曰：燕之南有墓焉，其志曰"乐生之墓"。余闻而哀之。其返也，与之文使吊焉。

大厦之骞兮，风雨萃之。车亡其轴兮，乘者弃之。呜呼夫子兮，不幸类之。尚何为哉？昭不可留兮，道不可常。畏死疾走兮，狂顾彷徨。燕复为齐兮，东海洋洋。嗟夫子之专直兮，不虑后而为防。胡去规而就矩兮，卒陷滞以流亡。惜功美之不就兮，俾愚昧之周章。岂夫子之不能兮，无亦恶是之遑遑。仁夫对赵之悃款兮，诚不忍其故邦。君子之容与兮，弥亿载而愈光。谅遭时之不然兮，匪谋虑之不长。跽陈辞以陨涕兮，仰视天之茫茫。苟偷世之谓何兮，言余心之不臧！

# 与友人论为文书

自古至今，大家都认为写文章是一件难事，您知道难在什么地方吗？不是指运用表现手法不完善，也不是指意境不高逸，或构思炼句不精巧，更不是指文理不通的毛病没有去掉。在写文章时，要具有某种独到的见解是很困难的，要了解文章的优劣那就更加困难了。

如果能够得到某种高明的见解，探求某种深刻的道理，那么，即使文章中夹杂着败笔，那也只是像日月出现亏蚀和宝玉上有瑕疵一样，哪能损害它的光辉、降低它的珍贵价值呢？况且从孔丘以后，写文章的学问大大兴盛起来，形成家家学习、人人勉励、冥思苦想、竭力思考的风气，已经近一千年了。在这段时间里，耗费了笔墨纸张、呕心沥血的人，怎么可以数得清呢？但是载入史册，对后代产生影响的人，只不过几十个人罢了！其余那些人，谁不想把文章写得优美动人，争先恐后攀登

文坛高峰，凌驾于万物之上，称雄于世代之后呢？但大多竭尽全力却不能达到希求的目的，徘徊而不能前进，以致精疲力竭、处境艰难，至死也没有实现愿望，所以说写文章是很困难的。

　　唉！正确的主张是否得以彰显，在于一个人的遭遇好坏；一个人的言谈是否有说服力，在于他的地位高低；评论别人的文章正确与否，在于他的好恶如何；一个人的交往范围宽窄，在于他是否得志。那么那些具有突出的独到见解并在文坛上有所作为的人，他们的文章是否完全符合人们的口味，这还是难以预料的。何况厚古薄今的人，在社会上层出不穷，所以就总体而言生前怀才不遇，死后却名声显赫的人就很多。扬雄去世后，他的《法言》才在社会上盛行；司马迁活着的时候，人

们并不重视他的《史记》。他们这两个有才学的人尚且如此，更何况那些不太闻名的人呢？这里边确实有文章不能流传后世、名声在社会上埋没的人，所以说要判定文章的优劣就更加困难了。而且那些写文章的人，也多喜欢剽窃前人的作品，割断古代的文史，从中断章取义，摘抄辞藻，把它挂在嘴上四处炫耀，遇到有什么重大事情就蜂拥而起，写一些华而不实的文章，来欺骗那些见识浅薄的人，博取一时的名誉。虽然他最终难免被湮没被唾弃，但那种以假乱真的做法却造成了非常严重的恶果。这就是造成前面所说两难的原因。

最近听说您想看我的文章，我回去打开书箱，整理那些不成样子的作品，心头交织着紧张和激动的心情，竟分不清哪一篇更好，所以耽搁了很久，一直没有送上文章。现在我把以前写的赋、颂、碑、碣、文、记、议、论、书、序等几类文章，一共选了48篇，编成一卷送上，想来您会让管理书籍的仆人吟咏诵读的。这些粗糙的东西，也许还有可以借鉴之处，只在您如何鉴别对待罢了，希望用文字表示褒或贬回复。

**原文**

古今号文章为难，足下知其以难乎？非谓比兴之不足，恢拓之不远，钻砺之不工，颇颣之不除也。得之为难，知之愈难耳。苟或得其高朗。探其深赜，虽有芜败，则为日月之蚀也，大圭之瑕也，曷足伤其明黜其宝哉？

且自孔氏以来，兹道大阐。家修人励，刓精竭虑者，几千年矣。其间耗费简札，役用心神者、其可数乎？登文章之篆，波及后代，越不过数十人耳。其余谁不欲争裂绮绣，互攀日月，高视于万物之中，雄峙于百代之下乎？率皆纵臾而不克，踯躅而不进，力蹙势穷，吞志而没。故曰得之为难。

嗟乎！道之显晦，幸不幸系焉；谈之辩讷，升降系焉；鉴之颇正，好恶系焉；交之广狭，屈伸系焉。则彼卓然自得以奋其间者，合乎否乎？是未可知也。而又荣古虐今者，比肩叠迹。大抵生则不遇，死而垂声者众焉。扬雄没而《法言》大兴，马迁生而《史记》未振。彼之二才，且犹若是、况乎未甚闻著者哉！固有文不传于后祀，声遂绝于天下者矣。故曰知之愈难。而为文之士，亦多渔猎前作，戕贼交史，抉其意，抽其华，置齿牙间，遇事蜂起，金声玉耀，诳聋瞽之人，徼一时之声。虽终沦弃，而其夺朱乱雅，为害已甚。是其所以难也。

间闻足下欲观仆文章，退发囊笥，编其芜秽，心悸气动，交于胸中，未知孰胜，故久滞而不往也。今往仆所著赋、颂、碑、碣、文、记、议、论、书、序之文，凡四十八篇，合为一通，想令治书苍头吟讽之也。击辕拊缶，必有所择，顾鉴视其何如耳，还以一字示褒贬焉。

# 答韦中立论师道书

二十一日，宗元陈述如下：承蒙来信说想要拜我为师，我的道德修养不高，学业也很浅薄，从各方面衡量自己，看不到可以为师的品质。虽然我经常喜欢发议论，写文章，但不认为自己很好。想不到您从京师长安来到这偏远的永州，就荣幸地被您认为我尚有可取之处。我自忖确实没有可以为师的品质，即使尚有可取之处，也不敢当别人的老师。我当一般人的老师都不敢，难道还敢成为您的老师吗？

孟子说："人的毛病就是乐于当别人的老师。"从魏、晋以后，人们愈加不敬重老师。当今的时世，没听说还有老师。如果有个老师，大家就一起讥笑他，把他说成是狂妄之人。只有韩愈有勇气，不顾社会上的坏风气，敢冒别人的讥笑侮辱，招收学生，还写了一篇《师说》，从而态度严正地当起老师来了。社会上果真群起对他责怪谩骂，他们指指点点相互会意竞相诽谤韩愈。韩愈因此得到了狂人的名称，居住在京城长安，连饭都来不及煮熟，又匆匆忙忙东去，这样的情况出现不止一次。屈原的赋《九章·怀沙》中说："县城里的狗成群结队，看到不熟识的就狂吠不止。"我以往听说庸国蜀国南面，经常下雨，很少见到太阳，太阳出来狗就对着太阳狂吠，我认为这是夸大其词。六七年前，我来到南方的水州，第二年冬天恰逢下大雪，越过五岭，覆盖南越（今两广）的几个州，这几个州的狗都惊慌失措地吠叫，到处狂奔，接连好几天，直到雪化尽了为止。从此以后，我才相信以前听到的蜀犬吠日的传闻。现在韩愈既然已经成为蜀地之日，您又想让我成为南越之雪，不是使我感到为难了吗？这不仅是使我为难，也会因此让您难堪。然而雪与日难道有什么错误吗？只是狗狂吠不止啊！料想如今世上见怪不吠的能有几人，那么又有谁敢以不同凡响的行动招引群人的侧目而视，引起大家取笑，惹来别人恼怒？

我自从遭贬谪以来，更加缺乏志向没有什么打算。在南方居住了九年，增添了脚气病，渐渐不喜欢热闹，哪里经受得了喧闹的声音，早晚在耳边吵闹，骚扰我的心神？这样一来，那本来困顿烦恼的日子就更加无法过下去了。平时在这里，经常发生意外，遭到别人非难的事不少，就差做人老师一事了。

我又听说，古代很看重成人加冠仪式，表示将要用成年人的标准来要求他，这是圣人特别认真思考的问题。近几百年来，人们不再举行成人仪式了。近来有个叫孙昌胤的人，独自发愤举行成人礼仪，仪式结束后，第二天上朝去，到达等候朝见的地方时，把笏板插在衣服上，对在等待朝见的同僚们说："我的儿子举行完加冠仪式了。"跟他交谈的人都茫然不知道怎么应答。京兆尹郑叔则生气地倒提着笏板后退一步站稳了说："这与我有什么关系呀？"在场的人都哄然大笑。世上的人没有人认为郑叔则的行动不对，反而取笑孙昌胤，什么原因呢？因为孙昌胤独自做了别人不做的事。如今认为是老师的人跟这事非常相似。

您品行淳厚，文学修养很深，所有的作品恢弘博大有古人作品的特征，即使我敢于当您的老师，您又能收获什么呢？如果因为我比您年长几岁，闻道著书的时间比您早一些，真的想彼此交谈学习写作的心得体会，那么我一定愿意把我知道的东西全部告诉您。您可以任意选择，决定取舍哪些就可以了。如果要我来判定是非对错来教导您，我的才能不够，而且又畏惧前边所说的难以为师的情况，因此我不敢为师的主意已下定。您以前说想看我的文章，我就把它们全部陈列到您的面前，这不是在您面前夸耀自己，而只是想借此观察您的表情态度来鉴别我的文章的好坏。如今您来信，实在言过其实了。我知道您确实不是巧言令色阿谀奉承一类人，只是过分看重我的文章。

起初我年轻幼稚，写文章认为讲究辞藻才算巧妙。等到长大以后，才明白文章是用来阐明圣人的学说，这本来就不该单纯追求辞采丰富、声韵和谐；不能着意于华丽的辞藻、显耀声韵的悠扬，认为这是能事。凡是我所陈列在您面前的，都是我自认为接近圣人之道的，然而并不彻底清楚这些究竟与圣人之道距离的远近。您熟悉圣人之道而又赞许我的文章，也许我的那些文章离圣人之道不远了。因此，我每次写文章，从不敢放松要求，担心太轻率不深刻；从不敢以懈怠的态度来进行写作，担心文章结构松散不严密；从不敢随意写出来，担心内容不明条理不清；从不敢以骄矜的态度写出来，担心文章盛气凌人，不平易。我写文章，不任意挥洒，想要文章体现得深刻；尽情发挥，想要文章显得明快；通顺语气，想要文章流畅；严格遣词造句，想要文章精练有力；反复修改，剔除陈腐的词句，想要使文章清新不落俗套；凝聚保存文章的气势，想要使文章凝重不浮躁：这就是我用来阐明圣人之道的写作态度。根据《尚书》设法做到文章质朴，根据《诗经》设法做到充满艺术感染力，根据《礼记》设法做到进退适宜，根据《春秋》设法做到论点明确，根据《易经》设法做到富于变化，这就是我学习圣人之道的源泉。参考《谷梁传》锻炼语气通畅；参考《孟子》、《荀子》，使文章内容博大、条理清晰；参考《老子》、《庄子》开拓视野；参考《国语》扩大韵致；参考《离骚》达到含义幽深；参考《史记》，使文章的语言简练：这就是我广泛推崇吸取并融会贯通从而作为写文章的准则。凡是像这样做的到底是对还是错？可取还是不可取？希望您看后作出抉择，抽空把您的选择告诉我。希望常来信阐发这些写文章的方法和态度，这样，您即使没有什么收获，我却很有收获，又还说什么拜我为师呢？我们取交流写文章之道的实质，除去拜师的虚名，不要招来越犬吠雪、蜀犬吠日的事，而致使被朝野所讥笑，那么实在万幸！宗元禀告。

**原文**

二十一日，宗元白：辱书云欲相师，仆道不笃，业甚浅近，环顾其中，未见可师者。虽常好言论，为文章，甚不自是也。不意吾子自京师来蛮夷间，乃幸见取。仆自卜固无取，假令有取，亦不敢为人师。为众人师且不敢，况敢为吾子师乎？

孟子称"人之患在好为人师"。由魏、晋氏以下，人益不事师。今之世，不闻有师，有辄哗笑之，以为狂人。独韩愈奋不顾流俗，犯笑侮，收召后学，作《师说》，因抗颜而为师。世果群怪聚骂，指目牵引，而增与为言辞。愈以是得狂名，居长安，炊不暇熟，又挈挈而东，如是者数矣。屈子赋曰："邑犬群吠，吠所怪也。"仆往闻庸蜀之南，恒雨少日，日出则犬吠，余以为过言。前六七年，仆来南，二年冬，幸大雪，逾岭，被南越中数州，数州之犬，皆苍黄吠噬狂走者累月，至无雪乃已，然后始信前所闻者。今韩愈既自以为蜀之日，而吾子又欲使吾为越之雪，不以病乎？非独见病，亦以病吾子。然雪与日岂有过哉？顾吠者犬耳。度今天下不吠者几人，而谁敢衒怪于群目，以召闹取怒乎？

仆自谪过以来，益少志虑。居南中九年，增脚气病，渐不喜闹，岂可使呶呶者早暮咈吾耳，骚吾心？则固僵仆烦愦，愈不可过矣。平居望外，遭齿舌不少，独欠为人师耳。

抑又闻之，古者重冠礼，将以责成人之道，是圣人所尤用心者也。数百年来，人不复行。近有孙昌胤者，独发愤行之。既成礼，明日造朝至外廷，荐笏言于卿士曰："某子冠毕。"应之者咸怃然。京兆尹郑叔则怫然曳笏却立曰："何预我耶？"廷中皆大笑。天下不以非郑尹而快孙子，何哉？独为所不为也。今之命师者大类此。

吾子行厚而辞深，凡所作，皆恢恢然有古人形貌，虽仆敢为师，亦何所增加也？假而以仆年先吾子，闻道著书之日不后，诚欲往来言所闻，则仆固愿悉陈中所得者。吾子苟自择之，取某事去某事，则可矣。若定是非以教吾子，仆材不足，而又畏前所陈者，其为不敢也决矣。吾子前所欲见吾文，既悉以陈之，非以耀明于子，聊欲以观子气色诚好恶何如也。今书来，言者皆大过。吾子诚非佞誉诬谀之徒，直见爱甚故然耳。

始吾幼且少，为文章，以辞为工。及长，乃知文者以明道，是固不苟为炳炳烺烺，务采色、夸声音而以为能也。凡吾所陈，皆自谓近道，而不知道之果近乎，远乎？吾子好道而可吾文，或者其于道不远矣。故吾每为文章，未尝敢以轻心掉之，惧其剽而不留也；未尝敢以怠心易之，惧其弛而不严也；未尝敢以昏气出之，惧其昧没而杂也；未尝敢以矜气作之，惧其偃蹇而骄也。抑之欲其奥，扬之欲其明，疏之欲其通，廉之欲其节，激而发之欲其清，固而存之欲其重，此吾所以羽翼大道也。本之《书》以求其质，本之《诗》以求其恒，本之《礼》以求其宜，本之《春秋》以求其断，本之《易》以求其动，此吾所以取道之原也。参之谷梁氏以厉其气，参之《孟》、《荀》以畅其支，参之《庄》、《老》以肆其端，参之《国语》以博其趣，参之《离骚》以致其幽，参之太史以著其洁，此吾所以旁推交通而以为之文也。凡若此者，果是耶，非耶？有取乎，抑其无取乎？吾子幸观焉择焉，有余以告焉。苟亟来以广是道，子不有得焉，则我得矣，又何以师云尔哉？取其实而去其名，无招越、蜀吠怪，而为外廷所笑，则幸矣！宗元复白。

# 序　　棋

　　房生直温，跟我的两个弟弟关系很好，他们都勤奋好学。我担心他们过于刻苦，便寻思找一个让他们休息的方法。找到了一个木棋盘，它中间隆起而呈圆形，下面是方形的。共摆子二十四个，一半贵子，一半贱子。贵的叫上等子，贱的叫下等子，都从第一摆到十二。两个下等子才顶得上一个上等子，用红色和黑色来分辨上下。于是房生拿来两支毛笔，按照棋子摆放的顺序分别涂上颜色，接着两人开始下棋，于是看着贱子就不重视它，看着贵子就重视它。他们使棋子互相撞击时，一定先使用贱子，万不得已才使用贵子。然而这两种棋子都是急速地盲目地往前冲，很少有击中对方的。但在他们赢得对方的棋子时，得了红的就感到心满意足，得了黑的就觉得很不高兴。

　　我仔细地观看他们下棋，想到他们开始时，都是同样的棋子，只是房生用笔一涂颜色便如此分明地区分出贵贱。恰好接近他手边的棋子他就先涂，并不是选择好的棋子就涂上红的，差的棋子就涂黑的。然而一经涂上颜色把它定为上等就成了上等，定为下等就成了下等，定为贵子就成了好的，定为贱子就成了低贱的，人们轻视那个而重视这个，于是差距就很大了。这样看来，像现今世上把人定贵贱的那种情况，跟房生把棋子分为贵贱又有什么区别呢？那种对某人尊重对某人轻视的想法，也跟着上面对他的态度产生从而就在人们的心里，有谁敢议论他们的好坏呢？那些获得高贵地位的人，哪有不趾高气扬而意志薄弱的呢？那些地位卑贱的人，哪有不神态委靡而心情烦乱的呢？那些所谓高贵的人，有谁敢轻视而对他们进行差使呢？那些所谓卑贱的人，有谁敢逃避受人驱使去到处奔劳呢？那些地位高贵的人和地位卑贱的人，他们之间相距非常遥远，有谁敢用两个卑贱者去抵挡一个高贵者呢？我是个地位卑贱的人，看到人们遭遇的始末，觉得有同棋子相似的地方，所以写了这篇文章。

**原文**

房生直温，与子二弟游，皆好学；子病其确也，思所以休息之者。得木局，隆其中而规焉，其下方以直，置棋二十有四：贵者半，贱者半，贵曰上，贱曰下，咸自第一至十二，下者二乃敌一，用朱墨以别焉；房于是取二毫，如其第书之：既而抵戏者二人，则视其贱者而贱之，贵者而贵之。其使之击触也，必先贱者，不得已而使贵者，则皆慄焉惕焉，亦鲜克以十。其获也，得朱焉则若有馀，得墨焉则若不足。

余谛眒之，以思其始，则皆类也，房子一书之而轻重若是。适近其手而先焉，非能择其善而朱之，否而墨之也。然而上焉而上，下焉而下，贵焉而贵，贱焉而贱，其易彼而敬此，遂以远焉。然则若世之所以贵贱人者，有异房之贵贱兹棋者欤？无亦近而先之耳！有果能择其善否者欤？其敬而易者，亦从而动心矣，有敢议其善否者欤？其得于贵者，有不气扬而志荡者欤？其得于贱者，有不貌慢而心肆者欤？其所谓贵者，有敢轻而使之者欤；其所谓贱者，有敢避其使之击触者欤？彼朱而墨者，相去千万不啻，有敢以二敌其一者欤？余墨者徒也，观其始与末，有似棋者，故叙。

# 欧阳修文集

**欧阳修**（1007—1072） 北宋诗人、文学家、史学家。字永叔，号醉翁，晚年又号六一居士。庐陵（今江西吉安市）人。四岁丧父，家境贫寒，从母郑氏以芦荻画地学书。仁宗天圣八年（1030）进士。历任知开封府、礼部侍郎兼翰林侍读等，累官至枢密副使、参知政事。卒赠太子太师，谥文忠。天资刚劲，论事切直，为政宽简，因支持范仲淹等革新派，多次被诬陷贬谪外放。晚年思想趋于保守，对王安石变法有所不满。重视培养人才，奖掖后进，曾巩、王安石、苏轼、苏辙等都为其赏识和提拔。反对宋初以来的浮靡文风，是诗文革新运动的关键人物，散文、诗、词方面的造诣都很高。其文委曲婉转，说理透彻，气势旺盛，被誉为"唐宋八大家"之一；诗歌平易朴质，清新自然，以气格为主；词风深婉清丽，受冯延巳影响较明显，疏宕明快，直抒胸臆，对豪放词派有一定影响。名冠天下，为一代文坛领袖。曾与宋祁合修《新唐书》，独撰《新五代史》。另有《六一诗话》，开创以笔记论诗的形式，后人多仿其体，成为一种广泛流行的体裁。有《欧阳文忠集》。《宋史》卷319有传。

# 朋党论

据我所知，有关朋党的说法，从古就有，只是希望君主能辨别是君子还是小人就好了。大抵说来，君子与君子，因志趣一致而结为朋党；小人与小人，则因私利相同而结为朋党。这是自然的道理。

然而我却认为小人并无朋党，只有君子才有。其原因是什么呢？小人所喜爱的是利禄，所贪图的是财物。当他们私利相同的时候，暂时互相勾结而形成朋党，那是虚假的；等他们见到实利便争先恐后，一旦利益完结交情就疏远了，就会反过来互相残害，即使是兄弟亲戚，也不会互相保全。所以我认为小人并无朋党，他们暂时结为朋党是虚假的。君子就不是这样了：他们所信奉的是道义，所履行的是忠信，所珍惜的是名誉气节。用这些来修养自身，就能志趣一致而相互补益；用这些来服务于国家，就能同心协力把事办成。自始至终一贯如此，这就是君子的朋党了。所以做君主的，只要能摈斥小人的假朋党，信任君子的真朋党，那天下就能大治了。

唐尧时，小人共工、驩兜等四人结成一党，君子八元、八恺等十六人结成一党。舜辅助尧，摈斥四凶的小人朋党，起用八元、八恺十六人的君子朋党，唐尧的天下得到大治。等到虞舜自己做了天子，皋陶、后夔、后稷、后契等二十二人，同时在朝廷列位任职。他们相互称赞，相互谦让，一共二十二人结为一党，而虞舜都任用他们，天下也得到大治。《尚书》说："商纣王有亿万名臣子，是亿万条心；周武王有三千名臣子，却是一条心。"纣王时，亿万臣子各怀异心，说得上是不结朋党了，然而纣王却因此亡国。周武王的臣子三千人结为一个大党，周朝却因此而兴盛。东汉献帝时，将天下所有名士都逮捕监禁起来，把他们看做同党。等到黄巾贼寇造反，汉王朝大乱，这才后悔醒悟，把党人都免罪释放，然而已无法挽救了。唐朝末年，逐渐掀起了朋党之争。到昭宗时，竟把当朝名士全部杀害，有的被投进黄河，还说："这些人自命清流，应当投进混浊的黄河中去。"唐朝也就随之灭亡了。

前代的君主中，能使臣子人人各怀异心而不结党，没有比得上纣王的；能禁止贤士结为朋党，没有比得上汉献帝的；能杀戮清流结党的人，没有比得上唐昭宗时期的；然而他们的国家都招致混乱灭亡。相互称赞、谦让而不自相疑忌的，没有比得上虞舜的二十二位臣子的，虞舜也不加猜疑地任用他们。然而后世并没有讥责虞舜被二十二人朋党所蒙骗，反而称赞虞舜是英明的圣君，就是由于他能分辨君子和小人。周武王时期，全国所有的三千臣子共同结为一个朋党，自古以来结党人数之多、规模之大，没有比得上周朝的，然而周朝却因此而兴盛，贤士再多也不嫌多啊！

唉，这些天下兴盛衰亡、太平混乱的史迹，做君主的可以作为借鉴啊！

**原文**

臣闻朋党之说，自古有之，惟幸人君辨其君子小人而已。大凡君子与君子以同道为朋，小人与小人以同利为朋，此自然之理也。

然臣谓小人无朋，惟君子则有之。其故何哉？小人所好者禄利也，所贪者财货也。当其同利之时，暂相党引以为朋者，伪也；及其见利而争先，或利尽而交疏，则反相贼害，虽其兄弟亲戚，不能相保。故臣谓小人无朋，其暂为朋者，伪也。君子则不然，所守者道义，所行者忠信，所惜者名节。以之修身，则同道而相益；以之事国，则同心而共济。始终如一，此君子之朋也。故为人君者，但退小人之伪朋，用君子之真朋，则天下大治矣。

尧之时，小人共工、驩兜等四人为一朋，君子八元、八恺十六人为一朋。舜佐尧，退四凶小人之朋，而进元、恺君子之朋，尧之天下大治。及舜自为天子，而皋、夔、稷、契等二十二人并列于朝。更相称美，更相推让，凡二十二人为一朋，而舜皆用之，天下亦大治。《书》曰："纣有臣亿万，惟亿万心；周有臣三千，惟一心。"纣之时，亿万人各异心，可谓不为朋矣，然纣以亡国。周武王之臣，三千人为一大朋，而周用以兴。后汉献帝时，尽取天下名士囚禁之，目为党人。及黄巾贼起，汉室大乱，后方悔悟，尽解党人而释之，然已无救矣。唐之晚年，渐起朋党之论。及昭宗时尽杀朝之名士，或投之黄河，曰："此辈清流，可投浊流。"而唐遂亡矣。

夫前世之主，能使人人异心不为朋，莫如纣；能禁绝善人为朋，莫如汉献帝；能诛戮清流之朋，莫如唐昭宗之世；然皆亡其国。更相称美推让而不自疑，莫如舜之二十二臣；舜亦不疑而皆用之。然而后世不诮舜为二十二人朋党所欺，而称舜为聪明之圣者，以能辨君子与小人也。周武之世，举其国之臣三千人共为一朋，自古为朋之多且大，莫如周。然周用此以兴者，善人虽多而不厌也。

嗟呼！治乱兴亡之迹，为人君者，可以鉴矣。

## 纵囚论

信义只能推行于君子，而刑戮却是施加于小人的。判刑定为死罪的人，乃是罪大恶极的，这更是小人之中最突出的啊。宁肯恪守信义而死，不愿苟且侥幸而生，因而视死如归，这更是君子之中特别难能可贵的啊。当唐太宗即位的第六年，他在处置已判死刑的三百多名囚徒时，释放囚徒还家，并约定他们要按时自行回来服死刑。这是拿君子都难于做到的事来要求小人中的最坏者必须做到的啊。那些犯人到了规定日期，竟然都主动返回而且连个迟到的也没有。这是君子所难于办到的，却成了小人很容易做到的了。这难道是近乎人们常情的吗？

也许有人说：他们罪大恶极，诚然是小人。当以施加恩德来对待他们，就可以使他们变化成为君子。恩德深入人心，从而改造人也很快，像这种情况也是有的呀。我们说：唐太宗之所以这样做，正是想得到这种以恩德感化人的好名声啊。但是哪里会知道释放他们出去，不是料定了他们准会回来以便希求赦免，因此才释放的呢？又哪里会知道这些被放出的人，不是料定了通过这个自动返回的行动必然会获得赦免，因此才返回的呢？这种料定囚犯必然会回来而释放他们，是上边的暗自算计好了下边的想法的啊；判定朝廷必然会赦免才返回，是下边的暗自算计好了上边的意图的啊。我们所看到的只是上下互相暗自算计，用来造成这样的名誉。怎么会有所谓施恩德和什么讲信义的呢？不然的话，唐太宗施行德政于全国，至今已经六年了，尚不能使小人不犯极恶大罪，难道以一日的恩惠，竟能使他们视死如归，而肯保持信义吗？这更是不通的论调了。

那么，怎样处理才好呢？我们说：确定释放后而返回者，照旧杀之无赦。然后再释放一批，而他们又能返回时，这就可以知道真是因施行恩德而导致如此了。然而这是必定不会有的事情啊。况且因释放后而返回就赦免他们，只可以偶尔办一次罢了。如果屡次照办，那么凡杀人者都不服死刑，这可以作为治理国家的常法吗？不可作为经常执行的，这能是圣人的法规吗？正因如此，尧、舜和夏、商、周三王的治国方略，必然以合乎人情为根据，不会标新立异以为高明，更不会违背情理来沽名钓誉的。

**原文**

信义行于君子，而刑戮施于小人。刑入于死者，乃罪大恶极，此又小人之尤甚者也。宁以义死，不苟幸生，而视死如归，此又君子之尤难者也。方唐太宗之六年，录大辟囚三百余人，纵使还家，约其自归以就死；是以君子之难能，期小人之尤者以必能也。其囚及期，而卒自归无后者；是君子之所难，而小人之所易也。此岂近于人情哉？

或曰：罪大恶极，诚小人矣。及施恩德以临之，可使变而为君子。盖恩德入人之深，而移人之速，有如是者矣。曰：太宗之为此，所以求此名也。然安知夫纵之去也，不意其必来以冀免，所以纵之乎？又安知夫被纵而去也，不意其自归而必获免，所以复来乎？夫意其必来而纵之，是上贼下之情也；意其必免而复来，是下贼上之心也。吾见上下交相贼以成此名也，乌有所谓施恩德与夫知信义者哉！不然，太宗施德于天下，于兹六年矣，不能使小人不为极恶大罪；而一日之恩，能使视死如归，而存信义，此又不通之论也。

然而何为而可？曰：纵而来归，杀之无赦，而又纵之，而又来，则可知为恩德之致尔。然此必无之事也。若夫纵而来归而赦之，可偶一为之尔。若屡为之，则杀人者皆不死，是可为天下之常法乎？不可为常者，其圣人之法乎？是以尧舜三王之治，必本于人情，不立异以为高，不逆情以干誉。

# 送杨寘序

  我曾患过内心寂寞忧伤的疾病，回家闲住静养，还是不能治疗好。其后，跟着友人孙道滋学习弹琴，学会了几个乐曲，久而久之也就更加喜爱它，竟然不觉得那疾病在身了。

  说起琴来，这种技艺是很小的，但达到最高水平时，从最低的宫音，到最高的羽音，一旦弹拨琴弦演奏起来，就会迅速地出现变化多端的情态。快拍子的凄惶而急促，慢拍子的舒展而缓和。宛如悬崖崩塌顽石震裂，在高高的山峰上涌泻出流泉，又好像是深夜大风疾雨忽然而来啊！宛如那伤心的男子或寡居的妇女的叹息，又如那鸟儿双双对对在鸣唱起嘤嘤的和声啊！那种深广的忧伤和遥远的思虑，则是大舜、周文王和孔子留传下来的乐章啊！那种悲愁感愤的激情，则又是那孤儿伯奇和忠臣屈原的哀叹啊！喜怒哀乐的情绪，感动人诚然是很深的；然而纯真、质朴、淡泊的情调，却和那《尚书》记载的尧、舜、夏、商和周朝先贤的遗言，孔子所写的《春秋》文章，《周易》忧患的心情，以及《诗经》的哀怨讽刺等都是并无二致的。倘若能聆听在耳中，应其声而弹奏于手上，选取那与自己心情相谐和的音调，以疏导自己的抑郁之情，宣泄自己的孤寂的忧思，那么当感触发于心的当儿，也会获得人生真谛的吧。

  我的朋友杨君，好学习而有文采，屡次被荐举应考进士，都不能如愿。当按照荫官的规定任职被调遣时，却被任为管理地方军务刑务的小官派往剑浦去。小小的地方又处在东南数千里地之外，这样他的心情自然会不平的，并且他从年轻时就多病，而南方又少医缺药，风俗、饮食也因不一样而不适应。他以多病的身体，怀抱着不平之心，而又生活在不适宜的风习之中，怎能郁郁寡欢地而持久下去呢？不过，要想平复他的心情来疗养他的疾病，琴艺也许会对他有所裨益吧。所以我写下了关于琴的见解作为赠言来给他送行，并且邀请了道滋，一块儿饮酒，还奏演了琴曲以作为临别纪念。

**原文**

予尝有幽忧之疾，退而闲居，不能治也。既而学琴于友人孙道滋，受宫声数引，久而乐之，不知其疾之在体也。

夫琴之为技小矣，及其至也，大者为宫，小者为羽，操弦骤作，忽然变之，忽者凄然以促，缓者舒然以和。如崩崖裂石，高山出泉，而风雨夜至也；如怨夫寡妇之叹息，雌雄雍雍之相鸣也。其忧思深远，则舜与文王、孔子之遗音也；悲愁感愤，则伯奇孤子、屈原忠臣之所叹也。喜怒哀乐，动人必深；而纯古淡泊，与夫尧舜三代之言语，孔子之文章，《易》之忧患，《诗》之怨刺无以异。其能听之以耳，应之以手。取其和者，道其湮郁，写其幽思，则感人之际，亦有至者焉。

予友杨君，好学有文。累以进士举，不得志。及从荫调，为尉于剑浦。区区在东南数千里外，是其心固有不平者，且少又多疾，而南方少医药，风俗饮食异宜。以多疾之体，有不平之心，居异宜之俗，其能郁郁以久乎？然欲平其心以养其疾，于琴亦将有得焉。故予作琴说以赠其行，且邀道滋，酌酒进琴以为别。

# 五代史伶官传序

啊！强盛和衰亡的道理，虽说是天意，难道不也是由人为造成的吗？推究后唐庄宗得到天下和失掉天下的原因，就可以明白了。

世上人说晋王临终之际，拿出三支箭赐给庄宗，并告诉他说："梁，是我的仇人；燕王是我举荐扶植起来的；契丹曾经和我订立盟约，结拜为兄弟，可是他们都背叛我而归附梁。这三件事，是我死了也抱恨的。给你三支箭，你一定不能忘了你父亲的心愿。"庄宗接过了三支箭，并把它保存在宗庙里。此后每逢作战，就派遣官员用羊和猪各一头去祭告宗庙，恭敬地拿出箭来，装在锦囊里面，背负着箭在前面开路，等获胜归来再把箭放进宗庙里。

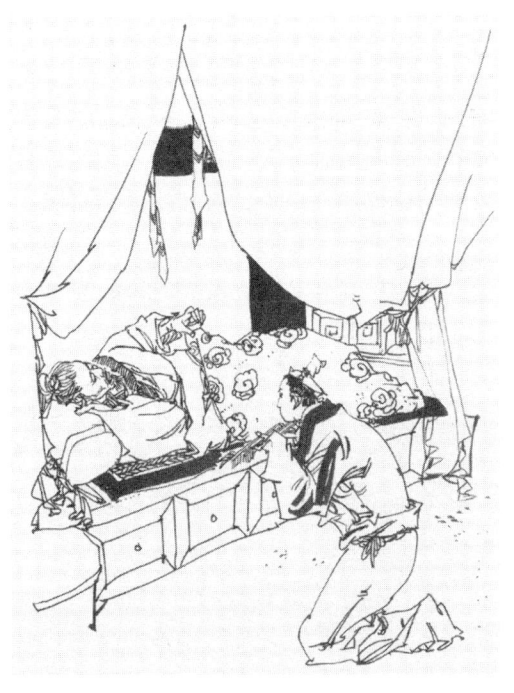

当他用丝绳绑住燕王父子，用木盒装着梁王君臣的首级，进到宗庙，把箭送回先王灵前，报告成功的消息时，那旺盛的意气真是豪壮啊！等到仇敌已经消灭，天下已经平定，有一人在夜间振臂一呼，叛乱的人从四方响应，于是张皇失措地向东出兵，还没看见叛贼，士兵便四下逃散，君臣面面相觑，不知归向哪里，以至于将领们割下头发，对天发誓，君臣哭泣，泪湿衣襟，这是多么悲惨呀！难道是得到天下难而失去天下易吗？或许推究他的成功和失败的事实，都是由于人的缘故吧？

《尚书》上说："自满招来损害，谦虚使人受益。"忧患劳苦可以使国家强盛，安逸享乐可以使自己灭亡，这是自然的道理。所以，当他正值强盛的时候，普天下的英雄豪杰没有人能够和他抗争；到他衰败的时候，几十个伶人围困他，就弄得丧生灭国，被天下的人耻笑。祸患常常是由一些微小的事积累而成的，聪明勇敢的人往往被自己沉溺偏爱的人或事所困扰，哪里因为仅仅几个伶人才有这样的后果啊！

**原文**

呜呼！盛衰之理，虽曰天命，岂非人事哉！原庄宗之所以得天下，与其所以失之者，可以知之矣。

世言晋王之将终也，以三矢赐庄宗而告之曰："梁，吾仇也；燕王，吾所立；契丹，与吾约为兄弟，而背晋以归梁。此三者，吾遗恨也。与尔三矢，尔其无忘乃父之志。"庄宗受而藏之于庙。其后用兵，则遣从事以一少牢告庙，请其矢，盛以锦囊，负而前驱，及凯旋而纳之。

方其系燕父子以组，函梁君臣之首，入于太庙，还矢先王，而告以成功，其意气之盛，可谓壮哉！及仇雠已灭，天下已定，一夫夜呼，乱者四应，仓皇东出，未见贼而士卒离散。君臣相顾，不知所归，至于誓天断发，泣下沾襟，何其衰也！岂得之难而失之易欤？抑本其成败之迹，而皆自于人欤？

《书》曰："满招损，谦得益。"忧劳可以兴国，逸豫可以亡身，自然之理也。故方其盛也，举天下之豪杰，莫能与之争；及其衰也，数十伶人困之，而身死国灭，为天下笑。夫祸患常积于忽微，而智勇多困于所溺，岂独伶人也哉！

# 相州昼锦堂记

登朝做官能够当大将、宰相，取得了富贵又回归故乡，这是大家都认为非常光荣的事，从古到今都一致公认的啊。

一般说来，当士人穷厄时，在本乡街坊中过着艰难贫苦的日子，即便是世俗之人和不懂事的孩子，也都可以轻视他甚至侮辱他。例如苏季子不被嫂子所礼待，朱买臣遭受妻子的抛弃。不料，忽然间他居然坐着四匹马拉着的高大的车子，旗帜在前开道，又有骑兵卫队在后边拥护着回来了。在街道两边观看的人，挤在一起肩靠肩脚并脚，争相观望，啧啧称羡，而那所谓平常老百姓、没见过世面的妇女，可就该忙碌得又跑又跳又惊又慌，弄得汗水淋淋，也有的羞愧得低头弯腰，跪在车轮和马蹄扬起的灰尘中，来向新贵人悔过请罪。这就是普通士人这辈子成功得志，那种意气高昂的盛况，是从前人们所比喻的——穿着锦绣衣裳在大白天里亮相似的荣耀啊。

只有大丞相魏国公不是这样。魏国公，原籍就是相州。从老辈起代代都有良好的德行，并且都是闻名于时的公卿。魏国公自年轻时就已考取了科举的高等，登上了显赫的官位。海内人士习闻其流传四方的德音，仰望其远播所及的风采，也已有很多年了。所谓出将入相、富贵荣华等，这些都是魏国公本来就应有的，不像那些穷苦困顿的人，侥幸得志于一时，出乎那些平凡男子和没有见识的妇女的意料，因此就拿这些来向他们炫耀。那么高大的旗帜，不能够增加魏国公的光荣；名贵的玉圭和华丽的蟒袍，也不足以提高他的身份。只有恩德普遍施于人民，立下功勋以报效国家，使丰功伟绩镌刻在金鼎石碑之上，赞美的歌声传播于四方，以此照临于后世而传之无穷，这才是魏国公的志愿，同时士人们也是拿这个来寄希望于魏国公的啊。哪能只限于炫耀于一时显荣于一地——仅仅在自己的故乡呢！

魏国公在至和年间，曾经以武康节度使的身份，来做相州的知州，于是在后圃建造了一座昼锦堂。后来又刻一首诗在石碑上，赠送给相州人。他的话中把那种以回报恩仇为快事，并把炫耀名望声誉的行为视为可鄙。原来他不以古人所夸耀的事情为荣，却反过来把它作为一种警戒。从这里可以看到魏国公是如何看待富贵的，而他的志向又哪里是能够轻易估量的呢？所以，他能出将入相，为国劳苦，无论天下太平或遭逢患难，都保持一样的态度。至于面临重大事情，决定重大意见，他也总是庄重严肃，不动声色，就把天下稳定得像泰山一样，真可说是安邦定国的大臣了。他的丰功伟业用来刻在宗庙的鼎上，被歌唱传扬，是国家的光荣，不仅仅是街巷乡里的荣耀。

我虽然没有到过魏国公昼锦堂，却曾经有幸得以诵读了他为此题写的诗篇，我为魏国公的大志有成而欢乐，并且很高兴地向天下宣告，于是就写下了以上的文字。

**原文**

仕宦而至将相，富贵而归故乡。此人情之所荣，而今昔之所同也。

盖士方穷时，困厄闾里，庸人孺子，皆得易而侮之。若季子不礼于其嫂，买臣见弃于其妻。一旦高车驷马，旗旄导前，而骑卒拥后，夹道之人，相与骈肩累迹，瞻望咨嗟；而所谓庸夫愚妇者，奔走骇汗，羞愧俯伏，以自悔罪于车尘马足之间。此一介之士，得志于当时，而意气之盛，昔人比之衣锦之荣者也。

唯大丞相魏国公则不然：公，相人也，世有令德，为时名卿。自公少时，已擢高科，登显仕。海内之士，闻下风而望余光者，盖亦有年矣。所谓将相而富贵，皆公所宜素有；非如穷厄之人，侥幸得志于一时，出于庸夫愚妇之不意，以惊骇而夸耀之也。然则高牙大纛，不足为公荣；桓圭衮裳，不足为公贵。惟德被生民，而功施社稷，勒之金石，播之声诗，以耀后世而垂无穷——此公之志，而士亦以此望于公也。岂止夸一时而荣一乡哉！

公在至和中，尝以武康之节，来治于相，乃作"昼锦"之堂于后圃。既又刻诗于石，以遗相人。其言以快恩仇、矜名誉为可薄，盖不以昔人所夸者为荣，而以为戒。于此见公之视富贵为何如,而其志岂易量哉!故能出入将相,勤劳王家,而夷险一节。至于临大事,决大议,垂绅正笏,不动声色,而措天下于泰山之安:可谓社稷之臣矣!其丰功盛烈,所以铭彝鼎而被弦歌者,乃邦家之光,非闾里之荣也。

余虽不获登公之堂,幸尝窃诵公之诗,乐公之志有成,而喜为天下道也。于是乎书。

# 丰乐亭记

我治理滁州的第二年夏天,才喝到滁州的泉水,觉得很甘甜。向滁州人打听泉源,在滁州南边不过百步远的地方找到了。它的上面是丰山,高耸独立;下面是幽深的山谷,悠远深藏;中间有清澈的泉水,泉水很大,向上喷吐。我上下左右地观看,又环顾四周,很喜欢这个地方。于是疏导泉水,凿开山石,开辟出一块地来修建亭子,与滁州人去那里游玩。

滁州在五代战乱时期,是个用兵之地。从前太祖皇帝曾经率领后周的军队在清流山下打败李景十五万大军,在滁州东门外活捉了他的将领皇甫晖和姚凤,于是平定了滁州。我曾经考察这段山川的历史,按照绘图和记载,登高眺望清流关,想找到皇甫晖、姚凤被捉的地方。可是当时的父老都已不在人世,原来天下太平已经很久了。

自从唐朝丧失政权以后,海内分裂,英雄豪杰同时起来争夺天下,到处成为敌国的,数都数不清。到宋朝承受天命,圣人出现,天下统一。从前倚仗险阻踞守的国家,都被铲除和消灭。百年之间,只是淡然看见山高水清,想要打听当时的情况,但是经历世事变迁的老人都没有了。如今滁州处在长江、淮河之间,是车船商贩及四方宾客很少涉足的地方。百姓不了解外面的事情,安心于农事,满足于他们的衣食,快乐地生

活,一直到死。有谁知道这是皇帝的功德,使百姓休养生息,抚育滋养万物百年之久啊!

我来到这里,喜欢它地势僻静,公务简单,又喜爱这儿的风俗安闲。在山谷里找到那股泉水以后,就每天跟滁州人仰望山岭,俯听泉响。春天,采摘幽香的花草;夏天,在大树的浓荫下乘凉;秋天的风霜,冬天的冰雪,使山水显现出清丽。四季的风景,都非常可爱。还有值得庆幸的,是这里的百姓为年成丰收十分快乐,因而欢喜同我一起游玩。于是,我便借此机会给他们追述这些山川的历史,叙说这儿民风习俗的美好,使百姓知道之所以能够享受这种丰年的快乐,是因为有幸生活在太平无事的时代。

宣扬皇上的恩德,和百姓同乐,这是知州分内之事,于是写了这篇文章,用来给亭子命名。

### 原文

修既治滁之明年夏,始饮滁水而甘。问诸滁人,得于州南百步之近。其上则丰山,耸然而特立;下则幽谷,窈然而深藏;中有清泉,滃然而仰出。俯仰左右,顾而乐之。于是疏泉凿石,辟地以为亭,而与滁人往游其间。

滁于五代干戈之际，用武之地也。昔太祖皇帝，尝以周师破李景兵十五万于清流山下，生擒其将皇甫晖、姚凤于滁东门之外，遂以平滁。修尝考其山川。按其图记，升高以望清流之关，欲求晖、凤就擒之所，而故老皆无在者。盖天下之平久矣！

自唐失其政，海内分裂，豪杰并起而争，所在为敌国者，何可胜数？及宋受天命，圣人出而四海一。向之凭恃险阻，划削消磨。百年之间，漠然徒见山高而水清。欲问其事，则遗老尽矣！今滁介江、淮之间，舟车商贾，四方宾客之所不至。民生不见外事，而安于畎亩衣食，以乐生送死。而孰知上之功德——休养生息涵煦于百年之深也！

修之来此，乐其地僻而事简，又爱其俗之安闲。既得斯泉于山谷之间，乃日与滁人仰而望山，俯而听泉。掇幽芳而荫乔木，风霜冰雪，刻露清秀：四时之景，无不可爱。又幸其民乐其岁物之丰成，而喜与予游也，因为本其山川，道其风俗之美，使民知所以安此丰年之乐者，幸生无事之时也。

夫宣上恩德，以与民共乐，刺史之事也，遂书以名其亭焉。

# 醉翁亭记

环绕滁州城的都是山。西南方的那些山峰、树林、山谷尤其美。望过去，林木葱茏深邃秀丽的是琅琊山。在山上行走六七里，渐渐听到水声潺潺，从两座山峰之间奔泻而出的，就是酿泉。山势回环，道路屈曲旋转，有一座亭子四角翘起，像鸟儿展翅一样，飞架泉边，这就是醉翁亭。

建亭子的是谁？是山里的和尚智仙。给亭子取名的是谁？是太守用自己的称谓来称呼这亭子。太守和客人们来这里饮酒，稍微喝点酒就醉了，并且年纪又最大，所以自称为"醉翁"。醉翁的本意不在于酒，而在于山水之间。游山玩水的快乐，领略于内心而寄寓在酒中。

清晨太阳升起，树林中雾气消散；傍晚，烟云凝聚，岩谷又变得阴暗，这种明暗的变化，就是山中的朝暮。野花开放，香味清幽；美好的树木枝叶繁茂，一片浓荫；秋高气爽，霜色洁白；溪水低落，石头显露：这就是山中的四季。清晨前往，黄昏归来，四季景色不同，因而快乐也就无穷。

至于背着东西的人在路上唱着歌，走路的人在树下休息，前面的人呼唤，后面的人应和，驼着背的老人、被牵着手的孩童来来往往，络绎不绝，这是滁州的人在山里游玩。

在溪边捕鱼，溪水深，鱼肥美；用泉水酿酒，泉水香，酒清冽；野味、野菜纷陈面前，这便是太守的宴会。宴会酣畅的乐趣，并不是因为有丝竹一类的音乐。投壶的投中了，下棋的下赢了，酒杯和计酒的筹码交相错杂，坐下又站起，喧哗吵闹：这是众多的宾客在尽情欢乐。苍老的容颜，白了的头发。醉醺醺倒在人们中间的人，是喝醉了的太守。

不久，夕阳落到山头，人影散乱，这是太守回家宾客跟随。树林阴暗蔽翳，鸟儿的叫声，上下一片，这是游人离去，鸟儿尽欢。但是，鸟儿只知道山林的快乐，却不理解游人的快乐；人们知道跟着太守游玩的快乐，却不理解太守是因为他们的快乐而快乐。喝醉时能够和大家一同欢乐，酒醒后能够用文章记下这种欢乐情形的，是太守啊。

太守是谁？是庐陵的欧阳修啊！

**原文**

环滁皆山也。其西南诸峰，林壑尤美，望之蔚然而深秀者，琅琊也。山行六七里，渐闻水声潺潺而泻出于两峰之间者，酿泉也。峰回路转，有亭翼然，临于泉上者，醉翁亭也。作亭者谁？山之僧智仙也。名之者谁？太守自谓也。太守与客来饮于此，饮少辄醉，而年又最高，故自号曰"醉翁"也。醉翁之意不在酒，在乎山水之间也。山水之乐，得之心而寓之酒也。

若夫日出而林霏开，云归而岩穴暝，晦明变化者，山间之朝暮也。野芳发而幽香，佳木秀而繁阴，风霜高洁，水落而石出者，山间之四时也。朝而往，暮而归，四时之景不同，而乐亦无穷也。

至于负者歌于涂，行者休于树，前者呼，后者应，伛偻提携，往来不绝者，滁人游也。

临溪而渔，溪深而鱼肥；酿泉为酒，泉香而酒洌；山肴野蔌，杂然而前陈者，太守宴也。宴酣之乐，非丝非竹。射者中，弈者胜，觥筹交错，坐起而喧哗者，众宾欢也。苍颜白发，颓乎其中者，太守醉也。

已而，夕阳在山，人影散乱，太守归而宾客从也。树林阴翳，鸣声上下，游人去而禽鸟乐也。然而禽鸟知山林之乐，而不知人之乐；人知从太守游而乐，而不知太守之乐其乐也。醉能同其乐，醒能述以文者，太守也。

太守谓谁？庐陵欧阳修也。

# 秋声赋

欧阳子夜间正在读书，听到有种声音一阵阵从西南方传来，吃惊地站起来倾听。说道："好奇怪啊！"开始沙沙啦啦挺凄凉的，忽然间就狂跑乱跳似的汹涌澎湃，好像波涛在黑夜里惊骇得巨浪翻滚，宛如狂风暴雨突然而来一样。它碰撞在物件上，就叮叮当当，声音像铜甲和钢刀磕碰，又好似那偷袭敌垒的士兵，悄悄地含着禁枚奔跑，不闻发号施令，但只听见千军万马出征的步伐声。

我对书童说："这是什么声音啊？你出去看看！"书童回来说："明月皎洁，群星闪烁，银河高高挂在青天，四下里人声悄悄，这奇怪的声音发生在那树梢的叶子中间。"

我说道："哎呀，真令人悲伤啊！这就是'秋声'嘛。为什么它要来呢？要说秋天的情状是这样的，它的颜色惨淡，烟雾飞扬云气收敛；它的相貌清明，天空升高的太阳也光色晶莹；它的空气凛冽，使得皮肤筋骨像针刺似的难过；它的情调萧条，使得山河大地一片寂寥。所以它发出的声音惨惨凄凄，又呼又喊像人们在发怒。茂盛的花草绿油油的互相竞赛，漂亮的树木葱葱茏茏多么可爱，但是那花草触到它颜色就改变，树木遇上它叶子就掉下来。它使花草树木摧败零落的本领，不过是它这一'气运'所具有的能力的余威罢了。

"这个'秋'，是代表执法官府的职能的，在季节中是配属于'阴'；又体现为军事现象，在运行上是相当于'五行'的'金'。它就是被称作天地间的'义'气，本应以严厉和收敛为己任。大自然对待万物，就是使它春天生长秋季结果而完结的。所以秋在音乐领域里又属于商声，商声是以象征西方为主的音调，夷则是与七月份相应的乐律。'商'，就是伤啊，万物衰老就悲伤了；'夷'，就是刈杀啊，事物发展过盛，就应当收敛了。

"唉！草木没有感情，尚且不免按时飘落凋零。人作为动物，唯有他是万物之灵。千百种忧虑干扰他的心，上万件事情劳累消耗他的身体生命，只要有什么触动于胸怀，必然要撼摇着宝贵的心灵。又何况要去思索他所不能解决的问题，忧虑那些智力所不能的事情，这必然会使容光焕发的红颜变成干枯的木头，漆黑的头发化为斑斑白发。为什么不是金石的材料，却偏偏和花草树木争什么年年柳绿花红呢？应该好好考虑是谁危害我们，又何必怨恨这外来的秋声？"

书童没有对答，垂头昏昏而睡，只听得满屋里昆虫鸣声唧唧，好像陪伴我一块儿不停地叹息。

**原文**

欧阳子方夜读书，闻有声自西南来者，悚然而听之。曰："异哉！"初淅沥以萧飒，忽奔腾而澎湃；如波涛夜惊、风雨骤至。其触于物也，鏦鏦铮铮，金铁皆鸣；又如赴敌之兵，衔枚疾走，不闻号令，但闻人马之行声。

予谓童子："此何声也？汝出视之。"童子曰："星月皎洁，明河在天。四无人声，声在树间。"

予曰："噫嘻，悲哉！此秋声也。胡为乎来哉？盖夫秋之为状也：其色惨淡，烟霏云敛。其容清明，天高日晶。其气慄冽，砭人肌骨。其意萧条，山川寂寥。故其为声也，凄凄切切，呼号奋发。丰草绿缛而争茂，佳木葱茏而可悦，草拂之而色变，木遭之而叶脱。其所以摧败零落者，乃一气之余烈。

"夫秋：刑官也，于时为阴；又兵象也，于行为金。是谓天地之义气，常以肃杀而为心。天之于物，春生秋实。故其在乐也：商声主西方之音，夷则为七月之律。'商'，伤也，物既老而悲伤。'夷'，戮也，物过盛而当杀。

"嗟夫！草木无情，有时飘零。人为动物，唯物之灵。百忧感其心，万事劳其形。有动乎中，必摇其精，而况思其力之所不及，忧其智之所不能？宜其渥然丹者为槁木，黟然黑者为星星。奈何非金石之质，欲与草木而争荣？念谁为之戕贼，亦何恨乎秋声！"

童子莫对，垂头而睡。但闻四壁虫声唧唧，如助予之叹息。

# 祭石曼卿文

治平四年七月某日，县官欧阳修谨派尚书省令史李敫来到太清，用清酒和丰盛的食物为祭品，在亡友曼卿墓前祭奠，并用祭文哀吊道：

唉，曼卿！你生是英才，死为英灵。那同万物一样有生有死而又重归于虚无的，是暂时聚结的身形；那不与万物同归于尽、卓然耸立而不朽的，是流传后世的声名。自古以来的圣人贤士，没有一个不是这样的，记载在史册里面，如同太阳和星星一样明亮。

唉，曼卿！我不见你已经很久了，还能依稀想起你的生平。你气宇轩昂，情怀磊落，品格兀立，才学超群，埋藏于地下的躯体，想来不会变成腐朽的泥土，而应成为金玉的精英。如若不然，也会长出松树千尺，长成灵芝九茎。无奈荒烟漫漫，野藤缠绕，荆棘纵横，风雨凄凄，寒露降下，磷火飘动，流萤飞行。只见牧童樵夫，歌唱着往来于墓地，受到惊吓的飞禽走兽，悲鸣徘徊，发出嘤嘤的叫声。现已如此，再过千秋万载，又怎么知道墓穴里不藏着狐貉与鼯鼪？这也是自古以来的圣人贤士都要遭遇的情景。难道没有看到那旷野之中层层叠叠的荒坟？

唉！曼卿！兴衰的道理，我固然知道如此，然而感慨地回顾往昔，悲凉凄怆，不禁临风落泪，惭愧呀，我不能像圣人那样忘情。希望你来享受祭品！

**原文**

维治平四年七月日，县官欧阳修谨遣尚书都省令史李敭至于太清，以清酌庶羞之奠，致祭于亡友石曼卿之墓下，而吊之以文曰：

呜呼曼卿！生而为英，死而为灵。其同乎万物生死，而复归于无物者，暂聚之形；不与万物共尽，而卓然其不朽者，后世之名。此自古圣贤莫不皆然，而著在简册者昭如日星。

呜呼曼卿！吾不见子久矣，犹能仿佛子之平生。其轩昂磊落，突兀峥嵘，而埋藏于地下者，意其不化为朽壤，而为金玉之精；不然，生长松之千尺，产灵芝而九茎。奈何荒烟野蔓，荆棘纵横；风凄露下，走磷飞萤？但见牧童樵叟，歌吟而上下；与夫惊禽骇兽，悲鸣踯躅而咿嘤。今固如此，更千秋而万岁兮，安知其不穴藏狐貉与鼯鼪？此自古圣贤亦皆然兮，独不见夫累累乎旷野与荒城？

呜呼曼卿！盛衰之理，吾固知其如此，而感念畴昔，悲凉凄怆，不觉临风而陨涕者，有愧乎太上之忘情。—尚飨。

# 岘山亭记

岘山与汉水相邻，看上去十分庄严高大，这是因为周围群山比较小。但是它在荆州却很有名气，这难道不是由于那里的人很有名吗？那些有名的人是谁呢？就是羊祜叔子、杜预元凯。当时晋、吴两国武力相争，经常要凭借荆州这块军事要地，而羊祜、杜预相继在此为将，于是就平定了东吴，晋国实现了统一大业，他们二人的功勋超过了如今的人。他们的事迹功勋，在江汉之间广为传颂，至今人们还十分怀念他们，其中对羊叔子的怀念尤其强烈。元凯是因为功绩，而羊叔子是因为仁义道德而为后人怀念的，虽然二人所凭借的不一样，但是他们却都流芳百世。

我对那些已经建下功业，但是又反过来急于想要留名于后世的人非常怀疑，为什么要这么做呢？相传叔子曾经攀登上此山，十分感慨地对他部下说道，这座山还长久地存在，但前世的名人却已经被湮没了，所以叔子想到自己十分伤心。可是他没有想到这岘山却是因为自己才闻名的。而元凯将自己的功业刻在两块石碑上，一块立在这岘山上，另一块投到了汉水中。他只想到山峦沟壑会发生变化，却没想到石碑也可能会被磨灭。这是太珍视自己的声誉而作出的十分完善的考虑呢，还是过于重视自己才这么有远见呢？

岘山上原来就有亭子，世人相传是叔子游览休息的处所。这里的亭子屡次废弃又被修建，其原因正在于后世的人对他们的声名很仰慕，怀念他们的人很多。熙宁元年，我的朋友史君中辉以光禄卿的身份到襄阳来做长官。第二年，由于岘山亭太破旧了，史君中辉就扩大并且重建了岘山亭，既在亭子周围建造了壮丽的回廊，又把后轩的面积扩大了，使它与亭子相协调。史君中辉的名声闻于天下，他在自己所从政的地方都留下了好的声誉，襄阳的百姓在他的执政下生活得很安定，很乐于与他同游。于是就以史君中辉的官职名号光禄来为岘山亭的后轩命名；又有人想将史君中辉的事迹刻在石碑上，以此来使史君中辉与羊祜叔子、杜预元凯一起长久地流传后世。史君无法制止这种行为，于是他托我写下这篇亭记。

在我看来史君倘若仰慕羊祜叔子的风范，想要承袭他的遗迹，那么史君的为人和志向就可以知道了。襄阳百姓敬仰史君并且生活得十分安逸，那么史君从政的政绩也可以清楚了。这些就是襄阳的百姓想要记录下来的。岘山周围的山川美景和草木云烟中的青霭，在空旷的原野若隐若现，可以让诗人们登高的时候，用诗记载下自己所望见的、所想到的。至于岘山亭屡次荒废后的重新兴建，或许也自会有人写下碑文，也许就不必详细叙说它的兴废经过了，所以这些都不写了。

熙宁三年十月二十有二日，六一居士欧阳修作。

**原文**

　　岘山临汉上，望之隐然，盖诸山之小者。而其名特著于荆州者，岂非以其人哉。其人谓谁？羊祜叔子、杜预元凯是已。方晋与吴以兵争，常倚荆州以为重，而二子相继于此，遂以平吴而成晋业，其功烈已盖于当世矣。至于流风余韵，蔼然被于江汉之间者，至今人犹思之，而于思叔子也尤深。盖元凯以其功，而叔子以其仁，二子所为虽不同，然皆足以垂于不朽。

　　予颇疑其反自汲汲于后世之名者何哉。传言叔子尝登兹山，慨然语其属，以谓此山常在，而前世之士皆已湮灭于无闻，因自顾而悲伤。然独不知兹山待己而名著也。元凯铭功于二石，一置兹山之上，一投汉水之渊。是知陵谷有变而不知石有时而磨灭也。岂皆自喜其名之甚而过为无穷之虑欤？将自待者厚而所思者远欤？

　　山故有亭，世传以为叔子之所游止也。故其屡废而复兴者，由后世慕其名而思其人者多也。熙宁元年，余友人史君中辉，以光禄卿来守襄阳。明年，因亭之旧，广而新之，既周以回廊之壮，又大其后轩，使与亭相称。君知名当世，所至有声，襄人安其政而乐从其游也。因以君之官，名其后轩为光禄堂；又欲纪其事于石，以与叔子、元凯之名并传于久远。君皆不能止也，乃来以记属于予。

　　余谓君知慕叔子之风，而袭其遗迹，则其为人与其志之所存者，可知矣。襄人爱君而安乐之如此，则君之为政于襄者，又可知矣。此襄人之所欲书也。若其左右山川之胜势，与夫草木云烟之杳霭，出没于空旷有无之间，而可以备诗人之登高，写离骚之极目者，宜其览者自得之。至于亭屡废兴，或自有记,或不必究其详者,皆不复道也。

熙宁三年十月二十有二日,六一居士欧阳修记。

# 卖 油 翁

陈尧咨的箭术非常好,他的箭术是当时最好的一个,他为此非常自豪,也常常自夸。有一次,他正在自己家的花园里练习射箭,这时候,恰好有一个卖油的老翁经过,他放下挑着的担子,停下来在一边看,久久没有离开。老翁见到陈尧咨射出的箭十之八九能中,只是含着笑点了下头表示了一点赞许的意思。

陈尧咨问卖油翁:"难道你也会射箭吗?我射箭的本领难道不高吗?"卖油翁回答说:"其实也根本没什么了不起的,你只是手熟罢了。"陈尧咨听了这话后,心里很是生气,他说道:"你怎么可以看不起我的箭术呢?"卖油翁回答说:"我只是凭着我倒油的经验悟出了这个道理罢了,没什么深奥的。"老翁说完就拿出来一个葫芦放在地上,让葫芦立起来，把一个铜钱放在葫芦的口上，然后用勺子慢慢地把油倒进葫芦里，油从铜钱的孔中慢慢地落到了葫芦里，但是这枚铜钱却没沾上一点油。老人语重心长地说："其实这里面也没有什么玄妙的，只不过我手熟罢了。"陈尧咨看见了这一切，只好笑着把卖油翁送走了。

**原文**

陈康肃公尧咨善射，当世无双，公亦以此自矜。尝射于家圃，有卖油翁释担而立睨之，久而不去。见其发矢十中八九，但微颔之。

康肃问曰："汝亦知射乎？吾射不亦精乎？"翁曰："无他，但手熟尔。"康肃忿然曰："尔安敢轻吾射？"翁曰："以我酌油知之。"乃取一葫芦置于地，以钱复其口，徐以杓酌油沥之，自钱孔入而钱不湿。因曰："我亦无他，惟手熟尔。"康肃笑而遣之。

# 养 鱼 记

在我的屋檐下回廊前有块闲地，面积有四五丈，正对着非非堂。这块地被高高的竹子环绕并荫蔽着，地里是空着的没种东西。我让人把它挖成一个池塘，不是方的也不是圆的，只是随着它的地形而已；也没有砌河岸，一切按照它原来的样子。挖好后用铁锹挖成水渠，引来水井的水把它灌满。池水比大海的水还要澄澈，色彩明亮、澄净。微风吹过来，池水就起一层细碎的波纹；不起风的时候，水面平静得就像镜子。夜间星星和月亮映照在池水中，光彩鲜明。我在池边休息，我的影子在水中那么清晰；我绕着水池散步，仿佛置身在浩荡的江湖之间。我忧愁郁闷的心情也得到释放了，困乏寡助的人也从中得到了快乐。

我从卖鱼人那里买回几十条鱼，叫小童放在水池中养着。小童因为觉得水池的水太少了，不容易养活更多的鱼，为了让小鱼能活下来，他把大鱼都扔了。我对这件事情感到不解，于是问他，他却这样回答我。可叹啊，这小童怎么能这么糊涂呢！我看到大鱼在池边干死了，没有回到该回到的地方，可是那一群小鱼却在浅水里嬉戏游玩，非常快乐。我对这件事有所感触，于是写了这篇《养鱼记》来记叙这件事。

**原文**

折檐之前有隙地，方四五丈，直对非非堂。修竹环绕荫映，未尝植物。因湾以为池，不方不圆，任其地形；不甃不筑，全其自然。纵锸以浚之，汲井以盈之。湛乎汪洋，晶乎清明。微风而波，无波而平。若星若月，精彩下入。予偃息其上，潜形于毫芒；循漪沿岸，渺然有江湖千里之想。斯足以舒忧隘，而娱穷独也。

乃求渔者之罟，市数十鱼，童子养之乎其中。童子以为斗斛之水不能广其容，盖活其小者而弃其大者。怪而问之，且以是对。嗟乎，其童子无乃嚚昏而无识乎！予观巨鱼枯涸在旁，不得其所，而群小鱼游戏乎浅狭之间，有若自足焉。感之而作《养鱼记》。

# 有美堂记

宋仁宗嘉祐二年，龙图阁的直学士，就是吏部的郎中梅清慎先生将要去钱塘上任。宋仁宗非常喜欢这位人才，在他快要起身走的时候专门为他赠送了一首诗。梅清慎先生到了杭州以后，盖了一座有美堂，这个堂位于吴山上，他从皇上赠诗的前两句中，提取"有美堂"三个字作为祠堂名，而且还专门做了一块匾，他还想尽办法为钱塘的市民带来荣耀。梅先生对

"有美堂"情有独钟,虽然他现在已经离开了钱塘,但是还是对"有美堂"念念不忘,今年从金陵专门派人到达京城,让我为有美堂写一篇序文。那人已经来求过五六次了,我都拒绝了,但梅先生还是不甘心,又派人来求我写序,因此我就写了如下的序:

天底下山水的秀美和人们从山水中得到的快乐是不可以兼得的。只有亲自到偏僻的地方和寂寞没有名声的村庄里去,才能看到登高俯瞰山水的秀美,要想一览人物秀雅、物产丰饶、阛城富庶无比的景象,这样的地方只靠我们的双脚是走不到的,只有到车水马龙的路口、商贾云集的码头才能看到这样的景致。前一种能让我们流连于风景而达到忘我,而后一种情况能让我们沉浸在物质的富有中迷失自我。这两者的追求是不一样的,人们能够得到的快乐也是不同的,可是这两种情况不是那么容易实现的。

接下来我想说的是"罗浮"、"天台"、"衡山"、"洞庭湖",还有"三峡"的险要,它们都是我国东南部最秀丽的风景,可是它们都位于小的县城、小的州治、偏僻没有任何名声的乡下。这些风景是专门为隐士、放逐之人准备的。要是非要在交通方便、物产丰富、人口众多的集市中找到山水秀美的地方,而且是给有钱人准备的,那么这样的地方看来只有"金陵"、"钱塘"这两个城市了。这两个城市没有遭受战乱,因此保存得很好。宋朝皇帝受于天命,实现了全国统一,由于金陵归附的时间很晚,现在江山虽然实现了统一,但旧的城墙庙宇遭受破坏被荒草埋没的也不在少数。到过金陵看到这样的情形的人,没有一个不为看到的这些景象而感到凄凉、踌躇不前的。这么说,中国自五代以来闻名于海内的就只有钱塘了。探究原因是因为当地前朝的地方官能够认清形势,归顺大宋,免于战争。现在这个地方的老百姓生活富裕、安定,能够享受快乐。在这个地方的百姓都精于工艺,城市建筑非常漂亮。这样的房屋多达十万多座，整个城市掩映在西湖和山林之中，让人喜欢。在大江的码头上云集有福建来的许多商船，这些商船忙忙碌碌地穿梭于钱塘和浩瀚的大海之间。到这个地方来的人，不是朝廷的公卿大臣就是皇上的侍从，还有来自各地的喜欢旅游的人。大家纷纷寻找好的地方，在这里筑起了亭台和水榭。朋友们在聚会的同时还能游览风景，享受山水的快乐。在钱塘的其他地方所看到的风景是不全面的，但是在有美堂上所看到的风景却不一般，如果登高望远，那么山水之美和人居物产之盛都会尽收眼底，可以说一眼就能饱览全部胜景！人们说钱塘这个地方收藏了天下的美景，而这个堂又把钱塘之美全部收下了，这就是为什么梅清慎先生非常喜欢这个"有美堂"而且很难忘怀的原因啊！

　　梅清慎先生，非常喜欢学习，我们只要看他的爱好，就足以知道他的人品是什么样子了。

　　嘉祐四年八月丁亥日，庐陵人欧阳修所撰写。

### 原文

　　嘉祐二年，龙图阁直学士、尚书、吏部郎中梅公出守于杭。于其行也，天子宠之以诗。于是始作有美之堂。盖取赐诗之首章而名之，以为杭人之荣。然公之甚爱斯堂也，虽去而不忘。今年自金陵遣人走京师，命予志之。其请至六七而不倦，予乃为之言曰：

　　夫举天下之至美与其乐，有不得兼焉者多矣。故穷山水登临之美者，必之乎宽闲之野、寂寞之乡，而后得焉。览人物之盛丽，夸都邑之雄富者，必据乎四达之冲、舟车之会，而后足焉。盖彼放心于物外，而此娱意于繁华，二者各有适焉。然其为乐，不得而兼也。

　　今夫所谓罗浮、天台、衡岳、庐阜、洞庭之广，三峡之险，号为东南奇伟秀绝者，乃皆在乎下州小邑，僻陋之邦。此幽潜之士，穷愁放逐之臣之所乐也。若乃四方之所聚，百货之所交，物盛人众，为一都会，而又能兼有山水之美，以资富贵之娱者，惟金陵、钱塘。然二邦皆僭窃于乱世。及圣宋受命，海内为一。金陵以后服见诛，今其江山虽在，而颓垣废址，荒烟野草，过而览者，莫不为之踌躇而凄怆。独钱塘，自五代始时，知尊中国，效臣顺及其亡也。顿首请命，不烦干戈。今其民幸富完安乐。又其俗习工巧。邑屋华丽，盖十余万家。环以湖山，左右映带。而闽商海贾，风帆浪泊，出入于江涛浩渺、烟云杳霭之间，可谓盛矣。而临是邦者，必皆朝廷公卿大臣。若天子之侍从，又有四方游士为之宾客。故喜占形胜，治亭榭。相与极游览之娱。然其于所取，有得于此者，必有遗于彼。独所谓有美堂者，山水登临之美，人物邑居之繁，一寓目而尽得之。盖钱塘兼有天下之美，而斯堂者，又尽得钱塘之美焉。宜乎公之甚爱而难忘也。

梅公清慎，好学君子也。视其所好，可以知其人矣。

四年八月丁亥，庐陵欧阳修记。

# 尹师鲁墓志铭

师鲁是河南人，他姓尹名叫洙。可是天下的士人不管认不认识他都管他叫师鲁，他的名声很为当代人重视。那些深知师鲁的人，有的人崇拜的是他的文学才能，有的人看重的是他看问题很独到，有的人赞美的是他的才能。论及他的忠义之节，无论处在逆境和顺境，面临的是祸福喜悲，他身上都有古代君子的风度，然而那些称颂师鲁的人却不一定知道这些东西。

师鲁写文章，语言简洁而有章法。他博学多识，论古及今无所不通，他很擅长《春秋》。当他和别人谈论时，对于正确的就给予肯定，错误的就给予批判，一定要把道理讲明白才停止，从不盲目听从别人所说的，而且没有几个人能超过他。不论遇上什么事情,他都能敢作敢当,这也是他受到世人称道的缘由,也是遭到某些人嫉恨的原因,因此他才会穷困潦倒而终。

师鲁很年轻的时候就考中进士,担任绛州正平县主簿、河南府户曹参军、邵武军判官。后来调任为山南东道掌书记的官职、做伊阳县知县。王文康公喜爱他的才能举荐他,皇帝召

见面试后,任命他担任馆阁校勘,后来又任命他做太子中允。天章阁待制范仲淹遭到贬谪,调任饶州,谏官、御史都不想为他说话求情。师鲁却毅然上书,说范仲淹和他曾经是师友,希望一块接受贬谪。于是师鲁被贬监管郢州酒税,后来又调到唐州。在这个时候,他的父亲去世了,等到守孝期满,他又恢复做太子中允、河南知县的官职。西夏赵元昊造反,陕西一带战争风起云涌,大将葛怀敏上奏朝廷请求让师鲁担任经略判官。师鲁见解敏锐,尤其为经略使韩公所赏识,在好水这个地方大家打了败仗,韩公被贬官到了秦州做知州,师鲁被贬谪到濠州做通判。很长时间之后,韩公上奏朝廷,师鲁随后调到秦州做通判。后来又调到泾州担任知州,在渭州担任知州,同时还兼任泾源路经略部署的官职。他因在水洛时与边将意见不合,又

被调往晋州任职，后又到潞州任知州，在政务上他广施仁爱之心，潞州人到现在还念他的好。后来累官升至起居舍人，掌管龙图阁。

师鲁在国家安定的时候对军事情有独钟，他的《叙燕》、《息戍》两篇文章在当时很有名气。自从西部战事发生，五六年间，他置身于此。师鲁的议论非常精密，对于西部战事也了解得很详细。他很看重军事备战的重要性，论述了作战、守卫的成败的要义，这些在当时是很有价值的。他还想训练士兵让他们来代替戍守的士卒，用这种方式减少边境的开支，把这作为抵御外敌的长远计策，可是没有被采纳。等到元昊臣服，西部的边防士兵的戒备被解除了，师鲁也离职了，他的言论触及了权臣的利益。在这样的情况下，那些称赞师鲁的人，对于师鲁的才能，也不可能完全了解啊。

在最初的时候，师鲁调任渭州，有不听他管理、违规乱法的官吏，他想按军法处置他们，但是没有实现。这件事后，一些官吏到京师向朝廷上书控告师鲁，说他挪用公款借给部下，师鲁遭到贬职，做崇信军节度副使，后来又调任监管均州酒税。后来他病了，没有药物可以治病，就被抬到南阳求医。等到他康复了，靠着几案坐着，看到幼子在眼前，丝毫没有疼爱的表现，和宾客谈话始终不涉及自己的私事。他四十六岁的时候就去世了。

师鲁的妻子张氏是某县县君。他的兄长尹源，字子渐，也以文学而出名，比他早一年去世。师鲁在这几十年间，三次被贬官，先是死了父亲，后来又死了兄长。他的四个儿子，也连着死了三个。一个女儿嫁人了，现在也已死了。他自己也因为被贬而去世。还有一个儿子才三岁，有四个女儿未出嫁，家里没有什么值钱的东西，他死在南阳没办法返回故乡。以前的朋友不管路途的远近都拿出钱来帮忙处理他的后事，这样其妻子才能将他的灵柩送回河南。某年某月某日，将他葬在先人的坟墓旁边。

我与师鲁称兄道弟，也曾给他父亲写墓志铭，因此他的墓志铭我也代写了。铭曰：墓藏得很深，也很牢固，石头也许会朽烂，但铭不会被湮灭。

**原文**

师鲁，河南人，姓尹氏，讳洙。然天下之士识与不识皆称之曰师鲁，盖其名重当世。而世之知师鲁者，或推其文学，或高其议论，或多其才能。至其忠义之节，处穷达，临祸福，无愧于古君子，则天下之称师鲁者未必尽知之。

师鲁为文章，简而有法。博学强记，通知今古，长于《春秋》。其与人言，是是非非，务穷尽道理而已，不为苟止而妄随，而人亦罕能过也。遇事无难易，而勇于敢为，其所以见称于世者，亦所以取嫉于人，故其卒穷以死。

师鲁少举进士及第，为绛州正平县主簿、河南府户曹参军、邵武军判官，举书判拔萃，迁山南东道掌书记、知伊阳县。王文康公荐其才，召试，充馆阁校勘，迁太子中允。天章阁待制范公贬饶州，谏官、御史不肯言。师鲁上书，言仲淹臣之师友，愿得俱贬。贬监郢州酒税，又徙唐州。遭父丧，服除，复得太子中允、知河南县。赵元昊反，陕西用兵，大将葛怀敏奏起为经略判官。师鲁虽用怀敏辟，而尤为经略使韩公所深知，其后诸将败于好水，韩公降知秦州，师鲁亦徙通判濠州。久之，韩公奏，得通判秦州。迁知泾州，又知渭州，兼泾源路经略部署。坐城水洛，与边将异议，徙知晋州，又知潞州，为政有惠爱，潞州人至今思之。累迁官至起居舍人，直龙图阁。

师鲁当天下无事时独喜论兵，为《叙燕》、《息戍》二篇行于世。自西兵起，凡五六岁，未尝不在其间。故其议论益精密，而于西事尤习其详。其为兵制之说，述战守胜败之要，尽当今之利害。又欲训士兵代戍卒，以减边用，为御戎长久之策，皆未及施为。而元昊臣，西兵解严，师鲁亦去而得罪矣。然则天下之称师鲁者，于其材能，亦未必尽知之也。

初，师鲁在渭州，将吏有违其节度者，欲按军法斩之而不果。其后吏至京师，上书讼师鲁以公使钱贷部将，贬崇信军节度副使，徙监均州酒税。得疾，无医药，舁至南阳求医。疾革，隐几而坐，顾稚子在前，无甚怜之色，与宾客言，终不及其私。享年四十有六以卒。

师鲁娶了张氏，某县君。有兄源字子渐，亦以文学知名，前一岁卒。师鲁几十年间，三贬官，丧其父，又丧其兄。有子四人，连丧其三。女一适人，亦卒。而其身终以贬死。一子三岁，四女未嫁，家无余赀，客其丧于南阳不能归。平生故人，无远迩皆往赙之，然后妻子得以其柩归河南。以某年某月某日，葬于先茔之次。

余与师鲁兄弟交，尝铭其父之墓矣，故不复次其世家焉。铭曰：藏之深，固之密。石可朽，铭不灭。

# 答吴充秀才书

欧阳修拜上，先辈吴君足下：

前些日子，荣幸地接到您的书信和三篇文稿，展开读了，觉得很有气势，如汪洋恣肆，等到稍为平静下来再看，只有几百字罢了。如果不是这些文章词汇丰富意蕴雄厚，有不可阻挡之势，怎么会到这种程度！然而，您还自己担忧方向不明，没有人来引导自己，不知该如何继续前进，这是因为好学而讲出来的谦虚之词啊。

我的才能不值得被现时所任用，官职不值得让人觉得光荣，不管对人作出好的坏的评论都没有作用，本身的力量不能提携别人。世人想要凭借别人的声誉来提高自己地位的、想要凭借别人的力量求得晋升的,能从我这里取得什么呢?先辈学问精深,文章雄健,在现时社会上发挥作用,又不需要借助我的声誉才能提高地位,借助我的力量才能晋升上去。可是您却肯于跟我接近,似乎有所要求,恐怕正是那种急于探求道理,顾不上精挑细选,急切地想请教任何人吧?

学习写作的人未尝不在探求道理,可是达到这一目标的是很少的。并不是道理跟人离得太远,只是学习写作的人太沉迷于片面罢了。文学在所有著述中,很难达到完美令人喜爱,有了成绩容易满足沾沾自喜。世上学习写作的人往往沉迷在现有成绩中不再进取,一旦有了成绩,就说:"我的学习已经足够了!"甚至抛弃一切实际工作不予过问,说道:"我是文人,专门从事文学写作罢了。"这就是他们之中很少有人达到目标的原因。

从前孔子到了老年才回到鲁国,"六经"的编纂,只有几年的工夫罢了。然而人们读到《易经》之时,好像不知道还有《春秋》也是出自同一编者之手,人们读到《尚书》之时,好像不知道还有《诗经》也是出自同一编者之手,为什么他花费时间短,却能达到登峰造极的地步呢?圣人的文章虽然不能赶上,然而大抵说来,道理懂得很多的人,他的文章一定不难写好。所以,孟子周游列国,匆忙奔走,没有空闲著书,荀子据说也是晚年才有所著述。至于扬雄、王通,他们只是勉强靠语言形式模仿圣人,这些都是道理不够充分却勉强要写作的文人。后世的被迷惑的人们,只是看到前代的文章流传下来,就以为文人只要努力写作就足够了,因而越是努力越是勤奋,可是越发达不到效果。这就是足下信中所说的,整天不出书斋,下笔之时还是不能随心所欲、挥洒自如,这是因为道理不够充分啊。假如道理充分,文笔到达的程度,即使驰骋天地之间,潜入深泉之中,也没有到达不了的。

先辈的文章气势浩大,犹如江河奔泻,可以说是写得很好了。同时又有志于探求道理，自己仍然不自我满足，如果继续努力不肯停顿，孟子、荀子那样的高峰并不困难。我虽是一个学习道理却没有达到目标的人，然而所幸并没有因为有了成绩就自我满足，也没有陷溺在现有的成绩中不再进取。您能不肯停顿，从而又激励我使我稍有进步，十分荣幸！十分荣幸！欧阳修敬上。

**原文**

修顿首白先辈吴君足下：

前辱示书及文三篇，发而读之，浩乎若千万言之多；及少定而视焉，才数百言尔。非大辞丰意雄，沛然有不可御之势，何以至此！然犹自患伥伥莫有开之使前者，此好学之谦言也。

修材不足用于时，仕不足荣于世，其毁誉不足轻重，气力不足动人。世之欲假誉以为重，借力而后进者，奚取于修焉！先辈学精文雄，其施于时，又非待修誉而为重、力而后进者也。然而惠然见临，若有所责，得非急于谋道，不择其人而问焉者欤？

夫学者未始不为道，而至者鲜焉。非道之于人远也，学者有所溺焉尔。盖文之为言，难工而可喜，易悦而自足。世之学者往往溺之，一有工焉，则曰："吾学足矣！"甚者至弃百事不关于心，曰："吾，文士也，职于文而已。"此其所以至之鲜也。

昔孔子老而归鲁，"六经"之作，数年之顷尔。然读《易》者如无《春秋》，读《书》者如无《诗》，何其用功少而至于至也！圣人之文虽不可及，然大抵道胜者文不难而自至也。故孟子皇皇，不暇著书，荀卿盖亦晚而有作。若子云、仲淹，方勉焉以模言语，此道未足而强言者也。后之惑者，徒见前世之文传，以为学者文而已，故愈力愈勤而愈不至。此足下所谓终日不出于轩序，不能纵横高下皆如意者，道未足也。若道之充焉，虽行乎天地，入于渊泉，无不之也。

先辈之文浩乎沛然,可谓善矣。而又志于为道,犹自以为未广,若不止焉,孟、荀可至而不难也。修,学道而不至者;然幸不甘于所悦而溺于所止。因吾子之能不自止,又以励修之少进焉。幸甚幸甚!修白。

# 为君难论上

人们都说当一个国君很难,难在什么地方呢?大概最难莫过于用人了。

用人的方法在于,任用必须专一,信任必须深厚,这样才能充分发挥他的才干,进而与他共同成就一番事业。而过于信任可能带来的问题是,想专一地任用某个人,便不再同其他人商量问题,拒绝接受群臣的建议,这是要发挥一个人的作用,却先失去众人的拥护。对某个人信任深厚,便一切事情都毫不怀疑,而且非这样做不可,不仔细研究事情能否行得通,不考虑结果是成功还是失败。违背众人的意愿行事,又不仔细研究便轻率地采取行动,每一举动都失误,最后导致祸乱败亡,这是理所当然的。但是也有侥幸成功的,人之常情总是认为成功的就对,失败的就错,这样往往会顺从侥幸成功的人并且赞扬他,把他违背众人意愿当做有独见之明,把他拒绝接受别人的意见当做不因不同的见解而动摇,把他偏听偏信轻举妄动当做敢于决断。假使后代的国君羡慕以上三种情况,希望自己也能如此,一旦因为这样用人而招致国破家亡,那么即使后悔也来不及了。这是很可悲又可叹的事啊。

前代国君,由于竭力排斥群臣的议论,专门信用一人,而不能及早醒悟,最后导致祸乱败亡的事例很多。不可能一一列举,试举出其中一两件。

前秦君主苻坚,所占地盘广大,兵马强壮,拥有九十六万人的军队，号称百万，蔑视南方的东晋政权，将其视为偏安一隅的小朝廷，认为简直一口气就可以把它吞下。然而前秦全国的人都说不能攻打东晋，多次进言劝阻的人数不胜数。大家所陈述的天时人事等理由，都被苻坚一一以滔滔不绝的雄辩之辞所驳斥，使得持忠诚正直言论的下属都沮丧委屈地离去。如王猛、苻融等老成持重的话，他不听；太子苻宏、少子苻诜等至亲骨肉的话，也不听；佛门高僧道安，是苻坚平生信任看重的人，数次向他进言，也不听。只听信一位叫慕容垂的将军的话。慕容垂说："陛下拥有超凡的智慧，自己就能决断，用不着广泛访求朝臣的意见，来扰乱你的思路。"苻坚听了他的话大为高兴，说："与我共同平定天下的，只有你了。"于是打定主意不再犹豫，开始大举进攻南方的东晋。军队到了寿春，东晋仅以数千人的军队迎击，便令苻坚大败而归，等回到洛阳的时候，九十六万兵将已经损失了八十六万。苻坚从此军威丧尽，再也不能重振旗鼓，最终导致国家祸乱败亡。

近世五代时期，后唐清泰帝担心晋高祖石敬瑭镇守太原，所处之地靠近契丹，会倚仗其强大的兵力而专横跋扈，商议要把他调到郓州。朝廷的士大夫纷纷进谏，认为不能这样做。清泰帝下定决心，一定要将他调走，连夜召见经常与他商议事情的枢密直学士薛文遇，问他的意见，以便做出最后的决定。文遇回答说："我听说过，在路边盖房子，三年也盖不成。这件事是由您来决断，何必再问群臣？"清泰帝大为高兴，说："算命的人说我今年会得到一位贤良的辅佐，帮助我重振帝业。你就是这个人吧？"于是马上命令学士起草诏书，将晋高祖调到郓州。第二天早晨宣读诏书时，满朝文武大臣都惊慌失色。六天后晋高祖反叛的文书到了，清泰帝忧愁恐惧，不知道该怎么办才好，对李崧说："刚才我碰见薛文遇，气得浑身发抖，真想拔刀杀死他。"李崧回答说："事情已到这个地步，后悔也来不及了。"君臣两人只有相对流泪罢了。

由此说来，能够极力排斥群臣议论，专门宠幸某一个人，没有像这两位国君这样果断的了，而因此导致的祸乱败亡，也没有人比得上这两位国君的惨状。在苻坚希望与慕容垂共定天下，清泰帝把薛文遇当做协助他中兴的贤良辅佐的时候，可以说面临祸乱的国君，都认为自己专宠的人是贤臣。

也许有人会责问我：既然这样，那么用人的人就不应该专诚信任某一个人了吗？我的回答是：当年齐桓公任用管仲，蜀先主任用诸葛亮，可以说得上是专心一意而深信不疑了，但没听说齐、蜀两国有臣民非议。这是因为他们颁布的法令，全国臣民都乐于遵守，施行的政事，全国臣民都便于执行，因此桓公、先主能专一任用而没有二心。假如他们颁布的法令，两国的人都不愿意服从，施行的政事，两国的人都不执行，那么这两国的君主又怎么愿意专一任用、深信不疑，以至于失去众人的拥护，招来对国家的怨恨呢？

**原文**

语曰为君难者，孰难哉？盖莫难于用人。

夫用人之术，任之必专，信之必笃，然后能尽其材而可共成事。及其失也，任之欲专，则不复谋于人而拒绝群议，是欲尽一人之用，而先失众人之心也。信之欲笃，则一切不疑而果于必行，是不审事之可否，不计功之成败也。夫违众举事，又不审计而轻发，其百举百失而及于祸败，此理之宜然也。然亦有幸而成功者，人情成是而败非，则又从而赞之，以其违众为独见之明，以其拒谏为不惑群论，以其偏信而轻发为决于能断，使后世人君慕此三者以自期。至其信用一失而及于祸败，则虽悔而不可及。此甚可叹也！

前世为人君者，力拒群议，专信一人，而不能早悟以及于祸败者多矣，不可以遍举，请试举其一二。

昔秦苻坚地大兵强，有众九十六万，号称百万，蔑视东晋，指为一隅，谓可直以气吞之耳。然而举国之人，皆言晋不可伐，更进互说者，不可胜数。其所陈天时人事，坚随以强辨折之。忠言谠论，皆沮屈而去。如王猛、苻融老成之言也，不听；太子宏、少子诜至亲之言也，不听；沙门道安，坚平生所信重者也，数为之言，不听。惟听信一将军慕容垂者。垂之言曰："陛下内断神谋足矣，不烦广访朝臣，以乱圣虑。"坚大喜曰："与吾共定天下者，惟卿尔！"于是决意不疑，遂大举南伐。兵至寿春，晋以数千人击之，大败而归。比至洛阳，九十六万兵，亡其八十六万。坚自此兵威沮丧，不复能振，遂至于乱亡。

近五代时，后唐清泰帝患晋祖之镇太原也，地近契丹，恃兵跋扈，议欲徙之于郓州。举朝之士皆谏，以为未可。帝意必欲徙之，夜召常所与谋枢密直学士薛文遇，问之以决可否。文遇对曰："臣闻作舍道边，三年不成。此事断在陛下，何必更问群臣。"帝大喜曰："术者言我今年当得一贤佐，助我中兴，卿其是乎？"即时命学士草制，徙晋祖于郓州。明旦宣麻，在廷之臣皆失色。后六日而晋祖反书至，清泰帝忧惧，不知所为，谓李崧曰："我适见薛文遇，为之肉颤，欲自抽刀刺之。"崧对曰："事已至此，悔无及矣。"但君臣相顾，涕泣而已。

由是言之，能力拒群议专信一人，莫如二君之果也；由是以致祸败乱亡，亦莫如二君之酷也。方苻坚欲与慕容垂共定天下，清泰帝以薛文遇为贤佐，助我中兴，可谓临乱之君，各贤其臣者也。

或有诘予曰："然则用人者，不可专信乎？"应之曰："齐桓公之用管仲，蜀先主之用诸葛亮，可谓专而信矣，不闻举齐、蜀之臣民非之也。盖其令出而举国之臣民从，事行而举国之臣民便，故桓公、先主得以专任而不贰也。使令出而两国之人不从，事行而两国之人不便，则彼二君者，其肯专任而信之，以失众心而敛国怨乎？"

# 为君难论下

　　唉！用人之难，的确是很难，但是仍比不上听言之难。

　　人们所说的话并不会相同，能言善辩、高谈阔论常常让人欣喜，忠厚质朴则往往被认为是思虑愚笨，但这不是听言难的地方，而听言难在于听取者是贤明还是昏庸。阿谀奉承顺人心意的言辞容易让人感到愉悦，正直刺耳的言辞常会惹人发怒，这也不是听言之难，而听言难在于听取者是贤能还是愚笨之人。这些都不足以称为难。像那种似乎是正确的见解，采用之后却往往坏了国家的大事；似乎是不可取的见解，但是只有按照他的意见才可能成功，这些方可称为听言之难。这里试举出一两个例子。

　　战国时期，赵将中有个叫赵括的，善于谈论用兵之道，自称天下没有能够与他匹敌的。他的父亲赵奢，是赵国的名将，曾经久经沙场，每次与赵括辩论起来，也不能使他屈服。然而赵奢从始至终都不认为赵括有才能，他曾感叹道："赵国如果任命赵括为将，一定会败坏国家的大事。"后来赵奢去世，赵国便任命了赵括为将。他的母亲亲自去见赵王，也说赵括不可以任用。赵王不听，仍旧任命赵括为大将并派他率领部队去攻打秦国。结果赵括被秦军射死，赵国军队大败，向秦国投降的人多达四十多万，被活埋于长平。若当时没有像赵括那样仅仅善于谈论用兵的人，也就没有像赵括那样大败的人了。赵括就是那种采纳了似乎正确的见解，结果坏了国家大事的例子。

　　秦始皇想要讨伐楚国，向他的部将李信询问需要用多少军队？李信正当年轻气盛，回答道："二十万就已经足够了。"秦始皇听后十分高兴。又向老将王翦问同样的问题，王翦说："必须要六十万士兵。"秦始皇听后不太高兴，说："王将军老了，怎么这么胆小!"因此认为李信可以任用，随即给他二十万军队，派他去讨伐楚国。王翦于是称病退休到频阳。不久李信被荆人打败，失去了七名都尉败阵而归。秦始皇十分惭愧，亲自去频阳向王翦道歉，要求王翦复官并且率兵讨伐楚国。王翦说："如果一定要任用我，非六十万军队不可。"秦始皇给了他六十万军队让他前往，于是楚国被灭这就是开始。听着似乎是不可取的见解，但不按照他的意见去做就不能成功的例子，王翦就属于这种情况。

那么向别人征求意见的人应当怎么办呢？听到那种似乎是正确的意见，采纳它是当然的，但采纳后却往往使事情失败；听到那种似乎是不可取的意见，舍弃它是当然的，但是只有照此做才会取得成功。这就是为什么说听言难的原因。

我还认为，秦、赵两国君王，不只是在听取别人的意见方面有过失，还由于他们喜欢重用年轻敢为的人，忽视舍弃阅历多经验丰富的人，这才是他们失败的原因。一般年轻敢为的人勇猛有锐气，而阅历丰富的人一般比较老成持重。所以那些渴望建立功业的君王，听到勇猛有锐气的谈论就容易赞评，听到老成持重的谈论就难以接受。

至于赵括，还可以从另一个角度讨论。我粗略地查阅了《史记》中的记载，当时赵国是派遣廉颇攻打秦国。廉颇是赵国的名将，秦国人都害怕他，而秦国人知道赵括善说大话容易对付，所以对赵国施行反间计说："秦国人畏惧的是赵括，如果赵国任命赵括为将，那么秦国会很惧怕的。"赵王不明白这是秦国的反间计，随即任用赵括为将代替廉颇。蔺相如竭力劝阻，认为不能这样。赵王不听，结果导致失败。从这件事来说，赵括善虚谈而没能力是不可以任用的，他的父亲了解他，他的母亲了解他，赵国诸位大臣如蔺相如等也了解他，甚至国外敌对的国家也知道这一点，只有赵王不能醒悟罢了。

用人方面的过失，到了天下所有的人都知道某人不能够胜任，而唯独他的君主不知道这一点的程度，这是极大的祸患。以前历代因为这个原因导致灾祸动乱失败死亡的，难以胜数。

**原文**

呜呼！用人之难难矣，未若听言之难也。

夫人之言，非一端也。巧辩纵横而可喜，忠言质朴而多讷，此非听言之难，在听者之明暗也。谀言顺意而易悦，直言逆耳而触怒，此非听言之难，在听者之贤愚也。是皆未足为难也。若听其言则可用，然用之有辄败人之事者；听其言若不可用，然非如其言不能以成功者，此然后为听言之难也。请试举其一二。

战国时，赵将有赵括者，善言兵，自谓天下莫能当。其父奢，赵之名将，老于用兵者也。每与括言，亦不能屈，然奢终不以括为能也。叹曰："赵若以括为将，必败赵事。"其后奢死，赵遂以括为将。其母自见赵王，亦言括不可用。赵王不听，使括将而攻秦。括为秦军射死，赵兵大败，降秦者四十万人，坑于长平。盖当时未有如括善言兵，亦未有如括大败者也。此听其言可用，用之辄败人事者，赵括是也。

秦始皇欲伐荆，问其将李信，用兵几何。信方年少而勇，对曰："不过二十万，足矣！"始皇大喜。又以问老将王翦，翦曰："非六十万不可。"始皇不悦，曰："将军老矣，何其怯也！"因以信为可用，即与兵二十万，使伐荆。王翦遂谢病，退老于频阳。已而信大为荆人所败，亡七都尉而还。始皇大惭，自驾如频阳，谢翦，因强起之。翦曰："必欲用臣，非六十万不可。"于是卒与六十万而往，遂以灭荆。夫初听其言若不可用，然非如其言不能以成功者，王翦是也。

且听计于人者，宜如何？听其言若可用，用之宜矣，辄败事；听其言若不可用，舍之宜矣，然必如其说则成功。此所以为难也。

予又以谓秦、赵二主，非徒失于听言，亦由乐用新进，忽弃老成，此其所以败也。大抵新进之士喜勇锐，老成之人多持重。此所以人主之好立功名者，听勇锐之语则易合，闻持重之言则难入也。

若赵括者，则又有说焉。予略考《史记》所书，是时赵方遣廉颇攻秦。颇，赵名将也。秦人畏颇，而知括虚言易与也，因行反间于赵曰："秦人所畏者，赵括也。若赵以为将，则秦惧矣。"赵王不悟反间也，遂用括为将以代颇。蔺相如力谏，以为不可。赵王不听，遂至于败。由是言之，括虚谈无实而不可用，其父知之，其母亦知之，赵之诸臣蔺相如等亦知之，外至敌国亦知之，独其主不悟耳。

夫用人之失，天下之人皆知其不可，而独其主不知者，莫大之患也。前世之祸乱败亡由此者，不可胜数也。

# 苏氏文集序

我的朋友苏子美死后四年，我才在太子太傅杜公家里得到他生前所写的文章遗稿，并把它们集中抄录下来，编成十卷。子美是杜公的女婿，于是我将编好的文集归还给杜公，并告诉杜公说："这些文章，就像精金美玉，即使被抛弃埋没于粪土之间，也不能使之销蚀。就算是一时被遗弃了，但后世必然会有人将其收集起来当成宝物。虽然这些文章被埋没，但其精灵之气和奇光异彩自己就能显现出来，别的东西也无法将它埋没。所以当苏子美遭到打击、排挤，受到挫折，颠沛流离，处在困境之中的时候，他的文章却已经不胫而走流传于天下，即使是他的那些仇人冤家全力排挤，想置他于死地，诋毁他的文章掩盖其价值。世上人之常情，总是轻近贵远。子美在当世不得志，其文章还能得到如此的待遇，到了后世他的文章该得到人们怎样的重视啊！杜公可以没有任何遗憾了。"

我曾经考察过前代文章和政治之间兴盛、衰落的关系，觉得奇怪的是唐太宗治理下的国家已接近于古代三王那样的盛世，可是文章却不能革除五代所留下的浮艳风气。一百多年后，韩愈、李翱一班人出现，作于元和年间的文章才使得古文得以复兴。唐朝衰落，兵荒马乱，又过了一百多年，大宋建立，天下安定统一，太平无事。又过了近百年，古文才在当世兴盛起来。自古以来天下安定之世少，动乱之世多。幸而天下太平了，文章却不能臻于精粹完美，有的则久久跟不上时代的步伐。文章之兴盛怎么这么难呢？难道不是因为写文章的人才难得吗！如果有这么一个人，又有幸出于太平盛世，世人岂可以不把他看得很珍贵而加以爱惜呢！可叹啊，我的子美，因为一顿酒饭的过错，竟至于被罢职为民流落而死。这真是让人扼腕叹息、痛哭流泪，并替那些应该为国家培育贤才的仁人君子们感到可惜的事。

子美的年龄比我轻，但我学习古文反而比他晚。天圣年间，我在礼部考取进士的时候，看见当时的学者专门考察研究语言的声律对偶，讲究词语的典故出处，这样写出来的文章号称"时文"，并互相夸耀推崇。只有子美与其兄才翁和穆伯长参军写作古体诗歌和各类古文，当时人都非议嘲笑他们，但子美不顾这些。之后，天子担忧时文的弊病，下诏书劝勉学者写文章要向古文靠拢，从此崇尚时文的风气渐渐平息，而学者所作的文章渐渐趋向古文。只有子美在全社会不写古文的时候写古文，他自始至终坚定不渝，不因世俗的取舍而取舍，称得上是超凡脱俗的人。

子美官当到大理评事、集贤校理就被罢职，后来在任湖州长史时去世，享年四十一岁。他的身材高大，望上去气宇轩昂，和他接近了便会觉得他为人温和，与他相处得越久就越觉得他可亲可敬。他虽然才高八斗，但人们也并不很嫉妒。那些人打击他，想把他排挤掉，其真实的意图都不是针对子美本人的。幸亏天子聪慧、仁慈、圣明，凡是当时被弹劾者指名道姓，想借子美之案为根由而牵连进的几位大臣，蒙天子保全，如今都处于十分荣耀、深受恩宠的地位。即使是那些与子美同时饮酒而获罪的人，也大多数是当代的英雄豪杰，也被收录任用提拔到朝廷显要位置上。但只有子美不幸死了，这难道不是他的命吗？可悲啊！

庐陵欧阳修作序。

### 原文

予友苏子美之亡后四年，始得其平生文章遗稿于太子太傅杜公之家，而集录之以为十卷。子美，杜氏婿也，遂以其集归之，而告于公曰："斯文，金玉也，弃掷埋没粪土，不能销蚀。其见遗于一时，必有收而宝之于后世者。虽其埋没而未出，其精气光怪已能常自发见，而物亦不能俺也。故方其摈斥摧挫、流离穷厄之时，文章已自行于天下，虽其怨家仇人及尝能出力而挤之死者，至其文章，则不能少毁而掩蔽之也。凡人之情，忽近而贵远，子美屈于今世犹若此，其伸于后世宜如何也！公其可无恨。"

予尝考前世文章政理之盛衰，而怪唐太宗致治几乎三王之盛，而文章不能革五代之余习。后百有余年，韩、李之徒出，然后元和之文始复于古。唐衰兵乱，又百余年而圣宋兴，天下一定，晏然无事。又几百年，而古文始盛于今。自古治时少而乱时多，幸时治矣，文章或不能纯粹，或迟久而不相及，何其难之若是欤？岂非难得其人欤？苟一有其人，又幸而及出于治世，世其或不为之贵重而爱惜之欤？嗟吾子美，以一酒食之过，至废为民而流落以死。此其以叹息流涕，而为当世仁人君子之职位宜与国家乐育贤材者惜也。

子美之齿少于予，而予学古文的反在其后。天圣之间，予举进士于有司，见时学者务以言语声偶摘裂，号为时文，以相夸尚。而子美独与其兄才翁及穆参军伯长，作为古歌诗杂文，时人颇共非笑之，而子美不顾出。其后天子患时文之弊，下诏书讽勉学者以近古，由是其风渐息，而学者稍趋于古焉。独子美为于举世不为之时，其始终自守，不牵世俗趋舍，可谓特立之士也。

子美官至大理评事、集贤校理而废，后为湖州长史以卒，享年四十有一。其状貌奇伟，望之昂然，而即之温温，久而愈可爱慕。其材虽高，而人亦不甚嫉忌，其击而去之者，意不在子美也。赖天子聪明仁圣，凡当时所指名而排斥，二三大臣而下，欲以子美为根而累之者，皆蒙保全，今并列于荣宠。虽与子美同时饮酒得罪之人，多一时之豪俊，亦被收采，进显于朝廷。而子美独不幸死矣，岂非其命也？悲夫！庐陵欧阳修序。

## 六一居士传

六一居士当初被贬谪到滁州时，自号醉翁。年老以后体弱多病，将退休到颍水边居住，又改换称号叫六一居士。

有客人问："六一是什么意思？"居士回答说："我家里有

一万卷藏书，集录了三代以来遗留下来的金石遗文一千卷，还有一张琴，一盘棋，而且经常放有一壶酒。"客人说："这才五个一，怎么说六一呢？"居士说："我这个老头在五种物品中颐养天年，这难道不正是六个一吗？"客人笑着说；"您大概是想逃避名声吧？因而屡次改换名号。这正像是庄子所讽刺的那个害怕自己的影子而在日光下奔跑的人。我将要看到您像那个人一样气喘吁吁干渴而死的样子。但名声仍是逃避不掉的。"居士说："我本来知道名声是不能逃避的，我也知道不必逃避。我起这个名字，只是想记下我此时的乐趣罢了。"客人又问："您的乐趣又如何呢？"居士说："我的乐趣岂是可以说得完的！当我陶醉在这五种东西之间的时候，泰山在眼前我也看不见，炸雷劈破屋子中的梁柱我也不惊慌。即使在洞庭大原野上奏起九韶仙乐，在涿鹿山前观看激烈的战斗场面，也还比不上这种快乐呢。不过，我常常苦于不能在这些物品中尽情享受，世上拖累我的事务太多了。其中大的事情有两件，客观上是官场事务劳累了我的身体，主观上是忧患得失和各种思虑劳累了我的精神，使我的外貌不生病便已憔悴，人没有老而精神却已经衰竭，还有什么闲暇享受这五种物品呢？因此，我向朝廷告老辞职已经三年了，一旦天子哀怜我，准予我退归乡里，使我能够跟这五种物品一起归退田园，也许能满足我的夙愿。这便是我起了这个名号记下我乐趣的原因。"客人又笑着说："你知道官场事务劳累形体，却不知这五种物品劳累精神吗？"居士说："并非如此，被官场拖累，已经很劳苦了，又有很多忧虑，被这些物品吸引，却很安逸，又可以免于祸患。你看我应该怎么选择呢？"于是与客人一同起身，握手大笑道："停止辩论罢，这些小事是不值得计较的。"

  过了一会儿我感叹说："读书人年轻时出去做官，往往有人不到七十就退休了。我一直很羡慕他们，这是我应该离开朝廷的第一条理由。我曾经为当朝所用，但一直没有值得称道的功绩，这是我应该离职的第二条理由。壮年时还这样，现在又老又病，反而借着又老又病的身体去贪图过分的荣耀和俸禄，这样做和我平素的志向和以前说过的话是相违背的，这是我离职的第三条理由。我具备这三条应该辞职退休的理由，就算没有五种物品，也早该离职了。还有什么可说的呢？"

熙宁三年九月七日，六一居士欧阳修自记。

### 原文

六一居士初谪滁山，自号醉翁。既老而衰且病，将退休于颍水之上，则又更号六一居士。

客有问曰："六一，何谓也？"居士曰："吾家藏书一万卷，集录三代以来金石遗文一千卷，有琴一张，有棋一局，而常置酒一壶。"客曰："是为五一尔，奈何？"居士曰："以吾一翁，老于此五物之间，是岂不为六一乎？"客笑曰："子欲逃名者乎，而屡易其号，此庄生所谓畏影而走乎日中者也。余将见子疾走大喘渴死，而名不得逃也。"居士曰："吾固知名之不可逃，然亦知夫不必逃也。吾为此名，聊以志吾之乐尔。"客曰："其乐如何？"居士曰："吾之乐可胜道哉！方其得意于五物也，太山在前而不见，疾雷破柱而不惊。虽响九奏于洞庭之野，阅大战于涿鹿之原，未足喻其乐且适也。然常患不得极吾乐于其间者，世事之为吾累者众也。其大者有二焉，轩裳珪组劳吾形于外，忧患思虑劳吾心于内，使吾形不病而已悴，心未老而先衰，尚何暇于五物哉？虽然，吾自乞其身于朝者三年矣。一日天子恻然哀之，赐其骸骨，使得与此五物偕返于田庐，庶几偿其夙愿焉。此吾之所以志也。"客复笑曰："子知轩裳珪组之累其形，而不知五物之累其心乎？"居士曰："不然。累于彼者已劳矣，又多忧；累于此者既佚矣，幸无患。吾其何择哉。"于是与客俱起，握手大笑曰："置之，区区不足较也。"

已而叹曰："夫士少而仕，老而休，盖有不待七十者矣。

吾素慕之，宜去一也。吾尝用于时矣，而讫无称焉，宜去二也。壮犹如此，今既老且宜病矣，乃以难强之筋骸，贪过分之荣禄，是将违其素志而自食其言，宜去三也。吾负三宜去，虽无五物，其去宜矣，复何道哉！"

熙宁三年九月七日，六一居士自传。

# 贾谊不至公卿论

有人认为：汉代兴盛以来以恭俭为本，不断革除弊端，使风俗变得淳朴的皇帝中，以汉文帝为第一人；主张礼乐，建立规章制度，贴近切合当代时务的人，只有贾谊的观点算得上精辟。汉文帝刚刚喜欢他的学说，想要重用他，却突然遭到周勃、张相如的诬蔑，说儒生只会误国乱政，贾谊因此被贬，最后悲愤而死。班固在《汉书》中评论贾谊说："贾谊命中注定短寿，虽然没有成为公卿，但不能说没有遇到贤明君主。"

我对这件事很疑虑，想说一下这件事：孝文皇帝登基时，已经是汉朝第三代了。秦代暴政遗留的危害还没消除，吕后家族阴谋篡权的危机又紧接着爆发，守卫京城和皇宫的北军和南军卷入了各为其主的争斗局面，京城刚刚经历了诛杀吕氏家族的变政。此时，孝文皇帝从代国府第来到京城继承汉朝的皇位，天下刚刚安定，民心还未完全归附刘氏政权。此刻正需要摒弃奢侈用品，穿着朴素的衣服和鞋，带头实行敦厚朴实之风，实行恭敬节省。所以改革的方案不能实施，制度简略不全的情况延续了二十多年。贾谊因此痛哭而怜恤世人，叹息而著书立说。何况这个时候边境还没有太平，内外还没有安定，匈奴凶残奸诈，朝那、上郡等地方因为战乱而残破萧条；侯王超过规定使用帝王的制度服饰，淮南厉王刘长、济北王刘兴居相继由于谋叛被杀戮。贾谊指斥陈述当代应该怎样，计划长久稳

定的计策,希望自己出任典属国的官,用计制伏匈奴,请求分封各皇子以削弱侯王的势力。汉文帝喜欢他的观点却不使用他。

贾谊又借鉴秦朝风俗的恶劣不淳厚,指责汉朝风俗的奢侈,叹息士民穿着皇帝一样的服装,愤怒优倡穿着皇后一样的服饰。要求兴建学校,讲述周朝八百年长久统治的原因;请求谨慎使用刑罚,阐明秦朝很快灭亡的原因。引导皇帝祭拜明堂,以明晰臣子的礼仪;将天下交与有才能的人治理,就可以明察安危。当时每天需处理的事务多得不可计数,而汉文帝却能有条不紊地实施教化治理,推行恭敬俭让,渐渐地消除刑罚,友善地教育臣子,这都是因为实施了贾谊的某些建议。所以天下认为贾谊可以担任公卿,刘向也表扬贾谊远超过伊尹、管仲。而最终没有被使用,是不是由于孝文帝刚登上帝位时间比较短,一些宿将老臣掌握朝政的缘故?这些人有的在战场上夺敌人的军旗,斩敌人的首级,冒着箭矢、石块攻击。有的出身屠户,有的是贩卖丝织品的商人,淳朴并且没有文化,没有远见,所以将贾谊排挤走了。那么,贾谊没有得到皇帝的任用,实在值得叹息!

如果孝文帝按贾谊说的做,其德行可与成、康二帝相比。

假如将他使用于朝廷，让他坐于廊庙之上，那么张扬汉朝的风度，取得比三皇五帝还伟大的功业，就像决堤放水，脱落稗草上成熟的了粒一样容易。为什么要压抑有佐王之才的人，将他远远地流放到诸侯王的地方？所以贾谊经过长沙作词赋凭吊汨罗江，而太史公马迁为他作传在屈原的后边，表明其像屈原一样忠心耿耿，但是最终却被驱逐。可是班固没有讥笑孝文帝的疏远贤良，痛惜贾谊的不被任用，只是认为命中早逝。贾谊因为失意悲伤出乎意料地死了，难道能说是命该如此吗？那么班固所谓的擅长述事记人与《春秋》笔法的褒贬精神相比仅及它的万分之一而已。

谨论。

**原文**

论曰：汉兴，本恭俭、革弊末、移风俗之厚者，以孝文为称首，议礼乐、兴制度、切当世之务者，惟贾生为美谈。天子方欣然说之，倚以为用，而卒遭周勃、东阳之毁，以谓儒学之生纷乱诸事，由是斥去，竟以忧死。班史赞之以"谊天年早终，虽不至公卿，未为不遇"。

予切惑之，尝试论之曰：孝文之兴，汉三世矣。孤秦之弊未救，诸吕之危继作，南北兴两军之诛，京师新喋血之变。而文帝由代邸嗣汉位，天下初定，人心未集，方且破觚斫雕，衣绨履革，务率敦朴，推行恭俭。故改作之议谦于未遑，制度之风阙然不讲者，二十余年矣。而谊因痛哭以悯世，太息而著论。况是时方隅未宁，表里未辑。匈奴桀黠，朝那、上郡萧然苦兵；侯王僭儗，淮南、济北继以见戮。谊指陈当世之宜，规划亿载之策，愿试属国以系单于之颈，请分诸子以弱侯王之势。上徒善其言，而不克用。

又若鉴秦俗之薄恶，指汉风之奢侈，叹屋壁之被帝服，愤优倡之为后饰。请设庠序，述宗周之长久；深戒刑罚，明孤秦之速亡。譬人主之如堂，所以优臣子之礼；置天下于大器，所

以见安侍之几。诸所以日不可胜，而文帝卒能拱默化理，推行恭俭，缓除刑罚，善养臣下者，谊之所言，略施行矣。故天下以谓可任公卿，而刘向亦称远过伊、管。然卒以不用者，得非孝文之初立日浅，而宿将老臣方握其事，或艾旗斩级矢石之勇，或鼓刀贩缯贾竖之人，朴而少文，昧于大体，相与非斥，至于谪去。则谊之不遇，可胜叹哉！

且以谊之所陈，孝文略施其术，犹能比德于成、康。况用于朝廷之间，坐于廊庙之上，则举大汉之风，登三皇之首，犹决壅排坠耳。奈何俯抑佐王之略，远致诸侯之间！故谊过长沙，作赋以吊汨罗，而太史公传于屈原之后，明其若屈原之忠而遭弃逐也。而班固不讥文帝之远贤，痛贾生之不用，但谓其天年早终。且谊以失志忧伤而横夭，岂曰天年乎！则固之善志，逮与《春秋》褒贬万一矣。谨论。

# 读李翱文

我开始读李翱《复性书》三篇，认为这不过是如同注释《中庸》一书的文章罢了。智者想了解人的本性，不如直接去看《中庸》一书。愚笨的人即使读了这三篇文章，也领会不到其中的意旨，这三篇文章不写也行。后又读到他的《与韩侍郎荐贤书》，认为李翱只是因为在那时很贫穷，世上无人举荐自己而痛苦，所以才会在文中反复叮嘱韩愈荐贤。假如他得志于世上，也未必会汲汲于荐贤之事。文中认为韩愈就像秦汉时有侠义风范的豪杰，可说是善于评论人物。最后读到他的《幽怀赋》，读后便生万分感慨，拿起书来再读，又是如此，再三再四不能自已，心中直遗憾李翱没有在今天，而不能同他交往；又叹息自己未能生于李翱的那个时代，不能同他一起探讨这些问题。

何况与李翱同时代的人当中，怀有圣人之道又擅长作文者，没有能赶上韩愈的。韩愈曾写过《感二鸟赋》，其内容不过是羡慕二鸟的光荣风采，哀叹自己连一顿饱饭都不知道在什么时候能吃到罢了。由此推论韩愈之心，假使他已经显达荣耀，衣食不愁，那么就不会再这么说了。像李翱这个人却不是这样。他的赋中说："大家喧闹着混杂相处在一起，都在感叹自己老了并为自己地位低下而叹息。可我的心中却不是这样想，我所忧虑的是世上所实行的并非圣人之道。"李翱又在赋中感慨，当初唐高祖李渊可以指挥一支小部队而得到天下，他的后代子孙却不能用天下之力收复河北，并以此为忧。唉！假如当时的仁人君子，都能将叹老嗟卑的忧己之心，变成李翱那样的忧道忧国之心，那么唐朝所统治的天下，怎么会有动乱和消亡！

然而李翱幸亏没有出生在今天，如果他见到了如今的事情，那么他的忧虑又会更深了。为什么现在的人都不忧道忧国？我到过全国很多地方，所见到的人算是很多了，没见到有哪个人能像李翱那样忧道忧国，却又远离朝廷，不被重用。那居官显赫饱食终日的人，一听到有人说忧虑时局的话，不是认为这个人是个疯子，就是认为是个傻子，不是对其发怒，就是对其讽刺。唉！当官的人不肯自己来忧患时局，还禁止他人忧患时局，真是可悲啊。

景祐三年十月十七日，欧阳修作。

**原文**

予始读翱《复性书》三篇，曰此《中庸》之义疏尔。智者识其性，当复《中庸》。愚者虽读此，不晓也，不作可焉。又读《与韩侍郎荐贤书》，以谓翱特穷时、愤世无荐己者，故叮咛如此，使其得志亦未必然。以韩为秦汉间好侠行义之一豪隽，亦善论人者也。最后读《幽怀赋》，然后置书而叹，叹已复读，不自休。恨翱不生于今，不得与之交；又恨予不得生翱时，与翱上下其论也。

况乃翱一时人，有道而能文者，莫若韩愈。愈尝有赋矣，不过羡二鸟之光荣，叹一饱之无时尔。推是心使光荣而饱，则不复云矣。若翱独不然，其赋曰："众嚣嚣而杂处兮，咸叹老而嗟卑。视予心之不然兮，虑行道之犹非。"又怪神尧以一旅取天下，后世子孙不能以天下取河北，以为忧。呜呼！使当时君子皆易其叹老嗟卑之心为翱所忧之心，则唐之天下岂能乱与亡哉！

然翱幸不生今时，见今之事，则其忧又甚矣。奈何今之人不忧也？余行天下，见人多矣，脱有一人能如翱忧者，又皆疏远，与翱无异。其余光荣而饱者，一闻忧世之言，不以为狂人，则以为病痴子，不怒则笑之矣。呜呼！在位而不肯自忧，又禁他人使皆不得忧，可叹也夫！

景祐三年十月十七日，欧阳修书。

# 曾巩文集

**曾　巩**（1019—1083）　北宋散文家、诗人。字子固，建昌南丰（今江西南丰县）人。嘉祐二年（1057）进士。历任馆阁校勘、集贤校理，出知齐、襄、福、沧等州，官至中书舍人。为民兴利，打击权豪，颇有政绩。为文平易朴实，议论周详，思致明晰，为"唐宋八大家"之一。亦能诗，风格清新，七言绝句写景状物颇有情致。存词仅一首。传世有《元丰类稿》。《宋史》卷319有传。

# 赠黎安二生序

赵郡苏轼是我同科中试的好友,他从西川写信到京师给我,称道蜀地人士,说是有黎生和安生二人。不久,黎生携来自己的文章数十万字,安生也带来自己的文章数千字,屈尊来看望我。我阅看他俩的文章,确实是宏博雄壮而俊秀,善于照应并且文气流畅,能尽量充分地表达事物及其道理,而其才力豪放纵逸,好像是不可估量的。此二人诚然可以说是超拔奇伟而特起之士,苏君诚然可以说是善于了解人的了。

不久,黎生补任江陵府的司法参军,将要出发,请我写几句话作为赠言。我说:"我对您的了解,已在内心深处相知了,还需要用语言在表面上多说吗?"黎生说:"我和安生学写古文,同乡邻里的人们都讪笑说是迂滞疏阔、不合时宜、不切实际,如今请求您的赠言,是想解除众人的疑惑。"

我听了这话,不觉自顾而笑。世上的迂滞疏阔者,还有比我更严重的吗？只知道笃信古代，而不知道合乎今世，只知道立志学儒道，而不知道随同世俗，这就是我为什么在当今遭受困顿而不自觉的原因啊。世上的迂滞疏阔者，还有哪一个比我更严重呢？如今您的迂滞，主要是由于文章不合世俗，是迂滞中很小的一点，尚且以同乡邻里的人们讪笑为患。像我的迂滞可就很大了，假使您持着我的赠言回去，必将更加得罪于世俗了，岂止是被讪笑就算完的呢？

那么，像我这样的人，对于您还要说些什么呢？若说我的迂滞是好的，但其害处是这样；若说我这样是不好的，那就要迎合当代，又必将违背古人，那就要随同世俗，又必将背离儒道的。您且不要急于解除同乡邻里的人们的疑惑，只就这事来考虑，必定能够有所选择而取其一的。于是把这些话写出来以赠给二生，并请苏君看看是不是这样。

**原文**

赵郡苏轼，子之同年友也，自蜀以书至京师遗予，称蜀之士曰黎生、安生者。既而黎生携其文数十万言，安生携其文亦数千言，辱以顾予。读其文，诚闳壮隽伟，善反复驰骋，穷尽事理，而其才力之放纵，若不可极者也。二生固可谓魁奇特起之士，而苏君固可谓善知人者也。

顷之，黎生补江陵府司法参军，将行，请予言以为赠。予曰："予之知生，既得之于心矣，乃将以言相求于外邪？"黎生曰："生与安生之学于斯文，里之人皆笑以为迂阔。今求子之言，盖将解惑于里人。"

予闻之，自顾而笑。夫世之迂阔，孰有甚于予乎？知信乎古，而不知合乎世；知志乎道，而不知同乎俗。此予所以困于今而不自知也。世之迂阔，孰有甚于予乎？今生之迂，特以文不近俗，迂之小者耳，患为笑于里之人；若予之迂大矣，使生持吾言而归，且重得罪，庸讵止于笑乎？

然则若予之于生，将何言哉？谓予之迂为善，则其患若此；谓为不善，则有以合乎世，必违乎古，有以同乎俗，必离乎道矣。生其无急于解里人之惑，则于是焉必能择而取之。遂书以赠二生，并示苏君以为何如也？

# 醒心亭记

欧阳公出任滁州知州的第二年，就在滁州的西南方靠着泉水的地方，建筑了一座叫"丰乐亭"的凉亭，还为此写了一篇《丰乐亭记》，是用来说明这座亭子是怎么建造的。没过多久在丰乐亭平行往东几百步的地方，他又找到了一块山势高的地块，修了一座叫"醒心事"的亭子，并且还让我为此作一篇记。

只要欧阳公和宾客来这个地方，丰乐亭是必须要去的。有人喝醉了感觉累了，肯定会到醒心亭上去看风景，从此处他们看到群山环绕，白云山岚水气缭绕，空旷的田野，茂盛的花草树木，秀丽的山泉岩石，他们在这里所见、所听都是那么清新，那么惬意，最后因为这些让他们感到惊奇酒也就醒了，甚至忘了回去，久久沉浸在这里。因此根据这样的情形把这个亭子命名为"醒心亭"，这几个字来自韩愈《北湖》一诗的句子。唉！他真是可以从山水之间得到人生的乐趣，他更擅长的是根据景物的实际情况为亭子取适合的名字！就是这样，欧阳公的快乐，我还是可以形容的。我们的国君能够做到宽大化民，不动用刑法，我们的人民在下面能够生活宽裕，不抱怨，天下求学的人都贤德有才能，各个地区的鸟兽草木都能得到合适的生长，这才是欧阳修真正最大的快乐。可是现在只是在一座山的角落、一池泉水的旁边，这能说是欧阳公真正的快乐吗？其实是欧阳公把他的理想寄托在这些东西上啊。

像欧阳公这样的贤德，自从韩愈去世几百年我们才又看到。现在与他同游的宾客都还不知道珍惜欧阳公，也不知道他真正的价值。此后的千百年间，有人因为仰慕欧阳公，前来瞻仰他留下来的遗迹，很想和他见上一面，但是却不能见到，是件多么遗憾的事情啊，然后才明白欧阳公是多么难得。所以在这里有幸能和欧阳公一起游玩的人，还有可以不感到欢喜、幸运的理由吗？而我也可以因为这篇文章而留下名声，难道还有什么理由可以不感到欢喜、幸运吗！

宋仁宗庆历七年八月十五日记。

**原文**

滁州之西南，泉水之涯，欧阳公作州之二年，构亭曰"丰乐"，自为记以见其名之意。既又直丰乐之东几百步，得山之高，构亭曰"醒心"，使巩记之。

凡公与州宾客者游焉，则必即丰乐以饮。或醉且劳矣，则必即醒心而望，以见夫群山之相环，云烟之相滋，旷野之无穷，草树众而泉石嘉，使目新乎其所睹，耳新乎其所闻，则其心洒然而醒，更欲久而忘归也，故即其事之所以然而为名，取韩子退之《北湖》之诗云。噫！其可谓善取乐于山泉之间也，而名之以见其实，又善者矣。虽然，公之乐，吾能言之。吾君优游而无为于上，吾民给足而无憾于下，天下学者皆为材且良，夷狄、鸟兽、草木之生者皆得其宜，公乐也。一山之隅，一泉之旁，岂公乐哉？乃公所寄意于此也。

若公之贤，韩子殁数百年而始有之。今同游之宾客，尚未知公之难遇也。后百千年，有慕公之为人，而览公之迹，思欲见之，有不可及之叹，然后知公之难遇也。则凡同游于此者，其可不喜且幸欤？而巩也，又得以文词托名于公文之次，其又不喜且幸欤？

庆历七年八月十五日记。

## 墨 池 记

在临川郡的城东,有一块地方地势是突起来的,比较高,它靠近溪水,我把它叫做新城。在新城上面,有一个水池,它地势低洼,形状是长方形,这个池子被称作王羲之的墨池。在南朝宋人荀伯子所编著的《临川记》里能找得到。东汉书法家张芝是王羲之所仰慕的人。王羲之常常在水池旁练字,因为一练完,他就在池水中洗笔,时间长了,整个水池都变黑了,这就是他旧日的遗迹。这件事情是真实的吗?当王羲之下决心不想再做官的时候,他就游历完了越东各地,还到了东海泛舟,沉浸在水光山色的喜悦之中。莫非他在逍遥遨游尽情游览的时候,是在这个地方歇脚了吗?王羲之的书法到了晚年才达到顶峰,他的书法能达到这么高深的造诣与他的勤奋刻苦是分不开的,并不是他天生就有这方面的天赋。但是再也没有人的书法造诣能赶上王羲之,这大概是他们所下的学习工夫没有王羲之多的缘故吧?学习所下的工夫是不可以少的啊!更何况那些想在道德方面达到很高成就的人呢?

在墨池旁边现在建设了抚州州学的校舍。教授王君非常担心墨池的事迹被湮没,后世再也不知道了,就题了"晋王右军墨池"这六个大字,在门前两柱之间高高地悬挂着,他还告诉我说:"我希望你能写一篇叙记文章。"我揣摩他的心意,可能是因为他爱惜别人的长处,即使是一技之长他也希望能够得到保存,所以就连王羲之的遗迹也同样重视起来吗?或者是想把王羲之临池苦学的事迹推广开来,并借此使这里的学生受到勉励吗?一个人有一技之长,就能使后代将他们推崇到这样的地步,更不用说仁人君子们留下来的风尚和美德是如何影响到后世人的了!

庆历八年九月十二日，曾巩为墨池作记。

**原文**

临川之城东，有地隐然而高，以临于溪，曰新城。新城之上，有池洼然而方以长，曰王羲之之墨池者，荀伯子《临川记》云也。羲之尝慕张芝，临池学书，池水尽黑。此为其故迹，岂信然邪？方羲之之不可强以仕，而尝极东方，出沧海，以娱其意于山水之间；岂有徜徉肆恣，而又尝自休于此邪？羲之之书晚乃善，则其所能，盖亦以精力自致者，非天成也。然后世未有能及者，岂其学不如彼邪？则学固岂可以少哉！况欲深造道德者邪？

墨池之上，今为州学舍。教授王君盛恐其不章也，书"晋王右军墨池"之六字于楹间以揭之。又告于巩曰："愿有记。"推王君之心，岂爱人之善，虽一能不以废，而因以及乎其迹邪？其亦欲推其事以勉其学者邪？夫人之有一能，而使后人尚之如此，况仁人庄士之遗风余思，被于来世者何如哉！

庆历八年九月十二日，曾巩记。

# 道山亭记

　　福建这个地方本来是属于周朝的，到了秦朝的时候，才对这方土地进行开辟，列入中原的版图，到这个时候才合为闽中郡。这个地方的范围从越国的太末县到吴地的豫章郡，是自中原通向它的必经之路。但是这通道一到了闽地，两山就把陆地给堵住了，这两座大山是紧密相连的。没有断裂的地带，直到经过好几个驿站才能见到一块平地，土地少的地方成为县，土地大的成为州，然而州、县还是被山包围着。通向它的道路就像沿着山攀缘的粗绳子一样，有的就像垂直挂在山崖的一丝头发，有的小路在深不可测的溪流上蜿蜒而行，路旁峭壁上随时

还能看见斜刺出来的石刃，一定要看好了脚下的路才能开始下步。那些背着、顶着东西的人要想走路，即使是本地人，还是要侧着脚小心翼翼地往前走。不是本地人的几乎没有不被绊倒的。要想走水路，那些水都是从高处倾泻下来的，在水中的岩石交错相生，就好像是树木竖立起来，也像兵马遍布野外，上下绵延千里，一眼望不到边。水流在怪石的空隙间穿流通过，有的弯弯曲曲地流淌，有的逆着地势从旁边射出，它的形状就好像是一堆蚯蚓纠结着，有的像虫子，有的旋涡就像车轮，水流就像射出的箭。船逆行而上或顺流而下时，都要利用好水势，要是有一点差错，马上就会船破溺水。就是本地人，要不是一生下来就练习水上功夫，还是不可以从事水上行船的职业的。闽地水陆两路都是这样艰难的。汉代曾经就把人民迁徙到江淮之间，让这个地方空着，很可能就是因为这个地方生存环境太艰险的缘故吧，这可能是没有根据的谣传吗？

　　福州的州治所设立在侯官，对闽地来说是位于这个地方的中间地带，因此就叫闽中。这个地方是闽地最平坦宽广的地方，四周离山还有很远的距离，而闽江就位于它的南边，它的东边就是大海。城内外都有可以通过的路,小河就在路的两边,这些小河是和大海相通的,用船载的人和货物不管白天晚上都可以聚集在家门口。山上长着大树,工匠中不乏手艺精湛的。人们争着夸耀自己的房屋建得如何华丽,即便是下等贫苦的人也一定要让自己的住宅宽敞。而佛教、道教之徒,他们的庙宇都很华丽。城中还有三座山,位于西边的叫闽山,位于东边的叫九仙山,位于北边的叫粤王山,这三座山像构成了一座鼎一样。沿着山势,佛教、道教的庙建了有上百处,它那宏伟奇异决然不同的形状,可能是人力所能达到的最高境界了吧。

光禄卿、直昭文馆程公主持福州的政务,在福州的高耸地方,修建了一座亭子,这里的山水景致很美,城池很宏大,宫室很繁华,没必要离开竹席就能把四面景色尽收眼底。程公认为这里位于江海之上,可以作为登山四望的地方,可以和道家所说的蓬莱、方丈、瀛洲三座仙山相提并论,因此为它起名叫"道山之亭"。闽地的道路因为很险远,所以做官的都不愿意来这里,程公能够顺着这地方的长处修筑亭子,并把自己的欢乐寄寓其中,把这个地方的路远和险峻放在一边,他又把他的思想提升到世俗之上,可见他的志向是多么高远啊!

程公在这个州府整治得很好,所以声名很好,他不但改造了城墙,还革新了学府,并且利用公事之余的时间建造了这座亭子。一年之后,他就到了广州做知府,随后又担任谏议大夫,接着被任命为给事中、集贤殿修撰,他现在担任越州知府,他的字是公辟,名字叫师孟。

**原文**

闽,故隶周者也。至秦,开其地,列于中国,始并为闽中郡。自粤之太末,与吴之豫章,为其通路。其路在闽者,陆出则阨于两山之间,山相属无间断,累数驿乃一得平地,小为县,大为州,然其四顾亦山也。其途或逆坂如缘絙,或垂崖如一发,或侧径钩出于不测之溪上;皆古芒峭发,攧然后可投步。负戴者虽其土人，犹侧足然后能进。非其土人，罕不踬也。其溪行，则水皆自高泻下，石侧出其间，如林立，如士骑满野，千里下上，不见其首尾。水行其隙间，或衡缩螺糅，或逆走旁射，其状若蚓结，若虫镂，其旋若轮，其激若矢。舟溯沿者，投便利，失毫分，辄破溺。虽其土长川居之人，非生而习水事者，不敢以舟楫自任也。其水陆之险如此。汉尝处其众江淮之间而墟其地，盖以其狭且阻，岂虚也哉？

福州治侯官，于闽为土中，所谓闽中也。其地于闽为最平以广，四出之山皆远，而长江在其南，大海在其东，其城之内外皆涂，旁有沟，沟通潮汐，舟载者昼夜属于门庭。麓多杰木，而匠多良能，人以屋室巨丽相矜，虽下贫必丰其居，而佛、老子之徒，其宫又特盛。城之中三山，西曰闽山，东曰九仙山，北曰粤王山，三山者鼎趾立。其附山，盖佛、老子之宫以数十百，其瑰诡殊绝之状，皆已尽人力。

光禄卿、直昭文馆程公为是州，得闽山嵚崟之际，为亭于其处，其山川之胜，城邑之大，宫室之荣，不下簟席而尽于四瞩。程公以谓在江海之上，为登览之观，可比于道家所谓蓬莱、方丈、瀛洲之山，故名之曰"道山之亭"。闽以险且远，故仕者常惮往，程公能因其地之美，以寓其耳目之乐，非独忘其险且远，又将抗其思于埃境之外，其志壮哉！

程公于是州以治行闻，既新其城，又新其学，而其余功又及于此。盖其岁满就更广州，拜谏议大夫，又拜给事中、集贤殿修撰，今为越州，字公辟，名师孟云。

# 送李材叔知柳州序

精通世事的人都说南越地区偏僻又遥远，这个地方的风俗习惯和中原地区迥异。所以那些被派到这个地方去做官的人都没有想在这里待很长时间的，总是还没有起程，没有上船前，就已经扳着手指头数着返程的日子了。还看不起那个地方的官职，认为在这个地方没必要好好干。他们还没来之前就已经计划好该怎么做了，因此到任之后，他们的心并不在这里，政务懈怠松弛，丝毫没有为这个地方忧劳和勤勉的心思。这种官场习气由来已久了。否则的话，越地同中原早在一千多年前就建立联系了，但是号称能够安抚此地百姓的官员，难道就区区这么几个人吗？以前的越地和现在的闽地、蜀地差不多，开始的时候都是蛮夷聚居的地方。闽地、蜀地现在变化很大了，只有越地偏偏还保留着一些陋习，难道只有越地习俗难于改变吗？探究根本原因是这里做官的人没有心思尽到他治理教化的责任啊！唉！这也是越地百姓的灾祸啊！

那些来越地做官的人，根本就不知道从京师开封抵达越地，这一路所经历的水路和陆上道路都很安全，而不像闽地的溪流、流经三峡险段的长江，还要经过蜀地的栈道那样容易出意外。由此看来，那些被朝廷选拔、委任的官员要分到远方地区，这里难道不是最好的去处吗？我很熟悉这里的风俗习惯，同中原地区也没有什么差别。日常生活同别的地方一样，没有什么特别之处。我到这个地方还没有生过病呢。如果违反一般常规就算在中原该生病的不还是要生病吗？越地物产丰饶，这里盛产荔枝、龙眼、香蕉、柑橘、橄榄，还有素馨花、山丹花、含笑花等种类的花，还富有各种海产品，有多年的老酒陈醋，这些可是绝无仅有的。百姓中很少有人打官司，他们都喜欢一起娱乐、玩耍。在这里做官的人因为并没有打算长期留在这里，因此就说这个地方不适合来。如果他做好了长期在这里做官的打算，怎么会不想干下去呢？

古时候的人往往管理一个乡或一个县，就用道德、仁义、恩惠、慈爱来对待那里的乡民，把恩德浸润洒布给那里的百姓。现在这个统辖的范围大到了一个州，怎么能把这个地方的官职看成低一等，没心思好好干呢？让这些人知道我的主张，能够重新思考一下，人人都做好长期供职的思想准备，别把在这里做官看成是低人一等的事情，替越地百姓改变他们的粗鄙习俗，能够把他们带到大治的道路上来，使其处于闽地、蜀地之上，如此一来没有百姓会不赞叹。这番事业早在一千多年以前就能够实现的，那么它本身所得到赞誉的多少，就不得而知了。但是，要不使他个性锋芒崭露、要超出其他士人好多倍，没人能做到这一步。在南方做官的人也为数不少，我深深明白能才干锋芒崭露、才能超众，而且采纳我的主张的人，只有李材叔一个而已。

李材叔在年轻的时候就和他的兄长李公翊同一年为官，一起被人荐举出任县令，升入秘书省，被任命为著作佐郎。现在李材叔在柳州做知州，李公翊到了象州担任知州的职务。他们所发生的一切都是在同一年，才干也相差无几。这样看来，这两个人相互让自己的州的政务达到顶峰，他那施政的速度，形势的近捷，能够说得完吗！恐怕这才真正是越地百姓的幸运啊！还真值得庆贺啊！

**原文**

谈者谓南越偏且远，其风气与中州异。故官者皆不欲久居，往往车船未行，辄以屈指计归日，又成小其官，以为不足事。其逆自为虑如此，故其至，皆倾摇懈弛，其忧且勤之心。其习俗从古而尔。不然，何自越与中国通已千余岁，而名能抚循其民者，不过数人邪？故越与闽、蜀、始俱为夷。闽、蜀，皆已变，而俗独尚陋，岂其俗不可更与？盖吏者莫致其治教之意也。意亦其民之不幸也已。

彼不知由京师而之越，水陆之道皆安行，非若闽溪、峡江、蜀栈之不测；则均之吏于远，此非独优与？其风气吾所谙之，与中州亦不甚异。起居不违其节，未尝有疾；苟违节，虽中州宁能不生疾邪？其物产之美，果有荔子、龙眼、蕉、柑、橄榄，花有素馨、山丹、含笑之属，食有海之百物、累岁之酒醋，皆绝于天下。人少斗讼，喜嬉乐。吏者惟其无久居之心，故谓之不可；如其有久居之心，矣不可邪？

古之人为一乡一县，其德义惠爱，尚足以熏蒸渐泽。今大者专州，岂当小其官而不事邪？令其得吾说而思之，人咸有久居之心，又不小其官，为越人涤其陋俗而驱于治，居闽蜀上，无不幸之叹。其事出千余年之表，则其美之巨细可知也，然非其材之颖然迈于众人者，不能也。官于南者多矣，予知其材之颖然迈于众人，能行吾说者，李材叔而已。

材叔久与其兄公翊仕同年，同用荐者为县，入秘书省，为著作佐郎。今材叔为柳州，公翊为象州，皆同时，材又相若也；则二州交相致其政，其施之速、势之便变可胜道也夫！其越人之幸也夫！其可贺也夫！

# 书《魏郑公传》

我常常看到唐太宗降低身份，虚心听取群臣的意见，而魏郑公这些人恰好碰到了好年代，很感谢太宗的知遇之恩，不管遇上的事情是大还是小，大家都争着直言进谏，虽然这是与他们的忠诚分不开的，还是因为能遇上圣明的君主才会出现这样的结果的！那么，我想唐代之所以能够政治清平，太宗被称颂为贤君，没有一代君主能比得上太宗的，根本原因大概就是由于这个吧！我之所以能够知道魏郑公有谏诤的事迹，是因为至今还保存着他的奏章。魏郑公让史官把谏诤的事记录下来，太宗大怒，减少了对他的恩礼，没有对他像开始那样好，魏郑公未尝不反复嗟叹惋惜，对考虑得不长远而抱怨，而更加知道魏郑公的忠贤了。

君王起用大臣，臣子侍奉君王的依据是什么呢？只是尽量做到公正。极其公正，不是不允许有些时候要掩饰自己，不要老想着博取小信来讨好自己的君主，这些事情都是不允许做的。还有一些事情是一定不能做的，不要以为谏诤是需要掩饰的，这样的看法是把谏诤当做不好的表现，那么后代还有谁敢于当面谏诤呢？况且前代的君主都兼有纳谏的美德，可是后代却不知道，如果这样的话失掉的不仅是一时的公正，还会让后代的君主误以为前代没有谏诤的情况。这样做是打开了惰怠和忌讳进谏的风气。

那伊尹、周公到底是何等的人物呢？伊尹、周公的谏议能够直接触及君主的弊端，言辞非常深刻，事情又非常紧迫。他们的谏词保存在《尚书》里，没有被遗落。就是直到现在人们还称颂太甲、成王他们为贤君，伊尹、周公是一代良相，这与他们的谏书现在还能看到是有缘由的。假使当时就把谏书毁掉了，留下小小的谦让的名声，那么后代还有谁能够主动来劝谏呢，又根据什么来判断他们的贤能和杰出呢？夏桀、商纣、周幽王、周厉王、秦始皇死后，他们的臣子的谏词却没有被发现。这不是历史的遗漏，实则是天下人不敢言而导致的。然而谏词诤言没有得以留传，这也是这些君主越来越暴力，于后世留下恶名的原因。

有人说："《春秋》记史的原则是为君主、父母、贤德之人隐去恶的地方和过错，和这正好是相反的做法。"《春秋》里所掩饰和隐去的无非是不良行为，可是接受谏诤又怎么能和不良行为相提并论呢？又说："那么这样说来，是焚毁谏稿的人做错了吗？"我说："到底是谁焚稿了？这不是伊尹、周公做的，是那些企图从君主那里博取小信的小人干的，那事情本身是错误的。为什么？因为他们把焚稿的行为看成是帮助君主掩饰过错的好品质了，还希望后世能够传颂这件事。这就使得后世看不到谏言奏章到底是对的还是错的，常常把过错推到君主的身上，把美德常常错归于焚稿者身上，这哪里能够称得上是爱他们的君主呢?"又有人说:"到君主面前说实话,但是出来却不能告诉别人实话。这也与此不同。"我说,这不是圣贤说过的话,即使真有这样的话,也是说君臣之间谈论起时事,不想让别人知道他们所说的话罢了,根本就不是想杜绝谏诤,告诉万世的人呢!

唉!能够要求自己坚持真诚、侍奉君主要真实,而且对万世不欺瞒的人,这个人就是郑公啊!

**原文**

予观太宗常屈己以从人臣之议,而魏郑公之徒,喜遭其时,感知己之遇,事之大小,无不谏诤,虽其忠诚自至,亦得君而然也。则思唐之所以治,太宗之所以称贤主,面前世之君不及者,其渊源皆出于此也。能知其有此者,以其书存也。及观郑公以谏诤事付史官,而太宗怒之,薄其恩礼,失终始之义,则未尝不反覆嗟恨,恨其不思;而益知郑公之贤焉。

夫君之使臣与臣之事君者何?大公至正之道而已矣。大公至正之道,非灭人言以掩己过,取小亮以私其君,此其不可者也。又有甚不可者,夫以谏诤为当掩,是以谏诤为非美也,则后世谁复当谏诤乎?况前代之君有谏诤之美,而后世不见,则非惟失一时之公,又将使后世之君,谓前代无谏诤之事,是启其怠且忌矣。太宗末年,群下既知此意而不言,渐不知天下之得失。至于辽东之败,而始恨郑工不在。世未尝知其悔之萌芽出于此也。

夫伊尹、周公何如人也?伊尹、周公之切谏其君者,其言至深,而其事至迫,存之于书,未尝掩焉。至今称太甲、成王为贤君,而伊尹、周公为贤相者,以其书可见也。令当时削而弃之,准区区之小让,则后世何所据依而谏,又何以知其贤且良与?桀、纣、幽、厉、始皇之亡,则其臣之谏词无见焉。非其史之遗,乃天下不敢言而然也。则谏诤之无传,乃此数君之所以益暴其恶于后世而已矣。

或曰:"《春秋》之法,为尊亲贤者讳,与此戾矣。"夫《春秋》之所以讳者,恶也,纳谏岂恶乎?"然则焚稿者非欤?"曰:焚稿者谁与?非伊尹、周公为之也,近世取区区之小亮者为之耳,其事又未足也。何则?以焚其稿为掩君之过,而使后世传之,则足使后世不见稿之是非,而必其过常在于君,美常在于己也,岂爱共君之谓欤?孔光之去其稿之所言,其在正邪未可知也。而焚之而惑后世,庸讵知非谋己之奸计乎?或曰:"造辟而言,诡辞而出,异乎此。"曰:此非圣人之所曾言也。今万一有是理,亦谓君臣之间,议论之际,不欲漏其言于一时之言耳,岂杜其告万世也!

噫!以诚信持己而事其君,而不欺乎万世者,郑公也。益知其贤云。岂非然哉!岂非然哉!

# 唐　　论

自从周成王、周康王离世之后,百姓就见不到古代先王的太平盛世了,天下一天天地陷入混乱。一直到了秦朝,把前代圣王几千年的治国之法全部废除。天下群雄起义,灭亡了秦朝,使天下被汉统一。汉朝建立之后,经历了二十四位皇帝,西汉、东汉二度统治天下,共计四百年。可是汉朝大体上仍然沿用秦法,即使更改一些秦的旧法,也多是根据自己的意愿,而不是仿效先王的制度和有治理天下的志向。有治理天下的志向的君主,只有文帝一人而已。可是文帝没有足够的才能治理天下,所以虽然有仁政爱民的美名,但他当时施行的法度,也不是仿效夏、商、周三代的先王之法。汉朝灭亡,几个强大的势力分割天下,形成三国鼎立的局面。晋朝与隋朝虽然统一天下,但都没有多久便灭亡了,不值得评价的。

唐朝取代了隋,前后共经历十八位君主。将近三百年,而唐朝的政权都不如太宗时代强盛兴旺。太宗能够委屈自己听从谏议,仁心爱人,可以说他有治理天下的志向。他实行租庸调制均衡百姓的赋税徭役,实行府兵制保养军队,根据职责事务需要设置官位,根据能力大小委任官职,用仁义教化改良风俗,用重视农业调动百姓。赋税徭役有一定的制度,军士农

夫有固定的业务,官位没有虚衔冗职,在职官员没有不称职的,人民习惯于做善事以农为根本,离开工商末业。这样便使得掌管政务的人办事简洁明快有效率;百姓纳税服役量少而易完成。人民既能切实务农,国家的军备又得以储存;军队编制既能保持,又有务农的实力。职事分工明确各有归属,俸禄支出合理不虚,各种合格人才各得所用没有遗漏,治国的政令制度一体相承。人们的礼义廉耻之心日益深入笃实,国家的土地日益开垦增加,这是因为建立了完备的制度,社会就长治久安,如果废弃,就会动乱。因此,可以说太宗有治理天下的才能。实行这套法令制度几年之后,粮食价格低廉,一斗米只要几个钱,居家的人都有剩余积蓄,出门的人也身有余钱,人人都厚道自重,几乎到了可以废置刑罚的程度,因此,可以说他

有治理天下的成效。太宗虽然有治理天下的志向，有治理天下的才能，又有治理天下的成效，可是仍然不能跟先王相提并论，这是因为他施行法度还不如先王完善；恢复礼乐典章，制定农业政策，设立学校教育也不如先王完善；他亲临战场指挥打仗，战必胜、攻必克，天下没有人不认为他武功盖世，但这却不是先王主张的；四方万里之外的异族，古代政令没有到达的地方，没有不归附臣服的，天下没有人不认为他强盛，但这并不是先王的目标。太宗治理天下的得失就是这样。

从唐尧、虞舜的太平盛世，经历五百多年才有商汤的太平盛世；从商汤的太平盛世，经历五百多年才有周文王、周武王的太平盛世；从周文王、周武王的太平盛世经历一千多年才有太宗这位贤明君主。太宗有治理天下的志向，有治理天下的才能，有治理天下的效果，但又因为他制度不完备，不能跟先王相提并论而称得上最太平时代。这样看来，生活在周文王、周武王之前的人，大概五百年遇到一次太平盛世；生活在周文王、周武王之后的人，经历一千多年也未必能赶上最完美的太平盛世。这就不仅仅是生在这个时代的百姓的不幸了，生在周文王、周武王之前的读书人，就像舜和禹遇到唐尧，"八元"、"八恺"遇到虞舜，伊尹遇到商汤，太公遇到文王、武王，都是五百多年才遇到一代盛世圣君。生在文王、武王之后的士人，既然像孔子这样的圣人、孟子这样的贤人也遇不到贤明的君主，即使是太宗做他们的国君，他们也不一定能够发挥才能实现理想。这也是生在那个时代的士人的不幸啊！所以论述唐太宗的是非得失的原因，不单单是为做国君的可以用来考察得失，有志于先王之道而又想为朝廷出力的士人，也可以从中得到教训。

**原文**

成、康殁而民生不见先王之治，日入于乱，以至于秦，尽除前圣数千载之法。天下既攻秦而亡之，以归于汉。汉之为汉，更二十四君，东西再有天下，垂四百年。然大抵多用秦法，其改更秦事，亦多附己意，非效先王之法，而有天下之志也。有天下之志者，文帝而已。然而天下之材不足，故仁闻虽美矣，而当世之法度，亦不能放于三代。汉之亡，而强者遂分天下之地；晋与隋虽能合天下于一，然而合之未久而已亡，其为不足议也。

代隋者唐，更十八君，垂三百年，而其治莫盛于太宗。太宗之为君也，诎己从谏，仁心爱人，可谓有天下之志。以租庸任民，以府卫任兵，以职事任官，以才能任职，以兴义任俗，以尊本任众。赋役有定制，兵农有定业；官无虚名，职无废事；人习于善行，离于末作。使之操于上者，要而不烦，取于下者，寡而易供。民有农之实，而兵之备存；有兵之名，而农之利在。事之分有归，而禄之出不浮，材之晶不遗，而治之体相承。其廉耻日以笃，其田野日以辟。以其法修，则安且治；废，则危且乱。可谓有天下之材。行之数岁，粟米之贱，斗至数钱。居者有余蓄，行者有余资，人人自厚，几致刑措。可谓有治天下之效。

夫有天下之志，有天下之材，又有治天下之效，然而不得与先王并者，法度之行，拟之先王未备也。礼乐之具，田畴之制，庠序之教，拟之先王未备也。躬亲行阵之间，战必胜，攻必克，天下莫不以为武，而非先王之所尚也。四夷万里，古所未及以政者，莫不服从，天下莫不以为盛，而非先王之所务也。太宗之为政于天下者，得失如此。

由唐、虞之治，五百余年而有汤之治；由汤之治，五百余年而有文、武之治；由文、武之治，千有余年而始有太宗之为君。有天下之志，有天下之材，又有治天下之效，然而又以其未备也，不得与先王并，而称极治之时。是则人生于文、武之前者，率五百余年而一遇治世；生于文、武之后者，千有余年而未遇极治之世也。非独民之生于是时者之不幸也。士之生于文、武之前者，如舜、禹之于唐，八元、八恺之于舜，伊尹之于汤，太公之于文、武，率五百余年而一遇；生于文、武之后，千有余年，虽孔子之圣、孟轲之贤而不遇，虽太宗之为君，而未可以必得志于其时也。是亦士民之生于是时者之不幸也！故述其是非得失之迹，非独为人君者可以考焉，士之有志于道，而欲仕于上者，可以鉴矣。

# 序越州鉴湖图

鉴湖，又名南湖。湖南面紧靠山，湖北面同越州州城运粮的水道相通，东面和西面直接通到东江、西江。它是由会稽太守马臻于东汉顺帝永和五年开凿而成的，迄今已有九百七十五年了。鉴湖总面积三百五十八里，凡是河流从东南面流过来的，全都注入湖中。在越州东部，从州城到东江，湖的北堤有石楗两座，地下水道十九条，通向百姓的田地。只要是田地南面与运粮水道相连接而北、东、西三面靠江的，都能得到灌溉。离越州东部六十里，从东城一直到东江，湖的南边堤岸有地下水道十四条，通向百姓的田地。凡田地北面直达运粮水道而南面靠山，西面傍堤、东面与东江相连的，都能得到灌溉。离越州西部三十里处，有个闸门叫做柯山斗门，通向百姓的田地。凡田地东面依傍州城、南面傍堤、北面临近运粮水道、西面与西江相连的，也都能得到灌溉。总共算来，一共灌溉山阴、会稽两县十四乡的田地九千顷。这并不是鉴湖能够灌溉田地九千顷就算到头了，而是由于田地到东、西两江只有九千顷。湖东的闸门叫做曹娥斗门和蒿口斗门，湖水顺南堤向东流的，通过这两座闸门注入东江。湖西的闸门叫做广陵斗门和新迳斗门，湖水顺北堤向西流的，通过这两座闸门注入西江。湖北的闸门叫做朱储斗门，离湖最远。这是沿着曹娥江、钱清江、浙江的上游和两山之间的地势，修造成两座闸门，按照农时察看田地中的水情，水显得满一些就打开一个闸门，让它流出去，显得太满便打开两个闸门让它流出去，流到三江的会聚处。这就是人们所说的湖水比农田高一丈多，农田又比海高一丈多，水少就放湖水灌溉农田，水多就放出农田中的水让它流入海中，所以没有荒芜废弃的农田，也没有涝年和旱年。从东汉至今几乎近千年，鉴湖给人带来的好处未曾间断过。

　　大宋建立后，开始有围湖造田的人。大中祥符年间有二十七户，庆历年间有两户，共造田四顷。在这时候，中央三司和地方转运司还下达文书严厉地责问州县，勒令把造成的农田恢复为湖。然而自此以后官吏越来越轻视法令，而狡猾的百姓也逐渐增多起来，到了治平年间，围湖造田的人家总共八千多户，造田七百多顷，鉴湖几乎完全淤废了。湖面残余的，东部是运粮水道，从越州到东城六十里，南面与若耶溪相通；从樵风泾到于桐坞，十里都是水，宽度还达不到十多丈，每年雨水少时，农田还未出现干旱，而鉴湖已经早就干枯了。

　　此后，人们争相提出对策。蒋堂主张应有惩罚，以便禁止占湖种田；同时也要有奖赏，用来鼓励揭发的人。杜杞认为围湖造田的人，所得到的利益是可以随意操纵田中湖水的排放，天一下雨，就高喊水满快放水，以惊扰州县，而斗门就因此打开了，所以要就此竖立石质水位标志，一块设在五云桥，水深八尺五寸，由会稽县负责；一块设在跨湖桥，水深四尺五寸，由山阴县负责打开闸门的钥匙，全都交到州里，水满外流时就派遣官员去察看水位标志，慎重处理关闸还是开闸的问题。又认为应该加强鉴湖堤防和斗门的治理，有敢围湖造田的，就拔掉他们的秧苗，命令他们自己出力把田恢复为湖，同时加重对他们的处罚，还认为做到这一步依旧不够，还应当给山阴、会稽两县的长官加上提举的头衔，考核他们督察鉴湖的政绩并排定等级。吴奎主张每年农闲时，应当雇用民工疏通鉴湖，把淤泥堆积起来形成小山，由两县自责工役，而州与转运使、提点刑狱监督协助并进行赏罚。张次山认为鉴湖已经淤废，只剩下部分保留下来的，很难很快恢复，应当加宽加长运粮水道和其他便利的地方，使湖水能运粮以及流入百姓的农田里，竖立石柱来标明范围，在石柱范围以内严禁造田。刁约建议应划出鉴湖三分之一给百姓造田，同时加固湖堤，使高度达到一丈，这样湖就可以不往外泄水，而鉴湖水利自然便会恢复。范师道、施元长认为加重对围湖造田的惩罚，依旧不能保证百姓不违犯，划出湖面让百姓造田，但是继续扩大范围的人又该用什么办法来控制？再拿湖水作比较，高过城中的水，有时是三尺六寸，有时是二尺六寸，而加固堤防拦阻湖水使它增高，那么湖水冲毁城郭房屋是可以肯定的。张伯玉建议每天动用五千人疏通鉴湖，让湖底达到五尺，预计该是十五年完工；达到三尺，预计该是九年完工。但是恐怕开工的那一天，各种议论在外面煽动，服役的人在内部逃散，这样即使有聪明人自责工程，依然不能够保证会成功。如果每天动用五千人，加固堤防，使高度达到八尺，预计该是一年完工。关于竹木的费用，总计九十二万三千贯，统计越州共有二十万六千户，向他们征收竹木税而免掉他们的田赋，看情势容易筹足这项费用。真这样做，鉴湖水利可以稳妥地收到，人们又不厌烦疲劳。陈宗言、赵诚二人又用水势的高低对张伯玉的主张进行责难，又认为应当依从吴奎的建议，经由一定的时日来恢复鉴湖。在这时，中央都水监感到陈、赵二人的意见可以行用，又强调应当增加设立赏罚的法令。

有关鉴湖的主张像上面所说，可以称得上是很广泛了。朝廷未曾不听从采纳，又在法令上做出明文规定，所以罚款有从三百贯到一千贯，或到五万贯的；判刑有从杖责一百下到服劳役两年的。这些规定可以称得上是很严密了，但是围湖造田的人却一天比一天更多，湖没进一步疏通反而一天比一天更为淤废，其中的原因究竟是什么呢？就在于法令得不到贯彻执行，反倒是得过且过的习气占据了上风。

以前谢灵运向宋文帝恳请赐给会稽郡的回踵湖作为自己的庄园，会稽太守孟𫖮不应允；又请求赐给休蝗湖作为自己的庄园，孟𫖮又不应允，因而导致谢灵运用言语诋毁孟𫖮。这表明请湖造田为自己谋利，越地的这种习俗由来已久了。但是南湖由东汉历经吴国、晋朝以来，延续到唐朝，又延续到五代十国钱镠父子，南湖的水利未曾出现间断，原因是这些朝代有的把这狭小的区域当成自己的称霸之处，有的依靠几个州成为藩镇，有的通过一个小国自称为王，在内部有供养军队、发放官员俸禄的需要，在外部又有向大国进贡、向敌国馈赠的支出，并非能够太平度日就算完了。所以强化农田水利的政务来致力根本，有利农业的发展，这也全都具有上天的定数，而钱镠实施的办法最为详密，到现在还有很多在人们当中流传。这样一来，鉴湖水利不间断，也就确有它的缘由了。

近代却并非如此。天下统一，而安于太平，掌权的人对兴办事业很慎重，喜欢按老规矩办事。而请求围湖造田的人，他们的言辞和权势往往足以打动人。而兴修水利工程，又耗费各种工料，兴师动众，自古以来就是让人感到难办的事情。因而郑国渠的兴修，就认为足以使秦国疲乏，而西门豹整治邺渠，人们也感到很繁重劳苦。兴修水利的本来情况就是如此，所以我朝的官吏，又有谁甘愿承当那难以承担的怨恨，招来很容易临头的训斥，去指望那结果并不肯定的功劳呢？所以建议虽然很广泛却未曾实施，法令虽然很严密却未曾执行，造田的人一天比一天增多，鉴湖一天比一天淤废，原因便出在这里罢了。因此我认为法令得不到贯彻执行，而得过且过的习气占据上风，哪里是不对的呢？

存在了一千年的鉴湖，是兴是废，是得其利还是受其害，显然可以一眼看出，可是从庆历以来三十多年中，地方官吏处理政务因循守旧，导致鉴湖已经淤废。可社会上仍然没弄明白其中的原因，议论在那些隐约微妙、很难查考清楚的事情上，由于偷懒瞎糊弄而在无形中废弛败坏，又能够搞清其中的原因吗？

现在主张鉴湖不一定要恢复的人，强调湖田的收入已经很可观了，这是到处作煽动的人在为围湖造田的人谋求私利做辩护，鉴湖还没完全淤废，但湖下的农田已经出现干旱现象，这正是目前的大祸害，也是大家都看得到的。假设鉴湖完全淤废，围湖所造的农田也会干旱了，这是将来的大祸害，却是众人都没有看出来的；因此说这纯属到处作煽动的人为围湖造田的人谋求私利做辩护，他们并不是真了解利害所在的人。现今主张鉴湖不一定要疏通的人，强调加固堤防，拦阻湖水就行了，这是喜好诡辩的人在为那些得过且过的人作辩解。按照地势来权衡，堵住湖水让它增高水位，就必然会冲毁城郭，这是提建议的人已经讲过的了。依照地势来权衡，疏通鉴湖使它水位下降，然后才不会丧失掉它那原貌；不丧失掉它那原貌，然后才会不丧失掉它的功用。这是提建议的人没有讲到的。另外山阴县的水位标志为四尺五寸，而会稽县的水位标志几乎是山阴县的一倍，堵住湖水让它增高水位，因而会稽县增高一尺，山阴县才增高五寸，地势高低并不一致，这样一来，加固堤防并不是有什么裨益。因此说这纯属喜好诡辩的人在为那些得过且过的人作辩护，他们也不是真了解利害所在的人。

以上两种主张既然不可采纳，而打算禁止围湖造田，鼓励举报人的对策，已经具有赏罚的法令了；打算慎重对待湖水的蓄积和排泄的对策，已经具有开闸和关闸的规定了；打算严厉禁绝胆敢围湖造田之人的对策，便是要拔掉他们的秧苗，让他们自己出力把田恢复为湖，同时加重对他们的处罚，这也有具体措施了；打算把治理的任务交付给州县以及转运使、提点刑狱，打算在每年农闲时节疏通鉴湖，打算在石柱范围以内禁止围湖造田，这几种对策也都有具体措施了。想要确知疏通鉴湖的深浅尺度，用工多少，工期多长；想要确知巩固堤防所需竹木费多少，这笔费用从哪里去筹集；想要确知疏通鉴湖挖出的淤泥堆积在什么地方，这些问题都已经做出详细思考了。想要了解工程开工那一天，可能会有各种议论在外面煽动，服劳役的人在内部逃散，不能指望最后一定会成功，这也已经论述到了。面对这一切，如果当真能够汇集众人的主张，考察每种主张可行与否，采用那些可行的主张，而又通过主管者自身的看法进行修订补充，让宣布了的东西一定要贯彻执行，使法令一定要付诸实施，这样一来，还有什么工程不能够完成？还有什么水利不能够恢复呢？

当初，我蒙受朝廷恩典担任越州通判，向人们询问鉴湖废兴的情况，但却没有真能讲出利害所在的人。等到上任，向山阴、会稽两县查问鉴湖的地图，向州与河渠司查问有关鉴湖的书籍，等到相互参照验核后，新的鉴湖图绘成了，反复探究而新的一部书编成了，利害所在就显而易见了，所以写了这篇序进行系统阐述，希望为谋划整治鉴湖的人提供参考。

熙宁二年冬于卧龙斋。

## 原文

鉴湖，一曰南湖，南并山，北属州城漕渠，东西距江，汉顺帝永和五年，会稽太守马臻之所为也，至今九百七十有五年矣。其周三百五十有八里，凡水之出于东南者皆委之。州之东，自城至于东江，其北堤石楗二，阴沟十有九，通民田，田之南属漕渠，北东西属江者皆溉之。州之东六十里，曰东城至于东江，其南堤阴沟十有四，通民田，田之北抵漕渠，南并山，西并堤，东属江者皆溉之。州之西三十里，曰柯山斗门，通民田，田之东并城，南并堤，北滨漕渠，西属江者皆溉之。总之，溉山阴、会稽两县十四乡之田九千顷。非湖能溉田九千顷而已，盖田之至江者尽于九千顷也。其东曰曹娥斗门，曰蒿口斗门,水之循南堤而东者,由之以入于东江。其西曰广陵斗门,曰新泾斗门,水之循北堤而西者,由之以入于西江。其北曰朱储斗门,去湖最远。盖因三江之上、两山之间,疏为二门,而以时视田中之水,小溢则纵其一,大溢则尽纵之,使入于三江之口。所谓湖高于田丈余,田又高海丈余,水少则泄湖溉田,水多则泄田中水入海,故无荒废之田、水旱之岁者也。由汉以来几千载,其利未尝废也。

宋兴,民始有盗湖为田者。祥符之间二十七户,庆历之间二户,为田四顷。当是时,三司转运司犹下书切责州县,使复田为湖。然自此吏益慢法,而奸民浸起,至于治平之间,盗湖为田者凡八千余户,为田七百余顷,而湖废几尽矣。其仅存者,东为漕渠,自州至于东城六十里,南通若耶溪,自樵风泾至于桐坞,十里皆水,广不能十余丈,每岁少雨,田未病而湖盖已先涸矣。

自此以来,人争为计说。蒋堂则谓宜有罚以禁侵耕,有赏以开告者。杜杞则谓盗湖为田者,利在纵湖水,一雨则放声以动州县,而斗门辄发。故为之立石则水,一在五云桥,水深八尺有五寸,会稽主之;一在跨湖桥,水深四尺有五寸,山阴主之。而斗门之钥,使皆纳于州,水溢则遣官视则,而谨其闭纵。又以谓宜益理堤防斗门,其敢田者拔其苗,责其力以复湖,而重其罚。犹以为未也,又以谓宜加两县之长以提举之名,课其督察而为之殿赏。吴奎则谓每岁农隙,当僦人浚湖,积其泥涂以为丘阜,使县主役,而州与转运使、提点刑狱督摄赏罚之。张次山则谓湖废,仅有存者难卒复,宜益广漕路及他便利处,使可漕及注民田里,置石柱以识之,柱之内禁敢田者。刁约则谓宜斥湖三之一与民为田,而益堤使高一丈,则湖可不开,而其利自复。范师道、施元长则谓重侵耕之禁,犹不能使民无犯,而斥湖与民,则侵者孰御?又以湖水较之,高于城中之水,或三尺有六寸,或二尺有六寸,而益堤壅水使高,则水之败城郭庐舍可必也。张伯玉则谓日役五千人浚湖，使至五尺，当十五岁毕，至三尺，当九岁毕。然恐工起之日，浮议外摇，役夫内溃，则虽有智者，犹不能必其成。若日役五千人，益堤使高八尺，当一岁毕。其竹木之费，凡九十二万有三千，计越之户二十万有六千，赋之而复其租，其势易足，如此，则利可坐收，而人不烦弊。陈宗言、赵诚复以水势高下难之，又以谓宜从吴奎之议，以岁月复湖。当是时，都水善其言，又以谓宜增赏罚之令。其为说如此，可谓博矣。朝廷未尝不听用著之于法，故罚有自钱三百至于千，又至于五万，刑有杖百至于徒二年，其文可谓密矣。然而田者不止而日愈多，湖不加浚而日愈废，其故何哉？法令不行，而苟且之俗胜也。

昔谢灵运从宋文帝求会稽回踵湖为田，太守孟颛不听，又求休蝗湖为田，颛又不听，灵运至以语诋之。则利于请湖为田，越之风俗旧矣。然南湖繇汉历吴、晋以来，接于唐，又接于钱镠父子之有此州，其利未尝废者。彼或以区区之地当天下，或以数州为镇，或以一国自王，内有供养禄廪之须，外有贡输问馈之奉，非得晏然而已也。故强水土之政以力本利农，亦皆有数，而钱镠之法最详，至今尚多传于人者。则其利之不废，有以也。

近世则不然，天下为一，而安于承平之故，在位者重举事而乐因循。而请湖为田者，其言语气力往往足以动人。至于修水土之利，则又费材动众，从古所难。故郑国之役，以谓足以疲秦，而西门豹之治邺渠，人亦以为烦苦，其故如此。则吾之吏，孰肯任难当之怨，来易至之责，以待未然之功乎？故说虽博而未尝行，法虽密而未尝举，田者之所以日多，湖之所以日废，繇是而已。故以谓法令不行，而苟且之俗胜者，岂非然哉！

夫千岁之湖，废兴利害，较然易见。然自庆历以来三十余年，遭吏治之因循，至于既废，而世犹莫寤其所以然，况于事之隐微难得，而考者繇苟简之故，而弛坏于冥冥之中，又可知其所以然乎？

今谓湖不必复者，曰湖田之人既饶矣，此游谈之士为利于侵耕者言之也。夫湖未尽废，则湖下之田旱，此方今之害，而众人之所睹也；使湖尽废，则湖之为田亦旱矣，此将来之害，而众人之所未睹也。故曰此游谈之士为利于侵耕者言之，而非实知利害者也。谓湖不必浚者，曰益堤壅水而已，此好辩之士为乐闻苟简者言之也。夫以地势较之，壅水使高，必败城郭，此议者之所已言也；以地势较之，浚湖使下，然后不失其旧，不失其旧，然后不失其宜，此议者之所未言也。又山阴之石则为四尺有五寸，会稽之石则几倍之，壅水使高，则会稽得尺，山阴得半，地之洼隆不并，则益堤未为有补也。故曰此好辩之士为乐闻苟简者言之，而又非实知利害者也。

二者既不可用，而欲禁侵耕、开告者，则有赏罚之法矣；欲谨水之畜泄，则有闭纵之法矣；欲痛绝敢田者，则拔其苗，责其力以复湖，而重其罚，又有法矣；或欲任其责于州县与转运使、提点刑狱，或欲以每岁农隙浚湖，或欲禁田石柱之内者，又皆有法矣。欲知浚湖之浅深，用工若干，为日几何；欲知增堤竹木之费几何，使之安出；欲知浚湖之泥涂积之何所，又已计之矣。欲知工起之日，或浮议外摇，役夫内溃，则不可以必其成，又已论之矣。诚能收众说而考其可否，用其可者，而以在我者润泽之，令言必行，法必举，则何功少不可成，何利之不可复哉！

巩初蒙恩通判此州，问湖之废兴于人，求有能言利害之实者。及到官，然后问图于两县，问书于州与河渠司，至于参核之而图成，熟究之而书具，然后利害之实明。故为论次，庶夫计议者有考焉。

熙宁二年冬卧龙斋。

# 送蔡元振序

古时的州从事,都是由州刺史或郡太守自己征召士人来担当,士人也有权选择所愿归从的地方长官,所以幕宾和主人相互合得来。如果士人实现不了自己的意愿和主张,离职而去也可以。现今的州从事,全都是朝廷任命,不单单是知州无权选择士人,士人也无权选择所愿归从的知州。如此一来,幕宾和主人怎能全部都合得来呢?如果士人实现不了自己的意愿与主张,也不允许擅自就离职而去。因此如果知州把州郡治理得很好,从事无事无为,这是允许的;如果知州把州郡治理得很差,从事承担起知州的州政,也是客观形势造成这种情况的。议论政事的人,不推究客观形势,却认为一州的州政,应当全都由知州安排部署;从事承担起知州的州政,就属于另搞一套,就属于超越权限。哎呀呀!从事对所在州的事务表示赞成或反对,这是他的职责啊!并不是让他来附和朝廷派遣从事知州

的，所以放弃自己的正确主张，这样做可以吗？不可以呀！一州已经是治理得很糟糕了，知州不愿意承当起他的职责，从事本人也不把职责承当起来，这样做可以吗？不可以呀！这样看来，从事承担起知州的州政，怎么算是另搞一套呢？怎么算是超越权限呢？由此看来议论政事的人对此未进行思索啊。尽管如此，追寻那造成这种情况的根源，哪里是士人所乐意这样的呢！因此说，也只是客观形势造成这种情况的啊！

现今四方各地的州从事，只知附和知州的人真是太多了。侥幸有很能干的州从事，看到州政的缺陷，也只是在家中慨叹一番，在路上议论几句而已，把它放在一边，不当成是自己该管的事；与此相反则过于偏激，就容易管得过火，这又有什么作用呢？寻求确实能够主动担负起本身职责的人，实在太少了。充任州从事，竟像这个样，而在朝廷上充任公卿大夫的人，不像这个样的，又有几位呢？

临川士人蔡元振君，到汀州去当从事官，这是他第一次从政。汀州确实够得上是治理得很好的州，蔡君就可以拱手安坐了；若是确实还未得到治理，人们就都看蔡君了。不管得过火，不曲意附和知州，只管如何符合原则就如何做罢了，这是蔡君的责任哪！等他日后有一天在朝廷供职，也完全照这样做罢了，这也是蔡君的责任哪！能不将它用来自勉吗？他去赴任，前来求取我的文字，因而写下这篇序，送他上路。

**原文**

古州从事，皆自辟士，士亦择所从，故宾主相得也。如不得其志，去之可也。今之州从事，皆命于朝，非守不得择士，士亦不得择所从，宾主岂尽相得哉！如不得其志，未可以辄去也。故守之治，从事无为可也；守之不治，从事举其政，亦势然也。议者不原其他势，以为州之政当一出于守，从事举其政，则为立异，为侵官。噫！从事可否其州事，职也，不惟其同守之同，则舍己之是而求与之同，可乎？不可也。州为不治矣，守不自任其责，己亦莫之任也，可乎？不可也。则举其政，其孰为立异邪？其孰为侵官邪？议者未之思也。虽然，迹其所以然，岂士之所喜然哉！故曰亦势然也。

今四方之从事，惟其守之同者多矣。幸而材，从事视其政之缺，不过室于叹、途于议而已，脱然莫以为己事。反是焉则激，激亦奚以为也？求能自任其责者少矣。为从事乃尔，为公卿大夫士于朝，不尔者其几邪！

临州蔡君从事于汀，始试其为政也。汀诚为〔治州〕也，蔡君可拱而坐也；诚未治也，人皆观君也，无激也，无同也，惟其义而已矣，蔡君之任也。其异日官于朝，一于足而已矣，亦蔡君之任也，可不懋欤？其行也，来求吾文，故序以送之。

# 与王介甫第一书

曾巩禀知：前一阵拜托彦弼、黄九分别给您带信去，想来已经送到了吧！我到达金陵以后，从宣化镇渡过长江来到滁州，拜访欧阳先生，留住了将近二十天。现在从泗水出发，乘船陪同欧阳修先生往西去。欧公看到了足下的全部文章，喜爱赞叹并且诵读抄写，简直忙到了极点。在方便的时候，我又把王回、王向的文章拿给欧公看，也为此而写信来，欧公说："这兄弟二人的文字令人惊叹，世上再也没有如此好的了。大概说来，古代的学者有的影响力还不足以让人重视。如果这样的文字不能在世间大放光芒，真是我们这些写文章的人感到可耻的事情啊！"欧公看重他们竟达到了这样的地步。欧公还曾经编辑过《文林》，都是当代人的文章中做得最好的，王氏兄弟的这些文章和阁下的文章也大多编进去了。在滁州我们谈论世上各方面的事情十分多，只是遗憾没能与足下一起讲论评判。这种遗憾难以估量，就算是欧公也是这样的感觉。欧公非常想和阁下见上一面,你能不能做一番来滁州的打算呢。胸中事多极了,必须当面才能倾吐。

我这次出来,直到春季才会抵达京师,到时候请你寄信来,以慰藉我的思念之情。我的病情还像和黄九见面时那个样。不知结果到底会怎么样,心中怀有要同阁下讨论的事情,想来虽未相见,阁下内心也应有和我不谋而合的想法吧?欧公更希望足下略微再把文章的规模气象扩展一些,不要自己铸造他人不懂的文辞,也不要模拟仿造前人。请你考虑一下,把意见告诉我。欧公说:"孟子、韩愈的文章尽管高妙,不一定就非得跟他们相像,写得自然就可以了。"其他事情等我到京师后再写信谈,书不尽意,曾巩再拜。

### 原文

巩启:近托彦弼、黄九各奉书,当致矣。巩至金陵后,自官化渡江来滁上,见欧阳先生,住且二十日。今从泗上出,及舟船侍从以西。欧公悉见足下之文,爱叹诵写,不胜其勤。间以王回、王向文示之,亦以书来,言此人文字可惊,世所无有。盖古之学者有或气力不足动人,使如此文字不光耀于世,吾徒可耻也。其重之如此。又尝编《文林》者,悉时人之文佳者,此文与足下文多编入矣。至此论人事甚众,恨不与足下共讲评之,其恨无量,虽欧公亦然也。欧公其欲一见足下,能作一来计否?胸中事万万,非面不可道。巩此行至春,方应得至京师也时乞寓书慰区区,疾病尚如黄九见时,未知竟何如也。心中柯与足下论者,想虽未相见,足下之心潜有同者矣。欧公更欲足下少开廓其文,勿为造语及模拟前人,请相度示及。欧云:孟韩文虽高,不必似之也,取其自然耳。余俟到京作书去,不宣。巩再拜。

# 学 舍 记

　　我幼年就跟从教书的先生读书,然而那时候喜欢同家人孩子们打闹玩耍,还不知道喜欢书籍。十六七岁时,看《六经》的话语和古今的文章,蕴涵着超越常人的见解,懂得了喜爱它,于是锐意想把它们之间联系起来。可就在此时,家中的倒霉事也一桩接一桩发生了。从那时以来,在西北历经陈州、蔡州、谯县、苦县和睢水、汴水、淮水、泗水,又从首都离开;在东方就乘船渡过大江和运粮的水道,越过五湖,沿着封山、禹山、会稽山前进,又从东海出发;在南方就在长江上漂流,抵临夏口,远望洞庭湖,转向彭蠡泽,登上大庾岭,自浈阳县到达泷水县,直至南海岸边。这是我踏进社会而四处奔波的情形。那蛟龙巨鱼出没,波浪拍击河石的长川,那陡峭的山崖、茂密的森林和野兽毒蛇聚合成一体的地方,以及暴雨淋头、各种反常的气象和水中风波、林间毒雾等等不可预测的危

险，这是我单身游历、寄居远方而甘冒风险的常事。家中穿的、吃的和药物，房屋和各种用具，簸箕篾筐之类的琐碎出入，这是我所操办、用来养活一家大小的事务。老父亲突然去世，在他乡就我一个人悲声痛哭，从数千里以外守护灵柩南返故乡，又经过很久的操劳，才办完安葬的大事。这是我遭受祸难而丧父的情形。祖母临终前的遗愿，以及弟弟们的娶亲，妹妹们的出嫁，四季例行的祭祀活动，内外亲属的日常交往，向官府缴纳租税，这是我忙得不可开交而又处理不周全的事情。我在这些事情上耗尽了精力，而又自身多病。以上所讲的那些情况，还仅仅是一两个方面的粗略情况。获得一点儿清闲时光，就拿起书本去学习，对于那些修养身心，治理民众，经世致用的学问，考察讲解起来，并没有彻底了解，所以做不到集中精力，竭尽思虑，精雕细刻文章，来表达自己心中难以表现的情感。追比古今的作者，与他们站在同列，充分实现我所喜好仰慕的东西，这是我自行察照起来而深为感叹的呀！

　　如今正当大宋至和初年，而我受到的干扰和事故的不断增多，靠我的力量根本就应付不了，于是在家休养。而到宅旁的草房去学习，有人抱怨它太低矮，有人讥笑它太狭小，我四面观看，笑着说："这对我是最合适的地方。我劳损心力，困顿形体并且被家事所役使，是想有所作为。我住在小巷破屋，身穿烂衣服，食用糙米饭，口喝野菜汤，隐遁却安心，正是为实现抱负并且有所期待啊！我所痛心的事也有，那就是对那些有助于领悟圣贤之道的学问研习不到家。至于文章，是我平生的爱好与追求，写起来有时间不够用的感觉。至于那些砖土坚固、木料上乘、外观高大的建筑，原本属于世上聪明豪俊、具有优越条件而势力强大的人才能去修建的。像我这样笨拙的人，哪里能够改变过来并去追求那大房舍呢？"于是逐项讲述自己从小孩子到成年人的经历，以及爱好和向往的心志，写成了这篇《学舍记》。

**原文**

子幼则从先生受书，然是时，方乐与家人童子嬉戏上下，未知好也。十六七时，窥六经之言与古今文章，有过人者，知好之，则于是锐意欲与之并。而是时，家事亦滋出。自斯以来，西北则行陈、蔡、谯、苦、睢、汴、淮、泗，出于京师；东方则绝江舟漕河之渠，逾五湖，并封、禺、会稽之山，出于东海上；南方则载大江，临夏口而望洞庭，转彭蠡，上庾岭，涉阳之泷，至南海上。此予之所涉世而奔走也。蛟鱼汹涌湍石之川，巅崖莽林躯虺之聚，与夫雨旸寒燠风波雾毒不测之危，此予之所单游远寓，而冒犯以勤也。衣食药物，庐舍器用，箕筦碎细之间，此予之所经营以养也。天倾地坏，殊州独哭，数千里之远，抱丧而南，积时之劳，乃毕大事，此予之所遭祸而忧艰也，太夫人所志，与夫弟婚妹嫁，四时之祠，属人外亲之问，王事之输，此予之所皇皇而不足也。予于是力疲意耗，而义多疾，言之所序，盖其一二之粗也。得其闲时，挟书以学，于夫为身治人，世用之损益，考观讲解，有小能至者。故不得专力尽思，琢雕文章，以载私心难见之情，而追古今之作者为并，以足予之所好慕，此予之所自视而嗟也。

今天子至和之初，予之侵扰多事故益甚，予之力无以为，乃休于家，而即其旁之草舍以学。或疾其卑，或议其隘者，予顾而笑曰："是予之宜也。予之劳心困形，以役于事者，有以为之矣。予之卑巷穷庐，冗衣砻饭，芑苋之羹，隐约而安者，固予之所以遂其志而有待也。予之疾则有之，可以进于道者，学之有不至。至于文章，平生所好慕，为之有不暇也。若夫土坚木好高大之观，固世之聪明豪隽挟长而有恃者所得为，若予之拙，岂能易而志彼哉？"遂历道其少长出处，与夫好慕之心，以为《学舍记》。

# 南轩记

　　得到邻近杂草丛生的一块地，围上篱笆，栽上竹木，在其中灌水种蔬菜，搭建起草房来给自己休息，悠闲又快乐。世上固然有身在朝廷的显贵，财富与国君抗衡的富商，但我却不愿意和他们交换位置。

　　人的性情各不相同，因此而明白处于闲散的生活状态中，隐居在僻静的处所，对我的性情来说最为适合。迫使我去做繁杂的事情，本来就不是我的长处所在，何况还要让人到那势利、爱憎、毁誉中间去斡旋呢？然而我母亲的赡养无法解决，我兄弟们的粗食淡饭也得想办法顿顿吃得上。我被这些生活问题所驱使，有时在田地里用饭，有时在野外住宿，不能够经常待在这草房中，哪能在心里不急躁呢？不过冷静一下再想想，我违背自己的性情，劳苦自己的身体，被生活问题所驱使，也是想有所作为，读书人原本就有该勤苦的事，也有该快意的事，明白这些都是从上天那里承受下来的，进而顺从它，那我也就没有任何地方不是该欢乐的了，为什么偏偏非要在这草房里休息才算好呢？

　　回想我所喜爱的东西很深奥，与身在这草房中没有什么太大的关系。但是六经、诸子百家、史家的著述、注解之类的书籍，以及上到谈论美好事物、讽刺丑恶现象、对细微的东西深有感触而寄托又深远、凿于山崖、镌刻于基石、浮夸又诡谲怪异的文章，下到用兵谋略、历法、星象、乐舞、音律、农作物种植、方言、地理书、佛教道教所传授的教义法术，我都在这草房中获取到。它们都属于从伏羲以来，历经秦朝汉朝直到当代，圣人贤人和特别的奇才穷尽岁月，付出极大的精密思索，日夜各自推究本身所精通的学问，分析辨清各种事物的论断。

对于天地万物，小事与大道的关系，修养好自身，治理人民，国家天下治乱安危存亡的最高表现，没有不详尽记述的。这样一来，草房与我在一起，可以够得上人们所说的益友吧？不是吗？

我窥探圣人主旨用意的出发点，用它来消除疑惑，解开蒙昧。贤人和明智者称说事物，连及类属，勾勒出由始至终的大概情形，用它来扩充自己。用忠诚来培植我的心性，紧紧约束住节操，按宽容的原则去办事，有过错就改正，凭借勇敢去对待所要奔赴的事业，靠永不止息来实现最高的目标，这些都是我要从内心来加以探求的东西。得到适当的时机就去施行，这时还守身在深山长谷而不出世，显然也是不对的。得不到适当的时机就作罢，这时还要不辞劳苦地去谋求践行自己的主张，显然也是不对的。我在道义上做得还不够，有人却因喜爱我而对我加以称赞，这是不正确的。我在道义上做得很完满，有人却因厌恶我而对我进行诋毁，这也是不正确的。他们这两种态度，与我又有什么相干呢？这个道义，正是我对上天和世人所应担当的责任。既然如此，那么我所研究的学问虽然很广博，但所持守的却可以称得上简要；所讲论的东西尽管浅显，很容易了解，但所承当的却可以称得上重大。

把以上这些话写在南轩的墙壁上，早晚看看它，用来勉励自己上进。南丰曾巩记。

**原文**

得邻之茠地蓄之，树竹木灌蔬于其间，结茅以自休，嚣然而乐。世固有处廊庙之贵，抗万乘之富，吾不愿易也。

人之性不同，于是知伏闲隐奥，吾性所最宜。驱之就烦，非其器所长，况使之争于势利、爱恶、毁誉之间邪？然吾亲之养无以修，吾之昆弟饭菽藿羹之无以继，吾之役于物，或田于食，或野于宿，不得常此处也，其能无焰然于心邪？少而思，凡吾之拂性苦形而役于物者，有以为之矣。士固有所勤，有所肆识，其皆受之于天而顺之，则吾亦无处而非其乐，独何必休于是邪？顾吾之所好者远，无与处于是也。然而六艺百家史氏之籍，笺疏之书，与夫论美刺非、感微托远、山镵冢刻、浮夸诡异之文章，下至兵权、历法、星官、乐工、山农、野圃、方言、地记、佛老所传，吾悉得于此，皆伏羲以来，下更秦汉至今，圣人贤者魁杰之材，殚岁月，愈精思，日夜各推所长，分辨万事之说，其于天地万物，小大之际，修身理人，国家天下治乱安危存亡之致，罔不毕载。处与吾俱，可当所谓益者之友非邪？

吾窥圣人旨意所出，以去疑解蔽，贤人智者所称事引类，始终之概以自广，养吾心以忠，约守而恕行之。其过也改，趋之以勇，而至之以不止，此吾之所以求于内者。得其时则行，守深山长谷而不出者，非也。不得其时则止，仆仆然求行其道者，亦非也。吾之不足于义，或爱而誉之者，过也吾之足于义，或恶而毁之者，亦过也。彼何与于我哉？此吾之所任乎天与人者。然则吾之所学者虽博，而所守者可谓简；所言虽近而易知，而所任者可谓重也。

书之南轩之壁间，蚤夜览观焉，以自进也。南丰曾巩记。

# 夫人周氏墓志铭

夫人名琬，字东玉，姓周氏。父亲和兄长都被举荐参加过明经科考试。夫人只是喜爱女子方面的图书，喜欢写文章，日夜不感到疲倦，就和求学士子和士大夫一样，跟从她的舅父邢起学习写诗。出嫁以后，没有公公和婆婆。顺从丈夫，爱护子女，严格遵从祭祀的礼仪规定，与内外亲属相处得很和谐。践行她平常所学的那些知识，全部都符合女子行为的规范。写有诗歌七百首，文辞恬静又纯正，柔和而不卑屈，用语简洁，内容不超出礼法。

从前圣帝明王的教化，并不只是在士大夫中间施行，也有对妇女的专门教化。因此女子一定要配有专业教师，言语行动必须要按《礼经》的规定去做，培养她们的品德必定要把《乐经》作为依据，歌颂她们的行为，激励她们的志向，以及让她们可以寄托细微的事物来表达自己的思想感情，必定要凭借《诗经》。这些都必须通过学习才能达到。因此在女子和男子两方面都做好教化工作，本国的风俗就容易变好，本国的治理就容易和洽。这种教化方法已经不实行了，至于像夫人这样能出于天性而学习，且言语行动不偏离制度规定，这就太值得赞扬了。周夫人的丈夫前来请我为她写一篇墓志铭，我和这个人既是亲戚，又是老朋友，所以替周夫人做了序言又写了铭文。

夫人的祖父名字叫周协，是尚书刑部郎中。父亲名字叫周约，现今担任尚书虞部员外郎，是青州益都县人。夫人嫁到关家，是徐州丰县县令关景仁的妻子，是尚书职方员外郎、赠尚书都官郎中关鲁的儿媳妇。生了一男二女，二十六岁时即治平二年九月某日去世，安葬在杭州钱塘县履泰乡葛松原，这一天是某年某月某日。关家是钱塘县人。铭文上说：

> 女子自古有图史，从师长那里得到传授用《乐经》来劝勉，用《礼经》使安康。做到这样没有其他途径，通过学习这条途径。帝王仁政的盛兴，大致从这里开始。如今有谁步入此境，只有那周家的闺秀！学习出于自己喜好，坚持到底从不疲倦，言谈话语符合规范，行为举止符合礼典。往上可以匹敌古人，光辉日益垂照永远。

### 原文

夫人讳琬，字东玉，姓周氏，父兄皆举明经。夫人独喜图史，好为文章，日夜不倦，如学士大夫，从其舅邢起学为诗。既嫁，无舅姑，顺夫慈子，严馈祀，谐属人，行其素学，皆应仪矩。有诗七百篇，其文静而正，柔而不屈，约于言而谨于礼者也。昔先王之教，非独行于大夫也，盖亦有妇敦焉。故女子必有师傅，言动必以《礼》，养其德必以《乐》，歌其行，劝其志，与夫使之可以托微而见意，必以《诗》。此非学不能。故教成于内外，而其俗易美，其治易洽也。兹道废，若夫人之学出于天性，而言行不失法度，是可贤也已。其夫来乞铭，予与之亲且旧，故为之序而铭之。

盖夫人之王父讳协，为尚书刑部郎中。父约，今为尚书虞部员外郎，青州益都人也。夫人嫁关氏，为徐州丰县令景仁之妻，为尚书职方员外郎、赠尚书都官郎中讳鲁之子妇，生一男二女，年二十有六，卒于治平二年之九月某甲子，葬于杭州钱塘县履泰乡葛松原，实某年某月某甲子。关氏钱塘人也。铭曰：

女有图史，传于师氏。其劝以乐，其康以礼。能此非他，由学而已。王政之兴，盖自此始。今孰登兹？维周之媛。学由自好，终之不倦。言循于矩，行循于典。尚配古人，辉光日远。

## 洪渥传

洪渥是抚州临川县人。为人心平气和，与别人交往，开始时显得不特别欢洽，时间长了，却蛮有那么点儿味道。他家境贫寒，凭借应进士科考试者的身份参加州府主持的初级考试，赢得擅长作赋的名声。开始被选送到朝廷典选部门等待授职，随后却连连不被选中，过了很长时间后才获得官职。做官不主动四处奔走经营，又长期得不到提升，最终只充任监黄州麻城之茶场而死去。死后穷得没有办法把棺枢运回故乡下葬，也没有办法使妻子儿女返回老家居住。里人听说洪渥死去,不管贤能的人还是愚笨的人,都遗憾失去了他。

我从小时候就和洪渥互相认识,但不深切了解他的为人。洪渥死后,才听说他有一位兄长,年纪七十多岁了。洪渥获得官职,可是他兄长这时候已经很老了,没有办法与洪渥一起走,洪渥到达任所后,计算着家庭大小人口来使用俸禄,积攒起剩余的钱带回来,购买田地一百亩,归他兄长谋生,又离去回到任所,心里这才安宁。洪渥去世后,他的兄长没有儿子,多次派人到麻城县去抚慰洪渥的妻子儿女,打算让他们回来。把那百亩田地归还他们谋生。可洪渥的妻子儿女由于寡弱,力量不能够独自解决生活来源问题。他的兄长已经更加年老了,也没有办法,想到洪家的这种状况,就感到悲伤,他仍然经营田地没有停息,忘记了自己已经年老。洪渥兄弟生前死后互相这样,真是没有谁对不起谁的了。洪渥平时好像不能把什么事委托给他办理,等到帮人解救急难,早晚一点儿也不松懈,是个对人愿付真恩情的人啊!

我纵览古今豪杰高士传这类书籍,记载某些不见史册的忠义之举时,往往致力于采摘奇特的举动来惊动世俗,也有的事迹太高尚以致无法叫人效仿着做出来,还有的张扬某个人的善行却用谁都比不上来贬低天下人。虽然这都归结到辅助名教,但是把它放到最话中又正常的标准上来考察,有的就太过分了。像洪渥所留存的事迹,大致上属于人人都容易做到的,所以载述它。

**原文**

洪渥,抚州临川人。为人和平,与人游,初不甚欢,久而有味。家贫,以进士从乡举,有能赋名。初进于有司,辄连黜,久之乃得官。官不自驰聘,又久不进,卒监黄州麻城之茶场以死。死不能归葬,亦不能还其孥。渥里中人闻渥死,无贤愚皆恨失之。予少与渥相识,而不深知其为人。渥死,乃闻有兄年七十余，渥得官时，兄已老，不可与俱行。渥至官，量口用俸，掇其余以归，买田百亩居其兄，复去而之官，则心安焉。渥既死，兄无子，数使人至麻城抚其孥，欲返之而居以其田，其孥盖弱力不能自致，其兄益已老矣，无可奈何，则念辄悲之。其经营之犹不已，忘其老也。渥兄弟如此无愧矣。渥平居若不可任以事，及至赴人之急，早夜不少懈，其与人真有恩者也。

予观古今豪杰士传，论人行义，不列于史者，往往务摭奇以动俗，亦或事高而不可为继，或伸一人之善而诬天下以不及，虽归之辅教警世，然考之《中庸》或过矣。如渥之所存，盖人之所易到，古载之云。

# 王安石文集

**王安石**（1021—1086）　　北宋政治家、思想家、文学家。字介甫，晚年号半山，抚州临川（今江西抚州市）人。仁宗庆历二年（1042）进士。曾任舒州通判、常州知州等职。在任上关心民生疾苦，为民兴利。嘉祐五年（1060）入京任三司度支判官，后调知制诰，知江宁府。神宗召为翰林学士。熙宁二年（1069）擢为参知政事，在神宗支持下，开始变法，次年任宰相。由于保守派的激烈反对，新法屡遭挫折，被迫两次罢相，晚年退居江宁（今江苏南京市）。封舒国公，改封荆国公，世称王荆公，卒赠太师，谥文。其诗文直接为其政治主张服务，表现了"起民之病，治国之疵"的进步思想。散文逻辑严谨，辩理透彻，峭拔雄健，语言朴素简洁，为"唐宋八大家"之一。诗歌长于说理，见解精辟。晚年所作小诗，意境清新冲淡，修辞工巧。词虽不多，而风骨清肃，在宋词中别具特色，有《临川先生文集》。《宋史》卷327有传。

# 读《孟尝君传》

世人都称道孟尝君能够得到士人的欢心,士人因此而依附他,而他最终也是依靠士人的力量,从虎豹一样凶残的秦国逃脱出来。唉!孟尝君只不过是那些鸡鸣狗盗之徒的首领罢了,哪里说得上能够得到士人呢?不是这样的话,他据有齐国强大的力量,只要得到一个士人,就应该并且可以以南面帝王的姿态而制伏秦国,哪里还要用那些鸡鸣狗盗之徒的力量呢?那些鸡鸣狗盗之徒在他的门下出入,这就是士人不去投奔他的原因。

**原文**

世皆称孟尝君能得士,士以故归之,而卒赖其力,以脱于虎豹之秦。嗟乎!孟尝君特鸡鸣狗盗之雄耳!岂足以言得士?不然,擅齐之强,得一士焉,宜可以南面而制秦,尚取鸡鸣狗盗之力哉?鸡鸣狗盗之出其门,此士之所以不至也。

# 同学一首别子固

江南有一位贤人,字子固,可不是现在通常所谓的"贤人"之流,我景仰他并和他结为朋友;淮河以南有位贤人,字正之,也不是现在所谓的"贤人"之流,我景仰他并也和他结为朋友。

这两位贤人,未曾有过来往,也不曾彼此交谈,书信和礼品也没有互相寄赠过,他们的老师和朋友,又怎么会全部相同呢?我考察他们的言行,两人的不相似之处为什么竟这样少呢?答曰:都是学圣人罢了。既然效法圣人,那么他们的老师和朋友一定是学圣人的了。圣人的言行，难道还会有两样的吗？他俩的相似就是当然的了。

我在淮南，向正之称道子固，正之对我丝毫不疑。回到江南，对子固称道正之，子固也以为我说得对，我又因此知道所谓贤人者，是既相似而又互相信任不疑的啊！

子固写了一篇《怀友》赠给我，文中主要是要拉着我达到"中庸"的境界才罢休。正之也曾经经常这样说。那安详地驾着车子不急不躁地前进，轮子到达"中庸"的庭院，而一直走向它的厅堂的，除却二位贤人之外还有哪一个呢？我从前是不敢自信必然能达到的，如今也愿跟随着你们以从事学习。请帮助我、提高我才好啊！

哎！官府的职责是要遵守着的，私人的琐事是要牵扯着的，我们的聚会是不可能经常的啊！因此写一篇《同学》给子固作为临别赠言，借以互相告诫，并互相劝慰吧。

### 原文

江之南有贤人焉，字子固，非今所谓贤人者，予慕而友之；淮之南有贤人焉，字正之，非今所谓贤人者，予慕而友之。

二贤人者,足未尝相过也,口未尝相语也,辞币未尝相接也;其师若友,岂尽同哉?予考其言行,其不相似者何其少也。曰:"学圣人而已矣!"学圣人,则其师若友必学圣人者;圣人之言行,岂有二哉?其相似也适然。

予在淮南,为正之道子固,正之不予疑也;还江南,为子固道正之,子固亦以为然。予又知所谓贤人者,既相似又相信不疑也。

子固作《怀友》一首遗予,其大略欲相扳以至乎"中庸"而后已,正之盖亦尝云尔。夫安驱徐行,简"中庸"之庭,而造于其室,舍二贤人者而谁哉?予昔非敢自必其有至也,亦愿从事于左右焉尔,辅而进之其可也。

噫!官有守,私有系,会合不可以常也,作《同学》一首别子固,以相警,且相慰云。

## 游褒禅山记

褒禅山也叫做华山。唐代和尚慧褒开始在这里建造房舍,他死后又埋葬在这里,因为这个缘故,在慧褒之后人们就称呼它叫"褒禅山"。现在所谓的慧空禅院,是慧褒的庐舍和坟墓。距离这院子以东五里,有个叫"华阳洞"的地方,因它在华山的南面,所以这样命名。距离洞口一百多步,有块石碑倒在路旁,碑文已经模糊不清,只有个别文字——"花山"还可辨认。现在念"花"为"华实"的"华",大概是读音错了。

洞下地势平整宽广,有股泉水从侧壁流出,游人的题字很多,这就是人们所说的"前洞"。沿山而上五六里,有一个幽深的洞穴,走进洞里觉得很冷,问这洞的深度,就是那些喜好游玩的人也没有走到过尽头,人们称之为"后洞"。我与同游的四个人举着火把进去，越到深处，行走就越发困难，而看见的景致就越加奇妙。有一个疲乏了而想出去的人说："如不出去，火把就快要烧完了。"大家就与他一起出来了。大概我所到达的地方，比起喜好游玩的人还不到十分之一，然而看山洞的左右壁，到过这里并记下姓名的人已经很少了。大概那更深的地方，能到达的人就更加少了。当这时候，我的体力还足以前进，火把还足以照明。已经退出洞后，就有人责怪那个提议出去的人，而我也后悔随他们一道退出，而不能尽情享受这次游玩的快乐。

于是，我深有感叹。古人观察天地、山川、草木、虫鱼、鸟兽，往往都有收获，这是因为他们思考问题很深入，而且处处都能如此的缘故。道路平坦而距离又近，那么游人就多；道路艰难而距离又远，那么到的人就少。然而世上的奇特雄伟、壮丽怪异、不同寻常的景象，常常是在艰险遥远，而又是人们很少到达的地方。所以没有意志的人，是不能到达的；有意志，不随着别人中途停止而中止，然而体力不足的人，也是不能到达的；有意志和体力，并且又不随人怠惰中止，到了幽深昏暗的地方而没有东西来帮助他，也是不能到达的。然而能力足够到达而没有到达，别人就可以讥笑他，而自己也应该感到后悔的；尽了我的努力也还是不能到达，那就没有什么可以后悔的了，谁又能来讥笑呢？这就是我的心得。

我对于那块倒在路上的石碑，又因此而感叹古代典籍很多不能保存下来，后代人因错就错传留下来而不能弄清真相的事情，哪里能说得完呢！这就是读书人不可以不深刻思考并慎重采用的道理。

同游的四个人是：庐陵人萧君圭字君玉，长乐人王回字深父，我的弟弟安国字平父、安上字纯父。

**原文**

褒禅山亦谓之华山，唐浮图慧褒始舍于其址，而卒葬之，以故其后名之曰：褒禅。今所谓慧空禅院者，褒之庐冢也。距其院东五里，所谓华山洞者，以其乃华山之阳名之也。距洞百余步，有碑仆道，其文漫灭，独其为文犹可识曰：花山。今言华如"华实"之华者，盖音谬也。

其下平旷，有泉侧出，而记游者甚众，所谓前洞也。由山以上五六里，有穴窈然，入之甚寒；问其深，则其好游者不能穷也，谓之后洞。予与四人拥火以入，入之愈深，其进愈难，而其见愈奇。有怠而欲出者，曰："不出，火且尽。"遂与之俱出。盖予所至，比好游者尚不能十一，然视其左右，来而记之者已少；盖其又深，则其至又加少矣。方是时，予之力尚足以入，火尚足以明也；既其出，则或咎其欲出者，而予亦悔其随之，而不得极乎游之乐也。

于是，予有叹焉：古人之观于天地、山川、草木、虫鱼、鸟兽，往往有得；以其求思之深而无不在也。夫夷以近，则游者众；险以远，则至者少。而世之奇伟、瑰怪、非常之观，常在于险远，而人之所罕至焉——故非有志者不能至也。有志矣，不随以止也，然力不足者，亦不能至也。有志与力，而又不随以怠，至于幽暗昏惑，而无物以相之，亦不能至也。然力足以至焉，于人为可讥，而在己为有悔。尽吾志也，而不能至者，可以无悔矣，其孰能讥之乎？此予之所得也。

予于仆碑，又有悲夫古书之不存，后世之谬其传而莫能名者，何可胜道也哉！此所以学者不可以不深思而慎取之也。

四人者：庐陵萧君圭君玉，长乐王回深父，予弟安国平父、安上纯父。

# 伤仲永

金溪县有个人叫方仲永，他家世代都是种田的。仲永到了五岁的时候,还没见过书写的纸墨笔砚,有一天,他哭着要这些东西。父亲感到很奇怪,向左邻右舍借来这些东西,他马上写下四句诗,还题了自己的名字。这首诗的内容是以赡养父母、团结宗族为中心的,传出以后,全乡的秀才都来看。从这以后,有人指着事物要他作诗,他马上就做成了,诗的文采和道理都有值得一看的地方。同县的人都很惊异,渐渐地用招待宾客的礼节来招待他父亲,有人出钱和财物让仲永写诗。他的父亲觉得这可以得到利益,于是每天领着方仲永四处拜访同县的人,却不让他学习。

我早就听说这件事了。明道年间,我和先父回到家乡,恰好在舅舅家碰见了方仲永,这时他已经十二三岁了。他作诗的表现和以前的传闻实在相差很大。七年之后,我从扬州回来,拜访舅舅,问起方仲永的情况,舅舅说:"他的才华尽失,和一般人没什么区别了。"我认为:方仲永的通达智慧,是先天得到的。他有天赋,比起力学而成的人要优秀得多;然而,最终还是沦落为平常人,是因为没有受到常人所受的教育的结果。他的天资是那样的好,只因为没有受到教育培养,尚且沦为普通人一样。如今,天分不高的人自然是很多的,如果再不加以教育培养,恐怕连一个平常人都不如吧?

**原文**

金溪民方仲永,世隶耕。仲永生五年,未尝识书具,忽啼求之。父异焉,借旁近与之,即书诗四句,并自为其名。其诗以养父母、收族为意,传一乡秀才观之。自是指物作诗立就,其文理皆有可观者。邑人奇之,稍稍宾客其父,或以钱币乞之。父利其然也,日扳仲永环谒于邑人,不使学。

余闻之也久,明道中,从先人还家,于舅家见之,十二三矣。令作诗,不能称前时之闻。又七年,还自扬州,复到舅家,问焉。曰:"泯然众人矣。"王子曰:"仲永之通悟,受之天也,其受之天也,贤于材人远矣。卒之为众人,则其受于人者不至也。彼其受之天也，如此其贤也，不受之人，且为众人。今夫不受之天，固众人，又不受之人，得为众人而已邪！"

## 祭欧阳文忠公文

有的事情人可以做到，还不一定成功，何况天理渺茫，又怎么能捉摸得清楚呢！

只有欧阳公活着的时候就已经有很好的声望了，死后还有道德文章流传于后世。人要是能这样就很不错了，还有什么值得悲伤呢！先生的气质是如此深厚，见识如此高远，学术功力如此精微，无论他的文章，还是议沦，都很豪放、强劲、英俊、奇伟，神奇、巧妙、灿烂、美好。把它们蕴蓄在胸中，浩大有如积聚不流的江河之水；一写出文章，就好像日月的光辉那样明亮。那清幽的韵调，就好像旋风细雨突然到来；那有力的言辞就好像骏马拉着轻车在奔跑。世上的学者，不管认不认识先生，只要读到他的著作，就能了解他的为人。

唉！先生做了四十年的官，几进几出，几升几落，深深地感到人生的不平。处境异常艰难困苦，遭到放逐，但还是没有埋没了他，就是因为是非自有公论。虽然遭到打压，但是很快就能得到重用，终于名声显扬于世。先生果敢的气概，刚正的节操，一直保持到晚年。

当仁宗皇帝在执政的晚年，忧虑身后的事情，他认为可以把国家的前途委托给欧阳修这样的人。要出主意确定策略的时候，他都从容对待，做事果断，辅助今上即位，真是在短时间内建立了千载难逢的功勋。功成名就，他却主动引退，从出仕到隐居，大概和他的英灵一样，不会随着尸体的腐烂而消散，而长留在箕山和颍水之滨。天下的人不论贤与不贤，都为欧阳公的逝世流泪、叹息。更何况当朝的士大夫，那些和他曾经有过交往的人呢？更何况我对他衷心向往、仰慕他、依靠他呢？

唉，事物盛衰兴废的道理，自古以来就是这样，我迎风怀念，怎能不动感情呢！一想到我再也见不到他了，谁还是我景仰的对象呢！

**原文**

夫事有人力之可致，犹不可期，况乎天理之溟漠，又安可得而推！

惟公生有闻于当时，死有传于后世，苟能如此足矣，而亦又何悲！如公器质之深厚，智识之高远，而辅学术之精微，故充于文章，见于议论，豪健俊伟，怪巧瑰琦。其积于中者，浩如江河之停蓄；其发于外者，烂如日月之光辉。其清音幽韵，凄如飘风急雨之骤至；其雄辞闳辩，快如轻车骏马之奔驰。世之学者，无问乎识与不识，而读其文，则其人可知。

呜呼，自公仕宦四十年，上下往复，感世路之崎岖。虽迍邅困踬，窜斥流离，而终不可掩者，以其公议之是非。既压复起，遂显于世，果敢之气，刚正之节，至晚而不衰。

方仁宗皇帝临朝之末年，顾念后事，谓如公者，可寄以社稷之，安危。及夫发谋决策，从容指顾，立定大计，谓千载而一时。功名成就，不居而去。其出处进退，又庶乎英魄灵气，不随异物腐败，而长在乎箕山之侧，与颍水之湄。然天下之无贤不肖，且犹为涕泣而歔欷，而况朝士大夫，平昔游从，又予心之所向慕而瞻依。

呜呼，盛衰兴废之理，自古如此，而临风想望不能忘情者，念公之不可复见，而其谁与归？

# 答司马谏议书

安石启：昨日承蒙您来信指教。我认为自己与您私下的交往相处友好的日子很长，但两人议论政事却老是意见不合，这是因为各人所持的主张不同的缘故。虽然我想强作解释，最后必然还是得不到您的谅解，所以只在信中做简略恢复，不打算为自己一一辩解了。又想到承您十分看得起我，在书信往来中不应该草率粗疏，所以今天我详细说明一下原因，希望君实您也许会原谅我的。

大概儒家学者所争论的，最突出的就是事物的名分和实际情况是否相符的问题，名分和实际情况的关系明确以后，那天下一切道理也就认清了。如今君实指教我的无非是认为我推行新法侵夺了其他官吏的职权，是扰民生事、征敛财利，是拒绝他人的规劝，因而招来了天下人的埋怨和指责。我却认为我是从君主那里接受命令，在朝廷里制定出法令制度，再把它们交给官吏去执行，这不是侵夺其他官吏的职权实行先王的政策，而兴办有利的事业、革除有害的陋习，不能说是生事扰民；为国家管理财政，这不是求利；批驳不正确的言论，批驳谄媚之徒的花言巧语，这不能说是拒绝劝告。至于能够招来这么多的怨恨和指责，本来事先我就料到会出现这样的情况。人们习惯于得过且过不止一天了，士大夫们大都把不为国事忧虑、随声附和、讨好众人当做出仕良方，于是皇上想改变这种状况，而我不估量反对的人是多是少，准备献出力量帮助皇上和他们对抗，那这班人怎么会不气势汹汹地喧闹呢？盘庚迁都的时候，一起埋怨他的是广大老百姓，不只是朝廷里的士大夫反对而已。盘庚没有因为有人埋怨就改变他迁都的计划。他是考虑到这样做合适，然后才行动的，因此看不出有值得悔改的地方。

如果君实责备我担任宰相时间久了，未能帮助皇上有大的作为，好让人民得到更多恩惠，那我承认自己的罪过。如果说现在应当一切事情都不要做，只是墨守成规就行了，那就不是我所敢于认可的了。没有机会会面，我对您思念、仰慕到极点的心情实在无法受得住啊。

**原文**

某启：昨日蒙教。窃以为与君实游处相好之日久，而议事每不合，所操之术多异故也。虽欲强聒，终必不蒙见察，故略上报，不复一一自辩。重念蒙君实视遇厚，于反复不宜鲁莽，故今具道所以，冀君实或见恕也。

盖儒者所争，尤在于名实，名实已明，而天下之理得矣。今君实所以见教者，以为侵官、生事、征利、拒谏，以致天下怨谤也。某则以君谓受命于人主，议法度而修之于朝廷，以授之于有司，不为侵官；举先王之政，以兴利除弊，不为生事；为天下理财，不为征利；辟邪说，难壬人，不为拒谏；至于怨诽之多，则固前知其如此也。人习于苟且非一日，士大夫多以不恤国事、同俗自媚于众为善，上乃欲变此，而某不量敌之众寡，欲出力助上以抗之，则众何为而不汹汹然！盘庚之迁，胥怨者民也，非特朝廷士大夫而已。盘庚不为怨者故改其度，度义而后动，是而不见可悔故也。

如君实责我以在位久，未能助上大有为，以膏泽斯民，则某知罪矣。如曰今日当一切不事事，守前所为而已，则非某之所敢知。无由会晤，不任区区向往之至。

# 上人书

我曾说过，文章不过是推行礼教、政治的工具而已。那些写在书上并传授给人阅读的，大致归结到这几个方面。所谓"要是文章不加修饰，流传就不会长远"的说法，只是说"修辞藻饰不能不讲究"而已，而不是圣人写作文章的本来意义。

在孔子死去很久之后，有韩愈出现，继承了相隔千百年的圣人的伟业，真是卓越不凡。只有柳宗元和韩愈齐名。柳宗元不能与韩愈相比。然而他的文章最终与韩文匹敌并传，也是值得敬畏的豪杰。韩愈曾经告诉别人这样写文章，说是应该如此这般，柳宗元也说应该这样那样。我怀疑两人所说的只是告诉别人修辞藻饰罢了，至于写文章的根本意义，不是像这样就可以的了。孟子说："君子要在学问上通过主观努力有所收获，就要求他自己有心得。自己有心得的就能稳当牢固地掌握；稳当牢固地掌握，就能积蓄深厚；积蓄深厚，便能取之不尽，左右逢源。"孟子这些话，不只是适用在写文章上面，而且也可以借用来说明写文章的根本意义。

而且我所认为的文章，一定要做到有益于社会。所说的修辞藻饰，好比器具上有雕刻绘画。器具精巧而又华丽，不一定适用；器具适用，也不一定要精巧华丽。总之，以适用为根本，以雕刻绘画作为它的外表装饰罢了。不适合使用，器具也就不成其为器具了。不装饰它的外表，难道也就不成其为器具了吗？不是的。然而美观的外表也是不能不要的，只是不要把它放在第一位就可以了。

我学写文章为时已久，经常依照这一观点来衡量自己。现在才想把这些写成文章传达给别人，至于在实际中的成效，那还有待于今后。这些文章究竟是对还是错，我自己不能够确定。阁下是位正直的人不是别人喜好什么就奉承的；抄了十篇杂文献给您，希望您能指教，使这些文章的是非好坏有个评定。

**原文**

尝谓文者，礼教治政云尔。其书诸策而传之人，大体归然而已。而曰"言之不文，行之不远"云者，徒谓辞之不可以已也，非圣人作文之本意也。

自孔子之死久，韩子作，望圣人于百千年中，卓然也。独子厚名与韩并，子厚非韩比也，然其文卒配韩以传，亦豪杰可畏者也。韩子尝语人以文矣，曰云云，子厚亦曰云云。疑二子者，徒语人以其辞耳，作文之本意，不如是其已也。孟子曰："君子欲其自得之也。自得之，则居之安；居之安，则资之深；资之深，则取诸左右逢其原。"独谓孟子之云尔，非直施于文而已，然亦可托以为作文之本意。且所谓文者，务为有补于世而已矣。所谓辞者，犹器之有刻镂绘画也。诚使巧且华，不必适用；诚使适用，亦不必巧且华。要之以适用为本，以刻镂绘画为之容而已。不适用，非所以为器也。不为之容，其亦若是乎？否也。然容亦未可已也，勿先之，其可也。

某学文久，数挟此说以自治。始欲书之策而传之人，其试于事者，则有待矣。其为是非邪，未能自定也。执事正人也，不阿其所好者，书杂文十篇献左右，愿赐之教，使之是非有定焉。

# 谏 官 论

用贤能的人管理无能的人，用高贵的人管理低贱的人，是自古以来的规律。什么人是贵呢？是公卿、大夫。什么人是贱呢？是士、庶人。一样是人，有的做公卿，有的做士，这是什么原因呢？因为他不能做公卿，所以让他做士；因为他比士贤明，所以让他做公卿。这就是所说的用贤能治无能，用高贵治低贱。现在的谏官，就是天子手下的士，那些高贵的，是天子的三公。也只有三公因为关系到国家的安危治乱存亡，无论什么事情都必须尽到职责，即便一个官员的撤换，一件事情没有成功，都应该劝谏，因此他的地位在公卿大夫之上，用来显示出他的高贵。他的道德水准必须符合他的地位，这就是所说的用贤能的人统治。至于士就不是这样，做好一个官而其他百官的撤换可以不干涉，守好一件事而其他事情有再多的错误也可以不说话。符合他的道德，适于他的才能，任命他的官位。保持着自己的声望，安守着自己的本分，侍奉皇上不敢犯错误，这是君臣的分别和分辨上下的方法。现在用士给他命名，却用三公的责任要求他，有士的地位却受到与三公一样的要求，并非古人的行为。孔子说："一定要辨正名分！"辨正名分用来辨正职责。可是这样做并非所说的辨正名分。自己不能辨正名分，却可以辨正天下人名分的事情，从来没有过。蚳蛙做了士，孟子说："很相近，因为他能够发表言论。"蚳蛙劝谏大王却不被听用，这使臣子不得不辞官回家，孟子说："有言论职责的人不能发言就离开，有官守职责的不能履行职务就离开。"但有官守职责的就一定有言论职责，有言论职责的也都有官守职责，士劝谏国君就是这种情形。他劝谏时是由于职责所在，这就是古代的做法。古时候官员各自进谏，百工各自以从事的手工艺活动劝谏。有时不能劝谏，就是不尊敬，就会有常设的刑罚。从公卿到百工各以他们的职责劝谏，那么国君又能和谁一起做不好的事呢？从公卿到百工，都放弃职权来奉迎皇上的喜好，那么这些谏官就是天子所说的士。我没有见过他们能做什么事情，对他很轻视要求却很高，这不是指挥臣子的做法。对自己要求很低又想掌握权力，也不是侍奉国君的方法。实在迫不得已，像唐太宗那样，恐怕还或许可能。即使这样，身怀道术能知晓天命的人，果真认为这样做可行吗？实际上并不能泰然处之。唐太宗的时候，做谏官的和丞相等辅佐大臣一起在皇帝跟前站立，所以有一句话说错、一件事情做错，都可以解救于未然，不让错误的命令昭示于整个天下随后再以理抗争。国君不失为国君，大臣也不失为大臣，这样做恐怕基本上也靠近古代的做法了。现在皇上想做的事，丞相等人对皇上所说的话都不得而知。等到要求已经发出，然后再去论争。皇上听从劝告而改过，就是士制订命令皇上听从；如果皇上不听从而一意孤行，就是臣子没有尽到进言的责任而国君也会为自己的过失感到惭愧。臣子没有尽到用言论劝谏的责任，士制订命令而国君听从。这两方面是上下相悖而造成混乱局面的原因。这样做也算是不知道劝谏的方法了。若等到臣子的劝诫不被运用，然后才知道这种方法行不通，再去辨别也太晚了。有人说："《周官》里的师氏、保氏、司徒之类的官职就是大夫的排列顺序。"我说："我以前听说过周公做师氏，召公做保氏，《周官》却没有学习过。"

**原文**

以贤治不肖，以贵治贱，古之道也。所谓贵者，何也？公卿、大夫是也。所谓贱者，何也？士、庶人是也。同是人也，或为公卿，或为士，何也？为其不能公卿也，故使之为士；为其贤于上也，故使之为公卿。此所谓以贤治不肖，以贵治贱也。今之谏官者，天子之所谓士也，其贵，则天子之三公也。惟三公以安危治乱存亡之故，无所不任其责，至于一官之废，一事之不得，无所小当言。故其位在卿大夫之上，所以贵之也。其道德必称其位，所谓以贤也。至士则不然：修一官而百官之废不可以预也，守一事而百事之失可以毋言也。称其德，副其材，而命之以位也；循其名，偍其分，以事其上而不敢过也。此君臣之分也，上下之道也。今命之以士，而责之以三公，上之位而受三公之责，非古之道也。孔子曰："必也正名乎！"正名也者，所以正分也。然且为之，非所谓正名也。身不能正名而可以正天下之名者，未之有也。蚳鼃为士师，孟子曰："似也，为其可以言也。"鼃谏于王而不用，致为臣而去。孟子曰："有言责者，不得其言则去；有官守者，不得其职则去。"然则有官守者莫不有言责，有言责者莫小有官守，士师之谏于王是也。其谏也，盖以其官而已矣，是古之道也。古者官师相规，工执艺事以谏。其或不能谏，谓之不恭，则有常刑。盖自公卿至于百上，各以其职谏，则君孰与为不善？自公卿至于百工，皆失其职，以阿上之所好，则谏官者，乃天子之所谓士耳，吾未见其能为也。待之以轻，而要之以重，非所以使臣之道也。其待己也轻，而取重任焉，非所以事君之道也。不得已，若唐之太宗，庶乎其或可也。虽然，有道而知命者，果以为可乎？未之能处也。唐太宗之时，所谓谏官者，与丞弼俱进于前，故一言之谬，一事之失，可救之于将然，不使其命已布于天下，然后从而争之也。君不失其所以为君，臣不失其所以为臣，其亦庶乎其近古也，今也上之所欲为，丞弼所以言于上，皆不得而知也。及其命之已出，然后从而争之。上听之而改，则是士制命而君听也；不听而遂行，则是臣不得其言而君耻过也。臣不得其言，士制命而君听。二者，上下所以相悖而否乱之势也。然且为之，其亦不知其道矣。及其谆谆而不用，然后知道之不行，其亦辨之晚矣。或曰："《周官》之师氏、保氏、司徒之属而大夫之秩也。"曰："尝闻周公为师，而召公为保矣，《周官》则未之学也。"

# 伯夷论

发生在千年以前的事情，圣贤都已经讲解得很详细很明了，但后代的人不加以深入研究，完全凭借着偏执的见解和个人的学识，竟然提出某种说法，已经失去了事情的本来面目，而学士大夫又一起拘泥错误不加改变的情况，还是有的，例如关于伯夷的说法就是这样。古代议论到伯夷的有孔子、孟子。像孔、孟这样可信的圣贤不止一次谈论到伯夷，因此他的事情就十分令人信服了。孔子说："不记着过去的仇恨，想求得仁就得到仁，饿死在首阳山下，是个隐逸的人才。"孟子说："不是仁厚的君主伯夷就不去侍奉，不站在奸人的朝堂之上，为避开商纣就隐居在北海的海

边，眼睛不看不好的颜色，不侍奉无才的君主，伯夷可以当后朝历代的老师。"所以孔子、孟子都认为伯夷处于商纣那样糟糕的时代，不记挂自己的仇怨，又不想在糟糕的环境下辅佐他，为了求得仁，忍受着饥饿而离开了混乱的俗世，不降低自己的身份蒙受耻辱，等待天下变得清明的时代的到来，所以被

大家叫做圣人。但司马迁认为在周武王伐纣时,伯夷拦住武王的马劝他不要讨伐商纣,天下都尊奉周为天子,伯夷却当做羞耻,坚持道义不吃周代的粮食,才作了《采薇》这首诗。韩愈同意了这种说法,也为伯夷作了颂,认为如果不存在伯夷叔齐两个人,乱臣贼子就会在后代接连出现,这种观点是大错特错了。商代国运衰亡而商纣用不仁暴政对待天下,天下的人谁不痛恨他?而特别痛恨商纣的,就是伯夷。他曾经和太公听说西伯善于赡养老人,就一起归附了西伯。这个时候,两个人想铲除商纣的愿望有什么不同吗?可是当武王发动起义时,太公辅佐着他,把黎民百姓从水深火热中拯救出来,而伯夷竟然没有参与这件事,为什么呢?大概两位老人是天下最有声望的了,年龄已经八十多岁,本来已经是高龄老人了。从海边到达文王的都城,计算起来也有几千里那样遥远,从文王兴盛到武王的时代,也不少于十几年,难道伯夷想顺服西伯而志向竟不能实现,死在北海之滨了吗?还是死在前往西岐的路上了呢?还是到达了文王的都城却没有活到武王的时代呢?如果这样说,依理推断那时他已经不在了。并且武王为了天下百姓提倡大义,太公辅佐他成就大业,单单认为他们不应该这样做的,难道会是伯夷吗?统治天下有两种情形,仁和不仁,商纣做天子就是不仁;武王做天子就是仁。伯夷起初是不愿侍奉不仁的商纣而期望仁义的天子,后来出现了仁义的武王,又不去侍奉他,那么伯夷到底要怎么样呢?所以我说,圣贤分辨这件事已经很明白了,而后代拘泥于偏执成见和个人见识的人失去了事情的本来面目。唉!如果那时候伯夷没有死,到了武王代纣的时候,积极参加的会只有太公一个人吗?

**原文**

事有出于千世之前,圣贤辩之甚详而明,然后世不深考之,因以偏见独识,遂以为说,既失其本,而学士大夫共守之不为变者,盖有之矣。伯夷是已。夫伯夷,占之论有孔子、孟子焉。以孔、孟之可信而又辩之反复不一，是愈益可信也。孔子曰："不念旧恶，求仁而得仁，饿于首阳之下，逸民也。"孟子曰："伯夷非其君不事，不立恶人之朝，避纣居北海之滨，目不视恶色，不事不肖，百世之师也。"故孔、孟皆以伯夷遭纣之恶，不念以怨，不忍事之，以求其仁，饿而避，不自降辱，以待天下之清，而号为圣人耳。然则司马迁以为武王伐纣，伯夷叩马而谏，天下宗周，而耻之，义不食周粟而为《采薇》之歌。韩子因之，亦为之颂，以为微二子，乱臣贼子接迹于后世，是大不然也。夫商衰而纣以小仁残天下，天下孰不病纣？而尤者，伯夷也。尝与太公闻西伯善养老，则往归焉。当是之时，欲夷纣者，二人之心，岂有异邪？及武王一奋，太公相之，遂出元元于涂炭之中，伯夷乃小与，何哉？盖二老所谓天下之大老，行年八十余，而春秋固已高矣。自海滨而趋史下之都，计亦数千里之远，文王之兴，以至武王之世，岁亦小下十数，岂伯夷欲归西伯而志不遂，乃死于北海邪？抑来而死于道路邪？抑其至文王之都而小足以及武王之世而死邪？如果而言伯夷，其亦理有不存者也。且武王倡大义于天下，太公相而成之，而独以为非，岂伯夷乎？天下之道二，仁与不仁也。纣之为君，不仁也；武王之为君，仁也。伯夷固不事不仁之纣，以待仁而后出；武王之仁焉，又不事之，则伯夷何处乎？余故曰：圣贤辩之甚明，而后世偏见独识者之失其本也。呜呼，使伯夷之不死，以及武王之时，其烈岂独太公哉！

# 子 贡 论

　　我读史传上记载的子贡的事迹，怀疑是流传错误，不然，子贡怎么会成为儒生呢？所说的儒生，侍奉国君就为国君分忧，吃百姓的粮食就为百姓忧虑，处于下位不被任用就修养自身而已。尧做天子时，天下人民苦于洪水的祸患，尧把洪水当做自己的忧愁，所以禹治水九年屡次经过家门都没有去看一看自己的儿子。颜回出生时，天下百姓的忧虑比洪水还要严重，天子的忧虑也比尧厉害，但颜回像禹那样贤能却在陋巷中自己怡然自乐，一点也不介意天下人的忧患。这两个人难道不是一条路上的人吗？他们处于不同的时代而已。出生在禹的时代却有颜回的举动的人是杨朱；出生在颜回的时代却有禹的行为的人是墨翟。所以说贤能的人被国君任用就把国君的忧虑当做自己的忧虑，吃苍生的粮食就把百姓的忧患当做自己的忧患，处于下位不被国君使用，就修养自身罢了。和忧患有什么联系呢？所说的为国君的忧虑而忧虑，为百姓的忧患而忧患，也要根据道义。假如不讲道义也能解除国君的忧虑、排除百姓的忧患，有才能的人也不会去做的。

《史记》上记载：齐国攻打鲁国，孔子听说了这件事，就说："鲁国是我们的父母之邦。国家已经如此危急，你们为什么还不出国去想办法？"于是子贡出国游说齐国去进攻吴国，游说吴国去救援鲁国，再去游说越国、晋国，从这以后这五个国家发生了战乱，有的强大了，有的败亡了，有的混乱了，有的称霸了，最终使鲁国保留下来。看他说的话和他做的事，和苏秦、张仪、陈轸、苏代没什么区别。唉！孔子说："自己不想要的，也不要强加给其他人。"自己想使自己的祖国保存下来，那么齐国、吴国的人难道就没有这种心情吗？为什么使别的国家发生战争呢？我知道流传失误，这是一个理由。从史实来考察，那时，孔子、子贡只是普通的平民百姓，并没有卿相的地位、万钟的俸禄，哪里用得着忧虑呢？这样就和颜回的处世原则相违背了。我知道流传失误，这是第二个理由。父母之邦，即使被君子所重视，难道可以因为有忧患而进行不义的谋划吗？假如有为了忧患出谋划策的道义，难道能够用权变诡诈的说法消灭别人的国家、使自己的国家保存下来吗？我知道流传失误，这是第三个理由。子贡的行径虽然不能说完全合乎道义，却是孔子的好学生，原来不应该这样做，假装说是孔子让他做的。太史公说："学习的人都称赞孔子的七十个学生，有的赞誉者言过其实，有的诋毁者破坏了事情的本来面目。"子贡即使喜好辩论，难道会达到这种地步吗？这也是所说的破坏了事情的真相啊。

**原文**

予读史所载子贡事，疑传之者妄，不然，子贡安得为儒哉？夫所谓儒者，用于君则忧君之忧，食于民则患民之患，在下而不用，则修身而已。当尧之时，天下之民患于洚水，尧以为忧，故禹于九年之间三过其门而不一省其子也。回之生，天下之民患有甚于洚水，天下之君忧有甚于尧，然同以禹之贤而独乐陋巷之间，曾不以天下忧患介其意也。夫二人者，岂小同道哉？所遇之时则异矣。盖生于禹之时，而由回之行，则是杨朱也；生于回之时，而由禹之行，则是墨翟也。故曰：贤者用于君则以君之忧为忧，食于民则以民之患为患，在下而不用于君，则修其身而已。何忧患之与哉？夫所谓忧君之忧，患民之患者，亦以义也。苟不义而能释君之忧，除民之患，贤者亦不为矣。

《史记》曰：齐伐鲁，孔子闻之，曰："鲁，坟墓之国。国危如此，二三子何为莫出？"子贡因行，说齐以伐吴，说吴以救鲁，复说越，复说晋，五国由是交兵。或强，或破，或乱，或霸，卒以存鲁。观其言，迹其事，仪、秦、轸、代无以异也。嗟乎，孔子曰："己所不欲，勿施于人。"己以坟墓之国而欲全之，则齐、吴之人，岂无是心哉，奈何使之乱欤？吾所以知传者之妄，一也。于史考之，当是时，孔子、子贡为匹夫，非有卿、相之位，万钟之禄也，何以忧患为哉？然则异于颜回之道矣。吾所以知其传者之妄，二也。坟墓之国，虽君子之所重，然岂有忧患而谋为不义哉？借使有忧患为谋之义，则岂可以变诈之说亡人之国，而求自存哉？吾所以知其传者之妄，三也。子贡之行，虽不能尽当于道，然孔子之贤弟子也，固不宜至于此，矧曰孔子使之也。太史公曰："学者多称七十子之徒，誉者或过其实，毁者或损其真。"子贡虽好辩，讵至于此邪？亦所谓毁损其真者哉！

# 老子论

　　道有根本有末流。根本是万物生长的基础；末流是万物成材的条件。根本出于自然，所以不用假借人力就可以体现出来，万物依靠它生长；末流涉及外形器用，所以要依靠人力然后万物才会成长。不用假借人力万物可以依靠它生长，圣人能够不用说、不用做；到了要依靠人力然后万物才能长成，这就是圣人不能不说、不能不做的原因。因此当时圣人执政时，把万物生长、长成当做自己的职责，一定要有四种治理措施。这四种措施就是礼法、音乐、刑罚、政治，是万物长成的条件。所以圣人尽心于培养万物长成，而不说使万物生长，可能是因为生长的东西效法自然，不是人力能够实现的。老子却不这样，认为涉及外形和器用，都不值一提、不值得去做，所以抵触取消礼法、音乐、刑罚、政治，只称讲道。这是不能洞察事理而又要求过高的错误。道是自然的东西，又为什么要进行干涉呢？只是因为涉及外形器用，一定要等人去说、等人去做。《老子》上讲："三十车辐共用一毂，因为它是空的才发挥了车的作用。"毂辐能有用处，本来就在于车没有用处，可是工匠砍削雕琢木料从来没有达到无的地步，是没有用到自然的威力，可以不用参与。现在造车的人知道造出毂辐从来没有达到无的地步，但可以把车造成，是因为毂和辐备好了那么无就有了用处。如果明白无的用处却不去造辐和毂，那么造车的技术必然就生疏了。现在知道无可以用于造车，用于治理天下，却不明白用来干什么。所以无可以用于造车是因为有了毂和辐；无能用于管理天下是因为有了礼法、音乐、刑罚和政治，假如在车上废弃了毂和辐，在天下废弃了礼法、音乐、刑罚和政治，只是坐着等待无发生作用，也是近乎愚蠢了。

## 原文

道有本有末。本者，万物之所以生也；末者，万物之所以成也。本者出之自然，故不假乎人之力，而万物以生也；末者涉乎形器，故待人力而后万物以成也。夫其不假人之而万物以生，则是圣人可以无言也、无为也；至乎有待于人力而万物以成，则是圣人之所以不能无言也、无为也。故昔圣人之在上，而以万物为己任者，必制四术焉。四术者，礼、乐、刑、政是也，所以成万物者也。故圣人唯务修其成万物者，不言其生万物者，盖生者尸之于自然，非人力之所得与矣。老子者独不然，以为涉乎形器者，皆不足言也、不足为也，故抵去礼、乐、刑、政，而唯道之称焉。是不察于理而务高之过矣。夫道之自然者，义何预乎？唯其涉乎形器，是以必待于人之言也、人之为也。其书曰:"三十辐共一毂,当其无,有车之用。"夫毂辐之用,固在于车之无用,然工之琢削未尝及于无者,盖无出于自然之力,可以无与也。今之治车者,知治其毂辐而未尝及于无也,然而车以成者,盖毂辐具,则无必为用矣。如其知无为用,而不治毂辐,则为车之术固已疏矣。今知无之为车用,无之为天下用,然不知所以为用也。故无之所以为〔车〕用者,以有毂辐也;无之所以为天下用者,以有礼、乐、刑、政也。如其废毂辐于车,废礼、乐、刑、政于天下,而坐求其无之为用也,则亦近于愚矣。

# 荀卿论

荀卿记录了孔子的话说:"仲由,智者怎么样?仁者怎么样?"子路说:"智者使人明白自己,仁者使人爱自己。"孔子说:"可以算是士了。"孔子又问:"赐,智者怎么样?仁者怎么样?"子贡说:"智者明白别人,仁者爱别人。"孔子说:"你可以算是士中的君子了。"孔子又问:"颜回,智者怎么样?仁者怎么样?"颜渊说:"智者明白自己,仁者爱自己。"孔子说:"可以算是明君了。"这真的是孔子说的话吗?我知道不是。能看到近的然后能观察到远的,能施利给小范围然后才能泽被广大,算是能了解天下的事理了。

古代人想了解别人,必须要首先明白自己,想要爱别人一定先要爱自己,这也是理所当然,是君子也改变不了的道理。用身边人所共知的事情来打个比方。现在有一个人,在咫尺之内都不能看见太山,即使天下最笨的人,也知道不能看到百步之外的细小毫毛,这是不能看到近处的东西就不能看清楚远方。而荀卿认为了解自己的人比了解他人者更智慧,这就好比能看到百步之外细小毫毛的人比不上在咫尺之内看到太山的人看得清楚。如今有这样一个人，食不果腹、衣不蔽体，即使天下最愚蠢的人也明白他不能供养同乡，不能在小范围内施利也就不能泽被广大。而荀卿以为爱自己的人比爱别人的人贤明，这就好比这种人奉养同乡比不上那能食能果腹、衣能蔽体的人有钱。由此来说，荀卿所说的话非常不能明察事理了。因此明白自身是智慧的起始，可以推广了解别人；爱自己是仁的开端，可以推广去爱别人。能完全推行智和仁，然后让别人了解自己、爱自己所以能使别人了解自己、爱自己的人，没有不能了解别人、爱别人的。能了解别人爱别人的人，没有不能了解自己、爱自己的。现在荀卿所说的话完全都与此相反，因此我知道这并非孔子的话，是荀卿自己捏造的。杨子说："爱自己是仁的极致。"是说能够爱自己就能够爱别人，并不是说不能爱人却能爱自己。噫，古人爱别人却不能爱自己的人是有的，但并不是我所说的爱别人，而是墨翟所说的爱别人。至于能了解别人却不能了解自己的情形也不是我所说的了解别人。

**原文**

荀卿载孔子之言曰："由，智者若何？仁者若何？"子路曰："智者使人知己，仁者使人爱己。"子曰："可谓士矣。"子曰："赐，智者若何？仁者若何？"子贡曰："智者知人，仁者爱人。"子曰："可谓士君子矣。"子曰："回，智者若何？仁者若何？"颜渊曰："智者知己，仁者爱己。"子曰："可谓明君子矣。"是诚孔子之言欤？吾知其非也。夫能近见而后能远察，能利狭而后能泽广，明天下之理也。

故古之欲知人者，必先求知己，欲爱人者，必先求爱己，此亦理之所必然，而君子之所不能易者也。请以事之近而天下之所共知者谕之。今有人于此，不能见太山于咫尺之内者，则虽天下之至愚，知其不能察秋毫于百步之外也，盖不能见于近，则不能察于远明矣。而荀卿以谓知己者贤于知人者，是犹能察秋毫于百步之外者为不若见太山于咫尺之内者之明也。今有人于此，食不足以厌其腹，衣不足以周其体者，则虽天下之至愚，知其不能以赡足乡党也，盖不能利于狭，则必能泽于广明矣。而荀卿以谓爱己者贤于爱人者，足犹以赡足乡党为不若食足以厌腹、衣足以周体者之富也。由是言之，荀卿之言，其不察理已甚矣。故知己者，智之端也，可推以知人也；爱己者，仁之端也，可推以爱人也。夫能尽智仁之道，然后能使人知己、爱己，是故能使人知己、爱己者，未有不能知人、爱人者也。能知人、爱人者，未有不能知己、爱己者也。今荀卿之言，一切反之，吾是以知其非孔子之言，而为荀卿之妄矣。杨子曰："自爱，仁之至也。"盖言能自爱之道则足以爱人耳，非谓不能爱人而能爱己者也。噫，古之人爱人不能爱己者有之矣，然非吾所谓爱人，而墨翟之道也。若夫能知人而不能知己者，亦非吾所谓知人矣。

# 复仇解

有人问复仇的事情。我回答他说：这不是太平盛世的做法。贤明的天子在位，从方伯、诸侯一直到各有关部门，各自实施他们的职责，被误杀的无辜者就很少了。如果不幸有了这种事，那么无辜者的子弟告到有关部门，有关部门不能处理；告到国君那里，国君不能处理；告到方伯那里，方伯也不能处理；告到天子那里，天子责备那些不能处理的人，而天子就为他处罚了他的仇人。到了乱世，天子、诸侯、方伯就都不能告了。所以《尚书》上说纣王：只要是犯有枉杀无辜罪行的人，只要你搜罗总能捉得到。百姓兴起，相互间变成仇敌。仇恨之所以出现，是因为上司不能上诉，无辜的罪行不能经常获得昭雪，在这个时候，有杀死自己父亲、兄长的仇恨，那么就杀掉仇人，君子权衡情况，饶恕了他并和他结交是可以的。所以复仇的大义记录在《春秋传》、《礼记》里，替那些身处乱世做人子弟的谈一谈。在《春秋传》里认为父亲被杀、儿子为父报仇是不可以的，意思是说不敢因为私人恩怨危害天下的公事。又认为父亲没有被杀，儿子为父报仇是可以的。意思是说不因为有可断绝的义气放弃不可断绝的恩情。

《周官》上说："凡是复仇的人，上书给掌管的人，杀了他不算有罪。"我猜测这不是周公制定的法律，那些借机复仇的人，是因为天下处于乱世，司法长官不能处理才出现的。有了司法官员，不让他办理杀人的罪行去执行法律，却让那些做子弟的人复仇杀人，那还要司法长官并给他俸禄干什么？

　　古代对杀人的罪行，处理时可以说考虑到各个方面了，但还害怕有没想到的事情，说："与其杀掉无辜者，哪如放过证据不足的人呢？"现在上报给司法长官，杀了他不算犯罪，果真是所说的可以报仇的人吗？又哪里知道他没有辩解的言辞呢？当处理他的罪行时，不被司法长官杀掉，却让仇人杀了他，这是什么缘故呢？所以我怀疑这不是周公制定的法律。有人说："世道大乱就禁止人们复仇，那么是宁愿杀掉自身去复仇呢，还是不去复仇而保存后代呢？"我认为：能够复仇却不去做，是不孝；去复仇却没有了后代，也是不孝。不去复仇的耻辱，牢记终身是可以的，不能复仇，这是天意。不忘记复仇，决定于自身。抑制自己敬畏上天，心中不忘记自己的亲人，不也是可以的吗。

**原文**

或问复仇。对曰：非治世之道也。明天子在上，自方伯、诸侯以至于有司，各修其职，其能杀不辜者少矣。不幸而有焉，则其子弟以告于有司，有司不能听；以告于其君，其君不能听；以告于方伯，方伯不能听；以告于天子，则天子诛其不能听者，而为之施刑于其仇。乱世则天子、诸侯、方伯皆不可以告。故《书》说纣曰："凡有辜罪，乃罔恒获。小民方兴，相为敌仇。"盖仇之所以兴，以上之不可告，辜罪之不常获也。方是时，有父兄之仇而辄杀之者，君子权其势，恕其情而与之，可也放复仇之义，见于《春秋传》，见于《礼记》，为乱世之为子弟哲言之也。《春秋传》以为父受诛，子复仇，不可也。此言不敢以身之私，而害天下之公。义以为父不受诛，子复仇，可也。此言不以有可绝之义，废不可绝之恩也。《周官》之说曰："凡复仇者，书于上，杀之无罪。"疑此非周公之法也。凡所以有复仇者，以天下之乱，而上之不能听也。有士矣，不能听其杀人之罪以施行，而使为人之子弟者仇之，然则何取于士而禄之也？

古之于杀人，其听之可谓尽矣，犹惧其未也，曰："与其杀不辜，宁失不经。"今书于士则杀之无罪，则所谓复仇者，果所谓可仇者乎？庸讵知其不独有可言者乎？就当听其罪矣，则不杀于士师，而使仇者杀之，何也？故疑此非周公之法也。或曰："世乱而有复仇之禁，则宁杀身以复仇乎？将无复仇而以存人之祀乎？"曰：可以复仇而不复，非孝也；复仇而殄祀，亦非孝也。以仇未复之耻，居之终身焉，盖可也。仇之不复者，天也。不忘复仇者，己也。克己以畏天，心不忘其亲，不亦可矣。

# 答曾子固书

安石启：由于有病很久未能问候你，我心里对你非常向往！上封信里我因为怀疑你没有时间读经书，因此谈到了这件事。接连接到你的信，信中一直怀疑我说的经是佛经，就教导我说佛经会扰乱礼俗。我只是说读经，哪里把佛经和中国古圣先贤之经相区分了呢？你每每这样看（误解）我的信，这也是我之所以怀疑你没有时间读经的缘故呀。

然而世上流传的经书早就不见全貌了，只是停留在读读经书，并不足以领会经书的实质。因此我对从诸子百家的著作到《难经》、《素问》、《本草》、小说家的书，无所不读。对于种田的农夫和做针线活的农妇，都不耻下问。然后才认为对经书的大意有了确切的理解并且毫无疑问。大概因为后代学习圣人之道的人，和先王的时代有所不同，不这样做，不能够尽懂圣人的缘故吧？扬雄虽说不好非议圣人之书，可是他对墨子、晏子、邹子、庄子、申不害、韩非的著作，又有哪一种不读呢？他是为了增加自己的知识量才去读书的，因而有所取舍，儒家之外的学说不能使他对于儒学有所迷误，正因为他不迷误，因而才有能力去取舍诸书的思想，所以能明白圣人之道。你看我所具有的知识的程度，是否还能被其他学说迷惑呢？你这是不了解我呀！现在使礼俗混乱的因素不是在于佛学之说，而是在于士大夫们沉浸在利欲之中，用语言相互吹捧，不知道自律修身的缘故。你认为这个观点怎么样？最近天气太冷了，祝你万福，希望你自己保重好自己。

**原文**

某启：久以疾病不为问，岂胜向往！前书疑子固于读经有所不暇，故语及之。连得书，疑某所谓经者佛经也，而教之以佛经之乱俗。某但言读经，则何以别于中国圣人之经？子固读吾书每如此，亦某所以疑子固于读经有所不暇也。然世之不见全经久矣，读经而已，则不足以知经。故某自百家诸子之书，至于《难经》、《素问》、《本草》、诸小说，无所不读。农夫、女工，无所不问。然后于经为能知其大体而无疑。盖后世学者，与先王之时异矣，不如是，不足以尽圣人故也。扬雄虽为不好非圣人之书，然于墨、晏、邹、庄、申、韩，亦何所不读？彼致其知而后读，以有所去取，故异学不能乱也。惟其不能乱，故能有所去取者，所以明吾道而已。子固视吾所知，为尚可以异学乱之者乎？非知我也。方今乱俗不在于佛，乃在于学士大夫沉没利欲，以言相尚，不知自治而已。子固以为如何？苦寒，比日侍奉万福，自爱。

# 君子斋记

天子、诸侯叫做君，卿大夫叫做子。古代形成这个称呼，是为了用来命令天下的有德之士。因此天下有德行的人，一般叫做君子。有天子、诸侯、卿大夫的职位而无其品德，可以叫做君子，是称呼其职位；有天子、诸侯、卿大夫之德而无其位，可以谓之君子，盖称其德也。职位是外在的东西，由于遭遇而获得了，所以人们就把这个名字给他，而用外表来与其交；德是在我内部的，追求就可以得到，那么人们就因为其实质而给他君子的称呼，而且心里很敬佩他。因此古代的人以声望为羞耻，而以实在为欣慰，不贪求佩服人的外表，而考虑如何让别人从内心叹服。不仅如此，人们认为寻求外在的东西不可能因为努力就必然得到。因此，即便处于贫穷屈辱的地位，仍以此为乐而不舍得脱离这种生活，不是因为穷困和屈辱使人愉快，而是因为穷困屈辱也不足以使自己的心绪受到影响，而这是令人愉快的事。

河南人裴君在南阳做主簿，在官邸建立了一个书斋叫做"君子"，裴君难道是羡慕外在的东西而想拥有它吗？难道是因为世上小人众多而奉行圣人之道的只有我吗？因为前者就会失去自己，因为后者就会失去他人。我明白裴君不是这样的，只不过用道德勉励自己而已。大概是把它写在自己面前，每天出入看看它，思考古代人成为君子的措施而去追求它。仅仅有仁不足以成为君子，仅仅有智慧也不足以成为君子，仁义足以使人性尽显，智慧足以了解道理，又通达了命数，这才是古代人称作的君子。虽然是这样，然而古代的人不是也说过："德就像毛一样，毛还是有纹理的。"没有想获取而得不到的。可是裴君作为君子，谁能妨碍呢？因此我嘉许他的志向而乐于为他说说。

**原文**

天子、诸侯谓之君，卿大夫谓之子。古之为此名也，所以命天下之有德。故天下之有德，通谓之君子。有天子、诸侯、卿大夫之位而无其德，可以谓之君子，盖称其位也；有天子、诸侯、卿大夫之德而无其位，可以谓之君子，盖称其德也。位在外也，遇而有之，则人以其名予之，而以貌事之；德在我也，求而有之，则人以其实予之，而心服之。夫人服之以貌而不以心，与之以名而不以实，能以其位终身而无谪者，盖亦幸而已矣。故古之人以名为羞，以实为慊，不务服人之貌，而思有以服人之心。非独如此也，以为求在外者不可以力得也。故虽穷困屈辱，乐之而弗去，非以夫穷困屈辱为人之乐者在是也，以夫穷困屈辱不足以概吾心为可乐也已。

河南裴君主簿于洛阳，治斋于其官而命之曰"君子"。裴君岂慕夫在外者而欲有之乎？岂以为世之小人众，而躬行君子者独我乎？由前则失己，由后则失人。吾知裴君不为是也，亦曰勉于德而已盖所以榜其前，朝夕出入观焉，思古人之所以为君子，而务及之也。独仁不足以为君子，独智不足以为君子。仁足以尽性，智足以穷理，而又通乎命，此古之人所以为君子也。虽然，古之人不云乎："德𫐐如毛，毛犹有伦。"未有欲之而不得也。然则裴君之为君子也，孰御焉。故余嘉其志而乐为道之。

## 太平州新学记

　　太平州的新学在子城的东南，是治平三年司农少卿建安人李侯字仲定要求所建立的。他治理州里的事，平稳而有节制，平静又有谋略，因此不用惩罚与杀戮州里就安定了。所以贵族相互劝说出钱，到李侯的家中，愿意兴建州学来使李侯满意。他为他们寻找地方迁移过去，建屋百间，建堤防来环绕，以防止水灾。并且买了二十顷田来养求学的人。学校从大门到正房，十分雄伟壮丽，是用来祭祀先师和养求学者的建筑，来往的人都不明学校的建造是怎么开始的，只见到了它的完工。而州学刚成，李侯就离职走了，州里的人对他十分感激，因而来我这里求文章记录他的事。

　　哎！学习不可以停止已经很久了。世上做官的人有的不了解这些，而李侯自己很早就知道了，而且可以不耗费钱财伤害人力，让人人相互劝勉出钱来成就这件事，难道不贤明吗？然而世上的士人，知道学习，却不知为什么学习，因此我在他们来求文章的时候，就把这告诉他们们。大概，沿袭道的一切都比不上善行，而善行没有什么比得上仁义。仁的给予，从父子开始。积累善行而充实自己，直到圣明而别人不能明了就叫做神。实行仁义而使之上进，就达到圣人对天道所能了解的地步，这是求学的人应当把它作为自己的本分的事。过去造字的人已经告诉我们了。使上面的人知道，但在下面的人里却不出名,有起始却见不到最终的效果,这就是道之所以散,百家诸子所以兴盛,而求学的人们相互争辩的缘故呀!就学于学校,要统一天下的观点而没有纷争。在这里游历,在这里吃饭,而对我所说的不明了,那是吃美味的食物安逸、居住罢了。李侯做这件事,难道是为了士人们有美食且安逸的处所吗?治平四年九月四日,临川王安石记。

### 原文

太平新学在子城东南,治平三年,司农少卿建安李侯定仲求所作。侯之为州也,宽以有制,静以有谋,故不大罚戮而州既治。于是大姓相劝出钱,造侯之庭,愿兴学以称侯意。侯为相地迁之,为屋百间,为防环之,以待水患。而为田二十顷,以食学者。自门徂堂,闳壮丽密,而所以祭养之器具,盖往来之人,皆莫知其经始,而特见其成。既成矣,而侯罢去,州人善侯无穷也,乃来求文以识其时功。

嗟乎!学之不可以已也久矣。世之为吏者,或不足以知此,而李侯知以为先,又能不费财伤民,而使其自劝以成之,岂不贤哉!然世之为士者,知学矣,而或不知所以学,故余于其求文，而因以告焉。盖继道莫如善，守善莫如仁。仁之施，自父子始。积善而充之，以至于圣而不可知之谓神。推仁而上之，以至于圣人之于天道，此学者之所当以为事也。昔之造书者实告之矣。有闻于上，无闻于下，有见于初，无见于终，此道之所以散，百家之所以盛，学者之所以讼也。学乎学，将以一天下之学者至于无讼而止。游于斯，餔于斯，而余说之不知，则是美食逸居而已者也。李侯之为是也，岂为士之美食逸居而已者哉？治平四年九月四日，临川王某记。

## 李通叔哀辞

李通叔字不疑，世代生活在闽地。他两次参加进士考试，都没考中。从京师回家看他的亲人的时候，途经建溪，溪水湍急，打翻了他的船，李通叔淹死了，时年二十八岁。起初，我父亲去世之后，我居住在金陵，并且在那安了家，我跟着两位哥哥进了学校做了诸生，常感慨古人好交朋友，以相互促进，从而进入道德之途。我的才能和性情生来就不如古人，而学习又不用功，又没有朋友相互促进以达到道德之途，我难道要成为平庸的人吗？我为此而感到忧虑和恐惧。不久我在同学中遇到了李通叔，看着他的相貌就很像君子，等和他交谈之后，都是说的君子的话。他的样子还在我眼前，他的声音还可以听得到，那么我就放下心来不去寻求，就自己隐去了。求得了他所作的文章，则是完全效仿古人，玄虚不规矩的学问，一点儿都没有进入他的心胸，真的有可以启发我的地方。我得以和他成为朋友之后，烦恼和害怕都消失了，我作了《太阿》诗送给他，我们的气质和志向很相像。他也作了《双松》诗，气质和愿望也十分相似。

自从我认识了李通叔之后，才知道圣人的门户是可以进入的。这不但是从他的言辞中有所得，而且从他的行为中更学到了很多。当他两次被太学拒绝而回的时候，我在礼部进行科举考试，留在京师，离别时我说："通叔回去后，我也马上要进入愚昧之人的行列了，明年我若也不中而归或者得了官，都应该去到长江、淮水以南，我也不能去闽地，你来怎么样呢？"通叔说："这是不能怀疑的话呀！"第二年，我到淮南担任从事，要求询问邀见他，却没能实现。有人告诉我他死的情况，我又难过又怀疑，并且希望不是那样。遇到江南有劳役，碰到了闽人就问他的情形。回到东流，县尉许程是闽人，才明白讣告是真的，又知道陈安石也淹死了。安石字伯起，也是闽人。我曾问通叔有什么好朋友，只说有陈伯起。唉！这两个人行为有什么不妥当的地方呢？这也是由于命运呀！我悲叹通叔在未通达时就夭折了，他的道来不及推行到人民身上，悲叹天下不能有辅助我的人。作了哀辞：

我怀念古人只追求朋友，相聚在一起天天切磋，相互为对方的行为思谋，相互扶持帮助来修养和进步，一定要进入大道之中而不进入错误的歧途。那些圣人和贤人们都是这样，我没有朋友心里又担心又害怕。唉！我的好人呀有德行和才华，超群出众不与庸人为伍。考究六艺造诣深厚，不羡慕富有，不因为贫贱而感到羞耻。我们既然相逢了就早晚相对，你是仁义的光彩是忠信的居所。荡去了邪气，正气完善，你赐给我的是心中的平静。我还说你发达了一定会有补于世，你的品德是这样。可是为什么神明不保佑你，让你丧身于溪水之中，你这样生活的平淡又和谁有仇？我所哀叹的是自己有志向却孤独无靠，大道的实现一定非常遥远，你没能去那里却在某一天去世了。死了却没有坟墓，谁得到了你的尸体？谁把你放入棺木？谁为你做了坟丘？我的悲痛你可曾听见？你不能有所成就，我心中十分难过。

**原文**

通叔李不疑，世为闽民。通叔再从大学进士试，斥不送。

自京师归面其亲，道建溪，溪水暴下，反其舟溺死，年二十八云。初予既孤，寄金陵，家焉。从二兄入学为诸生，常感古人汲汲于友，以相镌切，以入于道德。予材性生古人下，学又不能力，又不得友以相镌切以入于道德，予其或者归为涂之人而已邪？为此忧惧。既而遇通叔于诸生间，望其容而色睟然类君子，既而与之言，皆君子之言也。其容色在目，其言在耳，则予放心不求而归，邪气不伐而自遁去。求其所为文，则一本于古，华虚荡肆之学，盖未尝接于其心，诚有以开予者。予得而友之，忧惧释然，作《太阿》诗贻之，道气类之同而合也。通叔亦作《双松》诗，道气类之同而期之久也以为报。

自予之得通叔，然后知圣人户庭可策而入也。是不惟喻于其言而已，盖观其行而得焉者为多。其再斥于太学而归也，予待礼部试，留京师，别且言曰："通叔去而归，某也不没而入于愚也其几矣。明年亦斥而归，或得官，皆宜在淮、江之南，某也不可以之闻，通叔来若何？"通叔曰："是亦不疑之言也。"明年，从事淮南，将问且召焉，则未也。或以死状讣，既拗且疑，且幸其不然。会有江南之役，遇闽人辄问状。还泊东流，尉许程者，闽人也，乃知讣者信，义知陈安石者亦溺死。安石字伯起，亦闽人。予尝问通叔素友，独占伯起云。噫，二子岂行殆也？其亦命而已矣。予悲通叔穷以夭也，其道之不及民也，又悲天之不予相也，作哀辞：

我思古人兮维友之求，燕处日讲兮行相为谋。相翼以进兮相持以修，要归于道兮不入于尤。卒圣若贤兮其本则然，我无以是兮甚惧以忧。猗嗟吾子兮畜德挟材，杰然自如兮不群庸游。考讲六艺兮造穷微深，匪富贵慕兮匪贱穷羞。曰予既逢兮朝夕其旁，仁义之光兮忠信之陬。邪志荡夷兮正气独完，骨予赐我兮于安以畴。尚曰子兴兮羽仪于世，吾君德洋此兮淳漓固偷。孰神不悲兮陨子于溪，子生适然兮欲谁仇？所嗟存者兮志孤道辽，子之不就兮一朝而休。死不以所兮谁得子尸？谁隧于棺兮谁坎于丘？予欲恸哭兮子岂有闻？子不可作兮予生之愁。

# 苏洵文集

**苏 洵**（1009—1066） 字明允，号老泉，亦称老苏。宋代著名散文家。眉州眉山（今四川省眉山县）人，字明允，号老泉，年二十七始发奋为学。仁宗庆历七年（1047）举进士、茂才异等科，均不中。归家悉焚以前所作文章，闭门读书五六年，遂通六经百家之说，下笔千言。嘉祐元年（1056）与二子苏轼、苏辙同至汴京。张文平荐其父子于宰相韩琦、翰林学士欧阳修。欧阳修上其文二十二篇于仁宗，受到赏识。士大夫争传之，一时学者竞效苏氏为文章，授秘书省校书郎。不久，以霸州文安县主簿参加修纂建隆以来礼书。成《太常因革礼》一百卷，又更定《谥法》三卷。英宗治平三年（1066）卒。长于古文，一生作文仅百余篇却名满天下，被后人奉为一代文豪，与苏轼、苏辙并称"三苏"，同列"唐宗八大家。"著有《嘉祐集》。

# 管仲论

　　管仲做齐桓公的宰相，称霸诸侯，攘斥夷狄，在他整个一生中，齐国富强，诸侯不敢反叛。管仲死后，竖刁、易牙、开方受桓公重用。齐桓公在动乱中死去，五个儿子争夺君位，这场祸患从此蔓延，直到简公，齐国没有一年安定过。

　　功业的完成，不是成于完成的那一天，一定有它完成的起因；祸患的兴起，不是起于兴起的那一天，也一定有它之所以兴起的预兆。所以，齐国的太平，我不说是靠管仲，而说是靠鲍叔牙。等到它混乱动荡时，我不说是由于竖刁、易牙、开方，而说是由于管仲。

　　为什么呢？竖刁、易牙、开方这三个人，他们固然是扰乱国家的人，但是任用他们的，是齐桓公。有了舜然后才知道流放四个恶人，有了孔子然后才知道铲除少正卯。那堂堂齐桓公是什么人呀，终于使桓公能任用这三个人的，是管仲啊。

　　管仲病重时，桓公问他谁能做宰相。在这个时候，我认为管仲将提出天下贤才来回答，可是他的话却只不过说竖刁、易牙、开方三个人不合于人情，不可以亲近而已。

　　唉！管仲以为桓公果真能够不用这三个人吗？管仲和桓公相处好几年了，也知道桓公的为人了吧？桓公的耳边没有断绝过音乐，眼前没有断绝过美色。若不是这三个人，就没有人能够满足他的欲望。他当初之所以不重用他们，只不过是因为有管仲罢了。一旦没有管仲了，那么这三个人就可以弹冠相庆了。管仲以为自己临死时说的话可以绑住桓公的手足吗？要知道齐国并不担心有这三个人，却担心没有管仲。有管仲，那么，这三个人不过是三个匹夫罢了。要不然，天下难道还缺少跟这三个人一样的人物吗？即使桓公幸而能听从管仲的话，杀掉这三个人，可是其余的人，管仲能够全部铲除他们吗？唉！管仲可说是不明白根本的人啊！趁着桓公询问，推荐天下的贤人来代替自己，那么，管仲虽然死去，而齐国并不是没有"管仲"，这三个人又有什么可担心的呢？那些话不说也可以的。

五霸之中，没有谁胜过齐桓公、晋文公。晋文公的才能，比不上齐桓公，他的臣子都比不上管仲，晋灵公的暴虐，更不能与齐桓公的宽厚相比。可是晋文公死后，诸侯不敢背叛晋国，晋国承继晋文公留下来的威望，还能够成为诸侯的首领一百多年。为什么？因为他的国君虽然不贤，可是朝廷上还有练达持重的人。齐桓公去世后，齐国一败涂地，这并不奇怪，因为他只依靠一个管仲，而管仲已经死去了。

天下并不是没有贤人，却存在着有贤臣而无明君的情况。桓公还在，却说天下不再有管仲这样的人才，我是不相信的。管仲的书《管子》，有一个地方记叙他临终时评论鲍叔牙、宾胥无的为人，而且分别说明他们的缺点。这表明在他的心目中这几个人都不足以把国家大事托付给他们，同时又事先就知道自己会死。这样看来，这本书是荒唐的，不足为信。

我看史鳅，因为不能推荐蘧伯玉而斥退弥子瑕，所以有死后尸谏。萧何将死的时候，推举曹参来代替自己。大臣的用心，本来应该这样啊！

国家因一个人而强大，因一个人而灭亡。贤明的人不为自己的死而悲哀，却担忧国家的衰亡。所以，一定要再有贤人接替，然后才可以安心死去。那管仲呀，怎么能就这样撒手死去呢？

**原文**

管仲相威公，霸诸侯，攘夷狄，终其身齐国富强，诸侯不敢叛。管仲死，竖刁、易牙、开方用。威公薨于乱，五公子争立，其祸蔓延，讫简公，齐无宁岁。

夫功之成,非成于成之日,盖必有所由起;祸之作,不作于作之日,亦必有所由兆。故齐之治也,吾不曰管仲,而曰鲍叔;及其乱也,吾不曰竖刁、易牙、开方,而曰管仲。

何则?竖刁、易牙、开方三子,彼固乱人国者,顾其用之者威公也。夫有舜而后知放四凶,有仲尼而后知去少正卯。彼威公何人也,顾其使威公得用三子者,管仲也!

仲之疾也,公问之相。当是时也,吾意以仲且举天下之贤者以对,而其言乃不过曰"竖刁、易牙、开方三子,非人情,不可近"而已。

呜呼!仲以为威公果能不用三子矣乎?仲与威公处几年矣,亦知威公之为人矣乎?威公声不绝于耳,色不绝于目,而非三子者,则无以遂其欲。彼之初所以不用者,徒以有仲焉耳。一日无仲,则三子者可以弹冠相庆矣。仲以为将死之言,可以絷威公之手足耶!夫齐国不患有三子,而患无仲。有仲,则三子者,三匹夫耳。不然,天下岂少三子之徒哉!虽威公幸而听仲,诛此三人,而其余者,仲能悉数而去之耶?呜呼!仲可谓不知本者矣!因威公之问,举天下之贤者以自代,则仲虽死,而齐国未为无仲也。夫何患三子者,不言可也。

五伯莫盛于威、文。文公之才,不过威公,其臣又皆不及仲;灵公之虐,不如孝公之宽厚:文公死,诸侯不敢叛晋,晋袭文公之余威,犹得为诸侯之盟主百余年。何者?其君虽不肖,而尚有老成人焉。威公之薨也,一败涂地。无惑也,彼独恃一管仲,而仲则死矣!

夫天下未尝无贤者,盖有有臣而无君者矣。威公在焉,而曰天下不复有管仲者,吾不信也。仲之书,有记其将死,论鲍叔、宾胥无之为人,且各疏其短。是其心以为数子者,皆不足以托国,而又逆知其将死:则其书诞谩不足信也。

吾观史鳅,以不能进蘧伯玉而退弥子瑕,故有身后之谏。萧何且死,举曹参以自代。大臣之用心,固宜如此也。

夫国以一人兴，以一人亡。贤者不悲其身之死，而忧其国之衰；故必复有贤者，而后可以死。彼管仲者，何以死哉？

# 辨 奸 论

"一切事物有其必然的趋向和终点，任何道理都有它本来具有的规律。"全天下只有那种养心静修的人，才能从目前的隐微，知道它那显著的将来。

月亮周围出现光圈，就要刮风，柱石表面如果湿润，将会下雨，这是人人都知道的。至于世间的人事变化，常理和实际的互为因果，按照疏远广阔而难于察知、变幻演化而不可测度的程度来看，怎能比得上天地阴阳（如刮风下雨等）的奥秘难知呢？然而，即使贤明的人，对于近在身边的世事也有所不知，这是什么缘故呢？因为主观上的爱憎搅了内心的平静，而社会上的利害关系左右了他的耳目视听啊。

从前，山涛见到王衍，曾说："贻误普天下老百姓的，一定是这个人啊。"郭子仪见了卢杞，也曾说："这个人若是得了志，我家的子孙就一个也留不下了。"从上举两事的结局来看，现在说起来，他们的推理固然是有所实现的了。但是按我的观点来看：王衍的为人，不论是容貌还是谈吐，原是可以用这个来欺世盗名的，而且他的为人不嫉妒，不过分贪求，不过是随波逐流罢了。假使晋朝没有惠帝那样的昏君，只要遇上个中等人才的皇帝的话，即使有一百个一千个王衍，又怎么能搞乱天下呢？卢杞的奸险，诚然足以败坏国家，然而他不学无术，相貌也不足以动人，言谈议论更不能够迷惑当世，倘若不是像唐德宗那样鄙陋昏庸的话，又凭什么会重用他呢？由此说来，山、郭二公预料的那两个人，或许有不正确的地方吧。

现在有这么一个人，嘴里念诵着孔子、老子的话，身体力行着伯夷、叔齐的清高行为，拉拢一伙图名誉、好冒尖又在社会上不得志的人物，搞在一起互相制造舆论，擅自树立名望。吹捧是什么颜渊、孟轲重新出世，然而他那骨子里却是阴险狠毒、与众不同而别有用心的。这可就把王衍和卢杞的伎俩合而为一了，这种人要造成的祸害，恐怕是用言语所不能表达的啊！我们说，脸脏了忘不了洗擦，衣裳脏了就想要换洗，这是人们最相同的真情。现在却不是这样了，人家穿的是奴仆一样的下等衣服，吃的是猪狗吃的饭食，囚犯似的蓬松着一头乱发，和守灵的孝子一般的满脸的油垢，却又满嘴里讲说着《诗经》、《尚书》上的大道理，这样做难道是真心实意的吗？大凡为人做事不近人情的，很少不是老奸巨猾的，竖刁、易牙、开方这种矫情的人就是这样的。凭着盖世的好名声，来实现其尚未暴露的祸心，虽然有励精图治的君主，爱才举贤的宰相，还是会提拔他、重用他的。那么这个人将是全天下的罪魁祸首，这是必然的，毫无疑问的，哪能仅仅和竖刁等三人相提并论呢？

孙子说："善于用兵的人，没有烜赫的功勋。"假如这个人将来没有被朝廷重用,那么我的话就算说错了,而那个人也会有"怀才不遇"的慨叹,谁又能够知道灾祸会达到这种地步呢?如其不然,天下将要蒙受他的祸害。而我却获得了个"知言"的美名,这可就太悲哀了!

**原文**

"事有必至,理有固然。"唯天下之静者,乃能见微知著。

月晕而风,础润而雨,人人知之。人事之推移,理势之相因;其疏阔而难知,变化而不可测者,孰与天地阴阳之事?而贤者有所不知。其故何也?好恶乱其中,而利害夺其外也。

昔者,羊叔子见王衍,曰:"误天下苍生者,必此人也!"郭汾阳见卢杞,曰:"此人得志,吾子孙无遗类矣。"自今而言之,其理固有可见者。以吾观之,王衍之为人,容貌言语,固有以欺世而盗名者;然不忮不求,与物浮沉。使晋无惠帝,仅得中主,虽衍百千,何从而乱天下乎!卢杞之奸,固足以败国;然而不学无文,容貌不足以动人,言语不足以眩世。非德宗之鄙暗,亦何从而用之!由是言之,二公之料二子,亦容有未必然也。

今有人口诵孔、老之言,身履夷、齐之行,收召好名之士,不得志之人;相与造作语言,私立名字,以为颜渊、孟轲复出;而阴贼险狠,与人异趣:是王衍、卢杞合而为一人也,其祸岂可胜言哉!夫面垢不忘洗,衣垢不忘浣,此人之至情也。今也不然,衣臣虏之衣,食犬彘之食,囚首丧面,而谈《诗》、《书》,此岂其情也哉!凡事之不近人情者,鲜不为大奸慝,竖刁、易牙、开方是也!以盖世之名,而济其未形之患,虽有愿治之主,好贤之相,犹将举而用之。则其为天下患,必然而无疑者,非特三子之比也。

孙子曰:"善用兵者,无赫赫之功。"使斯人而不用也,则吾言为过,而斯人有"不遇"之叹,孰知祸之至于此哉!不然,天下将被其祸,而吾获"知言"之名,悲夫!

# 心　术

　　做将领的方法，应该首先锻炼意志和胆略。泰山在面前崩塌而脸色不变，麋鹿在旁边突然出现而眼珠也不转动一下，然后，可以控制战争利弊的变化，可以对付敌人。

　　凡是用兵要崇尚正义，不义的战争，即使有利也不能轻举妄动。这不是因为一动就有利害攸关的事，而是将来可能会出现无法对付的局面。只有正义才可以激励士兵，战士因正义而激起义愤，才可以连续作战。

　　凡用兵的方法是，没有战争的时候要积蓄财力物力，临战的时候要养精蓄锐，打起仗来要培养军队的士气，获胜以后要保持旺盛的斗志。小心做好烽燧报警工作，严格做好瞭望工作，使种田的人没有顾虑和担忧，用这办法来积蓄财力物力；重重地犒赏士兵，使他们得到充分休整，就用这办法来养精蓄锐；获得了小胜，更要抓紧训练，遭到小挫折，更要鼓励他们，就用这办法保持军队的士气；用人时不要完全满足他的欲望，就用这办法培养旺盛的斗志。所以，士兵常常怀着义愤、怀着欲望而不完全满足。义愤不全部爆发就有更多的勇气，欲望没有全部实现就仍抱有希求。所以，即使并吞了天下，士兵仍不厌战，这就是黄帝之所以打了七十仗而士兵仍不懈怠的原因。不保持他们的斗志，即使把仗打胜了，这军队也不能再用了。

　　凡是做将帅的要有智谋又要有威严，凡是当士兵的要愚昧一点。有智谋便深不可测，威严便不可冒犯，因此士兵都能抛开自己的想法而听从号令，这样怎么能不愚昧呢？只有士兵愚昧一点，然后才能同将帅一同去拼死。

　　凡是军队要行动，要了解敌方的主帅，了解敌方的将领，然后才可以采取冒险行动。邓艾用绳子把士兵缒下悬崖偷袭蜀国，如果不是刘禅昏庸，那么，邓艾即使有百万军队也可以轻易地被绑起来。邓艾他本来就轻视刘禅才这样行动啊！所以，古代有才能的将领，能够用兵力去试探敌方，同时又用敌方的兵力来检验自己的强弱。因此，撤军还是迎击，完全可以作出决定。

凡是担任统帅的方法是，知道战争是正义的才可以起兵，了解形势才可以交战，懂得节制约束才可以用兵。知道战争是正义的就不会屈服，了解形势就不会沮丧，懂得节制约束就不会陷入困境。看到小利不行动，看到小祸不回避。因为小利小患不值得施展我的才能，这样，才有可能对付大利大患。只有加强培养军事技能而又珍重自爱的人，才能够无敌于天下。所以，一次忍耐可以准备好上百次的勇猛冲锋，一时冷静可以控制上百次的轻举妄动。

军队都有长处和短处，敌我双方都是这样。请问："我方的长处，我拿出来利用它，但敌方不跟我较量；我方的短处，我隐藏搁置起来，他却一定要和我角斗，怎么办？"我说："我方的短处，我故意张扬，把它显示出来，使敌方怀疑而退却；我方的长处，我暗中保持加强它，使敌方轻视麻痹，而落入我的陷阱。这就是运用长处和短处的方法。"

善于用兵的人，要使士兵没有顾虑而有所依仗。没有顾虑，就知道战死不值得惋惜；有依仗，就知道己方在战争中不至于一定失败。拿着尺把长的木棍，面对猛虎，就会高声呼喊着挥起木棍打过去，空着手遇到一只蜥蜴，也会吓得变了脸色往后退，这是人之常情。懂得这个道理的人，可以带兵了。打着赤膊握着剑柄，就是乌获也不敢逼近；戴着头盔，穿上铠甲，靠着武器睡大觉，就是孩童也敢拉开弓杀死他。所以，善于用兵的人凭借有利的形势来巩固自己。能凭借有利的形势来巩固自己，力量就绰绰有余了。

**原文**

为将之道，当先治心。泰山崩于前而色不变，麋鹿兴于左而目不瞬，然后可以制利害，可以待敌。

凡兵上义；不义，虽利勿动。非一动之为利害，而他日将有所不可措手足也。夫惟义可以怒士，士以义怒。可与百战。

凡战之道，未战养其财，将战养其力，既战养其气，既胜养其心。谨烽燧，严斥堠，使耕者无所顾忌，所以养其财；丰犒而优游之，所以养其力；小胜益急，小挫益厉，所以养其气；用人不尽其所欲为，所以养其心。故士常蓄其怒，怀其欲而不尽。怒不尽则有余勇，欲不尽则有余贪。故虽并天下，而士不厌兵，此黄帝所以七十战而兵不殆也。不养其心，一战而胜，不可用矣。

凡将欲智而严，凡士欲愚。智则不可测，严则不可犯，故士皆委己而听命，夫安得不愚？夫惟士愚，而后可与之皆死。

凡兵之动，知敌之主，知敌之将，而后可以动于险。邓艾缒兵于蜀中，非刘禅之庸，则百万之师可坐缚，彼固有所侮而动也。故古之贤将，能以兵尝敌，而又以敌自尝，故去就可以决。

凡主将之道，知理而后可以举兵，知势而后可以加兵，知节而后可以用兵。知理则不屈，知势则不沮，知节则不穷。见小利不动，见小患不避，小利小患，不足以辱吾技也，夫然后可以支大利大患。夫惟养技而自爱者，无敌于天下。故一忍可以支百勇，一静可以制百动。

兵有长短，敌我一也。敢问："吾之所长，吾出而用之，彼将不与吾校；吾之所短，吾蔽而置之，彼将强与吾角，奈何？"曰："吾之所短，吾抗而暴之，使之疑而却；吾之所长，吾阴而养之，使之狎而堕其中，此用长短之术也。"

善用兵者，使之无所顾，有所恃。无所顾，则知死之不足惜；有所恃，则知不至于必败。尺箠当猛虎，奋呼而操击；徒手遇蜥蜴，变色而却步，人之情也。知此者，可以将矣。袒裼而按剑，则乌获不敢逼；冠胄衣甲，据兵而寝，则童子弯弓杀之矣。故善用兵者以形固，夫能以形固，则力有余矣。

# 名二子说

不管是车轮、车辐、车盖还是车后面的横木，它们对于车子来说都是有用处的，可是只有轼用处不大。即使我们这样认为，但是要是车子没有了轼，我不认为这是一辆完整的车。轼啊！你不注意外表行为的表现实在令我担忧啊。天下的车，没有没留下过车辙的车子，可是人们往往说的都是车的功劳，辙是没有任何功劳可言的。即使他们这样认为，可是一旦车翻了，马倒了，而辙却不会因此受到任何牵连啊。这就是辙的好处啊！在祸与福之间能够处理得很好。辙啊！我知道你可以通过自身免除祸害的。

**原文**

轮、辐、盖、轸，皆有职乎车；而轼独若无所为者。虽然，去轼吾未见其为完车也。轼乎，吾惧汝之不外饰也。天下之车莫不由辙，而言车之功，辙不与焉。虽然，车仆马毙，而患不及辙。是辙者祸福之间也。辙乎，吾知免矣。

# 六 国 论

六国灭亡，不是兵器不锋利，仗打得不好，弊病在于拿着土地贿赂秦国。贿赂秦国而国力亏损，这是灭亡的原因。有人问："六国相继灭亡，全都是因为割地贿赂秦国吗？"回答是："不贿赂秦国的国家，由于贿赂秦国的国家而灭亡。是因为失去了强有力的援助,不能单独保全。所以说'弊病在于贿赂秦国'啊。"

秦国除了用战争取得的土地之外,小的得到邑镇,大的得到城池。比较一下秦国由于六国行贿而得到的土地,与战争取胜而得到的土地,它的实际数目要多百倍,六国由于贿赂秦国而失去的土地,比他们由于战败而失去的土地,它的实际数目也要多百倍。那么秦国的最大欲望,诸侯国的最大祸患,本来就不在于战争了。想想他们的祖辈父辈,冒着霜露,披荆斩棘,才得到这么一点点的土地。子孙却不爱惜,拿来送给人,如同抛弃小草一般。今天割让五城,明天割让十城,然后换取一夜的安稳觉。第二天起来一看四周的边境,秦兵又到了。既然如此,那么诸侯的土地是有限的,暴虐的秦国的欲望是没有满足的。奉送给他越多,侵犯各国也就越厉害。所以,不用作战,谁强谁弱,谁胜谁负,就已经分明了。那么直到灭亡的结局,从道理上讲本来应该这样。古人说:"用土地来侍奉秦国,如同抱着柴火去救火,柴不烧尽,火就不灭。"这话是说得对的。

齐国人没有割地贿赂秦国，最后也跟着五国一起灭亡，为什么呢？这是他结交秦国而不帮助五国的缘故。五国已经灭亡，齐国也免不了。燕国和赵国的君主，开始还有远大的谋略，能够守住他们的国土，坚持正义而不贿赂秦国。所以燕国虽然是个小国而后灭亡，这是用兵作战的功效啊。等到燕太子丹以荆轲行刺秦王作为对付秦国的策略，才招致祸害。赵国曾经五次跟秦国作战，两次失败而三次胜利。后来，秦国两次攻打赵国，李牧连续击退秦军。等到李牧由于谗言而被杀，赵都邯郸成为秦国的一个郡，可惜赵国运用了武力而没有坚持到底。况且燕国赵国处在秦国将要把各国快要消灭完了的时候，可以说是智谋穷竭力量孤单，作战失败而灭亡，实在是不得已。假使当初三国能够各自爱惜他们的土地，齐国不亲附秦国，刺客不起身赴秦，赵国的良将仍然健在，那么胜败的命运，谁存谁亡的理数，应当能够与秦国相较量，结局或许还不是这样呢。

唉！用贿赂秦国的土地，分封天下的谋臣，用侍奉秦国的心，来礼遇天下的奇才，合力向西对付秦国，那么我恐怕秦国人连饭也吃不下去了。可悲呀！有这样的形势，却被秦国积蓄的威力所挟制压迫，一天天一月月地削割下去，走向灭亡。治理国家的人不要使自己被积蓄的威势挟制啊！

六国和秦国都是诸侯，他们各自的势力是比秦国弱。但还有可以不贿赂秦国而胜过它的形势。如果以据有天下的大国，而追随六国灭亡的旧事，那就又在六国以下了。

**原文**

六国破灭，非兵不利、战不善，弊在赂秦。赂秦而力亏，破灭之道也。或曰："六国互丧，率赂秦耶？"曰："不赂者以赂者丧，盖失强援不能独完，故曰'弊在赂秦'也。"

秦以攻取之外，小则获邑，大则得城。较秦之所得与战胜而得者，其实百倍。诸侯之所亡与战败而亡者，其实亦百倍，则秦之所大欲,诸侯之所大患,固不在战矣。思厥先祖父,暴霜露,斩荆棘,以有尺寸之地。子孙视之不甚惜,举以予人,如弃草芥。今日割五城,明日割十城,然后得一夕安寝。起视四境,而秦兵又至矣。然则诸侯之地有限,暴秦之欲无厌,奉之弥繁,侵之愈急,故不战而强弱胜负已判矣。至于颠覆,理固宜然。古人云:"以地事秦,犹抱薪救火,薪不尽,火不灭。"此言得之。

齐人未尝赂秦,终继五国迁灭,何哉?与嬴而不助五国也:五国既丧,齐亦不免矣。燕赵之君,始有远略,能守其土,义不赂秦,是故燕虽小国而后亡,斯用兵之效也。至丹,以荆卿为计,始速祸焉。赵尝五战于秦,二败而三胜。后秦击赵者再,李牧连却之。洎牧以谗诛,邯郸为郡,惜其用武而不终也。且燕、赵处秦革灭殆尽之际,可谓智力孤危,战败而亡,诚不得已;向使三国各爱其地,齐人勿附于秦,刺客不行,良将犹在,则胜负之数、存亡之理,当与秦相较,或未易量。

呜呼!以赂秦之地,封天下之谋臣,以事秦之心,礼天下之奇才,并力西向,则吾恐秦人食之不得下咽也。悲夫!有如此之势而为秦人积威之所劫,日削月割,以趋于亡。为国者勿使为积威所劫哉!

夫六国与秦皆诸侯,其势弱于秦,而犹有可以不赂而胜之之势;苟以天下之大,而从六国破亡之故事,则又在六国下矣。

# 广　士

古代选拔人才,有的就选自盗贼,也有的从夷狄里选拔。古代的人并不是以盗贼、夷狄的事情为该做之事,只是认为他们之中有贤良之才而已。贤良之才身处贵位的那就从贵位中间选拔，身处贱位的，那就从贱位中间选拔。于是盗贼、下人、夷狄、异类等等，虽然连奴隶都瞧不起他们，但他们往往可登上朝廷之要职，或到郡国担负重任，却不当做有愧的事；相反那些走起路来都是一定架势，说着华美辞藻，穿着华贵服饰的人倒往往被摈弃而不受重用。这是为什么呢？普天之下能迈高雅步伐，循规蹈矩，能穿华贵服饰的人可多了，而朝廷之政事，郡国的公务，并不只有这等人才能治理好。那些盗贼夷狄中之贤者虽不能迈高雅步伐，不说华美辞藻，不穿华贵服饰，他们的才能却能胜任要职，那么就可以处在这个职位上。

古代天下的国家之中，大而且拥有很多士大夫的，不过秦国和齐国两个国家。而管夷吾出任齐国之宰相，可谓是贤者了，却荐举了两位盗贼；秦穆公使秦国称霸，也可谓是贤者了，却荐举了由余等辈。这是他们在是非上能够敢于判断，不受制于群臣议论之故。还没听说过因为用了盗贼、夷狄而使国家卑微的。现在有的贤人并不是盗贼也不是夷狄，却也并未被重用，我真不知是什么缘故。

古代的用人，并不选其人是否有权势。布衣寒士只要他们贤能，就重用；公卿贵胄的子弟只要他们贤能，也能得到重用；巫医方技只要他们贤良，也能重用；胥史小吏只要贤良，一样可以重用。而今天呢，布衣寒士只要拿得出方尺之纸，即使写的都是四声有毛病，并且是剽窃于人的文章，倒可以坐享万钟之俸禄；那些公卿的子弟们什么好事也没干，终日饱食于家，一旦出门，却能乘坐高贵之车，骑着高大的马，凌驾于民众之上；那些武夫、健卒只有洒扫的本领，而他们奔走于老相识，干得久了就能镇守边防州郡，执掌兵权；而巫医、方技等辈，只要一句话被上面看中了，大臣便可举荐他们去做官。像这样的人，都不是贤良，都不是有功之人，这正是现在进升仕途多于古代的缘故啊。而那些胥史、贱吏却被忽视不被任用，让他们老死也只能做卑微的差使，他们中的贤良者有功者，却始终得不到施展才能的机会。我为此感到万分困惑啊！孰不知胥吏辈中的贤良者要是得到培养的话，往往儒生、武士辈有的还比不上他们呢。

当时汉朝得天下，平津侯、乐安侯等辈，都号称是儒家的正宗，然而终于没能为汉朝立下盖世的伟大功业。相反，那些功绩卓著才艺超群，能威震四海光耀天下的，倒是都出自于身份低微的文书小吏的贤士罢了。那时的赵广汉，是河间郡的郡吏；尹翁归，乃是河东的监狱官吏；张敞本来是太守手下的卒史；王尊，不过是涿郡的书佐。然而他们都雄强隽伟，精明广博。在外，都可担任将军之职，在内，则可做宰相，要论他们的出身，都不过是吏、胥等辈而已。这些当吏、胥的人，年轻时候就研习法律，长大后又熟读官司狱讼，所以老奸巨猾的大家富豪们，见了他们都害怕畏惧，胆寒而敬服，不敢胡作非为。关于官场的情况现状，变化出入等等，没有他们所不熟悉、不知底细的。因此让这等吏胥来当官，富豪大户、刁猾官吏们的弊端，一丝一毫也瞒不过他们，没有能够隐藏的。而更高级别的人要按照才能而选择他们，待之以应有之礼遇，那么他们的志向更会成倍增长。他们都自知，必须自我奋斗于仕途，决不能自暴自弃去作恶，因为犯下了罪孽是会毁掉自己的终身功名利禄的。所以在这样的时候，士君子们都能好自为之。他们之中放纵自己终于成为罪大恶极的，大概只有几个人；而他们之中之佼佼者，则能得到这样大的功业。

现在的吏胥们可不是这样，刚刚入仕途，没有人去选中他们，始终对待他们像猪狗一般。只要上级官僚一生气，不问是否有罪，便一顿鞭打；即使一高兴接纳了他们，也只好比在市集中做笔生意。所以吏胥们常常说："长官老爷对待我们就像对待猪狗一样，我们还有什么希望不成为猪狗呢?!"因此平民凡辈是不想自暴自弃为猪狗的，都不肯去做吏胥，更何况本来就是一些德才兼备的有志之士，又有谁肯去降身份而做吏胥呢？要是能让他们谨慎从事，能像两汉时候那样去重用他们，也不过就是选择他们中有才能的予以使用，给他们一定的礼遇，饶恕他们的一些小过失，清除掉他们当中犯过大罪不可饶恕的，从而明察他们中之贤能而有功的，给他们爵位、俸禄，使他们贵重起来，而不是抛弃他们到庸俗之辈中去，那么他们就都感到有希望功成名就，自己看重自己，就不敢出去勒索强夺，于是怀有奇才绝智的自然就会涌现出来。人们之中固然有怀奇才具绝智而不善于章句、名数、声律等方面学问的，也有不幸而不肯有所作为的，要是都用进士科举的方向去考试他们，那么有奇才绝智的人有时就会一个也找不到了。假如吏胥之辈能出来任一定官职，那么任何一个有才之人都不会被埋没。上面用科举策士的方法，下面又这样来网罗有才之人，要是再有人说天下有被遗弃的人才，我可不相信啊。

**原文**

古之取士，取于盗贼，取于夷狄。古之人非以盗贼、夷狄之事可为也，以贤之所在而已矣。夫贤之所在贵而贵取焉，贱而贱取焉。是以盗贼，下人、夷狄。异类，虽奴隶之所耻，而往往登之朝廷、坐之郡国，而不以为怍；而绳趋尺步、华言华服者，往往反摈弃不用。何则？天下之能绳趋而尺步、华言而华服者，众也，朝廷之政、郡国之事，非特如此而可治也。彼虽不能绳趋而尺步，华高而华服，然而其才果可用于此，则居此位可也。

古者天下之国大而多士大夫者，不过曰齐与秦也。而管夷吾相齐，贤也，而举二盗焉；穆公霸秦，贤也，而举由余焉。是其能果于是非，而不牵于众人之议也。未闻有以用盗贼、夷狄而鄙之者也。今有人非盗贼、非夷狄而犹有不获用，吾不知其何故也。

夫古之用人，无择于势。布衣寒士而贤则用之，公卿之子弟而贤则用之，武夫、健卒而贤则用之，巫医方技而贤则用之，胥史贱吏而贤则用之。今也，布衣寒士持方尺之纸，书声病、剽窃之文，而至享万钟之禄；卿大夫之子弟饱食于家，一出而驱高车，驾大马，以为民上；武夫，健卒有洒扫之力，奔走之旧，久乃领藩郡、执兵柄；巫医、方技，一言之中，大臣且举以为吏。若此者，皆非贤也，皆非功也，是今之所以进之之途多于古也。而胥史、贱吏独弃而不录，使老死于敲榜趋走，而贤与功者不获一施。吾甚惑也！不知胥、吏之贤优而养之，则儒生、武士或所不若。

昔者汉有天下，平津侯、乐安侯辈，皆号为儒宗，而卒不能为汉立不世大功。而其卓绝隽伟、震耀四海者，乃其贤人之出于吏，胥中者耳。夫赵广汉，河间之郡吏也，尹翁归，河东之狱吏也；张敞，太守之卒史也；王尊，涿郡之书佐也，是皆雄隽明博，出之可以为将，而内之可以为相者也，而皆出于吏，胥中者，有以也。夫吏，胥之人，少而习法律，长而习狱讼，老奸大豪，畏惮慑伏。吏之情状，变化出入，无不谙究。因而官之，则豪民猾吏之弊，表里毫末毕见于外，无所逃遁。而又上之人择之以才，遇之以礼，而其志复，自知得自奋于公卿，故终不肯自弃于恶，以贾罪戾而败其终身之利。故当此时，士君子皆优为之。而其间自纵于大恶者，大约亦不过几人；而其尤贤者，乃至成功如是。

今之吏胥则不然，始而入之，不择也，终而遇之以犬彘也。长吏一怒，不问罪否，袒而笞之，喜而接之，乃反与交手为市。其人常曰："长吏待我以犬彘，我何望而不为犬彘哉！"是以平民不能自弃为犬彘之行，不肯为吏矣，况士君子而肯俯首为之乎？然欲使之谨饰，可用如两汉，亦不过择之以才，遇之以礼，恕其小过，而弃绝其大恶之不可贳忍者，而后察其贤有功，而爵之，禄之，贵之，勿弃之于冗流之间，则彼有冀于功名，自尊其身，不敢苟夺，而奇才绝智出矣。夫人固有才智奇绝而不能为章句、名数、声律之学者，又有不幸而不为者。苟一之以进士制策，是使奇才绝智有时而穷也。使吏胥之人得出为长吏，是使一介之才无所逃也。进士制策网之于上，此又网之于下，而曰天下有遗才者，吾不信也。

# 上欧阳内翰第一书

内翰执事：我苏洵本是乡野平民，生活穷，曾经私下叹息，觉得天下的人，不可能都是贤惠的，也不可能都不肖。所以贤明正直的人处在世上，有聚合必有分离，有分离又必有聚合。过去天子正当有意于统治国家治理天下的时候，范仲淹在宰相府，富弼当枢密副使，执事您与余靖、蔡襄任谏官，尹洙奔走于上上下下，在边防要塞施展才能。正当此时，天下的人，即使有细如毛发的、实用如丝粟的才干，都纷纷起来，合成一股力量。而我苏洵自认为一己的愚笨无用，没有能力自我奋起，参与于众人之间，所以退下来修养身心，寄希望于大道的将会成功，从而可以再次见到当代的贤人、君子们。不幸的是自己的道德学问还没有修养好，范仲淹西去，富弼北上，执事您与余靖、蔡襄等又被分别派到四面八方去，而尹洙也失去了权势，四处奔走充任小官。我苏洵那时正在京中，亲眼见到了这些事情，无可奈何地只能仰天长叹，认为这些人离开朝廷，即使大道有成，也不足以为之庆幸的了。进而我又想，过去众位君子之进入朝廷，一开始，必然是有好人们推荐的；现如今，又必然是有坏人们离间的。当今的时势，要是不再有好人，那就完了啊！如果不是这样，我又有什么可担忧的呢？姑且继续养我的心，使自己的道德学问有更大的成就而期待着，又有什么妨害呢？退下来又过了十年，虽不敢说道已有所成，但是胸中自有一股浩浩荡荡之气，好像与过去不一样了。而余靖正好在南方有所成功，执事您和蔡襄又相继登上了朝廷，富弼又从外任调入朝廷当宰相，这样的形势又可合成一股力量了。真让人高兴而自我祝贺，以为道德学问已经略有成绩并且真将有施展的机会了。接着又回过头想到，过去所仰慕爱戴的，但始终未能见其亲颜的，约有六位，现在将能去见见他们了。而这六位之中，范公、尹公二位已经去世，不禁为他二位暗暗流泪，感到悲伤。唉！这两位已经再也见不到了，而尚可宽慰我心的，还有四位在，则又正可宽慰自己。想到只剩四位了，所以又急于想见他们一面，以便把心里所想说的话都向他们一吐为快。而富弼又出任了天子的宰相，边远地方的贫寒之士，没能马上在他面前说上话；而余靖、蔡襄，远的还在万里之外，只有执事您身在朝廷，您的地位还不是最高贵，正可以叫得应，拉得着，听得见我的话。但是限于饥寒与衰老等毛病缠身而滞留了自己，叫我不能亲自登执事您的门庭来拜谒。以渴慕盼望爱戴喜悦这几位的心情，十年而不得一见，而他们已有死了的，像范公、尹公二位，剩下的四位之中，不是因为他的威势不能够互通说话，又怎么可以因为不能亲自前往拜谒而作罢呢！

执事您的文章，天下的人没有不知道的。但我自以为我苏洵知道得特别深刻，是超过了天下之人的。为什么这样说？孟子的文章，语言简约而意思详尽，他不说尖刻与斩钉截铁的文辞，然而话的锋芒却谁也不敢侵犯。韩愈的文章，好比长江黄河，浑然浩荡奔流宛转，像是鱼鳖蛟龙，万种怪异令人惶惶惑惑，却能遏制隐蔽而掩藏起来，不让它们自露于外；而人们远远望见它们渊深的光芒，苍茫的色彩，也就都自我畏惧而去躲避它们，不敢接近它们、正视它们。而执事您的文章，委婉详备，来来回回多曲折变化，却条理清晰通达，疏阔而畅适，无间隔，不间断，气势遒极而语言净尽，急切的言辞与高妙的论述，说来却闲适而平易，从没有艰苦费力的表现。上述这三点，都足以断然使您自成一家。只有李翱的文章，它的味道淡泊而隽永，它的光彩油然而幽静，高低谦让，颇有执事您的姿态。陆贽的文章，用词与达意，切近事理、准确恰当，颇近执事您的切实；而执事您的才华，又自有超过别人的地方。大致执事您的文章，不是孟子、韩子的文章，而是您欧阳子的文章。乐于称道人善良而不谄媚于别人，是因为他的为人确实经得起这样的称道；那些不知情的人，则认为赞誉人是为了求得别人的欢欣。赞誉人以求人喜欢的事，我苏洵是不那样做的；之所以要称道执事您的光明盛大的道德，而不能自我控制的原因，也是为了想让执事您知晓我是了解您的。

　　尽管如此，执事您的大名，早已遍知于天下，虽然没读过您文章的，也都早就知道有个欧阳修的了。而我苏洵却不幸，沦落在草野冷落的地方。而自己的道德修养，近来粗有所成。想空手奉上不满一尺的书信，把自己托付给执事您，将怎么能让执事您了解我，并相信我呢？我苏洵年轻时不学习，活到二十五岁，才知道要读书，和有学问的人一起交往学习。年龄既已老大了，却又不去刻意严厉付诸行动，期望自己效仿古人，但看到和自己同列的等辈又都不如自己，于是觉得自己可以了。后来穷困得更加严重，就拿古人的文章来读，开始觉得古人所发言论，与自己的有很大的不同。常常反省自己，自觉一己之才能，又好像还不仅仅只是这些。于是把旧时所写的文章几百篇悉数烧掉，而拿起《论语》、《孟子》、韩愈以及其他伟人贤士的文章，正襟危坐地，整天都阅读它们。花了有七八年时间。刚开始，读进去只觉惶惶然，广博地观览于其外，则又害怕得惊叫起来。时间长了，读得也更精细了，胸中豁然开朗似的明白了，好像人家的话本来就该是这样的。但我还是不敢提笔这样写。时间更久了，胸中想说的话更多了，不能克制自己，便试着把它们写出来。以后又一而再再而三地读它们，只觉得文思泉涌，好像写出来是很容易的，然而还不敢自以为是啊。近日所作的《洪范沦》、《史论》等一共七篇,执事您看看,究竟写得怎样?啊!区区一己的言说,不明白的人又会把它看做在自我赞誉了,以求得别人来了解自己。只有执事您会念其十年的心血是如此的不容易,从而来考察的吧。

## 原文

内翰执事:洵布衣穷居,尝窃有叹,以为天下之人,不能皆贤,不能皆不肖。故贤人君子之处于世,合必离,离必合。往者天子方有意于治,而范公在相府,富公为枢密副使,执事与余公、蔡公为谏官,尹公驰骋上下,用力于兵革之地。方是之时,天下之人,毛发丝粟之才,纷纷然而起,合而为一。而洵也自度其愚鲁无用之身,不足以自奋于其间,退而养其心,幸其道之将成,而可以复见于当世之贤人君子。不幸道未成,而范公西,富公北,执事与余公、蔡公分散四出,而尹公亦失势,奔走于小官。洵时在京师,亲见其事,忽忽仰天叹息,以为斯人之去,而道虽成,不复足以为荣也。既复自思,念往者众君子之进于朝,其始也,必有善人焉推乙;今也,亦必有小人焉间之。今之世无复有善人也,则已矣!如其不然也,吾何忧焉?姑养其心,使其道大有成而待之,何伤?退而处十年,虽未敢自谓其道有成矣,然浩浩乎其胸中若与曩者异。而余公适亦有成功于南方,执事与蔡公复相继登于朝,富公复自外入为宰相,其势将复合为一。喜且自贺,以为道既已粗成,而果将有以发之也。既又反而思,其向之所慕望爱悦之而不得见之者,盖有六人焉,今将往见之矣。而六人者,已有范公、尹公二人亡焉,则又为之潸然出涕以悲。呜呼!二人者不可复见矣,而所恃以慰此心者,犹有四人也,则又以自解。思其止于四人也,则又汲汲欲一识其面,以发其心之所欲言。而富公又为天子之宰相,远方寒士,未可遽以言通于其前;余公、蔡公,远者又在万里外,独执事在朝廷间,而其位差不甚贵,可以叫呼扳援而闻之以言。而饥寒衰老之病,又痼而留之,使不克自至于执事之庭。夫以慕望爱悦其人之心，十年而不得见，而其人已死，如范公、尹公二人者；则四人之中，非其势不可遽以言通者，何可以不能自往而遽已也！

执事之文章，天下之人莫不知之；然窃自以为洵之知之特深，愈于天下之人。何者？孟子之文，语约而意尽，不为巉刻斩绝之言，而其锋不可犯。韩子之文，如长江大河，浑浩流转，鱼鼋蛟龙，万怪惶惑，而抑遏蔽掩，不使自露；而人望见其渊然之光，苍然之色，亦自畏避，不敢迫视。执事之文，纡余委备，往复百折，而条达疏畅，无所间断，气尽语极，急言极论，而容与闲易，无艰难劳苦之态。此三者，皆断然自为一家之文也。惟李翱之文，其味黯然而长，其光油然而幽，俯仰揖让，有执事之态。陆贽之文，遣言措意，切近的当，有执事之实；而执事之才，又自有过人者。盖执事之文，非孟子、韩子之文，而欧阳子之文也。夫乐道人之善而不为谄者，以其人诚足以当之也；彼不知者，则以为誉人以求其悦己也。夫誉人以求其悦己，洵亦不为也；而其所以道执事光明盛大之德，而不自知止者，亦欲执事之知其知我也。

虽然，执事之名，满于天下，虽不见其文，而固已知有欧阳子矣。而洵也不幸，堕在草野泥涂之中。而其知道之心，又近而粗成。而欲徒手奉咫尺之书，自托于执事，将使执事何从而知之、何从而信之哉？洵少年不学，生二十五岁，始知读书，从士君子游。年既已晚，而又不遂刻意厉行，以古人自期，而视与己同列者，皆不胜己，则遂以为可矣。其后困益甚，然后取古人之文而读之，始觉其出言用意，与己大异。时复内顾，自思其才，则又似夫不遂止于是而已者。由是尽烧曩时所为文数百篇，取《论语》、《孟子》、韩子及其他圣人、贤人之文，而兀然端坐，终日以读之者，七八年矣。方其始也，入其中而惶然，博观于其外而骇然以惊。及其久也，读之益精，而其胸中豁然以明，若人之言固当然者。然犹未敢自出其言也。时既久,胸中之言日益多,不能自制,试出而书之。已而再三读之,浑浑乎觉其来之易矣,然犹未敢以为是也。近所为《洪范论》、《史论》凡七篇,执事观其如何?噫!区区而自言,不知者又将以为自誉,以求人之知己也。惟执事思其十年之心如是之不偶然也而察之。

# 老翁井铭

嘉祐丁酉那年,我为了安葬亡妻,发现武阳安镇地方的一座山。这座山迎面观看十分高大而壮伟,它的末尾分成两段,山势回转,环抱着全山,其中有股泉水喷雾似的涌出于两山之间,向北靠着右侧山冈流下,泉水积存起来形成了一口大水井,足够每天供给一百多家人饮用的。占卜的人说:这里吉祥,这是葬书成为神仙的所居住的地方。一般水的走向常常和山的走向一致,山终至了,泉水便清洌,那么山的精气势力从远处来的,都积蓄在这里存留不去,所以宜于葬在这里,没有害处。

后来有一天,我问泉旁的居民,都说:这是老翁井。我又问他们这个名字的由来,他们说:几十年前,山中清爽,月亮光明,天空晴朗,地土开阔,常有一个老头儿,面目清秀,银白的头发,在泉上偃卧憩息。人们走近他,他便隐而不见,好似藏进泉中,就看不见了。大概相传都这么说已很久了吧。

我因此而在泉上修筑了一个亭子,用石块砌了井围,以来防御井水的突然暴涨,于是常常在那里消闲自在,舀起泉水来喝,期望也许能见到那个老头儿,以便知道此事可信不可信。然而我可怜他在这荒芜榛荆满布的岩石当中一年年更加老去而始终不被人知,今天遇到了我,而后可以流传下去直至无穷无尽了。于是写了篇铭文说:

从山东北耸立，两翼仲向西南。泉水涓涓而流，汇成溪流满满。终聚敛成为井，足供饮人千万。汲井的告诉我，有一老翁常现井畔。村子里并没这老翁，到底是人是仙？山谷空空而寂寥，常有人长啸嬉戏其间。或许已过了千万年，他自洁自爱不变。有谁知道他呢？遇到我才流传。只有我和你，永远留在世间。井既不满也不枯，永远长生千年。

**原文**

丁酉岁，余卜葬亡妻，得武阳安镇之山。山之所从来甚高大壮伟，其末分而为两股，回转环抱，有泉垒然出于两山之间，而北附右股之下，畜为大井，可以日饮百余家。卜者曰：吉，是葬书为神之居。盖水之行常与山俱，山止而泉洌，则山之精气势力自远而至者，皆畜于此而不去，是以可葬，无害。

他日，乃问泉旁之民，皆曰：是为老翁井。问其所以为名之由，曰：往数十年，山空月明，天地开霁，则常有老人，苍颜白发，偃息于泉上，就之，则隐而入于泉，莫可见。盖其相传以为如此者久矣。

因作亭于其上，又甃石以御水潦之暴，而往往优游其间，酌泉而饮之，以庶几得见所谓老翁者，以知其信否。然余又悯其老于荒榛岩石之间，千岁而莫知也，今乃始遇我而后得传于无穷。遂为铭曰：

山起东北，翼为西南。涓涓斯泉，垒溢以渐。敛以为井，足饮万夫。汲者告我，有叟于斯。里无斯人，将此谓谁？山空寂寥，或啸而嬉。或千万年，自洁自好。谁其知之，乃讫遇我。惟我与尔，将遂不泯。无溢无竭，以永千祀。

# 送石昌言使北引

昌言考进士科目的时候，我才只有几岁，还没开始学习。回忆当年我跟一群孩子在父亲身边嬉戏玩耍，昌言也在旁边，还曾拿来枣儿栗子给我吃；两家住得很近，又因为是亲戚的缘故，所以彼此十分亲昵。昌言应考进士科目，一天比一天出名。我后来渐渐长大，也稍稍懂得要读书，学习句读、对对子、四声格律，结果没有学成而废弃了。昌言听说我废弃了学习，虽然没有说我什么，而细察他的意思，是很遗憾的。后来过了十多年，昌言进士及第，考中第四名，

便到各地去做官，彼此也就断了音讯。我日益成长壮大，能够感到悔恨了，便痛改前非而恢复学习。又过了几年，我游历京城，在汴京遇见了昌言，便彼此慰劳，畅叙平生以来的欢乐。拿出文章十多篇，昌言看了很高兴，并且夸我写得好。我学习开始的晚，又没有老师指导，虽天天作文，但内心一直十分惭愧；等听到昌言的话后，于是颇为自喜。到现在又十多年过去

了，再次来到了京城，而昌言已经身居二职，他作为朝廷使者，要出使到万里以外的那些强悍不屈服的契丹朝廷，要树立大旌旗，跟随的骑士多达几百骑，送行的车辆有上千辆，走出京城大门情绪慷慨激昂。我自思忖，孩童时代见到昌言在先父身旁，那时怎么会料想他会走到这一步呢？一个人富贵起来并不奇怪，而我对昌言的富贵特别有所感触啊！大丈夫活着不去当将军，能当名使臣，用口舌辞令在外交上战胜敌人就足够了。

前些年彭任跟随富弼出使契丹，曾对我说："出了国境之后，住宿在驿亭。听到披甲战马几万骑驰骋而过，宝剑和长矛互相撞击，整夜不绝于耳，跟随之使臣惊慌失色。等到天亮了，看见道路上的马蹄印迹，心中的余悸还难平息，好像心要跳出来似的。"大凡契丹用来向中国炫耀武力的手段，多为这类事情。中国去的使者，没有识透他们这类手段，因之而有的人甚至震惊害怕到哑口无言，让外族人嗤笑。唉！这是多么的没有思考力啊！古代奉春君刘敬出使到冒顿去，壮士大马都藏起来不让看见，因此才有平城的战役。现在的匈奴，我是深知他们没有什么能力与作为的。孟子说："面对诸侯国君的谈话，就得藐视他。"更何况对待外族呢！请把上述的话权作临别赠言吧。

**原文**

昌言举进士时，吾始数岁，未学也。忆与群儿戏先府君侧，昌言从旁取枣栗啖我；家居相近，又以亲戚故，甚狎。昌言举进士，日有名。吾后渐长，亦稍知读书，学句读、属对、声律，未成而废。昌言闻吾废学，虽不言，察其意，甚恨。后十余年，昌言及第第四人，守官四方，不相闻。吾日益壮大，乃能感悔，摧折复学。又数年，游京师，见昌言长安，相与劳问，如平生欢。出文十数首，昌言甚喜称善。吾晚学无师，虽日当文，中甚自惭；及闻昌言说，乃颇自喜。今十余年，又来京师，而昌言官两制，乃为天子出使万里外强悍不屈之虏庭，建大旆，从骑数百，送车千乘，出都门，意气慨然。自思为儿时，见昌言先府君旁，安知其至此？富贵不足怪，吾于昌言独有感也！大丈夫生不为将，得为使，折冲口舌之间足矣。

往年彭任从富公使还，为我言曰："既出境，宿驿亭。闻介马数万骑驰过，剑槊相摩，终夜有声，从者怛然失色。及明，视道上马迹，尚心掉不自禁。"凡虏所以夸耀中国者，多此类。中国之人不测也，故或至于震惧而失辞，以为夷狄笑。呜呼！何其不思之甚也！昔者奉春君使冒顿，壮士健马皆匿不见，是以有平城之役。今之匈奴，吾知其无能为也。孟子曰："说大人则藐之。"况与夷狄！请以为赠。

# 谏　　论（上）

　　不管古时还是现代，人们议论进谏，都赞成讽谏，而贬低直谏的方式，这种说法大概是由孔子首先提出来的。我认为，讽谏、直谏是一样的，只看该要有什么方式方法而已。伍举使用隐语进谏，楚王荒淫放纵更加厉害；茅焦解开衣服，直言进谏，秦帝立即省悟过来。讽谏当然不能一概赞成，直谏也不能轻易贬低。所以我说：只看使用的方法怎么样罢了。这样看来，那么，孔子的说法错了吗？答道：孔子的说法，完全是按照经典理论定式提出的；我的说法，是灵活运用，求得实效，归根结底还是合乎经典的。如果能掌握适当的方法，那么君主比夏桀、商纣还稍强一些，我即使进谏一百次他还是会采纳的，何况是虚心纳谏的君主呢？如果不能掌握适当的方法，那么君主比唐尧、虞舜还稍差一些，我进谏一百次他会不听从一百次的，何况是拒绝忠言的君主呢？

　　情况如此，那么什么方法才可以呢？答道：机智、灵活、勇敢、善辩，就像古代游说诸侯的策士那样就可以了。那些游说诸侯的策士，靠着机智、灵活、勇敢、善辩助成他的诡诈；我要进谏君主，靠着机智、灵活、勇敢、善辩助成我的忠贞。让我全面论述一下它的实际效果吧！周朝衰落，游说之风在诸侯各国间兴盛起来，从此以后，各个地区各个时代就都出现这样游说的人。我只是对这种现象感到奇怪：进谏君主而被听从的仅有百分之一，游说君主而被听从的却占十分之九，因为直言相谏而遭来杀头之祸的人多得是，游说君主因而丧命的却没有听说过，然而触犯君主的禁忌，戳到君主的痛处，有时游说比进谏还严重呢。这样就不难发现，关键不一定在讽谏上，而一定在方法方式上。

　　游说的方法可供进谏时取法的有五种：讲清道理开导他，从形势上禁止他，使用利益引诱他，刺激他以便警醒他，含蓄委婉地讽喻他，这五种就是可供进谏的方法。触龙认为赵太后爱女儿胜过爱儿子，没有多久长安君就去做了别国的人质；甘罗拿武安君死在杜邮这件事诘问张唐，张唐答应去做燕相并且定了出发日期；赵国役卒把两个贤王认为如果分裂赵国，局面更加难于应付的意思告诉燕将，赵王武臣立即就被放回来了。这些就是讲清道理开导他的事例呀。子贡以忧国忧民的方式告诫田常应该去征伐强国，于是齐国就只好不征伐鲁国了；武公用麋鹿披上虎皮，必将招来众人攻击威胁顷襄王，于是楚国就不敢对西周进行谋划进攻了；鲁连用梁王一旦臣服秦王，将会遭下油锅、剁肉酱的酷刑来使新垣衍害怕，于是魏王果真放弃了尊奉秦王为帝的打算。这些就是从形势上禁止他的事例呀。田生用万户侯打动张卿，让他按照吕后的意图暗示群臣，把吕产封为王，并且建议吕后加封刘泽，巩固吕产的地位，于是刘泽被封王了；朱建用富贵引诱闳孺，让他劝说惠帝释放辟阳侯，于是辟阳侯就被赦免了；邹阳用他的妹妹可以获得太后和景帝的宠爱亲幸诱导王长君，他欣然同意去向景帝进谏，不再追究袁盎被刺的案件，梁王也因此得到解脱。这些就是使用利益引诱他的事例呀。苏秦用韩国本是大国，却落了个"牛后"的名义羞辱韩惠王，韩惠王于是拔出宝剑，对天大喊；范雎用四大贵人独断专行，秦国简直等于没有国王耻笑秦昭王，于是秦昭王跪下请教；郦生用对待年纪老有名望的长者没有礼貌，这是帮助秦国进攻诸侯指责沛公，于是沛公停止洗脚，向他道歉，听取意见。这些就是刺激他以便警醒他的事例呀。苏代用土偶人至死不离故土的故事讥笑田文，楚国用燕的猎手来弋射诸侯那也是为了刺激顷襄王，蒯通用娶媳妇应娶为丈夫守贞节的女人启发齐相。这些就是含蓄委婉地讽喻他的事例呀。上面说的这五种例子方法，都是见解偏颇、不够公平的说法。即使是这样让贤臣来运用它，完全可以成功。什么缘故呢？讲清道理开导他，君主即使昏庸，也一定会省悟；从形势上禁止他，君主即使骄傲，也一定会害怕；使用利益引诱他，君主即使怠惰，也一定会振奋起来；刺激他以便警醒他，君主即使懦弱，也一定会坚强起来；含蓄委婉地讽喻他，君主即使凶暴，也一定会接受意见。省悟就会明白，害怕就会谨慎，振奋就会勤劳，坚强就会勇敢，接受就会宽厚。辅助君主的正确方法，全都在这里了。

照我看来，从前做臣子的，提出意见必定听从，治理政事必定成功，没有谁比得上唐代魏郑公。当初，他其实就是学的纵横家的学说，大概这就是能够熟练掌握灵活运用方式方法的人？唉！龙逄、比干进谏国君，惹来了杀头的祸端，也不能称为好臣子，因为他们没有苏秦、张仪的得力方法；苏秦、张仪游说国君，取得功名利禄，可是不免被人讥为游说之徒，因为他们没有龙逄、比干的耿耿忠心。因此，对于龙逄、比干，我肯定并学习他们的心地，但是却不肯定并学习他们的方法；对于苏秦、张仪，我肯定并学习他们的方法，但是却不肯定并学习他们的心地，以便供进谏时取法。

## 原文

古今论谏，常与讽而少直，其说盖出于仲尼。吾以为讽直一也，顾用之之术何如耳。伍举进隐语，楚王淫益甚；茅焦解衣危论，秦帝立悟。讽固不可尽与，直亦未易少之。吾故曰：顾用之之术何如耳。然则仲尼之说非乎？曰：仲尼之说，纯乎经者也，吾之说，参乎权而归乎经者也。如得其术，则人君有少不若桀纣者，吾百谏而百听矣，况虚己者乎？不得其术，则人君有少不若尧舜者，吾百谏而百不听矣，况逆忠者乎？

然则奚术而可？曰：机智勇辩，如古游说之士而已。夫游说之士，以机智勇辩济其诈，吾欲谏者，以机智勇辩济其忠。请备论其效：周衰，游说炽于列国，自是世有其人，吾独怪夫谏而从者百一，说而从者十九，谏而死者皆是，说而死者未尝闻。然而抵触忌讳，说或甚于谏，由是知不必乎讽而必乎术也。

说之术，可为谏法者五：理谕之，势禁之，利诱之，激怒之，隐讽之之谓也。触龙以赵后爱女贤于爱子，未旋踵而长安君出质，甘罗以杜邮之死诘张唐，而相燕之行有日；赵卒以两贤王之意语燕，而立归武臣，此理而谕之也。子贡以内忧教田常，而齐不得伐鲁；武公以麋鹿协顷襄，而楚不敢图周；鲁连以烹醢惧新垣衍，而魏不果帝秦，此势而禁之也。田生以万户侯启张卿，而刘泽封；朱建以富贵饵闳孺，而辟阳赦；邹阳以爱幸悦长君，而梁王释，此利而诱之也。苏秦以牛后羞韩，而惠王按剑太息；范雎以无王耻秦，而昭王长跪请教；郦生以助秦凌汉，而沛公辍洗听计，此激而怒之也。苏代以土偶笑田文；楚人以弓缴感襄王；蒯通以娶妇悟齐相，此隐而讽之也。五者，相倾险诐之论，虽然，施之忠臣，足以成功。何则？理而谕之，主虽昏必悟；势而禁之，主虽骄必惧；利而诱之，主虽怠必奋；激而怒之，主虽懦必立；隐而讽之，主虽暴必容。悟则明，惧则恭，奋则勤，立则勇，容则宽。致君之道，尽于

此矣。

吾观昔之臣，言必从，理必济，莫如唐魏郑公。其初实学纵横之说，此所谓得其术者欤？噫！龙逢、比干不获称良臣，无苏秦、张仪之术也；苏秦、张仪不免为游说，无龙逢、比干之心也。是以龙逢、比干，吾取其心，不取其术；苏秦、张仪，吾取其术，不取其心，以为谏法。

# 谏　　论（下）

作为臣子能够做到进谏，可是不能够使君主一定接纳进谏，这还不能称为是真正能够进谏的臣下；作为君主能够接纳进谏，可是臣下就未必能够进谏，这还不算真正能够接纳进谏的君主。要让君主一定接纳进谏，前面的论说已经全面了。臣下怎样才能去进谏？我将讲讲这个问题。

君主，他的高大，犹如上天；他的尊贵，犹如神明；他的威严，犹如雷霆。人不能对抗上天，触犯神明，冲撞雷霆，这是非常明显的。古代圣人知道情况如此，所以建立赏赐来勉励他们。史书上说"兴盛时代，君主赏赐进谏的臣下"，就是说的这个。但是，还是担心人们软弱怯懦，迎合奉承，致使君主们听不见别人指出的自己所犯下的错误和过失，所以制定刑罚来强制他们。《尚书》中说"臣下不能纠正君主的过失，那就处以墨刑"，就是说的这个。人之常情，如果不是丧心病狂，失掉理智，没有人看见赏赐不接受的而主动去受刑罚，何必自找麻烦，不进谏呢？如果不明确赏罚的标准，那么，人之常情，又何必自找麻烦，去做对抗上天、触犯神明、冲撞雷霆的事呢？如果不是心性忠诚正直，不喜欢赏赐，不畏惧惩治，谁愿意用议论政治来换取一死呢？做君主的，又怎么能把心性忠诚正直的人全都选取出来然后加以任用？

如果现在有三个人：一个勇敢，一个勇敢怯懦不相上下，一个怯懦。有人跟他们三个一起走近深谷，并且告诉他们说："能够穿越深谷的，才叫勇敢；不能，就是怯懦。"那勇敢的羞于落个怯懦的名声，一定跳过去了；那既有些勇敢又有怯懦之心的和怯懦的，就不能了。又告诉他们说："能跳过去的，赏给千金；不能，那就不给。"那勇敢怯懦不相上下的追求赏金，一定跳过去了；那怯懦的，还是没能跳过去。一会儿，回头看见猛虎，突然向他逼近，那么，这时那怯懦的不等别人告诉，就跳过这条深谷去，好像走过平坦大道那样。情况如此，那么人难道真有勇敢怯懦的绝对不同吗？其实这主要是应该采用形势来驱使他们而已。君主的难以触犯，犹如深谷的难以越过。所谓忠诚正直、不喜欢赏赐、不畏惧惩治的，是勇敢的人，所以没有什么不肯进谏的。喜欢赏赐的，是那半勇敢又半怯懦的人，所以赏赐在前，进谏在后。害怕惩治的，是怯懦的人，所以刑罚在前，进谏在后。

古代先王知道勇敢的人是不能经常得到的，所以把赏赐当

做人们贪求的千金，把刑罚当做人们畏惧的猛虎，使得他们前面有所要追求的，后面有所想躲避的，在这种形势下不得不规谏过失，把想说的都能够说出来。这就是三代所以兴盛的原因呀。将近没落的时代是不会这样的，他完全弄颠倒了，把赏赐授予不进谏的，把刑罚加给进谏的。结果当然就变成了臣子都不进谏了，不敢吭声，动乱灭亡也就随着到来！有时贤明君主想要听到人们议论自己的过失，也不过赏赐一下进谏的人罢了。唉！没有猛虎逼近，那怯懦的肯于越过深谷吗？这没有别的原因，是因为废除墨刑罢了。三代之后，像霍光以不能规谏的罪名处死昌邑王的臣下这样做的，不也是很少吗？

现在鼓励进谏的赏赐，有时还有；惩治不肯进谏的刑罚，却彻底废除了。如果增加现在所有的赏赐，建立现在所没有的刑罚，那么，阿谀奉承的也会变得诚实正直，虚伪奸诈的就变得忠诚了，何况本来就忠诚耿直的呢？如果真像这样，想要听到正直的话却办不到，我不相信。

### 原文

夫臣能谏，不能使君必纳谏，非真能谏之臣；君能纳谏，不能使臣必谏，非真能纳谏之君。欲君必纳乎，向之论备矣；欲臣必谏乎，吾其言之。

夫君之大，天也；其尊，神也；其威，雷霆也。人之不能抗天、触神、忤雷霆，亦明矣。圣人知其然，故立赏以劝之，《传》曰"兴王赏谏臣"是也。犹惧其贰阿谀，使一日不得闻其过，故制刑以威之。《书》曰"臣下不正，其刑墨"是也。人之情非病风丧心，未有避赏而就刑者，何苦而不谏哉？赏与刑不设，则人之情又何苦而抗天、触神、忤雷霆哉？自非性忠义，不悦赏，不畏罪，谁欲以言博死者？人君又安能尽得性忠义者而任之？

今有三人焉：一人勇，一人勇怯半，一人怯。有与之临乎渊谷者，且告之曰：能跳而越此谓之勇，不然为怯。彼勇者耻怯必跳而越焉，其勇怯半者与怯者则不能也。又告之曰：跳而越者与千金，不然则否。彼勇怯半者奔利，必跳而越焉，其怯者犹未能也。须臾，顾见猛虎暴然向逼，则怯者不待告，跳而越之如康庄矣。然则人岂有勇怯哉？要在以势驱之耳。君之难犯，犹渊谷之难越也。所谓性忠义、不悦赏、不畏罪者，勇者也，故无不谏焉。悦赏者，勇怯半也，故赏而后谏焉。畏罪者，怯者也，故刑而后谏焉。

先王知勇者不可常得，故以赏为千金，以刑为猛虎，使其前有所趋，后有所避，其势不得不极言规失，此三代所以兴也。末世不然，迁其赏于不谏，迁其刑于谏，宜乎臣之噤口卷舌，而乱亡随之也。间或贤君欲闻其过，亦不过赏之而已。呜呼！不有猛虎，彼怯者肯越渊谷乎？此无他，墨刑之废耳。三代之后，如霍光诛昌邑不谏之臣，不亦鲜哉！

今之谏赏，时或有之；不谏之刑，缺然无矣。苟增其所有，有其所无，则谀者直，佞者忠，况忠直者乎！诚如是，欲闻谠言而不获，吾不信也。

# 项　　籍

　　我曾经论说过项籍有夺取天下的能力，但却没有夺取天下的计划；曹操有夺取天下的计划，但却没有夺取天下的气度；刘玄德有夺取天下的气量，但却没有夺取天下的才能。因此，这三个人终身都没有取得成就。没有必要的放弃，就不可以得到天下有利的态势；没有必要的忍耐，就不可以全部获得天下的利益。所以，有些土地有必要不取，有些城市有必要不攻，有些胜利有必要不要，有些失败有必要不避。得到了土地和城市，没有必要高兴；失去了土地和城市，用不着气恼；听任天下人为所欲为，然后逐渐在后面控制住局势，才能获得成功。

哎呀！项籍有百战百胜的才能但却死在了垓下。但这没有什么不可领会的。我观察他在巨鹿作战，就已经看出了他考虑不周全、气量不够大的短处，因此历来都怪他死在垓下还死得太晚了。当项籍刚渡过黄河的时候，沛公才开始整兵向关中进发。项籍在这个时候如果火速带领军队向秦地开进，乘着沛公的推进而利用沛公，那就可以据守咸阳而控制天下。项籍不知道这个道理，反而愚蠢地去跟秦将抢夺一时的胜负。而且，保全了巨鹿之后，还在河南和新安之间徘徊。等他到达函谷关时，沛公已待在咸阳有好几个月了。秦人既然已经接受了沛公而仇恨项籍，那么，项籍就势必不可能强迫秦人称臣服从。因此，项籍虽然把沛公迁往汉中，最后自己把都城定在彭城，但结果还是让沛公回头来平定了三秦。这样看来，天下的大势在汉一方，而不在楚一方。楚方虽然百战百胜，但那又有什么补益呢！所以我说："巨鹿之战已经昭示了垓下的灭亡。"

有人说："即便是这样，但项籍就肯定能进入秦地吗？"回答："项梁死后，章邯认为楚军不值得担忧了，所以就调走军队去讨赵军，轻视楚军，而把良将劲兵全部集合到了巨鹿。

项籍如果能用决心战死的将士攻击秦朝轻敌寡弱的军队，那么，要进入关中是不困难的。而且，垂死的秦朝对函谷关的防守，与沛公对函谷关的防守，好坏一看就能分清。沛公对关中的进攻能力，与项籍的进攻能力，好坏一看也能看出。秦朝防守，沛公攻了进去；沛公防守，项籍攻了进去。既然如此，那当垂死的秦朝防守时，项籍应该能攻进去吧？"

有人问："秦地可以攻入。但是，这与救援赵国相比，哪个更为有利呢？"回答："老虎刚捕到鹿，大熊便占据了它的窝，捕到了它的儿子，老虎又怎能不丢下鹿而返回去呢？它一回去就会被大熊撕碎。这是很显然的。这就是兵书上所说的'攻其必救'。假如项籍进入关中，王离、涉间就必然会丢开赵军回救关中；项籍此时占据函谷关在秦军前面反向攻击，赵军与十几座军营的诸侯援军紧逼在秦军后面，那么，那肯定能全歼秦军！这样，项籍便可一举解赵之围，灭秦建功。过去，魏国攻赵，齐国救赵。齐将田忌率兵直奔魏都大梁，围魏而救赵。那个宋义号称懂得兵法，却不懂这个道理，屯驻在安阳，不继续前进，说是等待秦军困顿。我担心秦军未疲，沛公已先进函谷关了。项籍和宋义都在这个问题上失策了。"

所以，古代夺取天下的人常常要先安排好自己的根据地。诸葛孔明放弃荆州而来到西蜀，我就知道他是不可能有作为的。况且他从未见过特别险要的地形。他以为剑门这地方可以不失守。我曾经观察过蜀中的险要地势，它仅能扼守而不能出击，一出击后勤供应就不能保证；小心谨慎而自我保全，仍然难以维持，怎么能够控制中原呢？到了秦朝、汉朝的故都，那里土地肥沃，大河大山，真正能够控制天下，既然如此，又何必去经营那如剑门一样不能立足的地方，然后才说此地险要呢？

现在，富人必定要居住在四通八达的大城市，让他的钱财流通于天下，然后才可以收取天下之利。那小气之人，得到一个金匣子后便会藏在家里,关上门而看守着它。哎呀!这只是想保住它不丢失,而不是想要致富。如果来了大强盗,强行把它劫走了,那又怎么能够知道它的确就不会失去呢?

**原文**

吾尝认项籍有取天下之才,而无取天下之虑;曹操有取天下之虑,而无取天下之量;刘备有取天下之量,而无取天下之才。故三人者,终其身无成焉!

且夫不有所弃,不可以得天下之势;不有所忍,不可以尽天下之利。是故地有所不取,城有所不攻,胜有所不就,败有所不避;其来不喜,其去不怒;肆天下之所为而徐制其后,乃克有济。

呜呼!项籍有百战百胜之才而死于垓下,无惑也!吾于其战巨鹿也,见其虑之不长,量之不大,未尝不怪其死于垓下之晚也。方籍之渡河,沛公始整兵向关,籍于此时若急引军趋秦,及其锋而用之,可以据咸阳,制天下。不知出此,而区区与秦将争一旦之命;既全巨鹿,而犹徘徊河南、新安间,至函谷,则沛公入咸阳数月矣。夫秦人既已安沛公而仇籍,则其势不得强而臣。故籍虽迁沛公汉中,而卒都彭城,使沛公得还定三秦,则天下之势在汉不在楚。楚虽百战百胜,尚何益哉!故曰:兆垓下之死者,巨鹿之战也。

或曰:"虽然,籍必能入秦乎?"曰:"项梁死,章邯谓楚不足虑,故移兵伐赵,有轻楚心,而良将劲兵尽于巨鹿。籍诚能以必死之士,击其轻敌寡弱之师,人之易耳。且亡秦之守关,与沛公之守,善否阿知也;沛公之攻关,与籍之攻,善否又可知也。以秦之守而沛公攻入之,沛公之守而籍攻入之;然则亡秦之守,籍不能入哉?"

或曰:"秦可入矣,如救赵何?"曰:"虎方捕鹿,罴据其穴,搏其子,虎安得不置鹿而返?返,则碎于罴明矣!军志所谓'攻其必救也'。使籍入关,王离、涉间必释赵自救;籍据关逆击其前，赵与诸侯救者十余壁蹑其后，覆之必矣！是籍一举解赵之围，而收功于秦也。战国时，魏伐赵，齐救之。田忌引兵疾走大梁，因存赵而破魏。彼宋义号知兵，殊不达此，屯安阳不进，而日待秦敝。吾恐秦未敝，而沛公先据关矣。籍与义俱失焉。"

是故，古之取天下者，常先图所守诸葛孔明弃荆州而就西蜀，吾知其无能为也。且彼未尝见大险也，彼以为剑门者可以不亡也。吾尝观蜀之险：其守不可出，其出不可继，兢兢而自守犹且不给，而何足以制中原哉？若夫秦、汉之故都，沃土千里，洪河大山，真可以控天下，又乌事夫不可以措足如剑门者而后曰险哉！今夫富人必居四通五达之都，使其财布出于天下，然后可以收天下之利。有小丈夫者，得一金，椟而藏诸家，拒户而守之。呜呼！是求不失也，非求富也。大盗至，劫而取之，又焉知其果不失也。

# 高　　祖

汉高祖凭借本领、运用计谋，以决断一时的利害，不如陈平；揣摩天下的形势、运筹帷幄，以制伏项羽，比不上张良。假如没有这两个人，那天下就不会归属汉朝，而汉高帝也只不过是一个没有文化的倥偬人而已。然而，在天下平定后，后世子孙的大计，陈平、张良就考虑不到了，但汉高帝却时常在事先对这些事情做出规划和安排，让这些规划和安排适合于后世的所作所为，明白得就好像亲眼看着那些事情在处理一样。汉高帝的高明之处，是能看清大问题而看不清小问题，到了这个时候才迟迟表现出来。

汉高帝曾经对吕后说："周勃尽管忠厚老实、缺少文化，但平定刘氏的却一定是周勃。可以让他担任太尉。"当时，刘氏既然已经安定了，那周勃又将安定谁呢？因此我认为：汉高帝把太尉交给周勃，是他知道会有吕氏的灾难。尽管如此，但汉高帝又不除去吕后。这是为什么呢？这是因为形势不许可。从前，周武王死后，周成王年幼，因而三监发动了叛乱。汉高帝预料自己百岁之后，将相大臣以及诸侯王中会有武庚、禄父这样的人，可是却没有人来制伏他们。他只能设想：如果家中有女主人，那豪强的男奴和强悍的婢女就不敢与弱小的儿子抵抗。而吕后辅佐汉高帝平定了天下，大臣素来对她就因感到畏惧而服从，只有她可以镇压住他们的险恶用心，以等待嗣位的太子长大。所以，汉高帝不除去吕后，是替汉惠帝着想。

吕后既然不能除去，那汉高帝便因此用削去吕后党羽的办法来削减吕后的权力，使虽然发生事变，但天下能不被动摇。所以，凭樊哙的功劳，按理说是不会动他，但汉高帝一旦想要斩他却毫不犹豫。哎呀！汉高帝怎会唯独对樊哙不仁呢？况且，樊哙与汉高帝共同起义，夺取城池、冲锋陷阵，功劳是很大的。当亚父唆使项庄舞剑的时候，假如不是樊哙谴责项羽，那么，汉朝是否能成为汉朝，那还不知道呢。然而，一旦有人诬告樊哙想要除掉戚氏，当时樊哙正出兵讨伐燕王，汉高帝却立即命令陈平、周勃就在军中杀了他。樊哙的罪行还没有成立，诬告者的真假也还说不清，而且汉高帝也不会因为一个女人就杀掉天下的功臣，这些事情也是明显的。然而，汉高帝为何还想要杀掉他呢？因为，樊哙是从吕氏家族娶的妻子，而吕氏家族中如吕产、吕禄等人，都是平庸的人，不值得顾忌，唯独樊哙豪迈而雄健，各位将领都不能对付他，后世的祸患，樊哙是最大的。汉高帝看待吕后，就仿佛医生看待堇草一样，只是让它的毒性可以治病，但不至于能够杀人而已。只要樊哙一死，那吕氏的毒性就不至于能杀人了。

汉高帝以为杀了樊哙就完全能够做到死后没有忧患了。然而，由于陈平、周勃并没有遵照汉高帝的命令杀死樊哙，因而那陈平、周勃就是留下汉高帝担忧的人。樊哙死于汉惠帝六年，这是上天的安排。假如让他活了下来，那就骗不了吕禄，太尉周勃就进不了北军了。有人认为樊哙对于汉高帝来说，关系最亲，如果让他活了下来，他不一定就会与吕产、吕禄一起反叛。不过，韩信、黥布、卢绾都是面朝南方称王的人，而且卢绾又是汉高帝最宠幸的，但还没有等到高祖死去，他们却都接连因叛逆而被诛杀了。谁能说在汉高帝百岁之后，那掘墓杀狗出身的人，看到自己的亲戚乘势当上了帝王而不欣然随从呢？我所以说那陈平、周勃是留下汉高帝担忧的人。

**原文**

汉高祖挟数用术，以制一时之利害，不如陈平；揣摩天下之势，举指摇目以劫制项羽，不如张良。微此二人，则天下不归汉，而高帝乃木强之人而止耳。然天下已定，后世子孙之计，陈平、张良智之所不及，则高帝常先为之规划位置，以中后世之所为，晓然如目见其事而为之者。盖高帝之智，明于大而暗于小，至于此而后见也。

帝尝语吕后曰："周勃厚重少文，然安刘氏必勃也，可令为太尉。"方是时，刘氏既安矣，勃又将谁安耶？故吾之意曰：高帝之以太尉嘱勃也，知有吕氏之祸也。

虽然，其不去吕后，何也？势不可也。昔者武王没，成王幼，而三监叛。帝意百岁后，将相大臣及诸侯王有武庚禄父者，而无有以制之也。独计以为家有主母，而豪奴悍婢不敢与弱子抗。吕后佐帝定天下，为大臣素所畏服，独此可以镇压其邪心，以待嗣子之壮。故不去吕后者，为惠帝计也。

吕后既不可去，故削其党以损其权，使虽有变而天下不摇。是故以樊哙之功，一旦遂欲斩之而无疑。呜呼！彼岂独于哙不仁耶！且哙与帝偕起，拔城陷阵，功不为少矣。方亚父嗾项庄时，微哙诮让羽，则汉之为汉，未可知也。一旦人有恶哙欲灭戚氏者，时哙出伐燕，立命平、勃即军中斩之。夫哙之罪未形也，恶之者诚伪，未必也；且高帝之不以一女子斩天下之功臣，亦明矣。彼其娶于吕氏。吕氏之族若产、禄辈皆庸才，不足恤；独哙豪健，诸将所不能制：后世之患，无大于此矣！夫高帝之视吕后也，犹医者之视堇也。使其毒可以治病，而无至于杀人而已矣。樊哙死，则吕氏之毒将不至于杀人，高帝以为是足以死而无忧矣。彼平、勃者，遗其忧者也。哙之死于惠之六年也，天也。使其尚在，则吕禄不可给，太尉不得入北军矣。或谓哙于帝最亲，使之尚在，未必与产、禄叛。夫韩信、黥布、卢绾皆南面称孤，而绾又最为亲幸。然及高祖之未崩也，皆相继以逆诛。谁谓百岁之后，椎埋屠狗之人，见其亲戚乘势为帝王而不欣然从之邪？吾故曰：彼平、勃者，遗其忧者也。

# 御　将

　　君主统治臣子，宰相容易而将领难。将领有两种：有德才兼备的将领，有才干超群的将领，而驾驭才干超群的将领尤其难。驾驭宰相用法制，驾驭将领用权变；驾驭德才兼备的将领的手段要借助诚实，驾驭才干超群的将领的手段要凭借智慧。不用礼法，不凭借诚实，什么事情也做不成；不用权变，不凭借智慧，不能做事情。所以说：驾驭将领难，而驾驭才干超群的将领尤其难。

　　马、牛、羊、猪、犬、鸡这六种家畜，起初都是野兽。那老虎和豹子能扑人、能咬人，而且马也能踢，牛也能用角抵。先王明白能扑人、能咬人的野兽是不可以用人力来制伏的，所以把它们杀掉；不能杀掉它们，就把它们赶跑了事。踢人的野兽可以用绳索来制伏它们，用角抵人的野兽能够用横木绑在角上来限制它们，所以，先王不忍心遗弃它们的本领而不让天下人利用。如果说它们能踢人，它们能用角抵人，就应该与虎豹一起杀掉、一同赶跑，那如此一来天下就不会有好马，结果人们也就不能用它们来供自己骑乘了！

先王选拔有才能的人，只要不是特别奸狡凶恶，就像老虎和豹子一样不能改变那扑人、咬人的习性的人，那就没有不想用手段来统领他们，从而保证他们的才能加以恰当使用的，作为将领的人更是如此！更不能用行为端正、小心谨慎来要求他们，而只能是看他们的才能如何而已。汉朝的卫青、霍去病、赵充国，唐朝的李靖、李勣，是文武双全的将领；汉朝的韩信、黥布、彭越，唐朝的薛万彻、侯君集、盛彦师，是才干卓越的将领。德才兼备的将领既然不多，那得到才干超群的将领就可以任用。如果还认为这些人难驾驭，那么，这些人就是不正派的人，而采用后面的手段也就可以了。用重恩来拉拢他们，把自己的诚心展露给他们，送给他们良田美宅，让他们吃好的喝好的，赏给他们歌童和舞女，用这些来在最大限度地满足他们的口腹耳目的欲念，而用自己的权威来使他们折服。这些就是先王之所以能驾驭才干超群的将领的缘故。

近来在谈论这件事的人中间，有的说："将领之所以能够费尽心机，顶风霜、冒雨露，投身刀剑丛中而无所畏惧的原因，不过就是希望得到奖赏罢了。统治国家的人，不如先别奖赏，以鼓舞他们成功。"有的说："奖赏是用来让人出力的。不先奖赏，那人们就不会为我出力。"这些说法都是片面的，不是完整的理论。将领的才能的确有小有大，在平庸的将领中鹤立鸡群的人，是才能小的人；在有才干的将领中鹤立鸡群的人，是能力大的人。才能小志气也就小，才能大志向也就大。君主应当观察他们才能的大小，从而制定驾驭他们的方法，以符合他们的志向。不能采用片面的说法。

养好马的人，为马提供丰盛的草料，为马打扫笼头缰绳，让马住在新马棚，用清泉为马洗浴，然后责令它奔驰千里。那种好马，它们的志向常常在驰骋千里，岂能因为一顿饱餐而抛弃了自己的志向呢？说到养鹰就不同了，它捕获一只野鸡，就喂它一只雀鸟；它捕获一只兔子，就喂它一只老鼠。它知道如果自己不尽力去拼搏，那势必就没有办法得到食物，所以，它以后就能为我出力。才能大的人，是好马，如果不先奖励他们，那就是养好马的人让马饿着肚子而责令马奔驰千里，是不可能的事情；才能小的人，是鹰，假如先奖赏他们，那就是养鹰的人让鹰吃饱了而请求鹰去搏击，也是不可能的事情。所以，先奖赏的说法，可以对才能大的人施行；后奖赏的方法，可以对才能小的人施行；两者兼而用之，也是可以的。

以前，汉高祖一见到韩信便授予他上将，脱下自己的衣服给他穿，把自己吃的饭让给他吃；一见到黥布便任命他为淮南王，让他的用品和饮食都如同诸侯王一样；一见到彭越，便任命他为相国。那时，这三人对汉朝还没有功劳。其后，汉高祖追逐项羽到了垓下，与韩信、彭越约定了会师的日子，但他们却没来，于是汉高祖抛弃了数千里的地方，把它送给了韩信，就如同扔掉一双破鞋一样。项羽还没有消灭，天下还没有平定，但这三人却已经达到富有的顶点了。汉高祖这样做的缘故是什么呢？因为汉高帝知道这三人的志向远大，不达到富贵的顶点，那他们是不会为我效力的。而且，即使是达到了富贵的顶点，而不消灭项羽，不平定天下，那他们的志向也不会有个结果。至于樊哙、滕公、灌婴之流却不一样。他们攻夺一城，攻陷一阵，然后才能增加几级爵位，否则，一年到头也不予以升职。项羽被消灭，天下平定后，樊哙、滕公、灌婴之流，累计百战的战功，然后才被封为列侯。汉高帝哪能一到他们这儿就吝啬起来了呢？而是因为汉高帝知道他们的才能小而且志气也小，即便是不先奖赏，他们也不会有不满；但要是先奖赏他们，那他们就会心满意足，而不再把立功当成大事了。哎呀！当时韩信刚被立为齐王，蒯通、武涉游说他背叛汉王，他却没有离去。在这种时候而夺取韩信的王位，那汉朝可就危险了！人哪有不愿三分天下而自立称王的呢？可韩信却说："汉王是不会剥夺我齐王王位的。"所以，如果不舍弃齐地，那韩信就不会被安抚下来；如果韩信不被安定下来，那天下就不是汉王所有了。啊！汉高帝可以称得上是懂得大计的人。

**原文**

人君御臣，相易而将难。将有二：有贤将，有才将；而御才将尤难。御相以礼，御将以术；御贤将之术以信，御才将之术以智。不以礼，不以信，是不为也；不以术，不以智，是不能也。故曰：御将难，而御才将尤难。

六畜，其初皆兽也。彼虎豹能搏、能噬，而马亦能蹄，牛亦能触。先王知能搏、能噬者不可以人力制，故杀之；杀之不能，驱之而后已。蹄者可驭以羁绁，触者可拘以福衡，故先王不忍弃其才而废天下之用。如曰是能蹄，是能触，当与虎豹并杀而同驱，则是天下无骐骥，终无以服乘耶？

先王之选才也，自非大奸剧恶如虎豹之不可以变其搏噬者，未尝不欲制之以术，而全其才以适于用。况为将者，又不可责以廉隅细谨，顾其才何如耳。汉之卫、霍、赵充国，唐之李靖、李勣，贤将也；汉之韩信、黥布、彭越，唐之薛万彻、侯君集、盛彦师，才将也。贤将既不多有，得才者而任之可也。苟又曰是难御，则是不肖者而后可也。结以重恩，示以赤心，美田宅，丰饮馔，歌童舞女，以极其口腹耳目之欲，而折之以威，此先王之所以御才将者也。

近之论者或曰：将之所以毕智竭虑，犯霜露、蹈白刃而不辞者，冀赏耳；为国家者，不如勿先赏以邀其成功。或曰：赏所以使人。不先赏，人不为我用。是皆一隅之说，非通论也。将之才固有小大，杰然于庸将之中者，才小者也；杰然于才将之中者，才大者也。才小志亦小，才大志亦大，人君当观其才之小大，而为之制御之术以称其志。一隅之说不可用也。

夫养骐骥者，丰其刍粒，洁其羁络，居之新闲，浴之清泉，而后责之千里。彼骐骥者，其志常在千里也，夫岂以一饱而废其志哉？至于养鹰则不然，获一雉，饲以一雀；获一兔，饲以一鼠。彼知不尽力于击搏，则其势无所得食，故然后为我用。才大者，骐骥也，不先赏之，是养骐骥者饥之而责其千里，不可得也；才小者，鹰也，先赏之，是养鹰者饱之而求其击搏，亦不可得也。是故先赏之说，可施之才大者，不先赏之说，可施之才小者。兼而用之，可也。

昔者，汉高祖一见韩信而授以上将，解衣衣之，推食哺之；一见黥布而以为淮南王，供具饮食如王者；一见彭越而以为相国。当是时，三人者未有功于汉也。厥后追项籍垓下，与信、越期而不至，损数千里之地以畀之，如弃敝屣。项氏未灭，天下未定，而三人者，已极富贵矣。何则？高帝知三人者之志大，不极于富贵，则不为我用。虽极于富贵而不灭项氏，不定天下，则其志不已也。至于樊哙、滕公、灌婴之徒则不然，拔一城，陷一阵，而后增数级之爵，否则，终岁不迁也。项氏已灭，天下已定，樊哙、滕公、灌婴之徒，计百战之功，而后爵之通侯。夫岂高帝至此而吝哉？知其才小而志小，虽不先赏，不怨；而先赏之，则彼将泰然自满，而不复以立功为事故也。噫！方韩信之立于齐，蒯通、武涉之说未去也。当是之时而夺之王，汉其殆哉。夫人岂不欲三分天下而自立者，而彼则曰："汉王不夺我齐也。"故齐不捐，则韩信不怀；韩信不怀，则天下非汉之有。呜呼！高帝可谓知大计矣。

# 任　　相

　　古代善于观察别人国家状况的人，只消观察那个国家的宰相是什么样的人就行了。发表议论的人常说："将领与宰相同等。"将领，只不过是一个大官职罢了，无法与宰相相提并论。国家有了战争后，将领的权力才会加重；然而，无论是有战争，还是没有战争，宰相都是一天也不可忽视的。宰相贤明，那各部门的臣子都会贤明，而且将领也会贤明了；将领贤明，宰相即便不贤明，但将领也无法改变宰相。所以说将领只不过是一个大官职罢了，不能与宰相均等。任用宰相的办法与任用将领不同。担任将领的人，尽管大部分富有才干，但也有愚笨无耻的，并非都是有节操、廉洁、讲礼而不可触犯的人。因此不必用礼貌来优待他们，而且他们有不受管教、违反法纪的一面，因此也不能用通常的制度来管理他们。这是什么缘故呢？因为豪放不羁、不喜欢受人约束，也是将领通常的态度。汉武帝接见大将军卫青，经常是踞坐在床边；而李广利攻破大宛时侵犯和杀害士兵的罪过，汉武帝也搁置在一边不再追查。这就是任用将领的方法。至于宰相，那一定是由有节操、廉洁、讲礼的人来担任的，又不是由豪放不羁、不喜欢受人约束的人来担任的，所以对他们要以礼相待，但又要对他们实行严厉责任处罚。

古时候，宰相去见天子，天子要为他们离开座席站立；在道路上相遇，天子要为他们下车；宰相有了病，天子要亲临安抚；宰相不幸而死亡，天子要亲临吊唁。天子对待他们是这样的情深意厚，但他们有了过错，天子也不会徇私情而原谅他们。天地有了大的变故，天下有了大的过错，但宰相却用什么也没有发生上报了，那就是宰相不称职，而等天子的策书一到，宰相就得穿起老百姓的衣服离开宰相府，免去职务；宰相有了其他的过失，就乘坐用母马拉着的简陋的栈车来反思过失。对待他们有礼貌，然后对他们进行严厉的责任处罚就会让他们没有怨言；对他们进行严厉的责任处罚，然后对待他们有礼貌也就不过分了。对待他们不太有礼貌但又对他们进行严厉的责任处罚，那他们就会说："皇上是用什么礼数来对待我的？但却对我实行这样严厉的责任处罚。这太过分了！"对他们轻处罚而重礼遇，那他们就会松懈下来，不肯严格要求自己了。因此，要用礼貌来笼络他们的的心，而用严厉的责任处罚来勉励他们不要懈怠。这样做了之后，那担当宰相的人，就都会为朝廷竭尽忠心而不考虑自己的利益。

我观看贾谊的书，到所谓"长叹息"那里，常常反复读诵而无法停下来。我认为贾谊生活在汉文帝时期，汉文帝对待将领、宰相、大臣不是缺少礼貌的，只把周勃一关进监狱，贾谊便发出了"长叹息"。如果让贾谊生活在近代，见到近代是用什么来对待宰相的，那他又会怎么样？商汤王、周武王的品德高尚，三尺高的小孩子都知道他们是圣人，可是他们仍然还有伊尹、太公做老师和朋友呢。伊尹、太公并不是比商汤王、周武王还要高明，但两位圣人却执意不顾，把他们当做老师和朋友，以清楚表示自己对他们的尊敬啊！近代的君主先不要忙着要求自己达到这个程度。天子坐在宝座上见到宰相而有为宰相站起的吗？没有了。坐在车上而有为宰相下车的吗？也没有了。天子坐在大殿上，宰相与百官服从地奔走在大殿下，司仪官点着名叫他们,就像川郡的太守召唤胥吏一样。虽然做臣子这样做也不过分,但尊敬受尊敬的人、看重高贵的人的这个原则,也不能像这样被侮辱呵!

既然对宰相不能做到有礼貌,那要惩罚他们,我们的法令也就不能用了。这是什么原因呢?因为事前不用礼而事后却用刑,那他们的心里就不会服气。所以,法律上说:他有什么罪过而处以他什么罪名。但是,到罢免宰相时,既然说了他有什么罪过,但却不处以他刑罚,不过是削去他的职位,让他降官一等去大藩镇任职罢了。这样那样的弊端都是由对待宰相没有礼貌开始的。贾谊说:"犯了中罪就主动辞职,犯了大罪就自己杀了自己。"就人之常情而言:别人不杀我,我又怎忍心自己杀了自己呢?所以,能够自杀的人必定是自己觉得特别对不起自己的君主。所以,君主必须得有让自己的臣下感到惭愧的举动,这样他的臣下才不会做出什么对不起他的事情。汉武帝以前不戴帽子就接见平津侯,但由于那时正当天下多事、朝廷担忧受惊的时候,因此才使得宰相石庆能够置身于这种场合而不感到惊讶。既然如此,对待他们就必须依照礼法,然后才能依照法律来处罚他们。

况且我知道:对待他们有礼貌而他们自己不努力办事来报答皇上,加大他们的责任;而他们不通过自我勉励来保全自身、稳固自己的官位、成就个人功名的,天下没有。对那君主来说,是高高在上、用不礼遇宰相来妄自尊大有利呢,还是让宰相自己努力办事来回报皇上有利呢?对宰相来说,自己的君主不处罚自己而满足自己的私利是幸福呢,还是经由自我勉励来保全个人、稳定自己的官位、成就自己的功名是幸福呢?我还没有见到过有愿意离开利益而去靠近害处、逃避幸福而寻找灾祸的人呢。

**原文**

古之善观人之国者,观其相何如人而已。议者常曰:将与相均。将特一大有司耳,非相侔也。国有征伐,而后将权重;有征伐无征伐,相皆不可一日轻。相贤耶,则群有司皆贤,而将亦贤矣;将贤耶,相虽不贤,将不可易也。故曰:将特一大有司耳,非相侔也。任相之道与任将不同。为将者大概多才而或顽钝无耻,非皆节廉好礼不可犯者也。故不必优以礼貌,而其有不羁不法之事,则亦不可以常法御。何则?豪纵不趋约束者,亦将之常态也。武帝视大将军,往往踞厕;而李广利破大宛,侵杀士卒之罪,则寝而不问。此任将之道也。若夫相,必节廉好礼者为也,又非豪纵不趋约束者为也,故接之以礼而重责之。

古者相见于天子,天子为之离席起立;在道,为之下舆;有病,亲问;不幸而死,亲吊。待之如此其厚,然其有罪亦不私也。天地大变,天下大过,而相以不起闻矣;相不胜任,策书至而布衣出府免矣;相有他失,而栈车牝马归以思过矣。夫接之以礼,然后可以重其责而使无怨言;责之重,然后接之以礼而不为过。礼薄而责重,彼将曰:主上遇我以何礼,而重我以此责也,甚矣。责轻而礼重,彼将遂弛然不肯自饬。故礼以维其心,而重责以勉其息,而后为相者,莫不尽忠于朝廷而不恤其私。

吾观贾谊书,至所谓"长太息"者,常反覆读不能已。以为谊生文帝时,文帝遇将相大臣不为无礼,独周勃一下狱,谊遂发此。使谊生于近世,见其所以遇宰相者,则当复何如也?夫汤、武之德,三尺竖子皆知其为圣人,而犹有伊尹、太公者为师友焉。伊尹、太公非贤于汤、武也,而二圣人者,特不顾以师友之,明有尊也。噫!近世之君姑勿责于此,天子御坐,见宰相而起者有之乎?无矣。在舆而下者有之乎?亦无矣。天子坐殿上,宰相与百官趋走于下,掌仪之官名而呼之,若郡守召胥吏耳。虽臣子为此亦不过,然尊尊贵贵之道。不若是亵也。

夫既不能待之以礼，则其罪之也，吾法将亦不得用。何者？不过于用礼而果于用刑，则其心不服。故法曰：有某罪而加之以某刑。及其免相也，既曰有某罪，而刑不加焉，不过削之一官而出之大藩镇，此其弊皆始乎：不为之礼。贾谊曰："中罪而白弛，大罪而白裁。"夫人不我诛，而安忍弃其身，此必有大愧于其君。故人君者，必有以愧其臣。故其臣有所不为。武帝尝以不冠见平津侯，故当天下多事，朝廷忧惧之际，使石庆得容于其间而无怪焉。然则必其待之如礼，而后可以责之如法也。

且吾闻之，待以礼，而彼不自效以报其上；重其责，而彼不自勉以全其身，安其禄位，成其功名者，天下无有也。彼人主傲然于上，不礼宰相以自尊大者，孰若使宰相自效以报其上之为利？宰相利其君之不责而丰其私者，孰若自勉以全其身，安其禄位，成其功名之为福？吾又未见去利而就害、远福而求祸者也。

# 利者义之和论

　　道德可以适合天下，但又可以违背天下的人心。要让它适宜天下，那它违背天下人心就不可避免。要求它适用于小人呢，还是要求它适用于君子呢？当然是要求它适用于君子。我从来没有看到过道德不凭借极其端正的品行就能树立起来的。维持品行的极其端正而推行道德，那它肯定就会违背天下的人心。既然如此，那道德就是圣人迫使天下的工具了。伯夷、叔齐为大义献身，在首阳山上挨饿。天下人看着他们饿死而不悲伤怎么可能呢？天下果真崇尚道德的话，那伯夷、叔齐也就不会饿死了。尽管如此，但这并不是道德的过错，而是纯道德的罪过。周武王凭借天命诛杀众叛亲离的商纣王，在大义的旗帜下讨伐商朝，可他为什么又要托恤天下人，而且是那样迫切地给民众分发粮食和财物呢？我想其中的原因就是：即使是周武王，他也不能用空泛的道德来强加于天下。

《乾·文言》说："功利是道德造就的。"又说："从物质上得到的利益，完全能使道德更完美。"呵，这样道理就说明白了！君子不好意思说功利，也只不过是不好意思说纯功利罢了。圣人汇合天下的"刚"，把它作为正义，它的各种基本表现形式分为四出，表现为正直、表现为果断、表现为勇敢、表现为愤怒；而在五行中表现为"金"，在五声中表现为"商"。凡是天下称为"刚"的东西，都包含在正义的范畴中。这样，它作为道德，推行起来就十分困难，具有强制性，特别生硬粗暴。尽管如此，但如果没有道德规范，那天下的人就会为所欲为，而且社会也不能制约他们了。因此，君子想要推行道德，那就必须把道德和功利联系在一起。把道德和功利联系起来，那推行道德也就简单了；如果抛开功利，那推行道德也就艰难了。有了功利，道德才能存在；没有功利，道德就会沦亡。所以，君子喜欢追求利义，这是肯定的；只有天下没有了小人以后，那我们的纯道德才能推行起来。唉，这也太难了呵！圣人攻陷别人的国家、杀害别人的父亲、用刑罚残害别人的儿子却受到了天下的喜爱，原因就是有利义。让某人做小国国君，但在富有中这人却不奢侈；封某人为公爵，但在高贵中这人却不骄傲，原因就是有义利。义利和利义相互作用，就可以随心所欲地管理天下了。在五色中必须要有红色，颜色才能调和；在五味中必须要有甜味，味道才能调和；在道德中，必须要有功利，道德才能完美。

《文言》上所说的话，虽然是谈论天德，但《周易》的原理本就是利用上天来说明人类事情的。因为解说《周易》的人不把《周易》的理论运用到人类身上，因此我才提出了自己的看法。

### 原文

义者，所以宜天下，而亦所以拂天下之心。苟宜也，宜乎其拂天下之心也。求宜乎小人邪，求宜乎君子邪？求宜乎君子也，吾未见其不以至正而能也。抗至正而行，宜乎其拂天下之心也。然则义者，圣人戕天下之器也。伯夷、叔齐殉大义以饿于首阳之山，天下之人安视其死而不悲也。天下而果好义也，伯夷、叔齐其不以饿死矣。虽然，非义之罪也，徒义之罪也。武王以天命诛独夫纣，揭大义而行，夫何恤天下之人？而其发粟散财，何如此之汲汲也？意者虽武王亦不能以徒义加天下也。

《乾·文言》曰："利者，义之和。"又曰："利物足以和义。"呜呼！尽之矣。君子之耻言利，亦耻言夫徒利而已。圣人聚天下之刚以为义，其支派分裂而四出者为直、为断、为勇、为怒，于五行为金，于五声为商。凡天下之言刚者，皆义属也。是其为道决裂惨杀而难行者也。虽然，无之则天下将流荡忘返，而无以节制之也。故君子欲行之，必即于利。即于利，则其为力也易，戾于利，则其为力也艰。利在则义存，利亡则义丧。故君子乐以趋徒义，而小人悦泽以奔利义。必也天下无小人，而后吾之徒义始行矣。呜呼难哉！圣人灭人国，杀人父，刑人子，而天下喜乐之，有利义也。与人以千乘之富而人不奢，爵人以九命之贵而人不骄，有义利也。义利、利义相为用，而天下运诸掌矣。五色必有丹而色和，五味必有甘而味和，义必有利而义和。

《文言》之所云，虽以论天德，而《易》之道本因天以言人事。说《易》者不求之人，故吾犹有言也。

## 仲兄文甫说

苏洵我读《周易》，读到《涣》之六四的时候，看见它的卦辞说："涣其群，元吉。"不禁发出感慨："哎呀！这里的'群'，是圣人想要分散的、以便统一天下的群体。我二哥名涣而字公群，那就是用圣人想要分开的东西来给自己命名了，这样能行吗？"后来有一天，我把这个意思说给二哥听，二哥说："你是否能为我另起个名字？"我回答说："可以。"

不久，我对二哥说："请用'文甫'二字，怎么样？二哥曾见过水兴起风的情景吗？流动时像油一样滑润，静止时像深渊一样沉静，积聚时像汪洋一样广阔，充足时就会上浮的，是水，但实际上是风把它兴起来的。从太空中蓬勃地产生，不用一天时间就可以走遍四方，空荡荡无影无形，轻飘飘来自远方，过去后就找不到它的踪迹的，是风，但实际上是水把它表现出来的。如今，风和水在大湖的湖面上相遇，曲折延伸，蜿蜒相连；平静时相互谦让，愤怒时相互欺凌；舒展时像云朵一样，收缩时像鱼鳞一样；快速推进时像飞奔一样，徐缓漫步时像回旋一样；相互谦让，不肯前进；它们繁杂得如同皱纹纱，它们迷乱得就如同浓雾；纷纭郁结，方圆百里都是一片茫茫。

猛然间畅通后，它们便顺流而下，一泻千里，到达海边；波涛汹涌，怒号倾轧，交横缠绕；它们在空虚中释放，在无垠中回转；波涌浪翻，起伏澎湃，蜿蜒曲折，旋涡如同车轮，回流如同长带；浪尖如同燃烧的烽火，水波如同跳动的火焰；浪花如同飞起的白鹭，波光如同跃起的鲤鱼。形状各异，姿态奇异，具备了风水最美景观。因此我说'涣'的意思就是'风经过水上'，这也是天下最美的景观。"

然而，这两样东西是特意去追求美丽景致的吗？它们无意去相求，不期而相遇，因为这个却产生了美丽景致。是景致美丽，不是水的美丽，不是风的美丽。这两者不是能变成美丽景致，而是不能不变成美丽景致，事物共同作用，由此而产生了美丽的景致，所以我说："这是天下最美的景致。"

如今，玉石并不是不滑润美丽，但它却不可能变成美丽景致；雕刻、镂花、编织、刺绣并不是不美丽，但它们却不能与自然相比；所以，天下并非人工造就而产生出美丽景致的，只能是水和风罢了。从前的君子处世，不追求什么功绩，却在不经意间取得了功绩，那么，天下就会认为这很了不起；不追求要说出什么话，不得已说出了什么话，那么，天下就会流传开了。啊！这不能与其他人谈论，只能同我哥哥谈论。

**原文**

洵读《易》至《涣》之六四曰："涣其群，元吉。"曰："嗟夫！群者，圣人所欲涣以混一天下者也。盖余仲兄名涣，而字公群，则是以圣人之所欲解散涤荡者以自命也，而可乎？"他日以告，兄曰："子可无为我易之？"洵曰："唯。"

既而曰："请以文甫易之，如何？且兄尝见夫水之与风乎？油然而行，渊然而留，淳洄汪洋，满而上浮者，是水也，而风实起之。蓬蓬然而发乎太空，不终日而行乎四方，荡乎其无形，飘乎其远来，既往而不知其迹之所存者，是风也，而水实形之。今夫风水之相遭乎大泽之陂也，纡余委蛇，蜿蜒沦涟，安而相推，怒而相凌，舒而如云，蹙而如鳞，疾而如驰，徐而如缅，揖让旋辟，相顾而不前，其繁如縠，其乱如雾，纷纭郁扰，百里若一，汩乎顺流，至乎沧海之滨，滂薄汹涌，号怒相轧，交横绸缪，放乎空虚，掉乎无垠，横流逆折，溃旋倾侧，宛转胶戾。回者如轮，萦者如带，直者如燧，奔者如焰，跳者如鹭，跃者如鲤，殊状异态，而风水之极观备矣！故曰：'风行水上涣。'此亦天下之至文也。"

然而此二物者，岂有求乎文哉？无意乎相求，不期而相遭，而文生焉。是其为文也，非水之文也，非风之文也。二物者，非能为文，而不能不为文也。物之相使，而文出于其间也，故曰：此天下之至文也。

今夫玉非不温然美矣，而不得以为文；刻镂组绣，非不文矣，而不可以论乎自然。故夫天下之无营而文生之者，唯水与风而已。

昔者君子之处于世，不求有功，不得已而功成，则天下以为贤；不求有言，不得已而言出，则天下以为口实。呜呼！此不可与他人道之，唯吾兄可也。

# 苏轼文集

**苏　轼**（1037—1101）　北宋大文学家。字子瞻，号东坡居士，眉州眉山（今四川眉山县）人。与其父洵、弟辙合称"三苏"。仁宗嘉祐二年（1057）进士。神宗朝迁太常博士、摄开封府推官，因与王安石政见不和，反对新法，自请外任，通判杭州，知密州、徐州、湖州。元丰二年（1079）八月，以作诗"讪谤朝政"罪入狱，十二月，贬黄州团练副使。哲宗继位，旧党执政，升迁为中书舍人、知制诰兼侍读等，因反对司马光尽废新法，为旧党所不容，以龙图阁学士出知杭、扬诸州。继又任端明殿学士、礼部尚书。哲宗亲政，新党再度执政，排斥旧党，出知定州。绍圣元年（1094）谪贬惠州，再贬琼州（今海南岛）。徽宗继位，遇赦北归，病卒于常州。谥文忠。在地方官任上，改革弊政，卓有政绩。其文汪洋恣肆，挥洒自如，为"唐宋八大家"之一；诗歌雄浑奔放，想象丰富，深寓哲理。其诗文代表了北宋文学的最高成就。其词开创了豪放词派，清旷雄奇，气象万千，丰富了词的语言和表现手法，开拓了词的领域，对宋词的发展，产生了广泛而深远的影响。书法、绘画别具一格，自成一家。有《东坡全集》、《东坡乐府》。《宋史》卷338有传。

# 刑赏忠厚之至论

尧、舜、禹、汤、文、武、成、康之际,那是多么的深爱人民、关切人民,并且用看待仁人君子的方式来对待天下庶民的啊!只要有一件好事,遂即给以奖赏,又从而用歌曲来赞叹他,用这个来欢迎他的好的开端并且勉励他坚持终身;办了一件坏事,遂即予以处罚,又从而以怜恤痛心的态度来惩戒鞭策他,用这个来使他抛弃旧恶开启新路。所以,圣君贤臣们发自肺腑的感叹声,那种高兴与怜悯的关切心情,表现在《尚书》的虞、夏、商、周的各篇之中。成王、康王相继逝世以后,周穆王即位时期,周朝的优良传统开始衰落了,但是他仍然

召见大臣吕侯,向他宣告了宽厚的好刑律。穆王告诫的话是忧虑而不伤痛,威严而不愤怒,慈爱而能决断,亲亲切切地充满着怜悯无辜的善心。因此,孔子还是把这篇《吕刑》选进《尚书》里去。

书传上说：赏赐如有可疑者照样在应赏之列，以此使恩惠扩大；责罚时遇有可疑者则要从应罚之列划去，这是施行刑罚时尽量慎重啊。在唐尧时候，皋陶担任最高司法官。将要杀人时，皋陶三次说"执行死刑"，而尧帝却一连三次都说"宽恩赦免"。因此，全天下都畏惧皋陶执法的坚决，而庆幸尧帝量用刑律的宽大。四岳建议说"鲧可以治水"，尧帝却说"不可"，认为鲧抗命违众；过后，还是说："试用一下吧。"为什么尧帝不听从皋陶杀人，而同意四岳的任用鲧呢？然则圣人的心意，从这里也可以看得出来了。《尚书》说："罪行有疑者，量刑从轻；功绩有疑者，仍从其重。与其误杀无辜的人，宁可承担执法失误的责任。"啊！这话总算把圣王的用心说得很详尽了。

可以赏可以不赏的，赏了他，就施行仁政过头了；可以罚可以不罚的，罚了他，就坚持正义过头了。推行仁政过分，不失为君子；坚持正义过火，就滑到了冷酷无情的地步了。因此，仁可过分，义可不能过分啊。古时候奖赏不仅用爵位和俸禄，刑罚不只用刀锯之类。用爵禄来赏赐，那么奖赏只能赐给具有授予爵禄条件的人，而不能施行于不具备条件的人了；只用刀锯刑罚，这是刑律的威力只加于那些够上服刑的罪犯，而不施行于够不上判刑条件的人了。先王知道天下的善行是赏不胜赏的，只用有限的爵禄是不足以普遍奖励的；也知道天下的坏行为是罚不胜罚的，只用刀锯是不足以制裁的啊。正因为这样，所以对于赏罚中的有疑似不定者统统都纳入仁慈宽大的范畴中去。

用君子长者的道理来对待天下人，使天下人都互相劝勉都返回到君子长者的行列中去，所以说是"忠厚之至"啊！《诗经》说："君子如果喜爱好的，祸乱就要迅速结束；君子如果气愤坏的，祸乱将要很快停止。"君子的"结束、停止祸乱"难道还有什么特殊的法子吗？不过恰当适时地应喜则喜，该怒就怒，使之不离开仁德罢了。《春秋》的义例是：立法注重严格，而责人则着重宽大；再根据褒贬的义例来体现其或赏或罚。这也是"忠厚之至"的啊！

**原文**

尧、舜、禹、汤，文、武、成、康之际，何其爱民之深，忧民之切，而待天下以君子长者之道也！有一善，从而赏之，又从而咏歌嗟叹之，所以乐其始而勉其终；有一不善，从而罚之，又从而哀矜惩创之，所以弃其旧而开其新。故其"吁""俞"之声，欢休惨戚，见于虞夏商周之《书》。成、康既没，穆王立而周道始衰；然犹命其臣吕侯，而告之以祥刑。其言忧而不伤，威而不怒，慈爱而能断，恻然有哀怜无辜之心。故孔子犹有取焉。

传曰："赏疑从与，所以广恩也；罚疑从去，所以慎刑也。"当尧之时，皋陶为士。将杀人，皋陶曰"杀之"三，尧曰"宥之"三。故天下畏皋陶执法之坚，而乐尧用刑之宽。四岳曰："鲧可用。"尧曰："不可，鲧方命圮族。"既而曰："试之。"何尧之不听皋陶之杀人，而从四岳之用鲧也？然则圣人之意，盖亦可见矣。《书》曰："罪疑惟轻，功疑惟重。与其杀不辜，宁失不经。"呜呼！尽之矣。

可以赏，可以无赏，赏之过乎仁；可以罚，可以无罚，罚之过乎义。过乎仁，不失为君子；过乎义，则流而入于忍人。故仁可过也，义不可过也。古者赏不以爵禄，刑不以刀锯。赏之以爵禄，是赏之道行于爵禄之所加，而不行于爵禄所不加也；刑之以刀锯，是刑之威施于刀锯之所及，而不施于刀锯之所不及也。先王知天下之善不胜赏，而爵禄不足以劝也；知天下之恶不胜刑，而刀锯不足以裁也，是故疑则举而归之于仁。

以君子长者之道待天下，使天下相率而归于君子长者之道，故曰：忠厚之至也。《诗》曰："君子如祉，乱庶遄已；君子如怒，乱庶遄沮。"夫君子之"已乱"，岂有异术哉？时其喜怒，而无失乎仁而已矣!《春秋》之义，立法贵严，而责人贵宽，因其褒贬之义以制赏罚，亦忠厚之至也。

# 范增论

汉王刘邦采用陈平的计谋，利用反间计来离间楚国的君臣。项羽果然怀疑范增与汉家有秘密勾结，遂稍稍剥夺范增的权力。范增很气愤，说："天下事已经大致平定了，君王可以自己办理了，希望把这副老骨头赏给我，好让我回家去。"回乡时还没有走到彭城，背上患痈疽疮而死。苏子说：范增的离去是对的。不去，项羽也一定要杀害他的。不过，只是恨他离开得不早罢了。

那么，他应该因着什么事情离去呢？范增劝项羽杀害沛公刘邦，项羽不听，终于因此而失掉天下，是否应当在这时离去呢？回答是否定的。我认为，范增当时想要杀刘邦，是作为一个大臣应该尽的责任。项羽的不杀，也是作为一个君主应有的度量。范增有什么必要为此事而离去呢？《周易》曾说："知道细微的征兆，那才是最聪明的！"《诗经》上说："瞧那下大雪以前，先降下来的总是小雪片儿。"我认为范增的离去，应当在项羽刺杀卿子冠军宋义的时候。

陈涉得到民心，是假托着项燕和扶苏的名义。项家的兴起，也是因为立楚怀王的孙子熊心为义帝的缘故。然而诸侯背叛项羽，也是因为弑死所扶立的义帝。何况义帝被拥立，范增是主要的策划者。楚义帝的生死存亡，岂止是关系着楚国的盛衰，更是范增与之同命运共祸福的关键所在啊。不会有义帝被杀，而范增单单会长久生存的情况。项羽杀害卿子冠军，即是弑死义帝的先兆。而他的弑死义帝，则是猜疑范增的本源，又何必等待陈平来施反间计呢？物体必然是先腐朽了，然后虫子才得以生出来；人必然是先有了猜疑，然后谗言谤语才能乘之而入。陈平虽然很聪明，但怎么能够挑拨毫不猜疑的君主呢？

我曾经评论过义帝，认为他是当世的贤明君主。例如偏命令刘邦攻进函谷关，而不派遣项羽；发现卿子冠军于稠人广众之中，并且提拔他为上将军，倘不贤明能够这样做吗？项羽既假托义帝的命令来杀死卿子冠军，义帝肯定是不堪忍受的。不是项羽弑害义帝，就是义帝诛杀项羽。这是不必聪明人指点就能明白的事。范增最初劝说项梁拥立义帝，诸侯因此而服从指挥；半道中弑杀义帝，当然不是范增的主意。非但不是他的主意，很可能是尽力争取不杀，但没有被项羽听从。不采用范增的意见，而杀害他拥立的人，项羽对范增的猜疑，肯定是从这一时刻开始。

当项羽杀害卿子冠军的时候，范增和项羽是并肩平列地在义帝手下办事的臣属，君臣的身份尚未确定嘛。替范增打算，如果当时有力量诛杀项羽，就杀死他。倘若不能就该离开他，这岂不称得上是果敢的大丈夫了吗？那时范增的年纪已经七十了，合则留，不合则去嘛。不在此时划清该去不该去的原则界线，反而希望依靠项羽来成就自己的功业和名声，真是见识太浅陋了啊！

即便如此，范增仍是汉高帝所惧怕的人。范增不去，项羽就不会灭亡。唉！范增也算个杰出的人才了。

**原文**

汉用陈平计，间疏楚君臣。项羽疑范增与汉有私，稍夺其权。增大怒曰："天下事大定矣，君王自为之！愿赐骸骨归卒伍。"归未至彭城，疽发背死。苏子曰：增之去善矣！不去，羽必杀增，独恨其去不早耳。

然则当以何事去？增劝羽杀沛公，羽不听，终以此失天下，当于是去耶？曰：否。增之欲杀沛公，人臣之分也；羽之不杀，犹有君人之度也。增曷为以此去哉！《易》曰："知几其神乎！"《诗》曰："相彼雨雪，先集维霰。"增之去，当于羽杀卿子冠军时也。

陈涉之得民也，以项燕扶苏；项氏之兴也，以立楚怀王孙心。而诸侯叛之也，以弑义帝。且义帝之立，增为谋主矣。义帝之存亡，岂独为楚之盛衰，亦增之所与同祸福也。未有义帝亡，而增独能久存者也。羽之杀卿子冠军也，是弑义帝之先兆也。其弑义帝，则疑增之本也，岂必待陈平哉！物必先腐也，而后虫生之；人必先疑也，而后谗入之。陈平虽智，安能间无疑之主哉？

吾尝论义帝，天下之贤主也。独遣沛公入关，不遣项羽；识卿子冠军于稠人之中，而擢以为上将：不贤而能如是乎？羽既矫杀卿子冠军，义帝必不能堪。非羽弑帝，则帝杀羽：不待智者而后知也。增始劝项梁立义帝，诸侯以此服从。中道而弑之，非增之意也。夫岂独非其意，将必力争而不听也。不用其言而杀其所立，羽之疑增，必自是始矣。

方羽杀卿子冠军，增与羽比肩而事义帝，君臣之分未定也。为增计者，力能诛羽则诛之，不能则去之，岂不毅然大丈夫也哉！增年已七十，合则留，不合则去。不以此时明去就之分，而欲依羽以成功名，陋矣！

虽然，增，高帝之所畏也；增不去，项羽不亡。呜呼！增亦人杰也哉！

# 留 侯 论

古代所说的豪杰之士，必定有超过常人的节操。在常人的感情中，有些事情是不能忍受的。一个普通的人被侮辱，拔剑而起，挺身而斗，这不能算是勇敢。天下有大勇的人，突然面临意外而不惊慌，无故遭受侮辱而不恼怒，这是因为他抱负很

大，志向很远。

张良从桥上老人那里接受那本书，这件事很奇怪。但是，又怎么知道不是秦代隐居的高士出来考验他呢？看老人用来含蓄显示自己意思的，都是圣人、贤士相互警戒的道理。世人不能明察，认为他是鬼怪，也太糊涂了。况且老人的用意还不在那本书上。

在韩国已经灭亡、秦国正强大的时候，秦王用刀锯鼎镬这样的刑具来对待天下的士人，那些平白无故遭受斩杀灭族的人多得数不清。即使有孟贲、夏育那样的勇士，也无法施展勇力。执法十分严厉的政府，它的刀口触犯不得，这时的形势还没有可乘之机。张良忍不住心中的愤怒，想凭埋伏在博浪沙一锥的突袭而达到自己的目的。在这时候，张良没有被杀死，也靠近死的边缘，真是太危险了！富贵人家的子弟，不会作为盗贼而死。为什么呢？因为他的身体宝贵，不值得作为盗贼而死。张良有超越世人的才能，不做伊尹、太公安邦定国的谋划，却想出荆轲、聂政行刺的办法，只因侥幸才免于一死。这正是桥上老人深为他惋惜的。所以，老人用倨傲无礼的态度狠狠挫掉他的锐气，他如果能忍受得住，然后才可以成就大业，所以说："这年轻人是可以教育的。"

楚庄王攻打郑国，郑伯袒衣露体，牵着羊去迎接庄王。庄王说："郑国的国君能够这样屈于人下，必定能够获得人民的信任。"于是放弃了郑国。越王勾践被吴国军队围困在会稽，在吴国为人质，像臣妾一样，过了三年而没有丝毫懈怠。再说，心中有报仇的大志，却不能屈居人下，这是匹夫的刚强。那个老人，认为张良才能有余，可是担心他的度量太窄，所以狠狠地挫掉他那种年轻人刚烈的锐气，使他忍住小小的愤怒而完成远大的计划。为什么呢？老人和张良从来不相识，突然相遇在乡野，却使唤他做仆人奴婢那样的事，张良却和顺而不责怪，这种涵养自然是秦始皇吓他不倒、楚霸王也不能激怒的了。

我看汉高祖之所以胜利,楚霸王之所以失败,原因就在于能忍与不能忍之间的差别。楚霸王正因为不能忍,所以虽然百战百胜,却轻率地消耗了他的精锐兵力。汉高祖能忍,积蓄了他的全部精锐力量,等待楚霸王的疲敝。这是张良教给他的。当韩信打败齐王,想自己做齐王的时候,高祖发怒,显露于言语和脸色。由这件事看来,高祖也有刚强而不能忍耐的脾气,如果不是张良,谁能成全他的大业呢?

太史公司马迁原以为张良是个魁梧英武的人,可是他的身材相貌,竟像妇人、女子一样,与他的志向气概并不相称。唉!这正是张良之所以成为张良的地方啊!

### 原文

古之所谓豪杰之士,必有过人之节,人情有所不能忍者。匹夫见辱,拔剑而起,挺身而斗,此不足为勇也。天下有大勇者,卒然临之而不惊,无故加之而不怒;此其所挟持者甚大,而其志甚远也。

夫子房受书于圯上之老人也,其事甚怪。然亦安知其非秦之世有隐君子者,出而试之?观其所以微见其意者,皆圣贤相与警戒之义。而世不察,以为鬼物,亦已过矣。且其意不在书。

当韩之亡、秦之方盛也,以刀锯鼎镬待天下之士。其平居无罪夷灭者,不可胜数。虽有贲、育,无所获施。夫持法太急者,其锋不可犯,而其势未可乘。子房不忍忿忿之心,以匹夫之力,而逞于一击之间。当此之时,子房之不死者,其间不能容发,盖亦危矣!千金之子不死于盗贼,何哉?其身可爱,而盗贼之不足以死也。子房以盖世之才,不为伊尹、太公之谋,而特出于荆轲、聂政之计,以侥幸于不死;此圯上老人所为深惜者也!是故倨傲鲜腆而深折之。彼其能有所忍也,然后可以就大事,故曰:"孺子可教也。"

楚庄王伐郑，郑伯肉袒牵羊以迎。庄王曰："其主能下人，必能信用其民矣！"遂舍之。勾践之困于会稽，而归臣妾于吴者，三年而不倦。且夫有报人之志，而不能下人者，是匹夫之刚也。夫老人者，以为子房才有余而忧其度量之不足，故深折其少年刚锐之气，使之忍小忿以就大谋。何则？非有平生之素，卒然相遇于草野之间，而命以仆妾之役，油然而不怪者，此固秦皇之所不能惊，而项籍之所不能怒也。

观夫高祖之所以胜，项籍之所以败者，在能忍与不能忍之间而已矣！项籍唯不能忍，是以百战百胜，而轻用其锋。高祖忍之，养其全锋而待其敝，此子房教之也。当淮阴破齐，而欲自王，高祖发怒，见于词色。由是观之，犹有刚强不能忍之气，非子房其谁全之？

太史公疑子房以为魁梧奇伟，而其状貌乃如妇人女子，不称其志气。呜呼！此其所以为子房欤！

# 贾 谊 论

要有才能不难，要使自己的才能得到运用才是真正困难的。可惜贾生具有辅佐帝王的才能，却不能使自己的这种才能得到运用。

君子的目标远大，就一定要等待时机；要成就的事业伟大，就一定要能够忍耐。古代的贤人，都有可以成就功业的才能，结果却不能发挥出他们才能的万分之一，其原因，未必都是当时君主的过错，有的也是他们自己造成的。

我看贾生的言论，如果照他所说的去做，即使是夏、商、周三代的清明政治又怎么能远远超过他？遇上汉文帝这样的明君，尚且还因为不被任用抑郁而死。那么，如果天下要是没有尧、舜，就始终不能有所作为了吗？孔子是圣人，周游列国，只要不是极其无道的国家,都想勉力扶助,希望有一天能实行他的政治主张。他准备前往楚国,先派冉有去接洽,又派子夏去说明自己的意思。君子想得到信用自己的君主,是这样地殷切。孟子离开齐国的时候,在昼这个地方滞留三晚才走,还说:"齐王大概会召我回去。"君子不忍心舍弃他的君主,是这样地情意深厚。公孙丑问道:"老师,您为什么不愉快呢?"孟子说:"在当今这世界上,除了我还有谁能治理好天下?我为什么会不愉快呢?"君子爱惜自己,到了这样的程度。这样还不被君主任用,然后知道天下果然不能有所作为,这就没有遗憾了。像贾生那样,不是汉文帝不能任用他,而是他不能利用汉文帝啊。

绛侯亲手握着皇帝的玉玺交给文帝。灌婴集结几十万士兵,来决定刘氏和吕氏的高下,他们又都是高帝的老部将,这种君臣之间互相信任的情分,又岂止是父子兄弟可比的呢?贾生,一个洛阳城里的年轻人,想使文帝一个早上的时间就完全抛弃那班旧臣的老办法,转而赞成他的新主张,这也太困难了。作为贾生来说,应该在上面得到文帝的信任,在下面得到大臣们的支持,像绛侯、灌婴那样的人,要从容地逐渐和他们结成深交,使得天子不怀疑,大臣不妒忌,然后就能使整个天下都赞成自己想做的事,不超过十年,就可以达到目的。哪有在短暂的交谈之间,立即议论值得痛哭的天下形势呢?看他经过湘江时作赋凭吊屈原,愁思百结,抑郁苦闷,显示出隐居的打算。后来因为过度伤心、哭泣,以至早死,这也是不善于在逆境中生存的人啊!一次建议不被采用,怎么知道就会永远不再被采用呢?不知道默默地等待时机变化,而自我伤害到这种地步。唉!贾生志向远大而度量太小,才能有余而见识不足啊。

古代的人,有超越世人的才能,就必定不合世俗因而给自己招来祸害。所以,不是聪明睿智、不受蒙蔽的君主,就不能完全发挥这种贤人的作用。从古到今,人们都称赞苻坚在草野中找到王猛,一时之间将那班老臣全都撇在一旁而和他商议国事。苻坚这么一个普通人居然夺取了天下的一半,大概就是因为这个缘故吧!我非常同情贾生的志向,所以,详加评论。也使做皇帝的明白,得到贾生这样的臣子,就知道他有洁身自爱的节操,一不被任用,就会忧愁、颓丧,不能重新振作。而作为贾生一类人来说,也该节制内心产生的情绪啊!

**原文**

非才之难,所以自用者实难。惜乎贾生王者之佐,而不能自用其才也!

夫君子之所取者远,则必有所待;所就者大,则必有所忍。古之贤人皆负可致之才,而卒不能行其万一者,未必皆其时君之罪,或者其自取也。

愚观贾生之论,如其所言,虽三代何以远过?得君如汉文,犹且以不用死。然则是天下无尧舜,终不可有所为耶?仲尼圣人,历试于天下。苟非大无道之国,皆欲勉强扶持,庶几一日得行其道。将之荆,先之以冉有,申之以子夏。君子之欲得其君,如此其勤也。孟子去齐,三宿而后出昼,犹曰:"王其庶几召我。"君子之不忍弃其君,如此其厚也。公孙丑问曰:"夫子何为不豫?"孟子曰:"方今天下,舍我者谁哉!而吾何为不豫?"君子之爱其身,如此其至也。夫如此而不用,然后知天下果不足与有为,而可以无憾矣。若贾生者,非汉文之不能用生,生之不能用汉文也。

夫绛侯亲握天子玺而授之文帝;灌婴连兵数十万,以决刘吕之雌雄,又皆高帝之旧将。此其君臣相得之分,岂特父子骨肉手足哉!贾生洛阳之少年,欲使其一朝之间尽弃其旧而谋其新,亦已难矣。为贾生者,上得其君,下得其大臣如绛、灌之属,优游浸渍而深交之,使天子不疑,大臣不忌,然后举天下而唯吾之所欲为,不过十年可以得志。安有立谈之间,而遽为人"痛哭"哉!观其过湘,为赋以吊屈原,萦纡郁闷,趯然有远举之志。其后以自伤哭泣,至于夭绝,是亦不善处穷者也。夫谋之一不见用,则安知终不复用也?不知默默以待其变,而自残如此。呜呼!贾生志大而量小,才有余而识不足也。

古之人有高世之才,必有遗俗之累。是故非聪明睿智不惑之主则不能全其用。古今称苻坚得王猛于草茅之中,一朝尽斥去其旧臣而与之谋。彼其匹夫略有天下之半,其以此哉!愚深悲生之志,故备论之。亦使人君得如贾生之臣,则知其有狷介之操,一不见用,则忧伤病沮,不能复振。而为贾生者,亦谨其所发哉!

# 晁 错 论

天下的祸患,最难处理的,是表面上平静无事,其实却有难以测知的可忧因素。坐在一旁眼看着变乱发生,而不为之作出适当的安排,恐怕就会发展到不可挽救的地步。起来强行处理，由于天下已习惯于这治安平静的现状，就不会相信我们。唯有那仁人君子、豪杰之士才能够挺身而出，为天下的人承担大难，以求得建立伟大的功业。这事本来就不是勉强在个把月之间，以博取名誉为目的的人所能办到的。

天下安定太平，无故地触发巨大的患难的情绪，我触发了它，我又能收住它，然后才有理由来说服天下人。事变临头却想循规蹈矩地躲开它，让别人来担当这个责任，那天下的祸害必然集中到我身上来。从前晁错忠心耿耿为汉王朝服务，谋划削弱崤山以东的各个王侯封国。导致山东诸侯共同起兵，以杀晁错为借口；而天子不对这事认真考察，就把晁错杀了作为说服罢兵的依据。天下人都悲痛晁错因尽忠而受祸，却不明白这是晁错自取其咎啊。

自古那些成就大事业的人，不仅有出类拔萃的才能，也必须有坚忍不拔的意志。从前夏禹治理洪水，凿通了龙门，决开黄河河道，使洪水奔流到大海。在他没有完工的时候，很可能也有决口、涨溢、冲突等可怕的灾患。只是因为他能够预先测知灾害必然要发生，所以事故来了就不会慌张，而是从容地为它计划安排，因此才能获得成功。

七大封国那样强盛，而想突然削弱它们，发生变乱又有什么奇怪的呢？晁错不在这一时刻豁出自身，为天下承当大难的冲击，从而置吴楚等国于死地，而是搞保全自己的算计，想使天子亲自领兵打仗而自己留守后方。那么试问，挑起七国之乱的是谁呢？自己既是想以此博取名誉，又怎能逃脱由此带来的祸患呢？对于亲身领兵的最危险的和留守后方的最安全的两件事，自己作为引发患难的主谋者，却选择最安稳的事做，而把那最危险的留给了天子，这正是使忠臣义士们最为愤怒不平的事。在这时候，纵使没有袁盎其人，晁错也不可能免去杀身之祸。为什么？自己想要坐在家里守候，却叫天子亲自领兵去打仗，按照常情来说，天子本来就为亲征一事作难。同时又难于违背晁错的建议，在这进退两难的情况下，袁盎的谗言才能起作用。假使吴、楚造反时，晁错使自身承担这一危险，日夜不停地做好应战准备，领着队伍指向东方而对待之，就会不至于贻累于自己的君主，同时将使天子依靠他而无所恐惧，虽有一百个袁盎，能够离间得了吗？

哎呀！世上的君子，如果想求得不寻常的功勋，就不要考虑保全自己的计策。假如晁错自己率军去讨伐吴、楚，未必不会成功。正因为他一心想保全自身，而使天子不高兴，奸臣得以钻了可乘之隙。晁错为自全而做的打算，不就是自招其祸的原因吗？

### 原文

天下之患，最不可为者：名为治平无事，而其实有不测之忧。坐观其变而不为之所，则恐至于不可救；起而强为之，则天下狃于治平之安而不吾信。惟仁人君子豪杰之士，为能出身为天下犯大难，以求成大功。此固非勉强期月之间，而苟以求名之所能也。

天下治平，无故而发大难之端，吾发之，吾能收之，然后有辞于天下。事至而循循焉欲去之，使他人任其责，则天下之祸，必集于我。昔者晁错尽忠为汉，谋弱山东之诸侯。山东诸侯并起，以诛错为名；而天子不之察，以错为之说。天下悲错之以忠而受祸，不知错有以取之也。

古之立大事者，不惟有超世之才，亦必有坚忍不拔之志。昔禹之治水，凿龙门，决大河，而放之海。方其功之未成也，盖亦有溃冒冲突可畏之患。惟能前知其当然，事至不惧，而徐为之图，是以得至于成功。

夫以七国之强而骤削之，其为变岂足怪哉！错不于此时捐其身，为天下当大难之冲，而制吴楚之命；乃为自全之计，欲使天子自将而已居守。且夫发七国之难者谁乎？己欲求其名，安所逃其患？以自将之至危，与居守之至安，己为难首，择其至安，而遗天子以其至危。此忠臣义士所以愤怨而不平者也。当此之时，虽无袁盎亦未免于祸。何者？己欲居守，而使人主自将，以情而言，天子固已难之矣！而重违其议，是以袁盎之说，得行于其间。使吴楚反，错以身任其危，日夜淬砺，东向而待之，使不至于累其君。则天子将恃之以为无恐，虽有百盎，可得而间哉！

嗟夫！世之君子欲求非常之功，则无务为自全之计。使错自将而讨吴楚，未必无功。惟其欲自固其身，而天子不悦，奸臣得以乘其隙。错之所以自全者，乃其所以自祸欤！

## 喜雨亭记

亭子用"雨"来命名，是为纪念"喜"的。古时候有喜事，就用来给事物取名字，表示永不忘记。周公得到了优异的谷穗，就用它作为自己文章的篇名；汉武帝在汾阳获得了宝鼎，就拿它作为年号的名称；叔孙得臣战胜了北狄，就用北狄国君的名字作为儿子的名字。这些喜庆事或大或小并不一样，但是表示不忘的心意则是一致的。

我到扶风府的第二年，开始建造官府房舍。在大堂的北面建立亭子，同时在它的南面开凿了个池塘，又是引水又是栽树，以作为休息的地方。这年的春天，在岐山以南下了一场滋润麦苗的雨，因此预测是个丰收年景。随后整整有一个月没有下雨，百姓这才担忧了。过了三月份，乙卯那天才下雨，甲子那天又下了雨，百姓都认为雨量还不够。到了丁卯日降下大雨来，下了三天才停住。于是官员们共同在官厅庆贺，商贩们在集市上一起唱起小调来，农民们都在村野里兴高采烈。忧愁的人因此而高兴，有病的人因此而痊愈，而我们的亭子恰恰在这时落成了。

我于是在亭子上举办酒宴，劝客人饮酒并告诉他们给亭子命名。我问："若迟五天下雨行不行？"都说："五天不下雨，麦子就收不成了。""若要过十天下雨行不行？"回说："十天不下雨，就收不到谷子了。"不打麦子不收谷，年成就要闹饥荒了，诉讼案件就会多起来，那偷盗抢劫的也会越发厉害了。那么，我和你们几个，虽然想在这亭子上优游自在地聚会欢乐，这能办得到吗？如今老天不抛弃这些百姓，刚刚天旱就赐给咱们这场雨，使我和大家能优游自在地在这座亭子上玩乐，都是下雨的恩赐哩。这又怎么可以忘记呢？

既已给亭子取了名字，又接着写了歌词来歌唱它，唱道："假如上天下珠宝，受冻的不能用它做衣服；假如上天降美玉，挨饿的不能拿它当小米。一场雨下了三天整，这是谁家出的力？老百姓都说是太守，太守却说我没有；把它归功于皇帝，天子却说我不然；把它归功于老天，老天自家不居功；把它归功于太空，太空一片空洞洞，没法为它颂功扬美名。我只好用'雨'来给我的亭子命名。"

**原文**

亭以雨名，志喜也。古者有喜，则以名物，示不忘也。周公得禾，以名其书；汉武得鼎，以名其年；叔孙胜敌，以名其子：其喜之大小不齐，其示不忘一也。

予至扶风之明年，始治官舍。为亭于堂之北，而凿池其南，引流种树，以为休息之所。是岁之春，雨麦于岐山之阳，其占为有年。既而弥月不雨，民方以为忧。越三月，乙卯乃雨，甲子又雨，民以为未足；丁卯大雨，三日乃止。官吏相与庆于庭，商贾相与歌于市，农夫相与忭于野。忧者以喜，病者以愈，而吾亭适成。

于是，举酒于亭上，以属客而告之，曰："五日不雨可乎？"曰："五日不雨则无麦。""十日不雨可乎？"曰："十日不雨则无禾。"无麦无禾，岁且荐饥，狱讼繁兴，而盗贼滋炽。则吾与二三子，虽欲优游以乐于此亭，其可得耶？今天不遗斯民，始旱而赐之以雨，使吾与二三子得相与优游而乐于此亭者，皆雨之赐也。其又可忘耶？

既以名亭，又从而歌之，曰："使天而雨珠，寒者不得以为襦；使天而雨玉，饥者不得以为粟。一雨三日，伊谁之力？民曰太守，太守不有；归之天子，天子曰不然；归之造物，造物不自以为功；归之太空，太空冥冥，不可得而名。吾以名吾亭！"

# 凌虚台记

城郭建立在终南山下面，似乎是每日的起居饮食都和青山相接。四方的青山，没有高于终南山的；而城市依傍着终南山的，没有比扶风再靠近的了。凭着最靠近的位置来寻求它最高的山景，在这种形势下应是必然得到的，然而太守住在府邸中，却不曾知道还有高山在这里呢。虽然事情并不因此而损益，但是根据事情的常理来说并不一定是这个样子，这就是

"凌虚"建造的缘故了。

此台未兴建的时候,太守陈公拄着手杖,穿着履,自由自在地漫步在它下面时,看见山峰冒出在丛林上面,一个连一个地重叠连接,宛如行人在墙外经过,只看见他头顶上的发髻一般,就说:"这儿必定有特殊的景色。"于是命令工匠开凿它前边成为方池,然后把挖掘的土筑起高台,一直修建到高出于屋檐之上才停止。自这以后,人们登至台的上头,恍惚之间却没有觉出台子的高来,竟以为是山峰突然间从下面奋起跳跃出来似的。陈公说:这样这台子是很适合叫做"凌虚"哩。将这情况告诉他的佐吏苏轼,并要求他做文章来记述它。

苏轼回复陈公说:事物的废弃与兴建、落成与毁坏,是不能够预先测度的。从前这里是荒草野坡,被露水寒霜遮蔽,狐狸长蛇出没的地方。当那时节,怎能会知道有座凌虚台呢?废弃与兴建、落成与毁坏,是前后交替而循环无穷的,那么高台是否恢复为荒草野坡,也是无法预知的啊。我曾经陪您登台远望:那东面就是秦穆公的祈年宫和橐泉宫的遗址,在它南面就是汉武帝当年的长杨苑和五柞神宫的废墟,而它的北面就是隋朝的仁寿宫而被唐太宗所改建的九成宫了。估量它在盛极一时的时候,那宏伟高耸奇异华丽的外貌,坚固而不可动摇的结构,岂止是超过这台一百倍——恐怕还不止哩!可是几代以后,纵想要寻觅它的模糊的样子,甚至连破瓦断墙也都不存在了。早就已经变成长庄稼的田地、生荆棘的丘墟了,何况这座小小的台子呢?这座高台尚且不能依靠坚固以垂永久,又何况是人事的得失,忽往忽来呢?倘若想利用这一建筑工程以炫耀于世间而自我满足,那就错了。因为人世间本来就有足以依靠的东西,然而,却不在于一座台子的存在或消失的啊!

把这话向陈公说了以后,回去就为他写了这篇记。

**原文**

国于南山之下,宜若起居饮食与山接也。四方之山,莫高于终南；而都邑之丽山者，莫近于扶风。以至近求最高，其势必得，而太守之居未尝知有山焉。虽非事之所以损益，而物理有不当然者，此"凌虚"之所为筑也。

方其未筑也，太守陈公杖履逍遥于其下。见山之出于林木之上者，累累如人之旅行于墙外而见其髻也，曰：是必有异。使工凿其前为方池，以其土筑台，高出于屋之檐而止。然后人之至于其上者，恍然不知台之高，而以为山之踊跃奋迅而出也。公曰：是宜名"凌虚"。以告其从事苏轼，而求文以为记。

轼复于公曰：物之废兴成毁，不可得而知也。昔者荒草野田，霜露之所蒙翳，狐虺之所窜伏，方是时，岂知有凌虚台耶？废兴成毁，相寻于无穷，则台之复为荒草野田，皆不可知也。尝试与公登台而望：其东则秦穆之祈年、橐泉也，其南则汉武之长杨、五柞，而其北则隋之仁寿、唐之九成也。计其一时之盛，宏杰诡丽，坚固而不可动者，岂特百倍于台而已哉！然而数世之后，欲求其仿佛，而破瓦颓垣，无复存者；既已化为禾黍、荆棘、丘墟、陇亩矣——而况于此台欤？夫台犹不足恃以长久，而况于人事之得丧，忽往而忽来者欤？而或者欲以夸世而自足，则过矣！盖世有足恃者，而不在乎台之存亡也。

既以言于公，退而为之记。

# 超然台记

凡是事物都有值得观赏的地方。只要值得观赏，就都能够使人得到快乐，不一定怪异、稀奇、雄伟、瑰丽才这样的。食酒糟、饮淡酒，都可以使人醉倒，瓜果蔬菜，甚至野草树皮，也都可以充饥果腹。以此类推，我们到哪里会感到不快乐呢？

那些为了求幸福而躲避祸患的人，认为幸福令人高兴而祸患使人悲哀。人的欲望没有止境，但能够满足我们欲望的东西却是有限的。对美好、丑恶的辨别常在心中斗争，而应放弃的和应争取的可供选择的东西又交替出现在眼前，那么可以快乐的就很少，可以悲哀的就很多。这倒可以叫做求取祸患而舍弃幸福。但求取祸患而躲避幸福，哪里是人之常情呢？这是外物遮蔽了心灵的缘故。那些人只在外物之内活动，而不到外物之外去求取。外物本身并没有大小之别。从它的内部来看，没有不既高且大的。它挟持着高大之势向下俯视我们，就使我们常常头晕目眩犹豫反复。好像从缝隙中观看别人争斗，又怎能明白胜负的原因呢？所以美好与邪恶就交错产生，忧愁和喜乐夹杂出现。那可不是极大的悲哀吗？

我从钱塘调任密州知府后，失去了江河乘船的安逸，而承受坐车骑马的辛苦；离开雕梁画栋华丽的住宅，而栖身于粗木建造的陋室；离开赏心悦目的湖光山色，而奔走在种植桑麻的荒郊僻野。刚到的时候，庄稼连年歉收，盗贼遍地，诉讼案件充满公堂，而厨房里也是空荡荡的，每天只吃些枸杞菊花之类的野菜当做蔬菜，人们自然会疑虑我不会有什么快乐了。在这里住了一年，我的面容却丰腴起来，白头

发也日见变黑。我已经很喜欢这里民风的淳朴了,这里的官吏和百姓,也都习惯于我的笨拙了。

于是,我便整修园林菜圃,清扫庭舍屋宇,砍伐安丘、高密山上的树木,用来修补破损之处,做暂时修治的打算。在园子的北边,原来靠城墙建造的高台已经破旧了,就略加修理,使它面貌一新。我时常和友人一起登台,放眼远眺,毫无拘束地开怀抒情言志。从台上向南望去,马耳山、常山在云雾中忽隐忽现,若近若远。这里也许隐居着君子吧!而在高台东面,有庐山,那是秦朝博士卢敖逃匿隐藏的地方。向西眺望穆陵关,隐隐约约像座城郭,当年姜太公、齐桓公留下的赫赫功业,在这里还保存着遗迹。向北俯瞰潍水,不由感慨万千,大为叹息,追思淮阴侯韩信当年巨大的战功,凭吊他没有得到善终。台子既高又稳固,既深广又很明亮,冬暖夏凉,在那雨洒雪飘的清晨,风清月明的夜晚,我没有不来这里的,客人也没有不跟着我一起来的。平时,我们采摘园里的蔬菜,捕捞池中的鲜鱼,拿出自己酿造的米酒,煮熟刚脱粒的小米饭,以此作为食品,大家边品尝边赞叹道:"多快乐啊,像这样自由自在地游玩!"

我的弟弟子由恰巧在济南为官,听到这件事便作了一篇赋,并且命名此台为"超然"。因为看到我无论到哪里都不会不快乐,这是由于我能超脱于事物之外吧。

**原文**

凡物皆有可观。苟有可观,皆有可乐,非必怪奇伟丽者也。哺糟啜醨,皆可以醉;果蔬草木,皆可以饱。推此类也,吾安往而不乐?

夫所谓求福而辞祸者,以福可喜而祸可悲也。人之所欲无穷,而物之可以足吾欲者有尽。美恶之辨战于中,而去取之择交乎前,则可乐者常少,而可悲者常多,是谓求祸而辞福。夫求祸而辞福,岂人之情也哉!物有以盖之矣。彼游于物之内,而不游于物之外。物非有大小也，自其内而观之，未有不高且大者也。彼挟其高大以临我，则我常眩乱反复，如隙中之观斗，又焉知胜负之所在？是以美恶横生，而忧乐出焉。可不大哀乎？

予自钱塘移守胶西，释舟楫之安，而服车马之劳；去雕墙之美，而庇采椽之居；背湖山之观，而适桑麻之野。始至之日，岁比不登，盗贼满野，狱讼充斥；而斋厨索然，日食杞菊，人固疑予之不乐也。处之期年，而貌加丰，发之白者，日以反黑。予既乐其风俗之淳，而其吏民亦安予之拙也。

于是，治其园圃，洁其庭宇，伐安丘、高密之木，以修补破败，为苟全之计。而园之北，因城以为台者旧矣。稍葺而新之，时相与登览，放意肆志焉。南望马耳、常山，出没隐见，若近若远。庶几有隐君子乎？而其东则卢山，秦人卢敖之所从遁也。西望穆陵，隐然如城郭，师尚父、齐威公之遗烈，犹有存者。北俯潍水，慨然太息，思淮阴之功，而吊其不终。台高而安。深而明，夏凉而冬温，雨雪之朝，风月之夕，予未尝不在，客未尝不从。撷园蔬，取池鱼，酿秫酒，瀹脱粟而食之。曰：乐哉游乎！

方是时，余弟子由适在济南，闻而赋之，且名其台曰："超然。"以见余之无所往而不乐者，盖游于物之外也。

# 放鹤亭记

熙宁十年的秋天，彭城一带发洪水，云龙山人张君的草房，洪水淹到大门一半高的地方。第二年春天，水退下去，于是他迁居于故居的东面，东山脚下。在这里登高而望，发现了一处风景特异的地方，就在这里建造了一座亭子。

彭城的山势，山冈丘陵四周合围，隐隐约约宛如一个巨大的圆环，唯独缺了它西边一面，可是张山人的亭子，恰好补上了缺空的一面。这里春夏之交，丛草林木茂盛地遮住半截天；秋冬两季，在飞雪或是月明之夜，千里一片银白；刮风下雨、阴霾或晴明的交替之际，俯视仰望山间的景色，更是变化百出，气象万千。张山人饲养了两只仙鹤，养得很驯熟而且善于飞翔。一大早就朝着西山的缺口放出去，任凭它飞到哪儿都行，或是站在水田里，或者飞翔在白云之外，到了傍晚就沿着东山飞回来。因此，就为亭子取名为"放鹤亭"。

郡守苏轼，时常带着宾客僚属前去看望张山人，在这亭子里饮酒感到很快乐，曾举杯而向张山人说："你知道隐居的快乐吗？即使是南向而坐的帝王，也不愿和他交换地位哩。《周易》说：'鸣叫着的白鹤，即便是在那幽深的角落，但是它的小鹤啊，已经听见并随声相和。'《诗经》也咏道：'白鹤鸣叫在九层深的沼泽间，一声声传到了高高的天边。'这是由于它作为一个动物，自有貌清意远而神情闲散的特点，能超脱于尘埃之外，所以《周易》和《诗经》都把它比作贤人君子和隐居有德的士人。驯养熟化了来赏玩它，理应是有益而无害的，然而卫懿公却因爱好鹤而亡了国。还有，周公曾写《酒诰》，卫武公也写了《抑戒》，都认为荒唐迷惑败家乱国，再没有比酒更厉害的东西了，可是刘伶、阮籍之流，却以饮酒保全了个人的真性情而传名于后世。唉！南向而坐的帝王，即使是像白鹤这种貌清意远、神情闲散的禽鸟，都爱好不得，爱好它就会亡国。但是山林中逃避世俗的人士，即使是酒这种能使人荒唐迷惑败家乱国的东西，也不能对他们构成危害，又何况是白鹤呢。由此看来，做隐士的快乐和做帝王的乐趣相比，真是截然不同，不能相提并论啊。"张山人高兴地笑道："真是这样啊！"于是我写了《放鹤》、《招鹤》的歌词，云：

  白鹤飞去呀。在那西山的缺口上。高高飞起朝下望呀，选个合适的地方。翻过身来收起翅膀，好像准备降落了啊,忽然间发现了什么,矫健地去袭击,又飞向了远方。整天独自在山涧峡谷里呀,啄食那青苔而行走在雪白的石头上。白鹤回来呀,回到东山的背阴。那下面有个人呀,他戴着黄色的帽子,踏着草鞋,穿着葛布衣裳,正在弹琴。他靠自己耕田来吃饭呀,剩余的粮食把你喂饱。回来回来呀,西山不可以久留。

## 原文

熙宁十年秋,彭城大水。云龙山人张君之草堂,水及其半扉。明年春,水落,迁于故居之东,东山之麓。升高而望,得异境焉,作亭于其上。

彭城之山,冈岭四合,隐然如大环,独缺其西一面,而山人之亭,适当其缺。春夏之交,草木际天;秋冬雪月,千里一色;风雨晦明之间,俯仰百变。山人有二鹤,甚驯而善飞;旦则望西山之缺而放焉,纵其所如,或立于陂田,或翔于云表;暮则傃东山而归:故名之曰"放鹤亭"。

郡守苏轼,时从宾佐僚吏往见山人,饮酒于斯亭而乐之,挹山人而告之曰:"子知隐居之乐乎?虽南面之君未可与易也。《易》曰:'鸣鹤在阴,其子和之。'《诗》曰:'鹤鸣于九皋。声闻于天。'盖其为物清远闲放,超然于尘埃之外,故《易》、诗人以比贤人君子。隐德之上,狎而玩之,宜若有益而无损者。然卫懿公好鹤则亡其国。周公作《酒诰》,卫武公作《抑戒》,以为荒惑败乱无若酒者;而刘伶、阮籍之徒,以此全其真而名后世,嗟夫!南面之君,虽清远闲放如鹤者,犹不得好,好之则亡其国。而山林遁,世之士,虽荒惑败乱如酒者,犹不能为害,而况于鹤乎?由此观之,其为乐未可以同日而语也。"山人欣然而笑曰:"有是哉!"

乃作《放鹤》、《招鹤》之歌曰:

鹤飞去兮西山之缺,高翔而下览兮择所适。翻然敛翼,宛将集兮;忽何所见,矫然而复击。独终日于涧谷之间兮，啄苍苔而履白石。鹤归来兮，东山之阴。其下有人兮，黄冠草履，葛衣而鼓琴。躬耕而食兮，其余以汝饱。归来归来兮，西山不可以久留。

# 石钟山记

《水经》上说："鄱阳湖的出口处有座石钟山。"郦道元认为是由于这座山下濒临深潭，微风吹起水浪，水石两相撞击，发出的声音像洪钟一般，所以得名。这种说法，人们常常怀疑它。如今把钟和磬放在水里，虽然有大风大浪也不能使它们发出响声来，又何况是石头呢？到了唐朝，李渤才去寻访它的遗迹。在潭上找到两块石头，敲击它听它发出的声音，南边的那块声音深沉含混，北边的那块声音清亮高扬，鼓槌停止敲击，而响声仍在升腾，余音慢慢地才消逝。李渤自以为找到了"石钟"命名的缘由了。但是这种说法，我对它更加怀疑。石头被敲击，能够发出铿锵声音的，到处都是，但偏偏用"钟"来命名这里的石头，为什么呢？

元丰七年六月初九，我从齐安乘船去临汝，同时大儿子苏迈要到饶州德兴县去任县尉，我送他到石钟山的所在地湖口县，由此能够看到人们所说的那个"石钟"。

庙里的和尚叫一个小童拿着斧子在乱石堆里挑出一两块石头敲打着，发出硿硿的响声。我只笑笑，不相信就是这么回事。到了夜晚月色明亮时，我单独和儿子苏迈坐小船划至石钟山陡峭的山壁下。向上看去，高达千尺的巨大岩石，倾斜地耸立着，好像凶猛的野兽、奇特的鬼怪，阴森森地像要搏击人似的；而山上栖息着的苍鹰，听到人的声音，也惊恐地飞起来，磔磔地在云霄里鸣叫；又有像老人边咳嗽边笑的声音在山谷中回响，有人说："这是鹳鹤。"我心里有些害怕，正想返程回去，这时在水面上发出一种巨大的声音，轰隆隆地像钟鼓的响声，久久不停。船夫十分害怕。我慢慢地察看，发觉山下全是石头洞和石头缝隙，也看不出它们的深浅，微小的波浪冲进去，在里面流转回荡，相互撞击，形成了这种声音。船转回到上钟山和下钟山之间，将要进入湖水的分流处，有块大石头挡在水流中央，上面可坐上百人。这块大石，中间是空的，四周有许多小孔，与风和水相互吞吐，发出的声音，与刚才听到的轰隆之声相响应，好像音乐正在演奏。我因此笑着对迈儿说："你知道这些了吗？轰隆隆的声音，像是周景王无射钟所发出的声音；窾坎镗鞳的声音，像是魏庄子的歌钟所发出的声音。古人并没有欺骗我们啊！"

事物不亲自眼见耳闻，便凭想象来判断它的有没有，可以吗？郦道元所见到和听到的，大概和我相同，可是讲得不详细；一般士大夫总是不愿深夜乘小船来到绝壁之下，所以无法知道底细；而渔人船夫，虽然知道却不能讲出来。这就是石钟山命名的真实原因不能在世上相传的道理。而见识粗浅的人竟拿着斧头敲击来探求真相，自认为得到了真实结果。我因此把这一情况记下来，既叹惜郦道元所言的简略，又讥笑李渤所说的浅陋。

### 原文

《水经》云："彭蠡之口，有石钟山焉。"郦元以为下临深潭，微风鼓浪，水石相搏，声如洪钟。是说也，人常疑之。今以钟磬置水中，虽大风浪不能鸣也，而况石乎？至唐李渤，始访其遗踪，得双石于潭上。扣而聆之，南声函胡，北音清越，枹止响腾，余韵徐歇：自以为得之矣。然是说也，余尤疑之。石之铿然有声者，所在皆是也；而此独以钟名，何哉？

元丰七年六月丁丑，余自齐安舟行，适临汝。而长子迈将赴饶之德兴尉，送至湖口，因得观所谓石钟者。

寺僧使小童持斧于乱石间，择其一二，扣之硿硿然，余固笑而不信也。至其夜月明，独与迈乘小舟，至绝壁下，大石侧立千尺，如猛兽奇鬼，森然欲搏人。而山上栖鹘闻人声亦惊起，磔磔云霄间。又有若老人咳且笑于山谷中者，或曰：此鹳鹤也。余方心动欲还，而大声发于水上，噌吰如钟鼓不绝。舟人大恐，徐而察之，则山下皆石穴罅，不知其浅深，微波入焉，涵澹澎湃而为此也。舟回至两山间，将入港口，有大石当中流，可坐百人，空中而多窍，与风水相吞吐，有窾坎镗鞳之声，与向之噌吰者相应，如乐作焉。因笑谓迈曰："汝识之乎？噌吰者，周景王之无射也；窾坎镗鞳者，魏献子之歌钟也。古之人之不余欺也。"

事不目见耳闻，而臆断其有无，可乎？郦元之所见闻，殆与余同，而言之不详；士大夫终不肯以小舟夜泊绝壁之下，故莫能知；而渔工、水师，虽知而不能言：此世所以不传也。而陋者乃以斧斤考击而求之，自以为得其实。余是以记之，盖叹郦元之简，而笑李渤之陋也。

# 前赤壁赋

壬戌年的秋天，七月十六日，我和客人乘船漫游，游览于赤壁之下。清风徐徐吹来，江水静得连波纹也不起。于是举酒敬客，吟诵"明月"的诗篇，歌唱起"窈窕"的乐章。一会儿，月亮于东面的山巅升起，徘徊在南斗和牛宿之间。银白的霜露弥漫江上，水光闪闪接连青天。纵放这一片苇叶似的小船任其漂荡，凌驾于万顷绿波中茫茫无边。江面多么浩瀚啊，宛如凭空驾风，不知停在何处，飘飘摇摇啊，好似离开人间而独立，长出了翅膀变成神仙。

在这里，酒越喝越高兴，就敲击船舷唱起歌来。唱道："桂木篙啊木兰木的桨，击打着清澈透明的江水，迎头穿过那流荡的银光。渺渺遥遥啊我的情怀,远望那美人啊在天一方。"客人中有位会吹箫的,和着歌声伴奏起来。那声音呜呜咽咽,既像怨恨又像爱慕,宛如哭泣又如倾诉,余音悠扬,恰似细而不断的丝缕。感动得潜伏在幽深洞穴的蛟龙起舞,使居住在孤零零小船上的寡妇痛哭。

我不由凄凄惶惶起来,理一理衣襟,挺直身子坐着,问客人道:"为什么箫声这样动人呢?"

客人答道:"'月儿亮了星儿稀,乌鸦喜鹊向南飞',这不是曹操的诗句吗?西望夏口,东望武昌,山河缭绕,郁郁苍苍的所在,这不是曹操被周郎所困的地方吗?当年他攻破荆州,出兵江陵,顺流而下指向正东,后舳挨前舻的舰只千里不断,旗帜如林遮住了天空,临江饮酒,横握长矛写诗吟咏,真是一代英雄啊,但是如今在哪儿呢?何况我和您不过是打柴捕鱼,活动在江边沙洲,和鱼虾做伴侣,同麋鹿交朋友。乘着一片叶子似的小船,举着葫芦瓢来互相敬酒。把蜉蝣一样的短暂寿命寄存在永远不老的大地,让小米粒似的身子投进那沧海无边的宇宙。哀痛我们生命的短暂,羡慕那长江滔滔的无穷。希望拉着神仙一起遨游,抱着明月而永生。既然知道是不能马上得到的事,只好把这袅袅的箫声寄托于悲凄的寒风。"

我对客人说道:"您也知道那水和月亮吗?所谓'逝去的像这流水',其实水并没有流逝净尽啊;又圆又缺地犹如那月亮,可是终究是没有一点增减啊。因为如果从事物的变化来观察它,那即使是天长地久也只不过是一瞬;若从不变的方面来看它,这就使万物和我都是无穷无尽啊,又何必羡慕别的呢?再说这天地之间,物各有主,只要不归我所有,那就丝毫也拿不到手。只有江上的清风与山间的明月,耳朵听到它就表现为悦耳声音,眼睛遇见了就形成为颜色;获取它没有禁令,享用它不会枯竭。这是上天赋予我们的无穷无尽的宝藏啊,这些是我和您能共同享受的快乐。"

客人高兴地笑了,洗洗酒杯又喝起来。菜肴和果品吃光了,杯子盘子乱放乱摆,大家挨挤着睡在船上,沉睡中不知道东方已经发白。

**原文**

壬戌之秋,七月既望,苏子与客泛舟,游于赤壁之下。清风徐来,水波不兴。举酒属客,诵"明月"之诗,歌"窈窕"之章。少焉,月出于东山之上,徘徊于斗、牛之间。白露横江,水光接天。纵一苇之所如,凌万顷之茫然。浩浩乎如冯虚御风,而不知其所止;飘飘乎如遗世独立,羽化而登仙。

于是饮酒乐甚,扣舷而歌之。歌曰:"桂棹兮兰桨,击空明兮溯流光。渺渺兮予怀,望美人兮天一方。"客有吹洞箫者,依歌而和之。其声呜呜然,如怨如慕,如泣如诉;余音袅袅,不绝如缕;舞幽壑之潜蛟,泣孤舟之嫠妇。

苏子愀然,正襟危坐,而问客曰:"何为其然也?"

客曰:"'月明星稀,乌鹊南飞',此非曹孟德之诗乎?西望夏口,东望武昌,山川相缪,郁乎苍苍:此非孟德之困于周郎者乎？方其破荆州，下江陵，顺流而东也：舳舻千里，旌旗蔽空，酾酒临江，横槊赋诗，固一世之雄也，而今安在哉！况吾与子渔樵于江渚之上，侣鱼虾而友麋鹿。架一叶之扁舟，举匏樽以相属。寄蜉蝣于天地，渺沧海之一粟。哀吾生之须臾，羡长江之无穷。挟飞仙以遨游，抱明月而长终：知不可乎骤得，托遗响于悲风。"

苏子曰："客亦知夫水与月乎？逝者如斯，而未尝往也；盈虚者如彼，而卒莫消长也。盖将自其变者而观之，则天地曾不能以一瞬；自其不变者而观之，则物我皆无尽也，而又何羡乎？且夫天地之间，物各有主，苟非吾之所有，虽一毫而莫取。惟江上之清风，与山间之明月，耳得之而为声，目遇之而成色；取之无禁，用之不竭。是造物者之无尽藏也，而吾与子之所共适。"

客喜而笑，洗盏更酌。肴核既尽，杯盘狼藉，相与枕藉乎舟中，不知东方之既白。

# 后赤壁赋

　　这年十月十五日，我从雪堂步行，将要回到临皋亭去。两位客人跟随我，同过黄泥坂这段斜坡。这时霜露已经降下，树叶全部凋落，人影清楚地倒映在地，抬头望见明月。环顾四周心里非常快乐，我们边走边唱相互应答。

　　过了一会儿，我感叹说："有客却没有酒，有酒却没有菜肴。月色皎洁清风徐徐，我们怎样度过这个美好的夜晚呢？"客人说："今天傍晚，撒网捕到些鱼，嘴大鳞细，形状就像松江的鲈鱼。但是从什么地方去弄到酒呢？"我回家和妻子商量此事。妻子说："我有一斗酒，已存了很久，以备您临时有意外需要。"就这样带着酒和鱼，我们再次到赤壁下游玩。

江水奔流发出声响，陡峭的江岸高耸千尺，山峦显得更高，月亮显得更小，水位降落礁石露出。才相隔了几天，而江景山色再也认不出来了。我就撩起衣裳上岸，踏着险峻的山岩，拨开稠密纷繁的山草，蹲坐在像虎豹的山石上，攀着像虬龙的古木，手扳着鹘鸟栖宿的高巢，俯视水神冯夷的深宫，这时两位客人已不能跟我爬山了。我一声长啸，草木也被震动，高山共鸣，深谷回应，风吹起来，浪涌起来。我也不禁暗自悲哀，紧张恐惧，感到害怕而不敢停留了。我又返回岸边，登上小船，放船到江心，随它漂流到哪里，就在哪里停泊下来。这时已快到半夜，四下环顾寂静无声。正好有只孤鹤，横穿长江从东面飞来。翅膀像车轮一般大，如同穿着黑裙白衣，嘎嘎地拖长声音叫着，掠过我们的船向西飞去。

不久，客人离去，我也入睡了。梦见一位道士，穿着鸟羽制成的衣服，飘然轻快，来到临皋亭下，向我拱手施礼说："赤壁的游玩快乐吗？"我问他的姓名，他低头不答。"哦哦，嘻嘻，我明白了。昨天夜里，边飞边叫着掠过我船的，不就是您吗？"道士回头笑了起来，我也被惊醒了，开门一看，却看不到他去什么地方了。

**原文**

是岁十月之望，步自雪堂，将归于临皋。二客从予，过黄泥之坂。霜露既降，木叶尽脱，人影在地，仰见明月，顾而乐之，行歌相答。

已而叹曰："有客无酒，有酒无肴；月白风清，如此良夜何？"客曰："今者薄暮，举网得鱼，巨口细鳞，状如松江之鲈。顾安所得酒乎？"归而谋诸妇，妇曰："我有斗酒，藏之久矣，待子不时之需。"于是携酒与鱼，复游于赤壁之下。

江流有声，断岸千尺，山高月小，水落石出。曾日月之几何，而江山不可复识矣。予乃摄衣而上，履巉岩，披蒙茸，踞虎豹，登虬龙，攀栖鹘之危巢，俯冯夷之幽宫。盖二客不能从焉。划然长啸，草木震动，山鸣谷应，风起水涌。予亦悄然而悲，肃然而恐。凛乎其不可留也，反而登舟，放乎中流，听其所止而休焉。时夜将半，四顾寂寥，适有孤鹤，横江东来。翅如车轮，玄裳缟衣，戛然长鸣，掠予舟而西也。

须臾客去，予亦就睡。梦一道士，羽衣蹁跹，过临皋之下，揖予而言，曰："赤壁之游乐乎？"问其姓名，俯而不答。"呜呼噫嘻！我知之矣！畴昔之夜，飞鸣而过我者，非子也耶？"道士顾笑，予亦惊寤，开户视之，不见其处。

# 三槐堂铭

天意是可以料定其必然的吗？但是贤明的人却不一定显贵，仁慈的人也不一定长寿。天意是不可以料定其必然的吗？但是仁慈的人一定会有好的后代。这两种说法该怎样来论定是正确的呢？

我听申包胥说过："人坚持自己的意志就可以胜过天，天遵循自己的意愿也能胜过人。"世上谈论天的人，都不等到天的意志表现出来就去验证它，所以认为天是渺茫不可捉摸的。善良的人由此而懈怠，邪恶的人由此而放纵。盗跖的长寿，孔子、颜回的困厄，这都是天意没有最终显示出来的缘故。松柏生长在山林，它开始时，被困在蓬蒿之下，遭牛羊践踏，可是最终，它能贯穿四季，经历千年而挺立不变，这是天意的最终显示。人的善恶报应，直到子孙，那是天意早就定下的。我用自己见到和听到的事来考察，可以料定其必然，这是很清楚的。

国家将要兴盛起来，一定有世代积德的臣属，做了很多善事而没有享受应有的回报，以后他的子孙能与用文治来守成的太平盛世的国君共同享受天下之福。所以已去世的兵部侍郎、

晋国公王祐先生，在后汉、后周之间就已显贵，前后侍奉太祖、太宗，能文能武，又忠又孝，天下人都希望他当宰相，可是他最终因正直而不被当时朝廷容纳。他在庭院里曾亲手种了三株槐树，说："我的子孙一定会有做三公的。"后来，他的儿子魏国文正公，在真宗皇帝景德、大中祥符年间当了宰相。朝廷政治清明，天下太平无事的时候，享受福禄荣耀名声十八年。如今把东西寄放在别人那里，第二天就去拿回，有拿得到的，也有拿不到的。然而晋国公自身修养德行，要求酬报于天道，并且相信在几十年之后一定实现。就好像拿着契约的左半，一手交契一手拿回所得，我由此知道天的意志是必然可以料定的。

我没能够赶上见到魏国公，但是看到了他的儿子懿敏公。他以敢于直谏侍奉仁宗皇帝，在朝内外跟随将帅三十多年，地位比不上他的品行。天意将要使王家兴盛吧？怎么他的子孙有那么多贤人呢？世上有人把晋国公比作李栖筠，他们才干杰出，性格刚直，确实不相上下。而栖筠的儿子吉甫、孙子德裕，获得的功名富贵差不多和王家相似，但李家的忠恕仁厚，不如魏国公父子。由此看来，王家的福分，大概还没有终结。

懿敏公的儿子王巩和我有交往，他注重品行修养而又擅长诗文，以此继承他世代的家风，我因此作铭记叙。铭文说：

啊呀这多么好啊！魏国公的功德，和槐树一起萌兴。辛勤地种植浇灌，必经世代才成。做了宰相辅佐真宗，天下像磨刀石那样地安定。回乡探望自己的家，槐荫遮满庭院。我们这些无德才之辈，早上不做晚上的打算，寻找时机谋取好处，哪里顾及品德修养，只希望有意外的机会，不耕作就有收获。没有贤德的人，怎么能治理国家？在京城的东面，是晋国公的家园，郁郁葱葱地长着三棵槐树，就是世代积德的凭据。啊呀这多么好啊！

### 原文

天可必乎？贤者不必贵，仁者不必寿。天不可必乎？仁者必有后。二者将安取衷哉？

吾闻之申包胥曰："人定者胜天，天定亦能胜人。"世之论天者，皆不待其定而求之，故以天为茫茫，善者以怠，恶者以肆。盗跖之寿，孔、颜之厄，此皆天之未定者也；松柏生于山林，其始也困于蓬蒿，厄于牛羊，而其终也贯四时、阅千岁而不改者，其天定也。善恶之报至于子孙，则其定也久矣！吾以所见所闻考之，而其可必也审矣！

国之将兴，必有世德之臣厚施而不食其报，然后其子孙能与守文太平之主共天下之福。故兵部侍郎晋国王公，显于汉、周之际，历事太祖、太宗，文武忠孝，天下望以为相，而公卒以直道不容于时。盖尝手植三槐于庭，曰："吾子孙必有为三公者。"已而其子魏国文正公，相真宗皇帝于景德、祥符之间，朝廷清明天下无事之时，享其福禄荣名者十有八年。今夫寓物于人，明日而取之，有得有否。而晋公修德于身，责报于天，取必于数十年之后，如持左契，交手相付：吾是以知天之果可必也。

吾不及见魏公，而见其子懿敏公，以直谏事仁宗皇帝，出入侍从将帅三十余年，位不满其德。天将复兴王氏也欤？何其子孙之多贤也。世有以晋公比李栖筠者，其雄才直气，真不相上下；而栖筠之子吉甫，其孙德裕，功名富贵，略与王氏等，而忠恕仁厚，不及魏公父子。由此观之，王氏之福，盖未艾也。

懿敏公之子巩与吾游，好德而文，以世其家，吾是以录之。铭曰：

呜呼休哉！魏公之业，与槐俱萌，封植之勤，必世乃成。既相真宗，四方砥平；归视其家，槐荫满庭。吾侪小人，朝不及夕，相时射利，皇恤厥德？庶几侥幸，不种而获。不有君子，其何能国？王城之东，晋公所庐，郁郁三槐，唯德之符。呜呼休哉！

# 方山子传

方山子是光州和黄州一带的隐士。他年轻时曾仰慕朱家、郭解的为人，因此乡里街坊的豪侠人物都拥戴他。进入壮年时，改变了作风而认真读书，希望借此能在当代文场上竞争，风行天下，但是始终没有遇到机会。晚年就退隐在光、黄二州之间叫"岐亭"的地方，茅庵作为住宅，蔬菜粮食作为食物，不与世人来往。弃去车马，毁掉士绅的衣冠，徒步往来，因此山里的人都不知道他的来历。只是看见他戴的帽子方顶高耸，说："这也许是古时方山冠的老样式吧！"因之就称呼他为"方山子"。

我贬谪到黄州，路过岐亭，恰巧遇到了他，就说："哎呀！这是我的老朋友陈慥季常啊？您为什么也在这里？"方山子也吃惊地看着我，询问我来到此地的缘故。我就把被贬谪的经过告诉了他，他只是低头不出声，忽又仰面大笑。招呼我到他家住宿。他家内四壁空空，可是妻子儿女和男女佣人却都有生活得很惬意的表情。我就感到很奇怪了。

我想起了方山子年轻时好饮酒好弄刀剑，挥霍钱财宛如粪土时的情况。十九年前，我在岐山遇见了方山子，他率领两个骑马的伴当，挟着两副弓箭，在西山打猎。突然有只猎物在马前像野鹊似的惊跳起来，他命令伴当策马去射它，不中。方山子催马狂奔亲自出击，只一发就命中了。接着就骑着马和我谈论起军事，及古今战争成败，等等，那意气是以一代豪杰而自居的。这好像才几天的事，他当年精明强悍的神色，至今仍然在眉宇之间显露着，哪里像个隐居山中的人呢？

何况方山子家世代都有功勋，他本应荫补为官，假使他按例补了官随衙办事，到如今早就官高位显了。而且他家是在洛阳这样的名城，园林宅第很壮丽，像公侯府邸一般。在河北面又有庄田，每年能得到价值一千匹帛的地租，也满可以过富裕快乐的日子了。但是他却都舍去不取，偏偏来到穷苦的山中生活，这难道不是因为他独有会心之处才会如此吗？

我听说光、黄二州之间有不少奇异不凡的人物，往往假装癫狂，故意搞得邋里邋遢的样子，我却不能见到，方山子或许偶然见过他们吧！

**原文**

方山子，光、黄间隐人也。少时慕朱家、郭解为人，闾里之侠皆宗之。稍壮，折节读书，欲以此驰骋当世，然终不遇。晚乃遁于光、黄间，曰岐亭，庵居蔬食，不与世相闻。弃车马，毁冠服，徒步往来，山中人莫识也，见其所著帽方耸而高，曰："此岂古方山冠之遗像乎？"因谓之"方山子"。

余谪居于黄，过岐亭，适见焉。曰："呜呼！此吾故人陈慥季常也，何为而在此？"方山子亦矍然问余所以至此者，余告之故。俯而不答,仰而笑。呼余宿其家,环堵萧然,而妻子奴婢皆有自得之意。余既耸然异之。

独念方山子少时使酒好剑,用财如粪土。前十九年,余在岐山,见方山子从两骑挟二矢游西山,鹊起于前,使骑逐而射之,不获;方山子怒马独出,一发得之。因与余马上论用兵,及古今成败,自谓一时豪士。今几日耳!精悍之色,犹见于眉间,而岂山中之人哉?

然方山子世有勋阀,当得官,使从事于其间?今已显闻。而其家在洛阳,园宅壮丽,与公侯等;河北有田,岁得帛千匹,亦足以富乐。皆弃不取,独来穷山中,此岂无得而然哉?

余闻光、黄间多异人,往往佯狂垢污,不可得而见,方山子傥见之欤?

# 在儋耳书

我刚到海南岛的时候,看到四周天水相连,无边无际,不禁为之伤心,说道:"什么时候我才能离开这里啊?"现在想来,天和地也都是在水中的,偌大的九州在大海的包围中,中国在小一些的海洋包围中,有谁能说自己不是生活在岛上的呢?将一盆水倒在地上,小草浮在水面上,蚂蚁便会爬到小草上,茫然不知如何是好。不久,水干了,蚂蚁爬开,见到了它的同类,不禁伤心地说:"我还以为见不到你了,哪里知道就在一会儿工夫,宽阔的道路就出现了。"想到此处不禁一笑。

戊寅年九月十二日,与客人饮酒微醉,随手将这些感触写在了纸上。

## 原文

吾始至南海,环视天水无际,凄然伤之,曰:"何时得出此岛耶?"已而思之,天地在积水中,九州在大瀛海中,中国在少海中，有生孰不在岛者？覆盆水于地，芥浮于水，蚁附于芥，茫然不知所济。少焉水涸，蚁即径去，见其类，出涕曰："几不复与子相见，岂知俯仰之间，有为轨八达之路乎？"念此可以一笑。

戊寅九月十二日，与客饮薄酒小醉，信笔书此纸。

# 答黄鲁直书

苏轼这里再次叩头拜见黄鲁直教授。我第一次欣赏您的诗文，是在孙莘老家，当时不觉耸肩惊讶，认为这不是当代人能够写出来的文章。孙莘老说："这个人，了解他的人还不多，你可以给他宣扬一下。"我笑着回答："这人必定如纯金美玉一般，就算他不去接触别人，别人也会主动接近他，哪里用我去宣扬呢？"看他的文章来揣度他的为人，必定是看轻身外之物、注重自身品德之人，如今正直的君子没有不被争相起用的。这以后我与李公择在济南相会，见到了更多您的诗文，对您的为人有了更加详尽的了解，知道您风度超然脱俗，与众不同，且品格超拔，不受世俗的羁绊，得不到当今君子的赏识，也不像我这样放浪形骸，与世俗格格不入，交不到好的朋友。今日看到您的书信，礼数甚是恭敬，态度极是谦卑，好像是见到了一个让您害怕的人，这又何必呢？我一直想以书信与您结交，却害怕唐突，不料得到您的书信，欣喜之余不禁有些惭愧。只因自从入夏以来，家人不断有人生病卧床，断断续续直到如今，所以回信很是缓慢，希望您不要介意。您寄来的《古风》两首诗，以物寄托深意，真是具备古代诗人的风格，而我并不是您所推崇备至的人。我也作了次韵诗寄给您，见笑见笑。秋天的暑气还很重，不知您的生活如何？没有机会见面，希望您保重身体，善自珍重。

# 唐宋八大家文鉴

## 原文

轼顿首再拜鲁直教授长官足下。轼始见足下诗文于孙莘老之坐上,耸然异之,以为非今世之人也。莘老言:"此人,人知之者尚少,子可为称扬其名。"轼笑曰:"此人如精金美玉,不即人而人即之,将逃名而不可得,何以我称扬为?"然观其文以求其为人,必轻外物而自重者,今之君广莫能用也。其后过李公择于济南,则见足下之诗文愈多,而得其为人益详,意其超逸绝尘,独立万物之表,驭风骑气,以与造物者游,非独今世之君子所不能用,虽如轼之放浪自弃,与世阔疏者,亦莫得而友也。今者辱书词累幅,执礼恭甚,如见所畏者,何哉?轼方以此求交于足下,而惧其不可得,岂意得此于足下乎?喜愧之怀,殆不可胜。然自入夏以来,家人辈更卧病,匆匆至今,裁答甚缓,想未深讶也。《古风》二首,托物引类,真得古诗人之风,而轼非其人也。聊复次韵,以为一笑。秋暑,不审起居何如?未由会见,万万以时自重。

# 与王定国书

我写信相告：罪责重大惩罚却很轻微，能得到这种处分已经是很幸运了，不曾觉得悲伤。但是几十位好友，因为我的缘故都受到了处罚，而王定国被我连累得最深，被发配到远离皇城的偏远地区，与亲人朋友相隔遥远。每每想到此处，我便觉得心肺都像被热水浇、被芒刺扎那样难受。今日得到了你的来信，不但没有责怪我，反倒安慰我，心中丝毫没有郁积的情绪，看见你的为人，不以得势失势定弃朋友，真是太难得了！我唯恐路过的人不能将这封信送到，因此专门派人送去，表达我一点诚恳的心意。我希望你多多保重身体，用告诫我的那些话自诫吧。写到此处心情郁闷，不知送信的人走到江边，还能赶上你的游船吗？信写得匆忙，无法尽述我的心意。

### 原文

某启：罪大责轻，得此甚幸，未尝戚戚。但知识数十人，缘我得罪，而定国为某所累尤深，流落荒服，亲爱隔阔。每念及此，觉心肺间便有汤火芒刺。今得来教，既不见弃绝，而能以道自遣，无丝发蒂芥，然后知定国为可人，而不肖他日犹得以衰颜白发厕宾客之末也。甚幸！甚幸！恐从者不由此过，故专遣人致区区。惟愿定国深自爱重，仍以戒我者自戒而已。临书悒悒，不知此人到江，犹及见仙舟否？匆匆，不宣。

# 亡妻王氏墓志铭

在治平二年（1065）五月二十八日这一天，赵郡苏轼的妻子王氏于京师开封因病辞世。六月甲午将灵柩停在京城的西门外。于次年的六月壬午在眉州城东北彭山县的安镇乡可龙里把妻子下葬了，妻子的坟墓位于父亲和母亲墓葬的西北约有八步远的地方，我现在为她做墓志铭如下：

　　亡妻叫王弗，是眉州青神县人，她父亲是乡贡进士王方。在她十六岁的时候就嫁给了我苏轼，为我生了儿子叫苏迈。未嫁之前，在家里她很孝顺父母。嫁给我之后，对我的父母也很孝顺，她的端庄、严肃在当地是很有名声的。刚嫁来的时候，她没有告诉我自己认字。她见我读书，就坐在我的旁边，我不明白她是否懂得我读的书。后来，我读过的书会有忘记的地方，她就会记得这些地方的内容。我问她一些书籍她基本上都记住了，这件事以后我才知道她聪敏且文静。

　　她陪同我苏轼去凤翔府做了签书判官，我经常外出办公事，每次回来她都详细询问我办事的情况。她还经常警告我："你在这儿人生地不熟的，办事一定要处处小心啊。"每天她告诫我的这些话我父亲也曾经告诫过我。我在外和朋友们说话的时候，她常常站在屏风后面仔细地听，等我回来她还能复述出来我们曾经说的话。还说："某个人讨论问题很有偏见，常常走极端化。但是你的意见本来就是正确的啊，那为什么还要和这帮人讨论呢！"凡是有事情来求我办的人和我套近乎，她总告诫我："这种人是不能长久做朋友的，这个人这么快就和你交上朋友了，那他离开你也必定很快。"不久，她的看法果然被证实了。在她亡故前的那一年，说的话都是可以听从的，她就像个未卜先知的神人。仅仅二十七岁她就告别了人间。在刚刚失去她的时候，我父亲吩咐我说："你媳妇是和你一起同甘共苦的人，你不能忘了她啊。以后有机会，千万把她埋葬在你母亲墓旁。"不到一年，我的父亲也离开了我。我苏轼遵奉父亲的遗嘱把她安葬在我们家的墓地中。我给她做铭文，内容如下：

　　你能在九泉之下跟随着咱们的母亲，我却没有这种机会。真是可悲啊！失去了你我就失去了永远的依靠。你虽然离开了我，但今生我能有幸娶你做妻子，你作为儿媳能够安葬在公婆身边，就没有可遗憾的了。真是难过啊！

### 原文

治平二年五月丁亥，赵郡苏轼之妻王氏卒于京师。六月甲午，殡于京城之西。其明年六月壬午，葬于眉之东北彭山县安镇乡可龙里，先君、先夫人墓之西北八步。轼铭其墓曰：

君讳弗，眉之青神人，乡贡进士方之女。生十有六年而归于轼，有子迈。君之未嫁，事父母；既嫁，事吾先君先夫人，皆以谨肃闻。其始，未尝自言其知书也。见轼读书，则终日不去，亦不知其能通也。其后，轼有所忘，君辄能记之。问其他书，则皆略知之，由是始知其敏而静也。

从轼官于凤翔。轼有所为于外，君未尝不问知其详。曰："子去亲远，不可以不慎。"日以先君之所以戒轼者相语也。轼与客言于外，君立屏间听之，退必反覆其言，曰："某人也，言辄持两端，惟子意之所向，于何用与是人言。"有来求与轼亲厚甚者，君曰："恐不能久，其与人锐，其去人必速。"已而果然。将死之岁，其言多可听，类有识者。其死也，盖年二十有七而已。始死，先君命轼曰："妇从汝于艰难，不可忘也。他日，汝必葬诸其姑之侧。"未期年而先君没，轼谨以遗令葬之，铭曰：

君得从先夫人于九原，余不能。呜呼哀哉！余永无所依怙。君虽没，其有与为妇何伤乎。呜呼哀哉！

# 刚　　说

孔子说："为人刚强坚毅、朴实寡言的人应该就是个仁爱的人。"孔子还说:"花言巧语、喜欢察言观色的人,他的身上很少有仁爱之心。"孔子喜欢那些刚强坚毅的人,其实喜欢的并不是他们的刚强坚毅,而是他们身上的仁爱之心。孔子对那些花言巧语的人很厌恶,实际上也不是讨厌花言巧语,而是他们缺少仁爱之心。我这一生遇到了很多不平事,对于他的这句话能够有所体会。凡是在我非常困顿的时候帮助我的,都是些刚强坚毅令人敬佩的人;在我仕途最艰难的时候还排挤、打击我的,都是以前喜欢花言巧语讨好别人的人。所以我知道刚毅的人身上肯定有仁爱之心,而花言巧语的人是缺少仁爱之心的。

建中靖国初年,我从南海回到家中,见到老朋友,便问人家的情况,谈论起一生中所见过的刚毅的人,有的都不幸过世了。像孙介夫这一类的人,完全可以称得上是刚毅的人了。

起初我的弟弟子由被任命为条例司的属官。因为朝政观点和当朝官僚不同就主动请退。王安石对孙介夫说:"我们条例司所录用的人就应该像你一样,做事敏捷,性格开朗啊!"孙介夫笑着说:"此话差矣。要用就用能力强的。但是至于我,是不想担任条例司属官的。"王安石沉默不语,直接进门,孙介夫也快步离开。孙介夫担任镇江军书记，这时候变法刚刚开始，监司都是刚入仕的新人，对士大夫也不礼遇，只有对孙介夫才表示出尊敬和忌惮，他们说："这人就是回绝丞相，不愿意担任条例司属官的人。"

谢麟治理溪洞，桂州守官王奇战死于疆场，当时孙介夫在桂州担任节度判官，按照皇帝的旨意对犯罪的官吏和士兵进行审讯。谢麟把捕获的十二人交给孙介夫审查，孙介夫不同意把他们杀掉。谢麟就想胁迫孙介夫。孙介夫说："审案要注重事实，官吏应该按法办事。军队停滞不前是几位将领的过错，他们承认罪行了，其他人还能杀吗！如果非要违法杀人，那么经制司您自己处置吧，我不好参与这样的事情！"于是，谢麟上奏说孙介夫公然抗命，孙介夫也上奏说谢麟侵权管案。刑部最后同意了孙介夫的奏章，十二个人全部免死，有人只是被降职。于是我更加相信他的刚毅和仁爱之心了。

孔子生活的年代，有品德的人应该不少了，但是孔子仍然感叹"哪里有刚毅的人啊"，主要是想说这种人很难遇到。可是现在的人却说"人太刚毅就容易被折断"！士人应该害怕的是不刚毅，还要担心长期修养都不能养成这种品德呢，怎么害怕自己太刚毅而被折损呢！到底能不能被折损是天意，不是刚毅本身的错误。持这种观点的人都是计较得失的小人。

孙先生值得记载的事情很多，我仅仅记下这两桩小事留给鼹、勋二人，懂得刚毅的人一定是有仁爱之心的，以此来弘扬孔子的学说。

**原文**

孔子曰："刚毅木讷，近仁。"又曰："巧言令色，鲜矣仁。"所好夫刚者，非好其刚也，好其仁也。所恶夫佞也，非恶其佞也，恶其不仁也。吾平生多难，常以身试之，凡免吾于厄者，皆平日可畏人也；挤我于俭者，皆异时可喜人也。吾足以知刚者之必仁，佞者之必不仁也。

建中靖国之初，吾归自南海，见故人，问存没，追论平生所见刚者，或不幸死矣。若孙君介夫讳立节者，真可谓刚者也。

始吾弟子由为条例司属官，以议不合引去。王荆公谓君曰："吾条例司当得开敏如子者。"君笑曰："公言过矣，当求胜我者。若我辈人，则亦不肯为条例司矣。"公不答，径起入户，君亦趋出。君为镇江军书记，吾时通守钱塘，往来常、润间，见君京口。方新法之初，监司皆新进少年，驭吏如束湿，不复以礼遇士人夫，而独敬惮君，曰："是抗丞相不肯为条例司者。"

谢麟经制溪洞事宜，州守王奇与蛮战死，君为桂州节度判官，被旨鞫吏士有罪者。麟因收大小使臣十二人付君并按，且尽斩之。君持不可。麟以语侵君。君曰："狱当论情，吏当守法。逗挠不进，诸将罪也。既伏其辜矣，余人可尽戮乎！若必欲以非法斩人，则经制司自为之，我何与焉。"麟奏君抗拒，君亦奏麟侵狱事。刑部定如君言，十二人皆不死，或以迁官。吾以足益知刚者之必仁也。不仁而能以一言活十二人于必死乎！

方孔子时，可谓多君子，而曰"未见刚者"，以明其难得如此。而世乃曰"太刚则折"！士患不刚耳，长养成就，犹恐不足，当忧其太刚而惧之以折耶！折不折，天也，非刚之罪。为此论者，鄙夫患失者也。

君平生可纪者甚多，独书此二事遗其于瓃、勔，明刚者之必仁，以信孔子之说。

# 宝绘堂记

君子可以在事物中寄托性情，但绝不可以完全沉浸在事物中。如果把性情寄予事物中，不管是多么微小也会得到快乐，即使非常珍贵、非常喜爱也不会变成祸害。如果把心意完全沉溺于事物中，那么不管是多么微小也会成为祸害，即使是很不一般的东西也不会从中找到快乐。老子说："色彩过于缤纷容易使人的眼睛瞎，动听的音乐会让人耳聋，食物过于丰美容易让人口伤，骑马打猎会使人心发狂。"但是圣人不主张废除此事啊，也只是暂时从中寄托心意罢了。刘备富有雄才大略，却喜欢编织毛物。嵇康生性恬淡却喜爱打铁。阮孚狂放不羁，却对造鞋情有独钟。这难道又与音乐美色和香气有关吗？但他们却一辈子都喜欢。

事物之中最好的没有比书画更足以取悦于人但不会移动人心的了。然而到了那种把心意完全停留在书画上的程度时，它的祸害也就大了。钟繇最后因此吐血盗墓，宋孝武帝和王僧虔因为这个变得相互猜忌，桓元甚至到打仗时随身携带着书画，王涯甚至将书画藏在夹墙内，这些小孩子般的举动害了他们的国家，甚至他们的身体。这就是把心意留滞在事物所产生的害处。

我小的时候也很喜欢这些东西。家里已经有了的我害怕会失去它们，别人拥有的我又害怕他们不给我。没隔多久我就自我解嘲说：我把富贵看得很轻，只重书画，甚至看得比生死还重要，这不也是犯了把厚薄轻重弄反了的错误而丧失自我了吗？从这以后我就不再那样痴迷了。看见喜欢的书画虽然还想再收藏，可是别人拿走了，我也不为之惋惜。就好比烟雾从眼前飘过，鸟鸣在耳边响过，只是愉快地接受，虽然消失了，也不难过。这样，书画二物带给我的是快乐，而没有什么灾祸。

驸马都尉王君贵为皇亲国戚，但他谨记遵循礼仪，学习《诗》、《书》，经常与贫寒的读书人较劲，平日里也不喜欢精致的饮食，不近歌舞和女色，但是在书画方面却情有独钟，在私宅的东边又建了宝绘堂,用来存放全部的书画,还要求我写文章记叙此事。我担心他把握不好分寸会出现我少年时的心态,所以写这篇文章劝告他,只是想让他真正得到快乐而远离祸害。

写于熙宁十年七月二十二日。

**原文**

君子可以寓意于物,而不可以留意于物。寓意于物,虽微物足以为乐,虽尤物不足以为病。留意于物,虽微物足以为病,虽尤物不足以为乐。老子曰:"五色令人目盲,五音令人耳聋,五味令人口爽,驰骋田猎令人心发狂。"然圣人未尝废此四者,亦聊以寓意焉耳。刘备之雄才也,而好结髦。嵇康之达也,而好锻炼。阮孚之放也,而好蜡屐。此岂有声色臭味也哉,而乐之终身不厌。

凡物之可喜,足以悦人而不足以移人者,莫若书与画。然至其留意而不释,则其祸有不可胜言者。钟繇至以此呕血发冢,宋孝武、王僧虔至以此相忌,桓元之走舸,王涯之复壁,皆以儿戏害其国,凶此身。此留意之祸也。

始吾少时,尝好此二者,家之所有,惟恐其失之。人之所有,惟恐其不吾予也。既而自笑曰:吾薄富贵而厚于书,轻死生而重于画,岂不颠倒错谬失其本心也哉?自是不复好,见可喜者虽时复蓄之,然为人取去,亦不复惜也。譬之烟云之过眼,百鸟之感耳,岂不欣然接之,然去而不复念也。于是乎二物者常为吾乐而不能为吾病。

驸马都尉王君晋卿虽在戚里,而其被服礼义,学问《诗》、《书》,常与寒士角。平居攘去膏粱,屏远声色,而从事于书画,作宝绘堂于私第之东,以蓄其所有,而求文以为记。恐其不幸而类吾少时之所好,故以是告之,庶几全其乐而远其病也。

熙宁十年七月二十二日记。

## 记承天寺夜游

元丰六年十月十二日夜里,我脱了衣服正要睡觉,忽然看见月光透进门窗,睡意全消,高兴地起身走出来。想到没有一个同我共享这月夜乐趣的人,就到承天寺去找张怀民。正好怀民也没睡,我们就一同在寺院里散起步来。

院子里像贮满了水一样,澄澈透明,水里面的藻、荇枝叶纵横交错,原来是竹子和柏树的影子啊。

哪儿的夜里没有月亮?哪个地方没有竹子和柏树?只是少有像我和怀民这样清闲的人罢了。

**原文**

元丰六年十月十二日夜,解衣欲睡,月色入户,欣然起行。念无与为乐者,遂至承天寺寻张怀民。怀民亦未寝,相与步于中庭。

庭下如积水空明,水中藻、荇交横。盖竹柏影也。

何夜无月,何处无竹柏?但少闲人如吾两人耳。

## 记游松风亭

我在惠州嘉祐寺寄居过,曾放开脚步向松风亭走去。途中觉得两脚疲乏无力,想赶到亭子上休息一会儿。可是远远望着亭子檐,还在山上树林的梢头,心中暗自思忖这该怎样到达呢?过了很长时间,忽然说:"这儿有什么不能休息的呢!"于是我如同上了钩的鱼儿突然得到了解脱那样轻松。如果人们

领悟了这点,即使置身两军交战的短兵相接之中,击鼓进军的声音即使像隆隆雷声那样震耳,前进就会被敌人杀死,后退就会被军法处决,在这个时候,也不妨美美地睡一觉。

**原文**

余尝寓居惠州嘉祐寺,纵步松风亭下,足力疲乏,思欲就林止息。望亭宇尚在木末,意谓是如何得到?良久忽曰:"此间有甚么歇不得处!"由是如挂钩之鱼,忽得解脱。若人悟此,虽兵阵相接,鼓声如雷霆,进则死敌,退则死法,当怎么时也不妨熟歇。

## 游白水书付过

宋哲宗绍圣元年十月十二日,我同小儿子苏过去白水山佛迹院游览,顺便在温泉洗浴,水特别热,温泉源头的水几乎能使食物烫熟。顺着山往东,稍北一点,有一条近百丈高的瀑布,山势曲折,拐八九个弯,拐弯处就是一个水潭。深的地方把石头用五丈长的绳子系着放下去,还到不了底。瀑布像雪花飞溅,如雷神震怒,既让人高兴,又让人可怕。水崖上有几十个巨人的脚印,传说是佛的脚印。傍晚回家,沿原路边走边看烧山,火势很大。高高低低,越过了几个山谷,来到江边。山月升起,到中流击水,水花迸溅,手捧水珠,如玩弄珍珠玉璧一般。到家已经二更天了,又与苏过饮酒,吃余下的甘煮菜。灯光下看着自己的身影,晃晃悠悠地快要醉倒了,却又再也睡不安稳,于是写了这篇游记交给过儿。东坡老翁。

**原文**

绍圣元年十月十二日,与幼子过游白水佛迹院,浴于汤池,热甚,其源殆可熟物。循山而东,少北,有悬水百仞,山八九折,折处辄为潭,深者缒石五丈,不得其所止。雪溅雷怒,可喜可畏。水崖有巨人迹数十,所谓佛迹也。暮归。倒行观山烧,火甚。俯仰度数谷至江。山月出,击汰中流,掬弄珠璧。到家二鼓,复与过饮酒,食余甘煮菜,顾影颓然,不复甚寐,书以付过。东坡翁。

# 秋 阳 赋

越王的孙子,有一位德才兼备的公子,在宛如仙境的地方建了一座宅地,而且经常吟咏没有词的诗。告诉东坡居士说:"我的心纯洁且明亮,好像秋天的阳光一样明媚;我的气度庄重伟岸,就像秋天的阳光一样清秀美丽;我喜爱善良的人,而且总想帮助他们成功,正如秋阳照耀各种粮食成熟;我厌恶丑恶并且总想革除这些坏的东西,好比秋阳横扫各种树木的败叶。于是用音乐来诠释我的情感,你认为如何呢?"

东坡笑着对他说:"公子你怎么知道秋阳的感情呢?你出生在富贵华丽的房屋之内,且经常畅游在朝廷的金殿之上,出门乘坐着有华盖的车辇,入宫有锦绣的帷幄,酷暑时节你享受着温馨,严寒之时你最多感受凉意而已。你怎么会知道秋阳呢！像我这样的人，才有可能真正知道秋阳。到夏天阴雨连绵积水成潦涝，炎热的蒸汽上升为云，之后又变成倾泻的大雨，雷电使得暴雨越发凶猛，大江和大湖连成一片，大地被淹没在洪水中，小船行走在昔日的城郭中，鱼龙水族游到人的房子里。蘑菇之类的真菌生长在人的生活用具当中，青蛙、蚯蚓行走在人的案几和炕席之上。夜里躲避水湿而五次更换地方，白天反复烤干湿透多次的衣服。这些还不足以忧虑。躬耕在三吴之地，有一块家居的私田。谷子已经成熟而且生了芽，稻子已经秀了穗而倒伏在泥水中。沟渠与田埂相通，墙壁倒塌而屋破。满脸沾着从房顶落下的涂粉之垢，眼里流着被潮湿的柴薪炕的烟熏出的泪水。做饭的锅和甑子都是空的，四邻八舍都是一片死静。鹳和鹤一类的水鸟在屋顶鸣叫，妇人在深夜里起来长叹。计算剩下的食物还能维持几天，有没有衣服度过这一年。忽然锅中冒出金星，油灯上结出双影，显示出好兆头。清风从西面吹来，钟鼓声响起来。家中奴仆和婢女高兴地告诉我，这是大雨停止的祥兆。我很早就起来观察占卜，长庚星淡淡地没有什么光泽。早晨眺望东方，看着太阳从扶桑升起来。还没有来得及企盼，一道彩虹已飞悬在屋顶之上。此时，我就像醉了一样，又像大梦初醒，像哑巴想高声大喊，像偏瘫而勉强行走，像回到家乡刚刚见到父母兄弟。公子你可有这样的感觉和欣喜吗？"公子说："很好！我虽然没有亲身经历，但可以想象得到。"

东坡居士说："太阳在天上行走，南北看到的不同。火红的太阳酷热并不是它施虐于人，穆然温和的样子也并不是它对人的慈悲。何况今天温暖的太阳，就是昨天那个酷热的太阳。怎么能说在夏天防备太阳而在冬天则为太阳悲哀呢？我辈这些小民，时常发怒且容易欣喜。世人对于冬天和夏天的恐惧和喜爱，就像《庄子·齐物论》中讲述的那个楚国人养的一群猴一样，朝三暮四。从现在明白这个道理，可以没有疑惑了。居家不必封门闭户，出门不必头戴斗笠，酷暑不必说害怕，不要遗忘秋阳的光照之德。"公子听了以后拍手称是，一笑而起。

**原文**

越王之孙，有贤公子，宅于不土之里，而咏无言之诗。以告东坡居士曰："吾心皎然，如秋阳之明；吾气肃然，如秋阳之清；吾好善而欲成之，如秋阳之坚百谷；吾恶恶而欲刑之，如秋阳之陨群木。夫是以乐而赋之。子以为何如？"

居士笑曰："公子何自知秋阳哉？生于华屋之下，而长游于朝廷之上，出拥大盖，人侍帷幄，暑至于温，寒至于凉而已矣。何自知秋阳哉？若予者，乃真知之。方夏潦之淫也，云蒸雨泄，雷电发越，江湖为一，后土冒没，舟行城郭，鱼龙入室。菌衣生于用器，蛙蚓行于几席。夜违湿而五迁，昼燥衣而三易。是犹未足病也。眂于三吴，有田一廛。禾已实而生耳，稻方秀而泥蟠。沟塍交通，墙壁颓穿。面垢落壁之涂，目泫湿薪之烟。釜甑其空，四邻悄然。鹳鹤鸣于户庭，妇宵兴而永叹。计有食其几何，矧无衣于穷年。忽釜星之杂出，又灯花之双悬。清风西来，鼓钟其镗。奴婢喜而告余，此雨止之祥也。早作而占之，则长庚澹其不芒矣。浴于旸谷，升于扶桑。曾未转盼，而倒景飞于屋梁矣。方是时也，如醉而醒，如暗而鸣，如痿而起行，如还故乡初见父兄。公子亦有此乐乎？"公子曰："善哉！吾虽不身履，而可以意知也。"

居士曰："日行于天，南北异宜。赫然而炎非其虐，穆然而温非其慈。且今之温者；昔之炎者也。云何以夏为盾而以冬力衰乎？吾侪小人，轻愠易喜。彼冬夏之畏爱，乃群狙之三四。自今知之，可以无惑。居不堇户，出不仰笠，暑不言病，以无忘秋阳之德。"公子拊掌，一笑而作。

# 滟滪堆赋

现今世上的人都认为瞿塘峡口的滟滪堆是天下最险要的地方，凡是翻船的人，都归罪于这块巨石。在我来看，它倒有功于这些人。蜀江融汇很多条支流而奔流到夔州（今重庆奉节），水势浩大，滔滔不息，横跨宽阔的原野（指四川盆地），但是，流到三峡，这峡的宽度，还不到蜀江的十分之一。如果不是夔门的滟滪堆首先拦在三峡中，那么江水必然飞流直下，奔腾而泻，其锐势必定直冲瞿塘峡口，它的凶险之势，必定不只像现在这样。正因为这样，我要为它作赋，以等待那些好事的人试着观察之后，慢慢地去思考。

天底下最有规律的事物，要算水了。江河的浩大与大海的深邃，都可以让人们用意识去揣度。但是唯有它没有固定的形状，而是随着其他事物的形状而改变，因此，千变万化而又具有自然界的规律。它奔腾飞流，汹涌狂怒，具有万夫不当之势。要使它回转蜿蜒流动，唯有圣人才能够让它这样听话。我乘着小船到瞿塘峡口，观察滟滪堆险要、雄奇的气势，然后明白了它之所以在峡口顿开之时不离开此地，原来是有原因的。那蜀江从远处滚滚而来，浩浩荡荡漫流于平原沙洲，流经千里而无阻挡，它的水势也就骄纵而暴虐。忽然来到峡口，逼近狭窄之处，就像让万顷之水猛然汇在一个酒杯中。这大水还不知道有三峡，于是就猛然暴怒地疯狂冲击滟滪，喧嚣着发出震天的吼声，尽力与这块巨石争斗，滔滔之势有如万马奔腾从西而来。忽然遇到孤城挡道，就像动用攻城的战车一样竭尽全力扑到这块巨石之上。但是，这块巨石就如一座城垣坚不可摧，滔滔江水就如攻城的敌人，剑折箭尽，只好弯弯曲曲绕着城垣缓缓东流。于是，滔滔的江水汇入瞿塘峡口，安然平缓地东流而去。

啊呀！事物本来就存在因安逸而生事故，处于危难而得安全的规律。按照我的说法推而广之，也就完全可以知道事物变化的规律是自然界固有的。

**原文**

世以瞿塘峡口滟滪堆为天下之至险，凡覆舟者，皆归咎于此石。以余观之，盖有功于斯人者。夫蜀江会百水而至夔，渺漫浩汗，横放于大野，而峡之大小，曾不及其十一。苟先无以龃龉于其间，则江之远来，奔腾迅快，尽锐于瞿塘之口，则其险悍可畏，当不啻于今耳。因为之赋，以待好事者试观而思之。

天下之至信者，唯水而已。江河之大与海之深，而可以意揣，唯其不自为形，而因物以赋形，是故千变万化而有必然之理。掀腾勃怒，万夫不敢前兮，宛然听命，惟圣人之所使。予泊舟乎瞿塘之口，而观乎滟滪之崔嵬，然后知其所以开峡而不去者，固有以也。蜀江远来兮，浩漫漫之平沙。行千里而未尝龃龉兮，其意骄逞而不可摧。忽峡口之逼窄兮，纳万顷于一杯。方其未知有峡也，而战乎滟滪之下，喧豗震掉，尽力以与石斗，勃乎若万骑之来。忽孤城之当道，钩援临冲，毕至于其下兮，城坚而不可取。矢尽剑折兮，迤逦循城而东去。于是滔滔汩汩，相与入峡，安行而不敢怒。

嗟夫，物固有以安而生变兮，亦有以用危而求安。得吾说而推之兮，亦足以知物理之固然。

# 文与可画筼筜谷偃竹记

竹刚刚长出来的时候，仅仅是寸把长的嫩芽而已，然而竹节、竹叶都已具备了。其形似蝉或蛇的腹部，直到像剑拔出鞘

那样伸出几丈高,都是自然生长的结果。现在有些画家在画竹时,一节一节地画,一叶一叶地堆砌添加,这样画下去,哪里还能有竹的神韵呢?因此画竹一定要先在心中有完整的竹的形象,再拿起画笔,久久地看着它,这样就能见到他想画的竹的形象,于是急急地抓住这个形象,握笔画去直到成功,以此来追踪刚才心中出现的竹的形象,这就像兔子刚刚出现而猎鹰已经急下搏击那样神速,稍稍放松一下,就会消失。文与可是这样教我画竹的。我不能做到那样,但心里明白为什么要这样做,既然我心里明白为什么要这样做,为什么仍做不到呢?这是因为我心手不一,心里认识了,手上却不能完美地表现出来,这是我没有好好学习的过错。因此凡是心中认识了某种事物和道理,但却运用得不熟练的人,平时自己觉得很清楚,事到临头忽然之间就忘了的,难道只有画竹才这样吗?子由作了一篇《墨竹赋》送给文与可,其中写道:"庖丁,是个宰牛的人,可善于养生的文惠君却从他解牛的经验中懂得了如何养生的道理;轮扁,是一个制造车轮的人,但读书的齐桓公却称赞轮扁制轮的道理。现在您老夫子把这样的道理寄托于画竹中,所以我认为您是一个洞悉事理的人,难道不是

吗?"子由未曾画过竹子,因此他只不过是理解了文与可画竹的用意罢了。像我呢,哪里单单只理解了文与可画竹的用意,而且学到了他画竹的方法。

　　文与可画竹,开始时自己也不看重。四面八方的人拿了白绢来请他画竹,一个又一个地走进他的家门,与可对此很厌恶,把白绢掷到地上而骂道:"我要拿这些白绢来做袜子!"士大夫之间口口相传,成了一个话柄。等到与可从洋州回来时,我正在担任徐州知州。与可写了封信给我,信中说:"近日我对士大夫们说:'属于我这个画墨竹一派的人,现在正在徐州呢,你们可以向他要去。'做袜的材料看来都要聚集到你那去了。"信末又附了一首诗,大致是说:"我想用一段鹅溪产的白绢,为你画一竿万尺长的竹子。"我对与可说:"你要画万尺长的竹子(每匹布长四十尺),应该用二百五十匹白绢了。我知道你对笔墨砚台已很厌烦了,不过是想得到这些绢而已!"与可没有什么话好回答我,就说:"我是随便说说的,天底下哪有万尺长的竹子呢?"我因此举例证实他的话,写了首诗回答他道:"世间也有八千尺长的竹子,月照空庭,竹影会有这么长!"与可笑着说:"苏轼你真太会说话了。不过要是有二百五十匹白绢,我就要拿它去买田养老了。"因此他把所画的筼筜谷偃竹赠送给我,说:"这竿竹虽然只有几尺长,但它却有高达万尺的气势。"筼筜谷在洋州,与可曾要我写过《洋州三十咏》的诗,咏筼筜谷的诗是其中之一。我的这首诗中说:"汉水旁高大挺拔的竹子贱如蓬草,刀斧什么时候放掉过竹笋?想来既贫又馋的太守文与可,早把它在渭水旁的千来亩竹林吃到肚里了!"这一天与可与他的妻子在筼筜谷中游玩,炒了竹笋,正在吃晚饭,打开信读了这首诗,不禁笑起来,把嘴里的饭喷得满桌都是。

　　元丰二年(1079)正月二十日,与可于陈州病逝。这一年的七月七日,我在湖州晒书画时,看到这幅竹子,当时我放下画就不禁痛哭失声。以前曹孟德祭祀桥玄的悼文中，记录了两人约誓的话："如果你的车子从我墓前经过，而不祭奠我，我要让你肚子痛。"而我在这篇文章中也写了以前与文与可开玩笑的话，为的是以此看出与可对我的感情是那样亲切、深挚！

**原文**

竹之始生，一寸之萌耳，而节叶具焉。自蜩腹蛇蚹以至于剑拔十寻者，生而有之也。今画者乃节节而为之，叶叶而累之，岂复有竹乎？故画竹必先得成竹于胸中，执笔熟视，乃见其所欲画者，急起从之，振笔直遂，以追其所见，如兔起鹘落，少纵则逝矣。与可之教予如此。予不能然也，而心识其所以然。夫既心识其所以然而不能然者，内外不一，心手不相应，不学之过也。故凡有见于中而操之不熟者，平居自视了然，而临事忽焉丧之，岂独竹乎？子由为《墨竹赋》以遗与可曰："庖丁，解牛者也，而养生者取之；轮扁，斫轮者也，而读书者与之。今夫夫子之托于斯竹也，而予以为有道者则非耶？"子由未尝画也，故得其意而已。若予者，岂独得其意，并得其法。

与可画竹，初不自贵重，四方之人持缣素而请者，足相蹴于其门。与可厌之，投诸地而骂曰："吾将以为袜。"士大夫传之，以为口实。及与可自洋州还，而余为徐州。与可以书遗余曰："近语士大夫，吾墨竹一派，近在彭城，可往求之。袜材当萃于子矣。"书尾复写一诗，其略曰："拟将一段鹅溪绢，扫取寒梢万尺长。"予谓与可，竹长万尺，当用绢二百五十匹，知公倦于笔砚，愿得此绢而已。与可无以答，则曰："吾言妄矣，世岂有万尺竹也哉。"余因而实之，答其诗曰："世间亦有千寻竹，月落庭空影许长。"与可笑曰："苏子辩则辩矣。然二百五十匹，吾将买田而归老焉。"因以所画筼筜谷偃竹遗予，曰："此竹数尺耳，而有万尺之势。"筼筜谷在洋州，与可尝令予作《洋州三十咏》，筼筜谷其一也。予诗云："汉川修竹贱如蓬，斤斧何曾赦箨龙。料得清贫馋太守，渭滨千亩在胸中。"与可是日与其妻游谷中，烧笋晚食，发函得诗，失笑喷饭满案。

元丰二年正月二十日，与可没于陈州。是岁七月七日，予在湖州，曝书画，见此竹，废卷而哭失声。昔曹孟德《祭桥公文》，有"车过"、"腹痛"之语，而予亦载与可畴昔戏笑之言者，以见与可于予亲厚无间如此也。

# 上荆公书

苏轼顿首再次叩拜特进大观文相公执事（丞相王安石）。最近丞相经过于此，多次获得丞相的接见，承蒙您抚慰教诲，恩情很是深厚。离别之后心中时刻祝福丞相万福。我苏轼开始想要在金陵买地，也许可以拄着拐杖终老于此，养老在钟山之下。既然不能如愿，如今来到仪真（今江苏仪征县），又已经过了二十多天，每天以买田地为正事，但是能不能买上还不知道。如果有幸能够买成，一叶扁舟来来往往，拜见相公就不难了。以前我多次说到高邮进士秦观，相公您也大略知道此人，如今我得到他的诗文数十篇，现在拜呈给相公。我认为这诗文的格调高低，原本也不能超出他的左右，唯有他行义修治，才敏超过一般人，有志于忠义的人，我请求给予任用。除此之外，博览史书易传，通晓佛教经典，讲授收集医药专著，明白研析法律，像这类人才，不容易逐个列数。寻求人才之难的感叹，古今全都是一样，像秦观等人这样的人才，实在不容易得到。但愿相公不要吝惜口舌，多多为他们呼吁，使他们提高在世上的知名度，其他的我就没什么奢望了。秋天的空气日益清新，你的小病我想已经好转。我希望您顺应时代，为了国家请您珍重。

### 原文

轼顿首再拜特进大观文相公执事。近者经由，屡获请见，存抚教诲，恩意甚厚。别来切计台候万福。轼始欲买田金陵，庶几得陪杖履，老于钟山之下。既已不遂，今来仪真，又已二十余日，日以求田为事，然成否未可知也。若幸而成，扁舟往来，见公不难也。向屡言高邮进士秦观太虚，公亦粗知其人，今得其诗文数十首，拜呈。词格高下，固已无逃于左右，独其行义修饬，才敏过人，有志于忠义者，其请以身任之。此外，博综史传，通晓佛书，讲集医药，明练法律，若此类，未易以一一数也。才难之叹，古今共之，如观等辈，实不易得。愿公少借齿牙，使增重于世，其他无所望也。秋气日佳，微疾想已失去，伏冀顺时候，为国自重。

## 李靖李勣为唐腹心之病

过去西汉时期的袁盎论评绛侯功臣，其实都不是"社稷之臣"。这本来是依照他们的作为来说的。然而功臣与"社稷（国家）之臣"的区别，不能不认真辨认。西汉王朝够得上"社稷之臣"称号的，比如周勃、汲黯、萧望之这些人。这三个人物，并不是有什么专长才智。周勃以稳重仁厚安定刘氏的天下，汲黯以忠义消除淮南王刘安的叛乱之谋，萧望之刚强可是却斗不过宦弘恭、石显，这就是孔子所说的大臣按照"道"侍奉君王的人吗？我曾说过"社稷之要臣"就像腹心，而功臣就像手和脚。人如果断掉一只手或者一只脚，不至于致死，而腹心得了病，就是病入膏肓，就不能治了。李靖、李勣可以说是唐朝功臣，始终是唐朝的开国元勋。但是根据他们的所作所为，充其量也就是卫青、霍去病、韩信、彭越之流的人物。战场上的事情，夷狄（北方少数民族）入关内侵，能够以少胜多，使得敌人望见他们就畏惧，这固然是他们当任有余的事。但是如果是关于社稷命运的寄托、国家的存亡等事，这两个人物，一概是混沌不知道。唐太宗想要征伐高丽（今朝鲜），李靖已经年老了，而自己还请求带兵，以坚定太宗穷兵黩武的意志，几乎酿成不可收拾的玩火自焚的灾祸。高宗李治立武则天为皇后时，李勣则口称"陛下自己的家事不用问外人"，导致武氏专权的灾祸，杀戮之灾殃及襁褓中的孩子，使得唐朝就像一条细细的线一样差一点灭绝。所以，这两位李氏人物就是唐朝腹心的大病。西汉廷尉张释之告诫乡官啬夫的一番辩辞，使得汉文帝将他终身尊为长者，而魏元成驳倒封伦的一番言论，使得唐太宗不失于推行仁义之政。孔子所说的"一句话可以振兴国家，一句话也可以丧失国家"的人物，难道不就是这样的吗？

### 原文

昔袁盎论绛侯功臣，非社稷臣。此固有为而言也。然功臣、社稷之辨，不可不察也。汉之称社稷臣者，如周勃、汲黯、萧望之之流。三人者，非有长才也。勃以重厚安刘氏，黯以忠义弭淮南之谋，望之确然不夺于恭、显，孔子所谓大臣以道事君者耶？仆尝谓社稷之臣如腹心，功臣如手足。人有断一指与一足，未及于死也。腹心之病，则为膏肓，不可为也。李靖、李勣可谓功臣，终始为唐之元勋也。然其所为，止卫、霍、韩、彭之流尔。疆场之事，夷狄内侮，能以少击众、使敌人望而畏之，此固任之有余矣。若社稷之寄，存亡之几，此两人者，盖懵不知焉。太宗欲伐高丽，靖已老矣，而自请将兵，以坚太宗黩武之志，几成不戢自焚之祸。高宗立武后，勣以陛下家事无问外人，武氏之祸，戮及襁褓，唐室不绝如线。则二人者，为腹心之病大矣。张释之戒啬夫之辨，使文帝终身为长者。魏元成折封伦之论，使太宗不失行仁义。孔子所谓有"一言而可以兴邦，一言而可以丧邦"者，岂其然乎？

# 苏辙文集

**苏　辙**（1039—1112）　北宋文学家。字子由，号颍滨遗老，眉州眉山（今四川眉山县）人。与父洵、兄轼合称"三苏"。仁宗嘉祐二年（1057）进士。曾任河南推官、右司谏、御史中丞、尚书右丞、门下侍郎等职。政治态度与苏轼一致，政见更为保守。累贬官，徙雷州、循州（今广东龙川县）等地。晚年退隐，撰《颍滨遗老传》自述生平。诗文深受其兄苏轼影响，风格亦大略相似。为文汪洋淡泊，是"唐宋八大家"之一。晚年退居颍川的作品，反映一定的现实生活，艺术上也有所升华。有《栾城集》。《宋史》卷339有传。

# 六 国 论

我曾经阅读《史记》中的六国世家，私下感到奇怪的是，天下的诸侯用五倍于秦国的土地，十倍于秦国的人口，发愤向西进兵，去攻打崤山以西方圆千里的秦国，却最终不能免于被灭亡的命运。我常常对这个问题作认真深入的思考，认为六国一定有可以自我保全的策略。因此未曾不责怪当时六国的谋士，对于祸患考虑的粗疏，而谋求利益的眼光浅薄，并且不明白天下的形势。

秦国所要与诸侯争夺天下的地方，不在齐、楚、燕、赵，而是在韩、魏的国土；诸侯所要与秦国争夺天下的疆域，也不在齐、楚、燕、赵，而是在韩、魏的领地。韩、魏的存在对于秦国来说，就好比人的心腹之中有疾病。韩、魏阻塞着秦国的交通要道，而且掩护了崤山以东的各诸侯国，所以天下最重要的地方，没有比得上韩、魏的。

从前，范雎为秦国重用就建议收服韩国，商鞅为秦国重用就建议收服魏国。秦昭王没有得到韩、魏的归顺，却出兵攻打齐国的刚、寿地区，范雎却为此很担忧，那么秦国所顾忌的是什么，就可以看得很清楚了。秦国对燕、赵用兵，对秦国来说是一件危险的事。因为穿越韩国和魏国的国境而去攻打他人的国都，燕国、赵国将会在前面抵抗，而韩国、魏国又会乘机在后面攻打，这是一条危险的道路。然而秦国攻打燕国、赵国，却不曾忧虑韩国、魏国，这是因为韩、魏都已归附了秦国的缘故。韩国和魏国，是各诸侯国的屏障，却让秦国人能够随意在其境内出入，这难道是明白天下的形势吗？让小小的韩、魏两国去抵挡虎狼一样凶猛的秦国，它们怎能不屈服而归附秦国呢？韩、魏屈服而归附秦国，然后秦国人就能够向东方诸侯国运送军队，从而使天下各国遍受它的祸害。

韩、魏不能独自抵挡秦国，然而天下的诸侯却要凭借韩、魏来作为他们西方的屏障，所以不如厚待、亲近韩和魏来排斥秦国。秦国人不敢越过韩和魏来窥伺齐、楚、赵等国，因而齐、楚、燕、赵等国就能凭借这种形势来保全自己了。由四个没有战事的国家，来帮助抵抗秦国的韩、魏，使韩、魏没有东顾之忧，而为天下的诸侯挺身而出抵挡秦兵。让两个国家来对付秦国，而另外四国得以在韩、魏的屏蔽之下休养生息，在暗中帮助解决韩、魏的急难。如此就可以应付一切情况而不受局限，那秦国还能有什么作为呢？不知道运用这个策略，却贪图边界上的一点点利益，背弃、毁坏盟约，以至于自相残杀。秦兵还未出动，而天下的诸侯已经自己陷入困境了，致使秦国人得以钻他们的空子，来夺取他们的国家。这不是很令人悲叹吗！

**原文**

尝读六国世家，窃怪天下之诸侯以五倍之地，十倍之众，发愤西向，以攻山西千里之秦，而不免于灭亡。常为之深思远虑，以为必有可以自安之计。盖未尝不咎其当时之士，虑患之疏，而见利之浅，且不知天下之势也。

夫秦之所与诸侯争天下者，不在齐、楚、燕、赵也，而在韩、魏之郊；诸侯之所与秦争天下者，不在齐、楚、燕、赵也，而在韩、魏之野。秦之有韩、魏，譬如人之有腹心之疾也。韩、魏塞秦之冲，而蔽山东之诸侯，故夫天下之所重者，莫如韩、魏也。

昔者范雎用于秦而收韩，商鞅用于秦而收魏；昭王未得韩、魏之心，而出兵以攻齐之刚、寿，而范雎以为忧：然则秦之所忌者可见矣！秦之用兵于燕、赵，秦之危事也。越韩过魏，而攻人之国都，燕、赵拒之于前，而韩、魏乘之于后，此危道也。而秦之攻燕、赵，未尝有韩、魏之忧，则韩、魏之附秦故也。夫韩、魏，诸侯之障，而使秦人得出入于其间，此岂知天下之势耶？委区区之韩、魏，以当虎狼之秦，彼安得不折而入于秦哉？韩、魏折而入于秦，然后秦人得通其兵于东诸侯，而使天下遍受其祸。

夫韩、魏不能独当秦，而天下之诸侯藉之以蔽其西，故莫如厚韩亲魏以摈秦。秦人不敢逾韩、魏以窥齐、楚、燕、赵之国，而齐、楚、燕、赵之国因得以自完于其间矣。以四无事之国佐当寇之韩、魏，使韩、魏无东顾之忧，而为天下出身以当秦兵；以二国委秦，而四国休息于内以阴助其急。若此可以应夫无穷，彼秦者将何为哉？不知出此而乃贪疆场尺寸之利，背盟败约，以自相屠灭。秦兵未出，而天下诸侯已自困矣，至于秦人得伺其隙，以取其国。可不悲哉！

## 上枢密韩太尉书

太尉执事：辙生来就喜好做文章，并经过很深地思考的。我以为文章是由个人的气概而形成的，虽然文章是不可以单纯通过练习而学好的，但是气概却可以通过修养而获得。孟子说："我善于培养我的浩然充沛的心气。"现在我们看他的文章，确实是宽广、深厚和宏博，充沛于天地之间，和他的"浩然之气"的分量相称的。太史公走遍天下，周游四海观览了名山大河，和燕、赵各地的豪杰英俊之士交游。所以他的文章广阔浩荡，颇有奇伟的气概。这两位夫子，哪里曾经执笔专门习作过这样的文章呢？不过是浩气充满了他们的胸中，然后洋溢在他们的面貌之上；激动着使他们畅所欲言，而表现于他们的文章之中。是他们在不知不觉间自然流露出来的啊。

辙出生已经十九年了。我在家乡所交游的，不过是邻舍乡里之人；所见到的，不过是几百里之内的事物，没有高山旷野可以登高望远以开阔自己的胸襟；诸子百家的书籍，虽是没有不看的，但都是古人留下来的旧经验，以此来激发自己的志气还是不够的。我担心这样会在人海中沉没下去，所以毅然离开了故乡，探求天下的奇闻壮观，借以理解天地的广阔巨大。于是我经过秦、汉各代的故都，纵情观览终南山、嵩山和华山的崇高，北望黄河奔驰而下的激流，想象着当年在此地活动着的古代豪杰而无限感慨。到了京城，仰观天子宫殿阙门的雄壮，以及粮食钱帛等仓库的储备，还有城郭、护城池壕、园林和狩猎围场等既丰富又伟大的设施，这才察知了天下最宏伟的壮丽景象。又看到了翰林学士欧阳公，亲耳听到他的宏辩的议论，亲眼见到了他的文秀而雍容大雅的容貌，又得以和他门下的学生、贤士大夫相交往，然后才明白了天下文学成就都是集中在这里的啊。

太尉是以才干韬略而超出于天下的，天下士民依靠着您才得以平安无忧，四境的外族因为慑服于您才不敢轻举妄动。您在朝廷之内宛如贤相周公、召公一样，您在边镇又好像良将方叔、召虎一般。可是辙尚且没有见到您啊。何况士人的学习，如不树立远大的志向，即使学到的再多又有什么用处呢？我这次来京赴试,对于山,我见到了终南山、嵩山和华山的高峻,对于河流,我看到了黄河的深广,对于人,我已经见到了欧阳公,但是仍然以为没有见到太尉而遗憾。因此,深愿得以观瞻贤人的奕奕神采,能听到您的一句话使自己的志气得以鼓舞,然后才算得上圆满地瞻仰了天下伟大的景象,而没有遗憾了!

在下很年轻,没能全面地见习过政务,当时出来应试,并非为谋求三斗五升的俸禄,如今偶然得到了这一资格,却不是我仅仅以此为喜悦的,只是幸而能让我回家等待遴选,从而使我从容地再学习几年,将会使我研究提高自己的学业,并且学习从政的业务。太尉如果以我尚且可以教诲而能够屈尊见教的话,我就更为荣幸了。

**原文**

太尉执事:辙生好为文,思之至深。以为文者气之所形,然文不可以学而能,气可以养而致。孟子曰:"我善养吾浩然之气。"今观其文章,宽厚宏博,充乎天地之间,称其气之大小。太史公行天下,周览四海名山大川,与燕、赵间豪俊交游,故其文疏荡,颇有奇气。此二子者,岂尝执笔学为如此之文哉?其气充乎其中,而溢乎其貌;动乎其言,而见乎其文,而不自知也。

辙生十有九年矣。其居家所与游者,不过其邻里乡党之人;所见不过数百里之间,无高山大野,可登览以自广;百氏之书,虽无所不读,然皆古人之陈迹,不足以激发其志气。恐遂汩没,故决然舍去,求天下奇闻壮观,以知天地之广大。过秦、汉之故都,恣观终南、嵩、华之高,北顾黄河之奔流,慨然想见古之豪杰。至京师仰观天子宫阙之壮,与仓廪府库城池苑囿之富且大也,而后知天下之巨丽。见翰林欧阳公,听其议论之宏辩,观其容貌之秀伟,与其门人贤士大夫游,而后知天下之文章聚乎此也。

太尉以才略冠天下,天下之所恃以无忧,四夷之所惮以不敢发；入则周公、召公，出则方叔、召虎，而辙也未之见焉。且夫人之学也，不志其大，虽多而何为？辙之来也，于山见终南、嵩、华之高，于水见黄河之大且深，于人见欧阳公——而犹以为未见太尉也。故愿得观贤人之光耀，闻一言以自壮，然后可以尽天下之大观而无憾者矣！

辙年少，未能通习吏事。向之来，非有取于升斗之禄，偶然得之，非其所乐。然幸得赐归待选，使得优游数年之间，将以益治其文，且学为政。太尉苟以为可教而辱教之，又幸矣。

# 黄州快哉亭记

长江水流出西陵峡后，开始进入平旷的原野，它的水流才奔放浩大；在南面汇合了湘江和沅江，在北面汇合了沔水、汉水后，水势愈加涨大；来到赤壁下面时，水流会聚浸灌，简直就和大海一样了。清河张梦得君因被贬谪住在齐安，就在他住宅的西南面修建了一座亭子，借以观览江水奔流的胜景，同时我的兄长子瞻又为它命名为"快哉"。

在亭子这儿可看到从南到北约一百里，自东至西三十里左右。下面波澜汹涌，上面风云或开或合；白天则是船只出没于其间，黑夜则是鱼龙水族悲伤地鸣叫在水下；一时之间变化多端，触动人们的感情，惊骇人们的眼睛，简直令人不敢多看一会儿。如今却可以把这惊心动魄的风光赏玩于几案之上，一抬眼就能看个够了。向西遥望武昌一带的群山，那起伏的平冈峻岭，成行排列的丛草林木，当烟云消散太阳露出时，甚至远处渔人和樵夫的房舍，都可以用手一一指点出来，这就是命名它为"快哉"的缘故吧。

至于在那长长的洲渚沿岸，以及故城的废墟，则是曹操、孙权当年瞭望窥伺的地方，是周瑜、陆逊的大军当年奔驰的战地。他们风尚的流播,战迹的遗存,也可以听世间传说而为之快意了。

从前,楚襄王带领着宋玉、景差在兰台宫里游览,一阵清风徐徐吹来,襄王敞开衣襟冲着风说:"痛快啊,这阵风!这该是寡人和老百姓们共同享受的快乐了吧?"宋玉说:"这是大王所专有的雄风罢了,老百姓怎么能和您同享呢?"宋玉这话,是含有讽刺意味的。这风可没有什么"雌雄"的区别,但是人却有逢时不逢时的不同;楚王所以感到快乐,以及老百姓之所以感到忧愁,这都是人为造成的变化,与那风有什么关系呢?

士人生活在世间,假使他心中不得意,将会向何处去而不忧伤呢?假若他的心怀坦荡,不因外物而斫伤自己的性情,将会到什么境地而不快活呢?现在张君不把贬官当做灾难,在清理完文书簿籍等零碎公事以后,自己就纵情于高山流水之间,这就是他的胸怀超过人们之处也。以此种心胸,甚至居住在茅屋瓦窗之中,也没有什么不快意的,又何况是洗濯于长江的清流,招揽着西山的白云,尽量地亲身赏玩这优美的风光来自我享受呢?如果不是这样的话,这群山连绵、丘壑壁立,茂密的森林和参天的古树,再加上清风回旋、明月照耀,这都是多愁善感的人士为之不胜悲伤憔悴的景色,怎能看到它而"快哉"呢?

**原文**

江出西陵,始得平地,其流奔放肆大。南合湘、沅,北合汉、沔,其势益张;至于赤壁之下,波流浸灌,与海相若。清河张君梦得,谪居齐安,即其庐之西南为亭,以览观江流之胜;而余兄子瞻名之曰"快哉"。

盖亭之所见,南北百里,东西一舍。涛澜汹涌,风云开阖;昼则舟楫出没于其前,夜则鱼龙悲啸于其下;变化倏忽,动心骇目,不可久视。今乃得玩之几席之上,举目而足。西望武昌诸山，冈陵起伏，草木行列，烟消日出，渔夫、樵父之舍皆可指数。此其所以为"快哉"者也。

至于长州之滨，故城之墟，曹孟德、孙仲谋之所睥睨，周瑜、陆逊之所驰骛。其风流遗迹，亦足以称快世俗。

昔楚襄王从宋玉、景差于兰台之宫。有风飒然而至者，王披襟当之，曰："快哉此风！寡人所与庶人共者耶？"宋玉曰："此独大王之雄风耳，庶人安得共之？"玉之言，盖有讽焉。夫风无雄雌之异，而人有遇不遇之变。楚王之所以为乐，与庶人之所以为忧，此则人之变也，而风何与焉？

士生于世，使其中不自得，将何往而非病？使其中坦然不以物伤性，将何适而非快？今张君不以谪为患，收会计之余，而自放山水之间，此其中宜有以过人者。将蓬户瓮牖，无所不快；而况乎濯长江之清流，挹西山之白云，穷耳目之胜以自适也哉？不然，连山绝壑，长林古木，振之以清风，照之以明月，此皆骚人思士之所以悲伤憔悴而不能胜者，乌睹其为快也哉？

# 东 轩 记

我因为获罪已经被贬，担任管理筠州盐酒税收政策的税务官，还没到任，就下起了大雨。筠州大水泛滥成灾，淹没了南岸的市场，漫上了北坡，冲坏了州府的大门。盐酒税所就在锦江边，水灾尤其严重。我来到任所时，房屋破败，无处安身。于是向郡府的长官作了报告，请求借用户部巡察使衙门暂居。郡府长官同情我无安身之处，就答应了我的请求。这年十二月，才能勉强支立起倾斜的房子，修补上倒塌的墙壁，又是在厅事堂的东边盖了一间小屋，屋前种了两株杉树和上百棵竹子，作为我读书休息的处所。但是，盐酒税务的差事，以前由三个人来管，我来到这里时，其余二人正好都卸职离去，所有的事务都落在我一个人头上。白天我得坐守在市场上，卖盐沽酒，收猪、鱼交易的利税，与市场上的买卖人为尺寸的小利争执以尽我的职责。晚上回去就已经筋疲力尽，昏然睡去，天已经亮了都不知道。第二天又得出去工作，始终也不能在所谓的东轩安闲地休息。每天早晚都从它旁边出入，回头看看，不禁使人内心产生一种无可奈何的苦笑。

　　从前，我小的时候读书，曾经暗地里责怪颜回用一个竹器盛饭，一个瓢盛水，住在简陋的小巷里，别人都忍受不了这种困苦，颜回却怡然自乐。我私下认为即使不想从政做官，那么至少也应该做点看门打更的小差事，这样也可以自己养活自己，而且不妨碍治学，何至于贫穷困苦到如此地步呢？可是自从我来到筠州，每天为盐米这些琐事辛勤操劳，没有一天休息的时间。虽然很想离开人声喧嚣、尘土飞扬的市场，摆脱繁杂琐碎的事务，回到能修身养性、培养品德的场所去，但每每被繁杂的事务缠绕住而身不由己。从这以后才知道颜回之所以甘心贫贱，不肯谋求一斗一升的薪禄来养活自己的原因，实在是因为这样的处境对治学是有害的缘故啊。唉！读书人在他还没有最高理想境界的时候，沉醉在权势利益之中，为财帛子女经营，并以此为乐趣。等到他按着正理而寻求人生的最高理想的时候，就能摆脱虚华而追求真正的人生。那时就会从容自得，连天地的大小、人的生死都置之不顾，何况其他事情呢？所以那种乐趣，足够对穷困饥饿的处境漠视不顾、毫无怨言，即使让他南面称王他也不会接受，大概品德不高尚的人是达不到这种境界的。我正想以诚挚的心情洗心革面，勤学求道，希望能达到至圣先贤们的万分之一。可是我自知我的不足，而希望达到颜回那样忧道不忧贫的境界，不是更做不到吗！至于孔子去列国游说，最高的官职是做了鲁司寇，最低的时候还做过乘田、委吏，只要他接触的官职，他都能做好。他所做的都是

"达者的事情,不是我们这些平常学者能够办到的"。

我已经被贬谪在这里,虽然知道受职事的束缚不能离开,只希望时候长久了,世人或许能同情可怜我,让我返回家乡,修建先人留下的破败家园,盖起简陋的房屋栖身,然后追求颜回安贫乐道的志趣,实现所想要的东轩之乐,优哉游哉,其乐无穷,以至不知老之将至。然而这不过是幻想,我是不敢有这样的希冀的。

元丰三年十二月初八日,眉山苏辙所作。

### 原文

余既以罪谪监筠州盐酒税,未至,大雨,筠水泛溢,蔑南市,登北岸,败刺史府门。盐酒税治舍,俯江之湄,水患尤甚。既至,敝不可处,乃告于郡,假部使者府以居。郡怜其无归也,许之。岁十二月,乃克支其欹斜,补其圮缺,辟听事堂之东为轩,种杉二本,竹百个,以为宴休之所。然盐酒税旧以三吏共事。余至,其二人者适皆罢去,事委于一。昼则坐市区鬻盐、沽酒、税豚鱼,与市人争寻尺以自效。莫归筋力疲废,辄昏然就睡,不知夜之既旦。旦则复出营职,终不能安于所谓东轩者。每旦莫出入共旁,顾之未尝不哑然自笑也。

余昔少年读书,窃尝怪颜子以箪食瓢饮居于陋巷,人不堪其忧,颜子不改其乐。私以为虽不欲仕,然抱关击柝,尚可自养,而不害于学,何至困辱贫窭自苦如此?及来筠州,勤劳盐米之间,无一日之休,虽欲弃尘垢,解羁絷,自放于道德之场,而事每劫而留之。然后知颜子之所以甘心贫贱,不肯求斗升之禄以自给者,良心其害于学故也。嗟夫!士方其未闻大道,沉酣势利,以玉帛子女自厚,自以为乐矣。及其循理以求道,落其华而收其实,从容自得,不知大天地之为大与死生之为变,而况其下者乎?故其乐也,足以易穷饿而不怨,虽南面之王,不能加之。盖非有德不能任也。余方区区欲磨洗浊污,眺圣贤之万一,自视缺然而欲庶几颜氏之乐,宜其不可得哉!

若夫孔子周行天下，高为鲁司寇，下为乘田委吏，惟其所遇，无所不可，彼盖达者之事，而非学者之所望也。

余既以谴来此，虽知桎梏之害而势不得去。独幸岁月之久，世或哀而怜之，使得归伏田里，治先人之敝庐，为环堵之室而居之，然后追求颜氏之乐，怀思东轩，优游以忘其老。然而非所敢望也。

元丰三年十二月初八日，眉阳苏辙记。

## 孟德传

孟德曾经是禁军神勇营的逃兵。他小的时候很喜欢山林，就入了军营，"好山林"的愿望没有实现。在宋仁宗嘉祐年间，他守卫秦中，陕西关中这个地方有很多名山。孟德休掉妻子，把他的儿子送人了，他逃奔到华山脚下，用身上的衣服交换到了十个饼和一把刀，就这样进山了。他心里想："我是属于禁军的，现在跑到了这里，万一被拿着还是要被处死的，要不就被活活饿死，万一遇到虎狼毒蛇还是要死。对这三种死，我没有什么顾虑，只管向山上走吧！"他把饼吃完了以后，就靠野草和野果充饥。一天生病十次又好了，呕吐、下痢、腹胀、胸闷，没有不遇上的。这样过了几个月，他吃这些东西就像吃五谷一样安全。因此进山两年没有被饿死，遇上很多次猛兽也幸免于难。孟德说："只要是猛兽，都能认出人的气息。离人还有百步，就伏在地上号叫，声音响彻山谷。我不害怕死所以才没死。过一会，它就跳过来想跟我搏斗，离我只差十几步，又不向前，蹲坐在那里，犹豫不定，终于驯服地走了。我所遇到的猛兽都是这样的。"

后来孟德到达商州，他却不知道，被哨兵抓住，他认为必死无疑了。商州知府宋孝孙对他说："我不认为你是坏人，而像是有道的人。"孟德就把事情的经过全部对他说了,宋就把他看做自首,并将其安置在秦州。张安道恰巧在秦州做知府,孟德谎称有病,得以成为百姓。至今仍在各山中往来,没看出有什么特别的本事。

孟德真可谓一个有道之人啊。世上的君子都有自己的喜好,所以对有的事会仰慕,对有

的事会畏惧;仰慕畏惧在内心纠缠,虽没有在行动中有所表现,但脸上还会露出情绪的,旁人一看就知道了。所以弱者遭到侮辱,强者遭受讥笑,没有一个人能做到超凡脱俗、独立于世。如今孟德没有挂念,盛大刚直之气外露于表,他自己没有觉察,但众人却看见了。把这个道理推而广之,即使遇上天地并列也是可以的,猛兽又有什么呢?

**原文**

孟德者,神勇之退卒也。少而好山林,既为兵,不获如志。嘉祐中戍秦中,秦中多名山,德出其妻,以其子与人,而逃至华山下,以其衣易一刀十饼,携以入山,自念:"吾禁军也,今至此,擒亦死,无食亦死,遇虎狼毒蛇亦死,此三死者吾不复恤矣。"惟山之深者往焉,食具饼既尽,取草根木实食

之。一日十病十愈，吐、利、胀、懑无所不至。既数月，安之如食五谷，以此入山二年而不饥。然遇猛兽者数矣，亦辄不死。德之言曰："凡猛兽类能识人气，未至百步辄伏而号，其声震山谷。德以不顾死，未尝为动。须臾，奋跃如将搏焉，不至十数步则止而坐，逡巡弭耳而去。试之前后如一。"

后至商州，不知其商州也，为候者所执。德自今死矣。知商州宋孝孙谓之曰："吾视汝非恶人也，类有道者。"德具道本末，乃使为自告者置之秦州。张公安道适知秦州，德称病，得除兵籍为民，至今往来诸山中，亦无他异能。

夫孟德可谓有道者也。世之君子皆有所顾，故有所慕，有所畏。慕与畏交于胸中未必用也，而其色见于面颜，人望而知之。故弱者见侮，强者见笑，未有特立于世者也。今孟德其中无所顾，其浩然之气发越于外，不自见而物见之矣。推此道也，虽列于天地可也，曾何猛兽之足道哉！

# 武昌九曲亭记

子瞻被贬到齐安后，他的家就住在江边。

齐安没有什么名山，可是长江南岸武昌的群山，连绵起伏，山谷非常幽深，其中有寺庙、僧舍，西边的叫曲山寺，东边的叫寒溪寺。它们紧靠着山梁，面朝山沟，被茂密的松树枥树丛所隐蔽，其中寂寞清静恍然绝于世，听不到车马的喧嚣，看不见人的足迹。每当风停了，太阳出来的时候，江面波平浪静，子瞻就拄着拐杖，带上酒，驾着渔舟，到江南去。山中有几个人，待客热情，都爱好游玩，听说子瞻到来，急忙裹着头巾，笑着出来迎接他，然后一起去游玩，一直走到深山尽处，大家都很疲惫了，他们扫去落叶，席地而坐，大家举起酒杯，互相问候，玩得非常开心，都忘记了回家，常常在山上夜宿因为过着这样惬意的生活，子瞻在齐安住了三年，没觉得时间有多长。

可是要到西山去时，必须经过青松翠柏之间，还要走弯弯曲曲的羊肠山路，才能到达平坦的地方，游人到了这里一定要休息一会儿。人们倚靠在奇形怪状的石头上，在大树的树荫下休息，向下可俯视滚滚大江，向上可以看到巍巍高山，小溪幽谷就在旁边，还有风云变化和树林山脚的阴面和阳面的景象，都展现在人们面前。这里还有一座破旧的亭子，它的遗址非常狭小，不能容纳游人。亭子旁长着几十棵古树，树干很粗壮、千尺之高，不能够用刀斧来砍伐。子瞻每次到了树下，就成天观察着它们。一天，来了一阵暴风雷雨，其中一棵古木被连根拔起，子瞻趁机把长树的地方开辟出来，亭子的地基于是扩大了。子瞻与朋友们进山看了看，笑着说："这大概是上天想成全我们重修亭台的愿望吧？"于是一座新亭子就开始修建了。亭子建成后，西山的胜景终于完备了。子瞻非常高兴。

我年轻的时候，跟随着子瞻到各地游玩。遇山就登山，遇水就划船，子瞻每次都是带头提起衣服卷起裤脚先下水。有些地方不能到达，子瞻就一天都闷闷不乐。有时他一个人飘然独游，自由自在地在泉边岩石上漫游，采摘着树林中的山花野草，随意捡着山中的落果，喝着溪水，看到他这样子的人都把他当做神仙。其实天下的乐事很多，而以使人心情畅快的事是最开心的。而当他称心如意的时候，什么都不能换取这种快乐；到了他兴尽的时候，常常感到吃惊，又自我解嘲。就好像是喝酒吃饭，丰盛的菜肴摆在面前，只不过是为了填饱肚子罢了，而吃下去后，那些食物同样都变成了腐臭的东西，有谁知道哪些东西该吃，哪些东西不该吃呢？只要心中无愧，在外面不会受到人家的指责，把心思寄托在这山林之间又有什么呢。这就是子瞻在这里找到快乐的原因。

**原文**

子瞻迁于齐安,庐于江上。

齐安无名山,而江之南武昌诸山,陂陁蔓延,涧谷深密,中有浮图精舍,西曰曲山,东曰寒溪。依山临壑,隐蔽松枥,萧然绝俗,车马之迹不至。每风止日出,江水伏息,子瞻杖策载酒,乘渔舟,乱流而南。山中有二三子,好客而喜游。闻子瞻至,幅巾迎笑,相携徜徉而上。穷山之深,力极而息,扫叶席草,酌酒相劳。意适忘返,往往留宿于山上。以此居齐安三年,不知其久也。

然将适西山,行于松柏之间,羊肠九曲,而获少平。游者至此必息,倚怪石,荫茂木,俯视大江,仰瞻陵阜,旁瞩溪谷,风云变化,林麓向背,皆效于左右。有废亭焉,其遗址甚狭,不足以席宾客。其旁古木数十,其大皆百围千尺,不可加以斤斧。子瞻每至其下,辄睥睨终日。一旦大风雷雨,拔去其一,斥其所据,亭得以广。子瞻与客入山视之,笑曰:"兹欲以成吾亭邪?"遂相与营之。亭成,而西山之胜始具。子瞻于是最乐。

昔余少年,从子瞻游。有山可登,有水可浮,子瞻未始不褰裳先之。有不得至,为之怅然移日。至其翩然独往,逍遥泉石之上,撷林卉,拾涧实,酌水而饮之,见者以为仙也。盖天下之乐无穷,而以适意为悦。方其得意,万物无以易之。及其既厌,未有不哂然自笑者也。譬诸饮食,杂陈于前,要之一饱,而同委于臭腐。夫孰知得失之所在?惟其无愧于中,无责于外,而姑寓焉。此子瞻之所以有乐于是也。

# 为兄轼下狱上书

我听别人说道,在困难危险的时候人常常呼喊上天,在有疾病疼痛时，就呼喊父母，因为这是人的最深的情感。我虽然如同草子一样渺小，现在的愿望危急紧迫，只有请求天地和父母同情可怜我。

在很早的时候就失去父母照顾，只与兄长苏轼一人相依为命。现在，我听说他因犯罪被逮捕送到监狱了，我全家人大惊痛哭，无比忧虑。我私下里想，苏轼无论是在家还是在官府并没有很大的错误，只是性格愚昧耿直，喜欢讨论古代和现代事情的得当或失当。呈上奏章议论国事，他的主张前后也不尽一致。对于他的不正确意见，陛下宽大为怀，没有批评责备过。我哥哥苏轼狂放清高而虑事不周，仰仗皇帝恩宠而无所顾忌。前几年，任杭州通判、密州知州时，每日所见都寄物于情，乘兴写诗，有时随便抒发。以前，已经有同事把诗交给您，您将其置放在一边而没有问问。苏轼感激您恩惠宽恕，从此深深悔恨自咎，不敢再写，但他原来写的诗已经流传开来。我实在可怜苏轼糊涂地过于自信，不懂得文字写得随便，则近似出言不逊。虽然改过自新，但有触犯刑律的部分已经无可挽回了。

苏轼在将被捕时，托人对我说："我过早衰老，又有多种疾病，一定会死在牢狱里，本来，死是应当的。但是所恨的是，从小就立下有所作为的志向，而又遇到百年不遇的明君，虽然早年意见曾经有过不合的地方，但始终想在晚年贡献出自己一点微薄的力量。现在遭遇这样的祸事，虽然想改过自新，改变想法来报效英明的君主，已经没有办法了，何况自己在朝廷上十分孤独，皇帝身边的近臣一定没有为我说情的，只有你我还有兄弟的情谊，可以试着向皇帝乞求怜悯而已。"

我对他的这种愿望十分哀伤，又禁不住兄弟感情的驱使，所以冒着性命危险向您说一说：以前汉朝的时候，淳于意犯了罪，他的女儿缇萦请求收为官婢来赎父亲的罪。汉文帝因她而废除了肉刑。现在我的微薄的情感，与缇萦相比远远不及，而陛下英明仁德却远远超过汉文帝。我愿意把本人所在的官职交出，用来赎回兄长苏轼，不是敢希望减轻他的罪，只是以让他免除死在监狱里为万幸。我兄苏轼犯法，如果证据十分确定，他一定不敢拒不承认，以加重自己的罪行。如果承蒙陛下您可怜，赦他重罪，使他能出离牢狱，就是死而复生。用什么来报答您？我和兄长苏轼一定改变思想改正错误，粉身碎骨报答效力，只要事情是陛下所吩咐的，将不惜牺牲生命地去做。

我孤立无援，心急情切，又无人可以诉说，只能把心里的话讲给您，请您宽恕他的狂妄，允许我的请求。祈求苍天皇命的急迫之情我实在无法表达。

### 原文

臣闻因急而呼天，疾痛而呼父母者，人之至情也。臣虽草芥之微，而有危迫之恳，惟天地父母哀而怜之。

臣早失怙恃，惟兄轼一人相须为命。今者，窃闻其得罪逮捕赴狱，举家惊号，忧在不测。臣窃思念，轼居家在官无大过恶。惟是赋性愚直，好谈古今得失，前后上章论事，其言不一。陛下圣德广大，不加谴责。轼狂狷寡虑，窃恃天地包含之恩，不自仰畏；顷年通判杭州，及知密州，日每遇物，托兴作为歌诗，语或轻发。向者，会经臣惊缴进陛下，置而不问。轼感荷恩贷，自此深自悔咎，不敢复有所为，但其旧诗已自传播。臣诚哀轼愚于自信，不知文字轻易，迹涉不逊，虽改过自新，而已陷于刑辟，不可救止。

轼之将就逮也，使谓臣曰："轼早衰多病，必死于牢狱，死固分也。然所恨者，少抱有为之志，而遇不世出之主，虽龃龉于当年，终欲效尺寸于晚节。今遇此祸，虽欲改过自新，洗心以事明主，其道无由。况立朝最孤，左右亲近必无为言者。惟兄弟之亲，试求哀于陛下而已。"

臣窃哀其志，不胜手足之情，故为冒死一言：昔汉淳于公得罪，其女子缇萦，请没为官婢以赎其父。汉文因之遂罢肉刑。今臣蝼蚁之诚，虽万万不及缇萦，而陛下聪明仁圣过于汉文远甚。臣欲乞纳在身之官，以赎兄轼，非敢望末减其罪，但得免下狱死为幸。兄轼所犯，若显有文字，必不敢拒抗不承，以重得罪。若蒙陛下哀怜，赦其万死，使得出于牢狱，则死而复生，宜何以报？臣愿与兄轼洗心改过，粉骨报效，惟陛下所使，死而后已。

臣子孑孤危，迫切无所告诉，归诚陛下，惟宽其狂妄，特许所乞。臣无任祈天请命激切陨越之至。

# 三 国 论

天下都是胆怯之人，只有一个勇敢的人，那么勇敢的人取胜；天下都是糊涂的人，只有一个聪明的人，那么聪明的人取胜。勇敢的人遇到勇敢的人，那么就不能只依靠勇敢了；聪明的人遇到聪明的人，那么就不能够只依靠聪明了。正因为只靠智勇来安定天下是不够的，所以天下的灾难，蜂拥而起而又难以平定。

曾听说，古时候可称英雄的帝王，他们用不智不勇对待智勇，然后真正的大智大勇才能表现出来。可悲呀！难道英雄处于世界上也有幸运与不幸吗？汉高祖、唐太宗是以个人智勇超过天下所有的人而得到其帝位的。曹操、孙权、刘备是因他们智勇相当而又遇到一起，因而丧失完全取胜的机会。用智谋来打击智谋，用勇者打击勇者，这就好像两虎相争，光凭牙齿气力，无法取胜，那情势可以互相干扰，而不能杀死对方。在这个时候，可惜没有人用汉高祖的办法来对付对方的。从前项羽，用百战百胜的威势，掌管统率着各路诸侯大军，狂呼大吼充分显示出他愤怒的气势，然后向西来迎战汉高祖。他的声势极大，如同暴雨雷霆般迅猛而惊天动地。天下人都认为从此就没有大汉帝国了。然而汉高祖用他那不聪明又不勇敢的身躯，在项羽进军的冲要之地横杀竖挡，使项羽军队来回调动而不能前进。汉高祖的那种愚笨蠢钝，足以使天下人笑话，而最后却能打败项羽而等着看他死亡。原因是什么？人的勇敢气力，拼命使用而没尽止，就一定会有损耗，而人的谋划总是不能成功，就会有所疲倦懈怠而无法振作起来。他想用他的长处，在短时间内压倒我。而我关上门拒绝他，使他失去他的希望，徘徊不定想退走又不能退走，这时项羽肯定已经十分疲惫。

现在曹操、孙权、刘备这三个人，都知道凭自己的才能自己去夺取，而不知道用自己的短处去从别人那里取得。世上议论的人说：孙权不如曹操，而刘备不如孙权。刘备智谋浅显而又没有勇力，相对曹、孙二人有所不足，却又不懂得用自己的不足来求取胜利，这样也是太糊涂了。刘备的才能，与汉高祖已经接近，却不懂得如何把才能使用出来。从前汉高祖使用自己的才能有三种方法：先占据有利的地势，用以显示出得天下后将有所作为；大批收集像韩信、彭越等才能出众的将领，用来弥补自己的能力不足；有果敢敏锐刚烈勇猛的精神却不表现出来，用来大大挫败项羽猖狂的气势。这三件事，三国的君主，他们都没有能做到的本领。只有一个刘备，接近有这种本领却未能完全达到这种境地，内心还有点自命不凡沾沾自喜的情绪。想做一个愚笨的人而又不能愚傻，想做果敢敏锐的人而又不能明达。在心中两种思想激烈交战，却没有定下来，所以，事情做不成，希望无法实现。扔掉天下而进入巴蜀，那不是合适的地方。用诸葛亮这样治理国家的人才，却正当混乱战争进行之中，作为将才是不合适的。不能忍耐愤怒的情感，没有避开自己的短处，却自己领兵来攻打别人，这样，就不值得过高评价他的精神。唉！当他在袁绍、袁术之间奔波的时候，当他被吕布所困的时候，当他在荆州被打得狼狈不堪的时候，失败无数而志向不改，不能不说他没有汉高祖的精神和作风，却始终不能懂得如何把自己的能力发挥出来。古代的英雄，只有汉高祖是无人能够赶得上的。

**原文**

　　天下皆怯而独勇，则勇者胜；皆暗而独智，则智者胜。勇而遇勇，则勇者不足恃也。智而遇智，则智者不足用也。夫唯智勇之不足以定天下，是以天下之难，蜂起而难平。

　　盖尝闻之，古者英雄之君，其遇智勇也，以不智以勇，而后真智大勇，乃可得而见也。悲夫！世之英雄，其处于世，亦有幸不幸耶？汉高祖、唐太宗，是以智勇独过天下，而得之者也。曹公、孙、刘，是以智勇相遇，而失之者也。是智攻智，以勇击勇，此譬如两虎相捽，齿牙气力，无以相胜，其势足以相扰，而不足以相毙。当此之时，惜乎无有以汉高帝之事制之者也。昔者项籍，乘百战百胜之威，而执诸侯之柄，咄嗟叱咤，奋其暴怒，然西向以逆高祖。其势飘忽震荡，如风雨之至。天下之人，以为遂无汉矣。然高帝以其不智不勇之身，横塞其冲，徘徊而不得进。其顽钝椎鲁，足以为笑于天下，而卒能摧折项氏而待其死，此其故何也？夫人之勇力，用而不已，则必有所耗竭，而其智虑久而无成，则亦必有所倦怠而不举，彼欲用其所长，以制我于一时，而我闭门而拒之，使之失其所求，逡巡求去而不能去，而项籍固已惫矣。

　　今夫曹公、孙权、刘备，此三人者，皆知以其才自取，而未知以不才取人也。世之言者曰：孙不如曹，而刘不如孙。刘备惟智短而勇不足，故有所不若于二人者，而不知因其所不足以求胜，则亦已惑矣。盖刘备之才，近似于高祖，而不知所以用之之术。昔高祖之所以自用其才者，其道有三焉耳。先据势胜之地，以示天下之形；广收信、越出奇之将，以自辅其所不逮；有果锐刚猛之气而不用，以深折项籍猖狂之势。此三事者，三国之君，其才皆无有能行之者。独有一刘备，近之而未至，其中犹有翘然自喜之心，欲为椎鲁而不能钝，欲为果锐而不能达。二者交战于中，而未有所定，是故所为而不成，所欲而不遂。弃天下而入巴、蜀，则非地也。用诸葛孔明治国之才，而当纷纭征伐之中，则非将也。不忍忿忿之心，犯其所短，而自将以攻人，则是其气不足尚也。嗟夫！方其奔走于二袁之间，困于吕布，而狼狈于荆州，百败而其志不折，不可谓无高祖之风矣，而终不知所以自用之方。夫古之英雄，惟汉高帝为不可及也夫。

# 墨竹赋

文与可用墨画竹子，看上去如同真的竹子。客人看见他画的墨竹惊叹道："竹子接受大自然赋予的生命，在大地上生长成形。享受雨露的滋润，听凭风露的振荡。春天萌生发芽，夏季就挣脱笋壳，茁壮生长，竹子的枝叶渐渐地舒展开来，到冬天便长成了。竹子的品性刚正纯洁而又疏离独立，姿态优美而又娴雅妩媚，历经寒暑，仍傲视凌厉的冰雪。和草木一样共同接受天地之气，生长在同样的土壤中，而品性迥异。这确实是万物的自然生长过程，即使是老天爷，大概也指挥不了吧？如今，您研磨松烟做成的墨，挥动兔毛制成的笔，或者在墙壁上斜视作画，或者在绢帛上奋笔挥洒，用不了一会儿就成就一幅竹子的画图，看上去长得茁壮茂盛，仿佛还能听到微风轻拂枝叶发出的声音。有的曲，有的直，有的横，有的斜；或浓密，或纤细，或矮小，或高大；形态各异，姿态横生，简直就像窃取了造物主已经想好还没有表现出来的构思，赋予竹子如在清晨一般的生机。您难道确实是已经掌握了这其中规律的人吗？"

与可赞同地笑着说："我所喜爱、追求的就是事物的规律，已经不仅限于对竹子的具体认识了。起先，我隐居在高山的向阳处，在优美的竹林里结庐而住。无论是双眼看见的，还

是双耳听见的,都觉得很冷漠,一点儿也不关心。白天与竹子集结为游伴,晚上把竹子当成朋友。在竹林中吃喝,在竹荫下躺倒休息。天长日久,我观察到竹子的变化实在是太多了。比如在风静雨停的时候,太阳出来,山色空明,竹子旺盛地生长,漫山遍谷都是繁茂的一片。竹叶就像翡翠鸟的羽毛,竹皮如同青色的美玉。那竹子淡泊恬静,独立不倚,竹叶上凝结的让人感到有一丝寒意的晶莹露滴,仿佛就要滚落下来。这时,远近没有一点儿人的声响,只听见蝉叫鸟鸣。忽然风起,竹子就随风偃仰,发出悠长的啸声。辽阔的竹林,一整天都是那样东倒西歪。竹笋紧裹在笋壳里往外长,似乎就要掉下来的样子;而竹根只要有土,就向周围延展生长。它们穿过山谷,四处蔓延,让新繁殖出来的成千上万的子孙后代散布在山野里。至于杂草丛生的边缘地带,经常会被刀斧砍伐;而满山乱石之处,则又荆棘丛生。在这种恶劣的自然环境里,竹笋艰难地将要抽芽,而不能畅达生长;竹子被纷纷砍断,却还直立不倒。它们的元气尽管受到损害,却越发显得苗壮;身体正因为有了伤残,才更增加了一种独特的魅力。凄厉的寒风在缝隙洞穴间怒吼,大雪把池塘都凝固冻结。在这样的严寒之中，众多的树木都无可奈何，即使是百围粗的大树也经受不了，真让人不得不为此感到悲伤哀叹。而竹子却在寒冷过去之后，还能呈现出青翠的颜色，神气让人敬畏，却没有一丝一毫让人感到可怜的姿态。它们把自己与松柏相配、并列，效仿有仁德的人的行为。这就是竹子所以成为竹子的独特品质。刚开始，我看到这些觉得非常喜欢。现在，我仍然喜欢竹子的这些特殊品格，但自己却已经不觉得了。一瞬间，我忘记了手里的笔和面前的纸，猛然站起来，奋笔挥洒，葱郁优美的一幅墨竹就画成了。即使是造物主化育，天衣无缝，与我用墨绘出的竹子相比起来，又能有什么不同呢？"

客人说："我听说：庖丁，只是一个宰牛剔骨的屠夫而已，而注意于摄养身心的人却从中吸取了有益的经验；轮扁，只是一个砍伐树木制造车轮的工匠，而读书人却十分赞同他的意见。由此可见，世间万物的规律都是共同的、一样的。只不过是各种行业的具体做法互不相同罢了，况且，您把自己的精神寄托在这种高洁的竹子身上，我把您当做掌握了这其中奥妙规律的人，这难道不对吗？"与可说："对！对！"

**原文**

与可以墨为竹，视之良竹也。客见而惊焉，曰："今夫受命于天，赋形于地，涵濡雨露，振荡风气，春而萌芽，夏而解驰，散柯布叶，逮冬而遂。性刚洁而疏直，姿婵娟以闲媚。涉寒暑之徂变，傲冰雪之凌厉。均一气于草木，嗟壤同而性异。信物生之自然，虽造化其能使。今子研青松之煤，运脱兔之毫，睥睨墙堵，振洒缯绡，须臾而成。郁乎萧骚，曲直横斜，秾纤庳高，窃造物之潜思，赋生意于崇朝。子岂诚有道者耶？"

与可听然而笑曰："夫予之所好者道也，放乎崇竹矣。始予隐乎崇山之阳，庐乎修竹之林，视听漠然，无概乎予心，朝与竹乎为游，莫与竹乎为朋，饮食乎竹间，偃息乎竹阴。观竹之变也多矣。若夫风止雨霁，山空日出。猗猗其长，森乎满谷，叶如翠羽，筠如苍玉。澹乎自持，凄兮欲滴，蝉鸣鸟噪，人响寂历。忽依风而长啸，眇掩冉以终日。笋含箨而将坠，根得土而横逸，绝涧谷而蔓延，散子孙乎千忆。至若丛薄之余，斤斧所施，山石荦确，荆棘生之。寒将抽而莫达，纷既折而犹持，气虽伤而益壮，身已病而增奇。凄风号怒乎隙穴，飞雪凝沍乎陂池。悲众木之无赖，虽百围而莫支。犹复苍然于既寒之后，凛乎无可怜之姿。追松柏以自偶，窃仁人之所为，此则竹之也。始也余见而悦之，今也悦之而不自知也。忽乎忘笔之在手与纸之在前，勃然而兴，而修竹森然。虽天造之无联，亦何以异于兹焉？"

客曰："盖予闻之。庖丁，解牛者也，而养生者取之。轮扁，斲轮者也，而读书者与之。万物一理也，其所从为之者异尔，况夫子之托于斯竹也。而予以为有道者非耶？"与可曰："唯唯。"

# 答黄庭坚书

苏辙我是一个没有什么贤才的人，哪里配与鲁直结交呢？但我的哥哥子瞻与鲁直交往已经很久了，我与您的舅父公择也彼此相知，关系很密切，又拜读研诵过您的诗文作品，非常钦佩，所以，心中想拜见您的想法已经很久就有了。只是我生来性情愚笨懒惰，因而尽管我们离得很近，但也始终没有写信向您表达恳切深厚的情意，反而让鲁直您先给我寄书来，太羞惭自愧。

我自从被贬弃以来，委靡不振，放荡不羁，更加愚钝粗俗了。看见我的人往往都讥讽嘲笑我，而鲁直您却居然认为我还有可取之处。读罢鲁直的书信，知道我被您爱慕的地方，与我敬爱仰慕您的地方完全相同。既然我们互相爱慕，那么，我们就总会通信联系的，您或我总会有个人先写信。这样说来，我没有先写信，也就无须遗憾了。

近来听说，鲁直在公务之余，就一人独处只吃素食，精神十分愉快。古代有德有才的人，如果被朝廷排遣，就必然会寄托于某种外物来自我排遣。比如，阮籍就用饮酒来排遣，嵇康则靠弹琴来排遣；阮籍如果不寄托以饮酒来排遣忧愁，嵇康如果不寄托以弹琴来排遣胸中烦闷，那他们在以草木之实为食、以麋鹿为友的时候，心中也不会觉得安稳自在。只有颜回一个人，以水为饮，以豆为食，居于陋室之中，完全不凭借什么外物，却保持愉悦的心境，这正是孔子赞叹他不可企及的原因。如今鲁直眼里不贪求什么绝世美色，口中不贪求什么佳肴美味，这说明您心中蕴蓄的东西已远远胜于他人，却还要向别人请教，这是为什么呢？听说鲁直很喜欢同禅宗的僧人们在一起聊天，是不是暂时用求教的办法来探测一下我有没有禅家的清净功夫呢？天气逐渐变冷了，近来我的日常生活安宁静设。希望您顺应节候，多加保重。

**原文**

辙之不肖，何足以求交于鲁直？然家兄子瞻与鲁直往还甚久，辙与鲁直舅氏公择相知不疏，读君之文，诵其诗，愿一见者久矣。性拙且懒，终不能奉咫尺之书，致殷勤于左右，乃使鲁直以书先之，其为愧恨可量也。

自废弃以来，颓然自放，顽鄙愈甚，见者往往嗤笑，而鲁直犹有以取之。观鲁直之书，所以见爱者，与辙之爱鲁直无异也。然则书之先后，不君则我，未足以为恨也。

比闻鲁直史事之余，独居而蔬食，陶然自得盖古之君子不用于世，必寄于物以自遣。阮籍以酒。嵇康以琴。阮无酒，嵇无琴，则具食草木而友麋鹿，有不安者矣。独颜氏于饮水啜菽，居于陋巷，无假于外，而不改其乐，此孔子所以叹其不可及也。今鲁直目不求色，口不求味，此其中所有过人远矣，而犹以问人，何也？闻鲁直喜与禅僧语，盖聊以是探其有无耶？渐寒，比日起居甚安，惟以时自重。

## 卜居赋并引

从前，我父亲曾作为平民到各地游学，曾经到过洛阳，喜爱那里的山川景色，感叹不已，产生了在洛阳选择一个地方筑室定居的意向，只是因为贫穷才没有如愿。我将近五十岁的时候，与哥哥子瞻两人同时在朝廷中任职，当时本想把积攒下来的钱集中起来买地筑室，以实现父亲的遗愿，可就在此时，兄弟两人都得罪朝廷被贬窜，相继离开京师。我开始时出守临汝，没几个月又被南迁。路过颍川的时候，想到以后可能会遭受更大的灾患，于是就让一个儿子留下来住在颍川，对他说："你就姑且在这里糊口吧。"后来，我又从筠州被迁谪到雷州，从雷州迁谪到循州，一直过了七年我才被赦免北归。我曾在颍川西边三十里的地方买下过二顷田，于是就租赁房子在这里住下了。向西遥望故乡，还有好几千里远，而当时的形势又不能回去，于是心里想说："暂且就住在这里吧。"过了五年，在颍川城西边自己盖了房子，又买下了一些田，总数差不多比原先增加一倍，这时才对自己说："可以在这里定居了。"实际上我起初并不想在这里定居。早先，我父亲经过观察，把彭州、眉州之间的地方定为安葬之地，并且指着它的西北方位说："将来你们兄弟两人就在这里居住吧。"如今，子瞻已经去世，埋葬在郏城县的嵩阳峨眉山；我也已经七十三岁，以后我还要努力实现父亲的遗志。既然如此，那么，颍川也就不是我永久定居的地方了。从前，西汉的贡少翁任御史大夫，已经八十一岁，老家在琅琊，只有一个十二岁的儿子，担心自己死后无法回故乡安葬。汉元帝哀怜他,特地准许,等他死后,皇帝下谕令将其棺材送回家乡安葬。三国时的谯允南,七十二岁时死在洛阳,老家在巴西郡,临终前就告诉他儿子,率先准备一口轻便的棺材,他死后便能运回家乡安葬。现在,我已经退出官场、赋闲家居很久了,不敢奢望能有少翁那样的荣宠,但像谯允南那种死后归葬的事或许还可以实现。不过,我平常就喜爱道家思想,受道家思想感染,至今已有三十多年了。衰老死亡自然是不能避免的,但我几十年学道的结果,对一切都已看得清清楚楚,即使死了以后,这颗心也绝不会随着尸体的腐朽而埋没散失,它将永远系念着我的家乡。既然如此,那么,定居的地方也就无所谓了,定居哪里都可以的。所以,我写作了这篇《卜居赋》,让了解我的人来阅读。

我将要选择地点定居下来,究竟该住在哪里呢?向西遥望我的家,只见重峦叠嶂,山势险要。兄弟二人虽已沉沦埋没,环视左右,还有好多后代。我想回到老家居住,但回去后和谁住在一起呢?只好寄宿暂住在颍川,在这里盖起房,耕田种地,自食其力。每天起来吃着这里的小米,喝着这里的水,就好像要老死在这里了。想到去世的父亲曾经留过这样的遗言:父子要在一起,都回归老翁泉旁。四十年过去了,父亲坟地里种下的松树、竹子都已枝叶繁茂。孩子们送我回归故乡,行进在山高入云,似可招手摘星的蜀道上。你们不忘我,我也绝不会忘记祖先。或许我死了之后,能回乡祭祖扫墓。我以孔夫子为师,效法他矢志不渝,始终如一。也兼学释氏、道家,吸取他们合理的东西。我的心明亮,我的躯体也与我的心一样都异常地沉着静谧;我的躯体终有一天会腐朽而埋没消失,但我的心不会随之消失。碰到什么地方就在什么地方安居下来,哪里不可以是我的住宅呢?我向西居住可以追随我的父亲,向东居住能依从我的儿子。上下天地,左右四方,哪里有什么永久居住的地方呢?老子曾经说过:只因为不居住,所以才不存在去与不去的问题。

**原文**

昔予先君以布衣学四方,尝过洛阳,爱其山川,慨然有卜居意,而贫不能遂。予年将五十,与兄子瞻皆仕于朝,哀櫜中之余,将以成就先志,而获罪于时,相继出走。予初临汝,不数月而南迁。道出颍川,顾犹有后忧,乃留一子居焉,曰:"姑糊口于是。"既而自筠迁雷,自雷迁循,凡七年而归。颍川之西三十里,有田二顷,而僦庐以居。西望故乡,犹数千里,势不能返,则又曰:"姑寓于此。"居五年,筑室于城之西,稍益买田,几倍其故,曰:"可以止矣。"盖卜居于此,初非吾意也。昔先君相彭、眉之间,为归全之宅,指其庚壬曰:"此而兄弟之居也。"今子瞻不幸已藏于郏山矣,予年七十有三,异日当追蹈前约,然则颍川亦非予居也。昔贡少翁为御史大夫,年八十一,家在琅琊。有一子,年十二,自忧不得归葬。元帝哀之,许以王命办护其丧。谯允南年七十二终洛阳,家在巴西,遗令其子轻棺以归。今予废弃久矣,少翁之宠,非所敢望,而允南旧事,庶几可得。然平昔好道,今三十余年矣,老死所未能免,而道术之余,此心了然,或未随物沦散。然则卜居之地,惟所遇可也,作《卜居赋》,以示知者。

吾将卜居,居于何所?西望吾乡,山谷重阻。兄弟沦丧,顾有诸子。吾将归居,归与谁处?寄籍颍川,筑室耕田。食粟饮水,若将终焉。念我先君,昔有遗言。父子相从,归安老泉。阅岁四十,松竹森然。诸子送我,历井扪天。汝不忘我,我不忘先。庶几百年,归扫故阡。我师孔公,师其致一。亦入瞿昙,老聃之室。此心皎然,与物皆寂。身则有尽,惟心不没。所遇而安,孰匪吾宅?西从吾父,东从吾子。四方上下,安有常处?老聃有言:夫惟不居,是以不去。

# 秦　论

　　秦国的统治者在战国时代处于诸侯的位置上，但却胸怀统治全国的志向。于是，它就侵略齐、楚、燕、韩、赵、魏其他六国，讨伐征服全国。结果，不到几十年，秦人就统一了全国，秦始皇就成为全国的最高主宰。然而，国家统一以后，却只传了两代便灭亡了。刘邦身为普通百姓，起而造反，斩伐英雄豪杰，践踏秦国，诛杀项羽，夺取了天下，灭秦建汉，并且传了几十代而政权仍然延续不绝。秦、汉两朝政权，他们的起点是不同的，但他们夺取天下的做法却是相似的。

　　然而，刘邦、项羽是自民间揭竿起义，率领着全国蜂拥而起的士兵向西攻打秦国。他们原本连十平方里的地盘也没有，手下连一兵一卒也没有。只有疲乏困顿征守边疆的人，想达到他们非分的目的。这就是说，他们只有达到目的才能够活下来，否则便只有死路一条。作为一介草民来争夺天下，这种形势就决定了只能速战速决，所以他们能不惜冒着万死的危险去求得一线生机。秦国本来方圆上千平方里的土地，又有几代祖先创下的基业，即使是闭住函谷关维持现有的局面，只要积蓄威势，培养士兵，安抚自己的百姓，其他六国哪敢讨伐秦国？这样，只要静观天下的形势，发现有机可乘的时候再出兵，又有谁抵抗得了呢？然而，身为一国之君却采用普通草民夺取天下的办法，只图速战速决，而不管其他。这样做的结果，固然可以很快夺取天下，但迅速灭亡也就情有可原了。刘邦、项羽当时的形势是，他们一无所有，他们只是在民间起来造反，想趁混乱之机夺取天下。所以，他们即使驱赶着天下的人们争夺国家政权，而老百姓还渴望混乱平定以后能有喘息的时间，他们速战速决平定天下。天下平定以后，老百姓自然便不再存有背叛他们的想法。至于战国时期，全国划为各个诸侯国，而秦国却想用武力来强行征服天下。他们不爱惜百姓的生命，也不为子孙考虑，而是竭尽全力去争夺邻国的利益。这样，其余六国尽管被消灭了，但秦国自己百姓的心也已经不再向秦国了。因此，秦国平定天下的办法，只是普通草民造反时采用的策略，而不是继承了祖宗的基业并务求不丧失的人所应当采取的。

从前，我曾经听说，周代的兴起，经过好几百年之后才到了文王、武王时期。周代在文王、武王的时候，三分天下已经有其二。但是商代的诸侯中仍有对周心存不满不愿服从的，商纣王的军队也还没有到不攻自垮的程度。所以，贤能的文王、武王并不急于攻取，而是把精力用在修正自己的德行上，静待时机，等候商朝自己崩溃。他们确实是从内心深处感到，周代经过后稷、公刘、太王、王季这些先王不懈的勤劳奋斗，才有了如今的大好形势，来之不易。所以他们决不轻举妄动，而要等待最合适的时机。啊！秦国把几代人积累的资本，一次性地用到夺取天下的战役中而不可惜。他们虽然平定了天下，但也因此而把历代祖宗遗留下来的恩泽消耗殆尽。这样，还想凭借这些来维护国家政权，太让人迷惑费解了。

### 原文

秦人居诸侯之地，而有万乘之志，侵辱六国，斩伐天下，不数十年之间，而得志于海内。至其后业，再传而遂亡。刘季起于匹夫，斩刈豪杰，蹶秦殊楚，以有天下，而其子孙，数十世而不绝盖秦、汉之事，其所以起者不同，而其所以取之者无以相远也。

然刘、项奋臂于闾阎，率天下蜂起之兵曲向以攻秦，无一成之聚，一犬之众，驱罢弊适戍之人，以求所非望，得之则生，失之则死。以匹夫而图天下，其势不得不疾战以趋利，是以冒万死求一生而不顾。今秦拥千里之地，而乘累世之业，虽闭关而守之，畜威养兵，拊循士卒，而诸侯谁敢谋秦？观天下之衅，而后出兵以乘其弊，天下夫谁敢抗？而惠义、武、昭之君，乃以万乘之资，而用匹夫，所以图天下之势，疾战而不顾其后，此宜其能以取天下，而亦能以亡之也。夫刘、项之势，天下皆非吾有，起于草莽之中，因乱而争之，故虽驰天下之人，以争一旦之命，而民犹有待于戡定，以息肩于此。故以疾战定天下，天下既安，而下无背叛之志。若夫六国之际，诸侯各有分地，而秦乃欲以力征，强服四海，不爱先王之遗黎，以为子孙之谋，而竭其力以争邻国之利，六国虽灭，而秦民之心已散矣。故秦之所以谋天下者，匹夫特起之势，而非所以承祖宗之业以求其不失者也。

昔者尝闻之：周人之兴数百年，而后至于文、武。文、武之际，三分天下而有其二，然商之诸侯犹有所未服，纣之众，未可以不击而自解也。故以文、武之贤，退而修德，以待其自溃。诚以为后稷、公刘、太王、王季勤劳不懈，而后能至于此，故其发之不可轻，而用之有时也。嗟夫！秦人举累世之资，一用而不复惜，其先王之泽，已竭于取天下，而尚欲求以为国，亦已惑矣。

## 汉　　论

远古的时候，最具贤德的圣人就给君王和臣下规定了各自的本分：君王一个人高高地处在天下的一切人之上，心安理得地接受天下的人为自己奉献而不辞让；而天下的一切其他人，包括才能杰出的文士和勇猛强壮的武夫，都要积极贡献出自己的才能，为君王效力，没有人可以例外。究竟为什么要规定两种本分呢？

天下的事情，本来是贤能的人办的。那些品德高尚、才能出众的文士尽心竭力来办天下的事，没有办不成的事；那些勇猛强劲的武夫尽心竭力除灭天下的暴乱，没有平息不了的暴乱。这些人都并不是没有智慧、不够勇猛，如果上无君王统治，那他们的心里就常常会有一种恐惧感，普天下空空荡荡的，他们也会深感不安；事情成功以后，都会左顾右盼，却没有人敢

于把功劳据为己有。所以，天下有才能的人，他们的才能虽然足够办成天下所有的事，但却总是希望国家能有一位贤明的君王，这正是因为只有君王才有资格享有这一切。古时候的君王，能够把天下的英雄豪杰都召集在自己身边，而又不让他们心里失望；而这些英雄豪杰也都能凭借着君王的资望在天下施展自己的才能，大功告成之后也不敢有丝毫背叛君王的想法。上下两方面都各自恪守本分，所以政权稳固，一朝一代地延续下去。只有君王和臣下彼此背叛，彼此不能为对方尽职尽责的时候，君王才以为没有必要为臣下做什么事，臣下也没有为君王做什么事的必要了。君王不对臣下尽职尽责，最后落得天下人都不敢亲近他的下场。臣下不对君王尽职尽责，最后就会发展到闷闷不乐，心里没有着落。这样，国家就要大乱了。而

且，那些不能尽臣下职责的人实际上并不懂天下人的心愿。天下的人都是君王的臣下，彼此之间谁能让别人跟随自己呢？只是因为他们凭借着君王的权威来指使别人。所以即使与他们有等同的资格，可以平起平坐的人，也没人敢于违抗他。那些人看见天下的人都不敢违抗他，便以为天下的人都畏惧他，而不知道只是由于自己凭借君王的权威才会如此的。正是由于这些人一厢情愿地以为天下的人真的是害怕自己，反而要以此为理由去弑君夺位。然而，君王一旦去掉，天下的人谁还会再惧怕他而不打起旗号造反叛变呢？

从前，西汉衰落的时候，王莽窃取皇帝的权力，而把这种权力据为己有，企图夺取汉代的天下。当他把皇帝的权力掌握在自己手中但还没有暴露要夺取汉朝天下的企图时，天下的人不知道他有夺取汉朝天下的野心，所以大家听从于他。为什么呢？因为天下人的心里还以为这是汉朝政权在指使他们。直到汉朝正式变成了王莽的政权，天下的英雄豪杰便群起而攻之。结果，没几年时间，王莽就彻底被打败了。为什么呢？这是因为天下的人不服篡权夺位的王莽。这之后，东汉又发生了变乱，汉献帝被迫颠沛流离，在荒野里逃窜的时候，曹操辅佐他重新成为皇帝。这个时候，汉代政权实际已经灭亡了，全国只听从曹操一个人的指挥。然而，天下的英雄豪杰还是打起恢复汉朝政权的旗号，与曹操争霸夺权，使得曹操直到老死时也不得安宁。所幸的是，当时的人们都清楚汉朝实际上已经灭亡，所以大家都甘心服从曹氏政权，而愿意安稳地成为这个政权的臣下。

所以，孔夫子说："天下走上正轨的时候，礼乐征伐等各种号令都由天子发布；天下偏离正轨的时候，礼乐征伐等各种号令就都由诸侯来发布。在号令由诸侯发布的情况下，政权延续十代就极少有不垮台的；在号令由大夫发布的情况下，政权延续五代就极少有不垮台的；大夫的家臣如果掌握了诸侯国的命脉，政权延续三代就极少有不垮台的。"这是因为，凡是下属干预上级，都自以为自己享受到了上级的权利，而不知道这样一来，天下的人们便会愤愤不平，群起而攻之。所以，平素能折服的范围愈狭窄，那他的失败也就会愈快。为什么呢？因为这时候愤愤不平、心存不满的人就越来越多。所以孔夫子说："鲁国百官的俸禄不由公室发出已经五代了，政权掌握在大夫的手中已经四代了，而大夫仲孙、叔孙、季孙这三桓的子孙却也衰微了。"啊！鲁国的公室既然已经衰微，那作为大夫的三桓的子孙，依照天下人们的一般认识，按理说应该共盛才对，而实际上却终于衰弱，并且一蹶不振。由此，君主与臣子之间的本分便由此可明白看见了。

**原文**

古之圣人，制为君臣之分，天子以其一身，立乎天下之上，安受天下之奉己而不辞。天下之人，奇才壮士，争出其力，自尽于天子之下，而无所逃遁。此二者何为如此也？

天下之事，固其贤者为之也。仁人君子尽心以制天下之事，而无所不成；武夫猛士竭其力以靡天下之暴乱，而无所不定。此其类非不智且勇也，然而不得其君，则其心常鳃鳃然，旷四海而不能以自安，功成事业立，缺然反顾，而莫之能受。是以天下之贤才，其才虽足以取之，而常喜天下之有贤君者，利其有以受之也。盖古之人君，收天下之英雄，而不失其心，故天下皆争归之也。而英雄之士，因其君之资，以用力于天下，功成求得，而不敢为背叛之操。故上下相守，而可以至于无穷。惟其君臣相戾，而不能以相用，君以为无事乎其臣，臣以为无事乎其君，君无所用，以至于天下之不亲，臣无以用之，以至于茕茕而无所依，而天下始大乱矣。且彼不知夫天下之意也，天下之人，皆人臣也，而谁能以相从？惟其因天子之权而用之，是以虽其比肩之人，而莫敢抗。彼见天下之莫吾抗也，则以为天下之畏我，而不知己之戴君之威而行也。故或狙天下之畏己，而反以求去其君。其君既去，而天下之人，孰畏而不为变哉？

昔者西汉之衰，王莽窃取其人君之权而执之，以求取其天下。方其执之而未取也，天下不知其将取之，是以俯首而奉其所为。何者？天下之心，犹以为汉役之也。至于天下在莽，而其英雄之士，遂起而共攻之，不数年，而莽以大败。何者？天下不服无汉之王莽也。其后东汉之乱，献帝奔走于草莽之中，曹操出之以为帝王。当是之时，天下已无汉矣，而唯曹氏之为听。然天下之英雄，犹以为名，皆起而争之，终曹公之身，而不能以自安。犹幸其当时之人，皆知汉之天下已去，而操收之也，是以心服曹氏而安为之臣。

故孔子曰："天下有道，礼乐征伐自天子出。天下无道，礼乐征伐自诸侯出。自诸侯出，盖十世希不失矣。自大夫出，五世希不失矣。陪臣执国命，三世希不失矣。"盖天下之情，居下而于其上之政者，以为己之享其利也，而不知天下之争心皆将嚣然而不平。是以其素所服者愈狭，则其失之也愈速。何则？其不平者众也。故曰："禄之去公室五世矣，政在大夫四世矣，而三桓之子孙微矣。"呜呼！公室既微，则三桓之子孙，天下之所谓宜盛者也，而终以衰弱而不振，则夫君臣之分可知也已。

## 晋　　论

治理国家正确的方法是：既要以安定的生活条件使百姓得到休养，又要通过艰难困苦的环境锻炼考验他们，从而使他们生活舒适却能勤苦，居安却能思危。百姓中有修养、有知识的人，一方面都能按照礼教行事，不越规矩，同时又能耕田种地、驾车射箭，磨炼增强体力。平日无事，也要养成紧张的习惯，以便去掉懒惰的毛病。要使他们锻炼自己的精神，做到一天比一天意志坚定；要使他们经受艰难困苦的考验，做到一天比一天身强体壮。地位高贵的官员，要勇于去完成最艰难的工作。只有做到这些，国家的一切事情才都可以办好，而天下的那些独往独来、胆大妄为的人就没办法犯上作乱了。为什么呢？因为国家局势动荡，常常是因为地处高位的人心里畏惧而不敢去做某些事情。天下那些居心不良的人，知道地处高位的人害怕而不敢去做，这样他们就觉得有机可乘，从而制造出足以使地处高位的人感到为难的事来。地位高贵的人，感到为难的，难道不是关乎战争中的死伤，这种让莽夫轻视而士大夫又不忍以身相试的事吗？让莽夫轻视那些人以战争死伤来威胁我们，而我们手足无措，这样，国家最后出现动乱，不足为怪。所以，贤能的人治理国家，要能无所畏惧。只有做到无所畏惧，才能遇到任何事情都不躲闪逃避，遇到任何艰险都不害怕。

  从前，晋朝的失败，并不是当时国家无贤人。而是因为，当时贤能的人都只有一颗向善的心，只知高谈阔论，繁文缛节，心境淡泊，思想空虚，却缺乏慷慨激昂的节操。只知高谈阔论，空洞无用，而又都害怕战争。天下的英雄豪杰知道他们的忌讳所在，乘机而起，因而便使得晋朝的政权摇摇欲坠而不能自保。况且，刘聪、石勒、王敦、祖约这帮人，都是些奸诈雄猛之徒，也可称为豪强了。他们就像是山野里的人，生长在荒山野外，风吹日晒，饥寒交迫，身体经受的各种艰难困苦的磨炼，也可以算是达到极点了。当他们起兵作乱时，国家却让王衍、王导一班只知清谈的人去镇压抵抗他们。这就像是富贵人家，住的是高堂大屋，只知吃喝作乐，从来没吃过严寒酷暑的苦头，却想让他们去抵御生长在荒山野外的勇猛武夫，并且希望他们能够获得胜利一样。这当然是那些奸诈雄猛的人乐于攻击而丝毫也不觉得困难的了。所以，当时虽然有贤能的人才，于国家却无丝毫用处；那些人虽然有为国尽忠献身的心愿，但却拯救不了国家的灾患。他们的弊病就在于把自己看得太高贵，而没有经受过天下低贱的事的锻炼和考验。结果，生活富裕而不能艰苦耐劳，地位高贵却不能治理国家。

古代贤明的君王，他们治理国家，让人干非常劳苦的事，却又不使人们丧失高贵的身份；让人品尝到精致美食，但也不让人们丢弃粗劣的食品。这样，就使那些胆大妄为、心术不正的人不知该从哪里下手起乱而使其阴谋得逞，而地处高位的却不失为贤明的人。到了后来，让人干非常劳苦的事，却不懂得让人恢复体力，休养生息，这就是秦国的所谓强大；让人享受特别精美的食品，却不能使他们自身充实强壮，这就是晋朝失败的最根本原因所在。非常劳苦的事情，本来就难以让人感到安居乐业；而只贪图享受特别精美的食品，也不是使自己能够变得坚强的好习惯。这大概就是秦国与晋朝政权被夺灭亡的缘故吧！

**原文**

御天下有道：休之以安，动之以劳，使之安居而能勤，逸处而能忧，其君子周旋揖让不失其节，而能耕田射御，以自致其力，平居习为勉强而去其惰傲，厉精而日坚，劳苦而日强，冠冕佩玉之人而不惮执天下之大劳。夫是以天下之事，举皆无足为者，而天下之匹夫，亦无以求胜其上。何者？天下之乱，盖常起于上之所惮而不敢为，天下之小人，知其上之有所惮而不敢为，则有以乘其间而致其上之所难。夫其上之所难者，岂非死伤战斗之患，匹夫之所轻而士大夫之所不忍以其身试之者耶？彼以死伤战斗之患邀我，而我不能应，则无怪乎天下之至于乱也。故夫君子之于天下，不见其所畏，求使其所畏之不见，是故事有所不辞，而劳苦有所不惮。

昔者晋室之败，非天下之无君子也。其君子皆有好善之心，高谈揖让，泊然冲虚，而无慷慨感激之操，大言无当，不适于用，而畏兵革之事。天下之英雄，知其所忌而窃乘之，是以颠沛陨越，而不能以自存。且夫刘聪、石勒、王敦、祖约，此其奸诈雄武，亦一世之豪也。譬如山林之人，生于草木之间，大风烈日之所咻，而雪霜饥馑之所劳苦，其筋力骨节之所尝试者，亦已至矣。而使王衍、王导之伦，清淡而当其冲，此譬如千金之家，居于高堂之上，食肉饮酒，不习寒暑之劳，而欲以之捍御山林之勇夫，而求其成功，此固奸雄之所乐攻而无难者也。是以虽有贤人君子之才，而无益于世；虽有尽忠致命之意，而不救于患难。此其病起于自处太高，而不习天下之辱事，故富而不能劳，贵而不能治。

盖古之君子，其治天下，为其甚劳而不失其高；食其甚美而不弃其粝。使匹夫小人，不知所以用其勇，而其上不失为子。至于后世，为其甚劳而不知以自复，而为秦之强；食其甚美而无以自实，而为晋之败。夫甚劳者，固非所以为安；而甚美者，亦菲所以自固。此其所以丧天下之故也哉！

# 隋　　论

人对于物，如果能做到任从它主动依附又听任它自己离开，这样，就会使人相对于物，其重量便会增加。人的分量加重、物的分量减轻，这样，物对人的依附反而会更加牢固。物所以会离开人四散，原因就在于物的分量重而人的分量轻。古代人格品德最杰出的帝王，他们据有天下，并不是凭借武力强迫人们来顺从依附于他；他们保持政权，也不是强行劫持人们留在自己这里。他们能让天下的人主动地听从依附于他，而自己实际上迫不得已充当了众人的首领。从我自己来说，不去役使天下的人为我所用，而天下的人却主动来为我所用。这样，来去的权力就牢牢地把握在君王手中，而不在百姓手中。这就叫人的分量大于物的分量。况且，自己对于别人，勉强追求而得到，总不如让别人主动要求来依附自己，然后答应别人的请求；自己死守着把别人固定在这里，总不如让他们不愿意离开自己，而后答应他们继续留下来。所以，有智慧的人，有的可以与他们一起来夺取天下，却不能够与他们一起来保持政权，因为保持政权需要气度宏大的人。为什么呢？因为心胸狭窄的人，常常担心天下的人会离开自己而去，于是便总是玩弄权术来留住天下的人。而如果到了只有依靠权术才能收留人的时候，那天下的人也就开始离他而去了。

　　从前，夏、商、周三代的君王，他们的国家长久，以后的世代没有能比得上的。而国家政权迅速灭亡的，要首推秦国与隋朝，都是只经过两代便灭亡了。秦国与隋朝的灭亡，根源究竟是什么？从周代丧失政权以后，诸侯国便各自为政。秦国距秦岭以西不过一千里，韩、魏两国挡在它的正面，楚国就像是威胁着它的肩部，燕、赵两国窥伺在它的北边，而齐国却大摇大摆地据守在它的东边。那时候，秦国人身披盔甲，手执武器，经过七代的不懈战斗，一点一点地扩大地盘，直到秦始皇以后才统一了全国。秦国看到自己夺取天下是如此的艰难，便以为如不严加把持，用不了多久国家就会分裂割据，各个地方又会变成与自己敌对的势力。于是，就把有名的大城池摧毁，杀死天下枭雄，销毁天下所有兵器，企图通过这些措施使天下人叛离的希望彻底破灭。秦国人用来预防祸患和牢固守卫的措施，竟然严密到如此程度。然而，这样做的结果，却导致全国百姓愁怨困苦，百无聊赖，没有不想离开它的。所以，陈胜、项籍就顺从响应了百姓这种不愿臣服的心理，振臂高呼，举兵起义，赢得了全国各地的响应。由此看来，秦国灭亡得如此迅速，难道不正是因为它把丧失政权看得太重，从而防范过分严密造成的恶果吗？

　　隋朝建国之初，隋文帝大概也是看到天下局势混乱，长久不能安定，很害怕丧失统一安定的国家形势，自从东晋以来，天下大乱，刘聪、石勒、慕容垂、苻坚、姚兴、赫连等一批人纷纷起义，多得让人数都数不过来。到了拓跋氏，才吞并消灭了北方各处列强，建立了北魏王朝，但仍然没有统一南方。北魏后来又分裂为北周、北齐。北周吞并了北齐，而隋朝又夺取了北周的政权。以后，隋文帝逐一灭了南方的梁、陈两朝政权，这才最后统一了全国。隋文帝也是看到天下长期不得安定，建立了全国的统一政权之后，又害怕失掉政权；享受到了把天下据为己有的帝王的快乐之后，又害怕这种享乐长久不了。所以，他尽管处在全国百姓之上，却时常心存疑忌，惴惴不安，以为天下的所有人全都有以往那些豪强们割据独立的思想。于是，他就制定了严酷的法令来杜绝天下人们发动变乱，把过去帮助他的谋臣将领几乎诛杀殆尽。然而，他却偏偏死在自己的宠臣杨素手中，并由此使隋朝政权出现祸患，终于在隋炀帝时天下大乱，隋朝政权无法挽救，彻底灭亡。由此看来，隋朝政权遭到灭亡，原因与秦国也没有什么不同。

可悲啊！上古超凡出众的帝王注重品德修养，以此来吸引天下的人；天下的人是决定依附还是决定离开，主动权都掌握在帝王的手中。所以，那些超凡出众的帝王把失去权力看得很轻。正因为他们把失去权力看得很轻，所以能够做到心胸开阔，在制定政策上很宽松。政策的宽松，根源就在于他们心中没什么忧虑；而政策的严酷，根源就在于掌握政权觉得特别无依靠。我过去曾经听说，周代兴起的时候，太王为了避免北方少数民族的侵袭骚乱，迁到了岐山一带。而原先在豳地的百姓，却全都扶老携幼，到岐山一带来归附太王，道路上的人竟然连绵不绝。结果，周代尽管丢弃了原先的旧地盘，但国家势力却反而大大增强。反观秦国与隋朝，正是由于不愿意失去，结果适得其反灭亡得更为迅速。明白了历史上的这些成败得失，然后才会真正地领会到，那超凡出众的帝王制定的宽松舒缓的政策，正是他们能够深深吸引住天下人的好办法。

**原文**

人之于物，听其自附，而信其自去，则人重而物轻。人重而物轻，则物之附人也坚。物之所以去人，分裂四出而不可禁者，物重而人轻也。古之圣人，其取天下，非其驱而来之也；其守天下，非其劫而留之也。使天下自附，不得已而为之长，吾不役天下之利，而天下自至。夫是以去就之权在君，而不在民，是之谓人重而物轻。且夫吾之于人，已求而得之，则不若使之求我而后从之；已守而固之，则不若使之不忍去我，而后与之。故夫智者或可与取天下矣，而不可与守天下。守天下则必有大度者也。何者？非有大度之人，则常恐天下之去我，而以术留天下。以术留天下，而天下始去之矣。

昔者三代之君，享国长远，后世莫能及。然而亡国之暴，未有如秦、隋之速，二世而亡者也。秦、隋之亡，其弊果安在哉？自周失其政，诸侯用事，而秦独得山西之地，不过千里。韩、魏压其冲，楚胁其肩，燕、赵伺其北，而齐掉其东。秦人被甲持兵，七世而不得解，寸攘尺取，至始皇然后合而为一。秦见其取天下若此其难也，而以为不急持之，则后世且复割裂以为敌国。是以销名城，杀豪杰，铸锋镝，以绝天下之望。其所以备虑而固守之者甚密如此，然而海内愁苦无聊，莫有不忍去之意。是以陈胜、项籍因民之不服，长呼起兵，而山泽皆应。由此观之，岂非其重失天下而防之太过之弊欤？

今夫隋文之世，其亦见天下之久不定，而重失其定也。盖自东晋以来，刘聪、石勒、慕容垂、符坚、姚兴、赫连之徒，纷纷而起者，不可胜数。至于元氏，并吞灭取，略已尽矣，而南方未服。元氏自分而为周、齐。周并齐而授之隋。隋文取梁灭陈，而后天下为一。彼亦见天下之久不定也，是以既得天下之众，而恐其失之；享天下之乐，而惧其不久；立于万民之上，而常有猜防不安之心，以为举世之人，皆有囊者英雄割据之怀，制为严法峻令，以杜天下之变。谋臣旧将诛灭略尽，而独死于杨素之手，以及于大故。终于炀帝之际，天下大乱，涂地而莫之救。由此观之，则夫隋之所以亡者，无以异于秦也。

悲夫！古之圣人，修德以来天下，天下之所为去就者，莫不在我，故其视失天下甚轻。夫惟其心舒缓，而其为政也宽。宽者生于无忧，而惨急者生于无聊耳。昔尝闻之：周之兴，太王避狄于岐，豳之人民扶老携幼，而归之岐山之下，累累而不绝，丧失其旧国，而卒以大兴。及观秦、隋，唯不忍失之而至于亡，然后知圣人之为是宽缓不迫之行者，乃其所以深取天下者也。

# 唐　论

天下的祸乱，往往潜伏在头绪错综、事务沉滞郁结之处，所以，内廷冗务杂错就容易形成内忧，边关警事频就容易形成外患。古时候把军队全都集中在京城，地方上没有势力强大的臣僚，国家的一切事情的管理权力都集中于中央。在这种时候，就叫做内重。内重的弊端在于，容易造成奸臣专权而丝毫不用顾忌地方势力的反对；地方上独来独往的人到处横行，又没有力量能够禁止。这样一来，变乱不是由朝廷里的大臣挑起，便是在荒野百姓的豪强中产生。所以，国家力量的重心，决不可仅仅集中在中央。古时候的诸侯国，大的方圆数百里，军队足以应付战争，食物足以保证守卫，国君又掌握着生杀大权，这样，周边少数民族与国内盗贼制造的祸乱便不至于威胁到中央，而身处中央的大臣也对他们心存畏惧，不敢在中央制造变乱。在这种时候，就叫做外重。外重的弊端在于，容易造成地方势力仰仗兵权逞强，而中央却没办法加以制伏。由此看来，国家权力的重心固然不可以集中于中央，但也不能使重心偏落在地方。

自从周代衰败以后，齐、晋、秦、楚四国的土地都绵延千

余里。地方力量大于中央,才终于使得国家政权灭亡而无法挽救。秦国人曾担忧地方力量过重会导致国家政权灭亡,于是就把全国各地的武器都没收会聚在京城咸阳,又把各地的大城池摧毁,杀死无数英雄豪杰,从而使国家的命脉完全控制在了中央的手中。然而,到了秦二世的时候,陈胜、吴广振臂高呼,举兵起义,州县的官吏却全都仓皇逃走,无人敢与之抵抗。而赵高又在朝廷内部专权,颐指气使,终于使贵为丞相的李斯也竟然备尝五种酷刑的残害而死在道路之上。当时,李斯的儿子李由正据守在三川之地,尽管那里地势险要易于防守,但他也不敢同赵高对抗。陈胜、吴广举兵于山野与赵高专权于中央,这两种祸患,全是由于地方势力不强,没有能力加以制止而造成的。到了汉代建国以后,吸取了秦国孤立无援的教训,便极力将同姓封为王侯贵族,使他们遍布全国各地。然而就在汉高祖在位的时候,侯王制造动乱的,先后就有九起。动乱虽然全部平息,但各侯王的后代却仍然继续积蓄力量,到了文帝、景帝时终于爆发了以淮南、济北、吴、楚为首的"八王之乱"。于是,汉武帝又吸取诸侯国势强大、容易制造祸乱的教训,分割原来的诸侯国,大大缩小了他们的势力范围。但这样一来，只过了百年时间，王莽就将权力集中于中央，并逐渐篡夺了汉代的政权，而刘氏的子孙后代却束手无策。到了魏、晋的时候，诸侯势力被进一步削弱，地方势力极大地衰弱，再也没有能力制造动乱了。然而，也正是由于这一点，朝野中专权的奸臣，山野里独往独来、胆大妄为的坏人，又成了国家的隐患。以上这些帝王，他们在权衡内外力量轻重的时候，都往往是自己选择了造成祸乱之道，而自己还未曾明白这一点。

国家中央的力量强大，祸患就发生在中央；地方的力量强大，祸患就会出自地方。然而，秦、汉两代，不去探讨事变发生的原因，却只是盲目错误地吸取教训，片面地追求偏重于某一方面所得到的好处，所以他们的祸患便循环往复，无穷无尽，最终还是免不了落个灭亡的下场。况且，帝王对于天下，不能像妻子、小孩儿那样当成自己的来爱惜。夺取了政权，如果只是一味地谨慎守护着，不舍得把权力适当地分给别人，只称得上是独来独往的人的智慧。岂不知，他们之所以不能最终永保成功，没有不是因为不想分散权力造成的。所以，那些人格品德超凡出众的帝王，为了最大限度地稳定国家政权，深知如果没有强大的地方势力，便不足以钳制中央企图专权的奸臣。而后代的国君们，却要剪去自己的爪牙，除掉自己的股肱，企图以此来求得政权的稳定，也实在是错得荒谬。我个人以为，就国家的整个形势而言，如果中央力量不强大，便无法在地方的强大势力面前产生威严效果；而如果地方势力不强大，便无法震慑中央掌握大权的重臣，也没能力杜绝百姓中那些一心想造反的坏人的企图。这两个方面，只有造成互相牵制的形势，然后才可以获得成功，而决不能出现一轻一重的局面。

从前，唐太宗平定了天下以后，重新划分区域，把边防地区都作为节度使的使府，其中范阳、朔方的军队，竟有十万人之多。这样一来，他们对外就足以防备周边少数民族政权的侵扰，对下就足以应付胆大妄为的人的造反作乱，而对内又足以钳制朝廷大臣制造变故。而这些在外血战的将帅们之所以不至于拥兵叛乱，则又在于朝廷同样拥有重兵在预先钳制着他们。唐太宗贞观年间，全国的府兵有八百多处，而在关中一带就有五百多处，全国的军队正好相当于关中的一半。然而，朝廷里掌握大权的里臣仍然不敢乘此时机犯上作乱，就因为地方上的节度使势力强大，使他们不敢有丝毫妄想。所以，唐代全国各地的节度使，有相当于周代诸侯的强大势力，却又不像诸侯分封之后就不再变动，而是任命调动完全服从中央，使中央可以选贤任能，罢黜庸才，这样就使得国君不必再饱受亲自率军征战的劳苦，而天下又杜绝了世袭权臣起兵作乱的祸患。唐代中央的府兵，有像秦代那样关中一带中央权重的形势，但又能做到相互防范牵制，谁也不敢有作乱犯上的行为。因而，国君既没有被逼让位的危险，而臣下也不存在被杀戮的祸患。而周代时的诸侯，正因为中央没有像唐代拥有府兵那样的权威，所以往往诸侯叛乱中央陷于困难之中而无法抑制。而秦国的关中一带，由于没有像唐代各地节度使那样的声援，因而国君便受到大臣的要挟而不能独立自主。因而，既有周代、秦国的长处所在，又避免了周代、秦国的害处，做到各种势力互相制约，既能使中央的权臣不敢发动政变，又能使地方势力也不敢制造动乱，还从来没有像唐代所实行的制度这么周密完全的。

　　然而，天下的人们，不追究利害原因，多数人却仅仅根据成败的历史陈迹来判断政策的得失。他们只看到唐代开元年间以后节度使拥有重兵，成为国家的极大祸患，便认为唐太宗制定政策不够慎重，随意妄行。啊！探讨国家大事，只就胜败的表面现象发议论，从而据此认定它的法律制度的功过得失，则远不如进一步深究造成胜败结果的原因。实际上，唐玄宗天宝年间，中央兵力四散，集中于范阳一带；唐德宗时，禁兵又全都屯戍在赵、魏一带。这才使安禄山、朱泚得以乘虚到达京城，中央无力镇压。结果，安禄山的一场暴乱，就使唐王朝一败涂地。从此以后，唐王朝直到接近覆灭的唐昭宗时代，没有一年安宁过。中央朝廷内虽然有李辅国、程元振、王守澄、仇士良这样一班掌握重权的宦官，但也最终没能使唐王朝逃脱灭亡的命运。尽管他们诛杀了王涯、贾�，自以为可以威震四方了，但节度使刘从谏一发异议，他们便恐惧收敛，自此再也不敢为所欲为；后来，崔昌遐倚仗着节度使朱温的军队诛杀宦官，废除中央派在地方军队里的监军，最终无人有胆量相对抗。由此看来，唐王朝的衰败，弊病在于地方力量的权势过重。然而，地方力量权力过于大的原因，却是由于府兵全都屯驻在远离中央的地方，与唐朝制度本身并没有关系。然而，可悲的是，后代却不再沿袭唐代的这种制度了。

**原文**

天下之变，常伏于其所偏重而不举之处，故内重则为内忧，外重则为外患。古者聚兵京师，外无强臣，天下之事，皆制于内。当此之时，谓之内重。内重之弊，奸臣内擅而外无所忌，匹夫横行于四海而莫能禁。其乱不起于左右之大臣，则生于山林小民之英雄。故夫天下之重，不可使专在内也。古者诸侯大国，或数百里，兵足以战，食足以守，而其权足以生杀，然后能使四夷、盗贼之患不至于内，天子之大臣有所畏忌，而内患不作。当此之时，谓之外重。外重之弊，诸侯拥兵，而内无以制。由此观之，则天下之重，固不可使在内，而亦不可使在外也。

自周之衰，齐、晋、秦、楚，绵地千里，内不胜于其外，以至于灭亡而不救。秦人患其外之已重而至于此也，于是收天下之兵而聚之关中，夷灭其城池，杀戮其豪杰，使天下之命皆制于天子。然至于二世之时，陈胜、吴广大呼起兵，而郡县之吏，熟视而走，无敢谁何。赵高擅权于内，颐指如意，虽李斯为相，备五刑而死于道路。其子李由守三川，拥山河之固，而不敢较也。此二患者，皆始于外之不足而无有以制之也，至于汉兴，惩秦孤立之弊，乃大封侯王。而高帝之世，反者九起，其遗孽余烈，至于文、景而为淮南、济北、吴、楚之乱。于是武帝分裂诸侯，以惩大国之祸，而其后百年之间，王莽遂得以奋其志于天下，而刘氏之子孙无复龃龉。魏晋之世，乃益侵削诸侯，四方微弱，不复为乱，而朝廷之权臣，山林之匹夫，常为天下之大患。此数君者，其所以制其内外轻重之际，皆有以自取其乱而莫之或知也。

夫天下之重，在内则为内忧，在外则为外患。而秦汉之间，不求其势之本末，而更相惩戒，以就一偏之利，故其祸循环无穷而不可解也。且夫天子之于天下，非如妇人孺子之爱其所有也。得天下而谨守之，不忍以分于人，此匹夫之所谓智出，而不知其无成者，未始不自不分始。故夫圣人将有所大定于天下，非外之有权臣，则不足以镇之也。而后世之君，乃欲去其爪牙，剪其股肱，而责其成功，亦已过矣。夫天下之势，内无重，则无以威外之强臣，外无重，则无以服内之大臣，而绝奸民之心。此二者，其势相持而后成，而不可一轻者也。

昔唐太宗既平天下，分四方之地，尽以沿边为节度府，而范阳、朔方之军，皆带甲十万，上足以制边陲之难，下足以备匹夫之乱，内足以禁大臣之变。而将帅之臣常不至于叛者，内有重兵之势，以顶制之也。贞观之际，天下之兵。八百余府，而在关中者五百，举天下之众，而后能当关中之半。然而朝廷之臣亦不至于乘间衅以邀大利者，外有节度之权以破其心也。故外之节度，有周之诸侯外重之势，而易置从命，得以择其贤不肖之才。是以人君无征伐之劳，而天下无世臣暴虐之患。内之府兵，有秦之关中内重之势，而左右谨饬，莫敢为不义之行。是以上无逼夺之危，下无诛绝之祸。盖周之诸侯，内无府兵之威，故陷于逆乱而不能自止。秦之关中，外无节度之援，故胁于大臣而不能以自立。有周秦之利，而无周秦之害，形格势禁，内之不敢为变，而外之不敢为乱，未有如唐制之得者也。而天下之士不究利害之本末，猥以成败之遗踪而论计之得失，徒见开元之后，强兵悍将皆为天下之大患，而遂以太宗之制为猖狂不审之计。

夫论天下，论其胜败之形，以定其法制之得失，则不若究其所由胜败之处。盖天宝之际，府兵四出，萃于范阳，而德宗之世，禁兵皆戍赵、魏，是以禄山、朱泚得至于京师，而莫之能禁，一乱涂地。终于昭宗，而天下卒无宁岁。内之强臣，虽有辅国、元振、守澄、士良之徒，而卒不能制唐之命，诛王涯，杀贾悚，自以为威震四方，然刘从谏为之一言，而震慑自敛，不敢复肆。其后崔昌遐倚朱温之兵以诛宦官，去天下之监军，而无一人敢与抗者。由此观之，唐之衰，其弊在于外重，而外重之弊，起于府兵之在外，非所谓制之失，而后世之不用也。

# 五 代 论

从前，商、周两代的兴盛，一个始于契，一个始于稷。而商代直到成汤，周代直到武王，经过了好几百年的时间，才夺得天下。他们获得成功非常艰难，都是经过漫长的时间才开始享受到了夺取天下的好处。正因为如此，所以商代消灭了夏桀、周代消灭了商纣以后，占有天下，让所有的诸侯都朝会，使自己处于天下最高主宰的地位，而臣下没有不折服的。商代只消灭了夏桀这个独夫，周代只消灭了商纣这个独夫，便能使天下安定。从这个意义上说，他们所花气力很小，也没有付出太多的辛劳。到了秦代、汉代的时候，英雄豪杰蜂拥而起，大家都想夺取江山以获利，谁都怕自己落在后边；大家都想先挑起事端，使天下混乱，谁都不甘居于人后。于是，英雄豪杰们振臂高呼，天下的人们便群起响应，四面汇集到他们的周围。

这些英雄豪杰，率领大众转战一天，就可以占领千里范围的土地，他们夺取天下竟是如此容易。天下平定之后，确定了君臣的名分，又把全国的土地分别赐给有功将领，封他们为王，希望能够这样不断继承下去永世不变。然而，仅仅几年之内，那些有功将领与势力大的王国揭竿造反的事件就像刺猬的毛一样多。为什么他们夺取天下如此容易，而保天下又这么艰难呢？

至于梁、唐、晋、汉、周五代这一段战争蜂起的时期，其间发生的事件尽管没有什么值得论说的，但是，他们各代的帝王都是平民出身。然后驰骋海内，用武力夺取天下。然而，从梁代到周代，竟然在不到一百年的时间里，却更换了五个朝代，最长的也不过几十年，他们的智慧竟然没有传及下一代，这也太让人感到奇怪了。我曾经听说，梁代的灭亡，起因是他们父子兄弟之间自相残杀，虐待百姓而引起天下背叛。周代的灭亡，是因为恰逢有圣明的宋太祖兴起，所以它便无法继续立国，只好灭亡。这两个朝代的灭亡，实属理所当然，有道德的人们对此无话可说。然而，后唐的庄宗、明宗与后晋的高祖、后汉的高祖，都是英武特异的人物，并且凭借他们的杰出才能占据了大半个天下。就连继承他们事业的子孙，也都有超人的智慧和胆量。但最终却也都相继破败覆灭，实在让人不可理解。看来，历史发展趋势必然导致他们自取灭亡。实际上，后唐、后汉的变乱起始于有功劳的大臣，而后晋的变乱则是由北方的少数民族引起的。他们的失败，都是由于夺取天下太容易的缘故。后唐庄宗时发生叛乱，石敬瑭率兵赶至夷门，辅佐明宗继承皇位。后唐灭亡的时候，先是匈奴人击败张达的军队，继而石敬瑭取代后唐，自立为晋高祖。匈奴之祸，起于周太祖建议南征，而使南朝建立了后汉。所以，后唐被后晋消灭，后晋又由于抵挡不住匈奴侵扰而败亡，而后汉则被后周所灭。这些变乱的根本原因是，功臣自恃有创业之功，匈奴人也自恃有驱赶之劳，他们都用自己的功劳来要挟天子。皇帝如果听从摆布，那政权就不可能长治久安；如果诛灭他们，就会引起天下大乱，只要动一个功臣，其余的人就会群起而攻之。因此，后唐夺了晋高祖的权而导致灭亡，后晋断绝了与匈奴的和亲政策而灭亡，后汉诛杀了杨邠、史肇两人而后周的人不服气，最终将后汉消灭。这几个朝代，开始时如果没有那些功臣与匈奴，便不可能夺取天下、建立政权。但最终却又是功臣和匈奴出其不意地消灭了他们。

因此，古代最具品德才能的人，他们即使具有夺取天下的资本也不利用，即使具备驾驭天下的形势的能力也不看重，而是把精力集中在抚恤顺应老百姓上，以便等待天下自然而然地归于己有。他们并非有意地作出一种仁道的姿态，而是确实认识到天下绝不可能轻易地取得。想夺取天下而寄希望于能够轻易地夺取，那么，只要是对夺取天下有利的事情，他就会无所不为。而凡是不择手段地夺取了天下，等到天下安定之后，如果不把这种风气加以扭转，则别人也会效法，势必不是长久之计；而如果无所顾忌地加以改变，这样又势必会触犯天下某些人的意愿，因而结果仍然会很糟糕。古时候，晋献公死的时候，公子重耳正在翟地，里克杀死公子奚齐、卓子，召重耳继位，而重耳却不愿回去。秦伯派遣公子絷前往吊慰，并且告诉重耳晋国国内一片混乱，答应秦国将拥立重耳当国君。但重耳却仍然再三拜谢辞避，不敢承当。重耳既不应命，里克便派使者迎立公子夷吾。公子夷吾闻召立刻动身，并且答应把汾阳之百万亩地封给里克，把负蔡之田七十万亩封给丕郑，还答应把河西的五座城池奉献给秦国。但夷吾回到晋国继位之后，却违背了原来作出的对内对外所有许诺，不仅杀了里克、丕郑，还出兵征讨秦国。结果，晋兵大败，夷吾也被秦军俘虏，不能返还晋国。在这种情况下，公子重耳才从容地站出来收拾残局。在国内有大臣们拥戴他，秦、楚两国也在国外援助他，结果，重耳返回晋国，自立为晋文公，终于成为诸侯的霸主。正是因他自己不急于返回晋国而别人却主动请求他回去，所以他用不着贿赂国内外的当权者。就当时的形势而言，他完全是凭借着一己之力返回晋国、执掌政权的，因此，重耳返国以后，便没有留下后患。

后来，刘邦在沛县丰邑崛起。率领天下的勇武兵卒西入函谷关，消灭了秦国，俘获了子婴。这个时候，刘邦功盖各路诸侯。若照此形势发展下去，刘邦显然可以顺理成章地当上帝王。而且，这完全是凭借刘邦自己的力量，手下的将领无力与他相比。然而，后来刘邦追赶项籍到固陵，自己打了败仗，手下的将领却迟迟不来救援。于是，刘邦只好拿出几千里土地封给韩信、彭越。结果，二人自恃辅佐刘邦有功，最终背叛了刘邦而不可控制。

因此，夺取天下决不可心存侥幸，寄希望于一时的好运气。凭偶然的机会获得的成功，必将留下百年难治的祸患。这种祸患，必然会导致政权难以长久地维持。

### 原文

昔者商周之兴，始于稷、契，而至于汤、武，凡数百年之间，而后得志于天下。其成功甚难，而享天下之利至缓也。然桀、纣既灭，收天下，朝诸侯，自处于天子之尊，而下无不服之志，诛一匹夫，而天下遂定，盖其用力亦甚易而无劳也。至于秦汉之际，其英雄豪杰之士，逐天下之利惟恐不及，而开天下之衅惟恐其后之也。奋臂于大泽，而天下之士云合响应，转战终日，而辟地千里。其取天下，若此其无难也。然天下已定，君臣之分既明，分裂海内，以王诸将，将以传之无穷，百世而不变。而数岁之间，功臣大国反者如蝟毛而起。是何其取之之易而守之之难也？

若夫五代干戈之际，其事虽不足道，然观其帝王起于匹夫，鞭笞海内，战胜攻取。而自梁以来，不及百年，天下五擅，远者不过数十年，其智虑曾不足以及其后世，此亦甚可怪也。盖尝闻之：梁之亡，其父子兄弟自相屠灭，虐用其民，而天下叛；周之亡，适遭圣人之兴，而不能以自立。此二者君子之所以不疑于其间也。而后唐之庄宗、明宗与晋、汉之高祖，皆以英武特异之姿，据天下大半之地，及其子孙材力智勇亦皆有以过人者，然终以败乱而不可解，此其势必有以自取之也。盖唐、汉之乱，始于功臣，而晋之乱，始于戎狄，皆其以易取天下之过也。庄宗之乱，晋高祖以兵趋夷门，而后天下定于明宗；后唐之亡，匈奴破张达之兵，而后天下定于晋；匈奴之祸，周太祖发南征之议，而后天下定于汉。故唐灭于晋，晋乱于匈奴，而汉亡于周。盖功臣负其创业之勋，而匈奴恃其驱除之劳，以要天子。听之则不可以久安，而诛之则足以召天下之乱，戮一功臣，天下遂并起而轧之矣。故唐夺晋高祖之权而亡，晋绝匈奴之和亲而灭，汉诛杨邠、史肇而周人不服，以及于祸。彼其初，无功臣，无匈奴，则不兴；而功臣、匈奴卒起而灭之。

故古之圣人，有可以取天下之资而不用，有可以乘天下之势而不顾，抚循其民，以待天下之自至。此非以为苟仁而已矣，诚以为天下之不可以易取也。欲求天下而求之于易，故凡事之可以就天下者，无所不为也。无所不为而就天下，天下既安而不之改，则非长久之计也。改之而不顾，此必有以忤天下之心者矣。昔者晋献公既没，公子重耳在翟，里克杀奚齐、卓子而召重耳。重耳不敢入。秦伯使公子絷往吊，且告以晋国之乱，将有所立于公子，重耳再拜而辞，亦不敢当也。至于夷吾，闻召而起，以汾阳之田百万命里克，以负蔡之田七十万命丕郑，而奉秦以河外列城五。及其既入，而背内外之赂，杀里克、丕郑而发兵以绝秦，兵败身虏，不复其国。而后文公徐起而收之，大臣援之于内，而秦、楚推之于外，既反而霸于诸侯。唯其不求人，而人入之，无赂于内外，而其势可以自入。此所以反国而无后忧也。

其后刘季起于丰沛之间，从天下武勇之士入关，以诛暴秦，降子婴。当此之时，功冠诸侯，其势遂可以至于帝王。此皆沛公之所自为，而诸将不与也。然至追项籍于固陵，兵败，而诸将不至，乃捐数千里之地以与韩信、彭越，而此两人卒负其功，背叛而不可制。

故夫取天下不可以侥幸于一时之利。侥幸于一时之利，则必将有百岁不已之患。此所谓不及远也。

# 蜀　　论

普通的男女百姓，天下的人们都不重视；武夫侠客，天下的人们都觉得畏惧。天下的人们，只知道特别刚强的人不可屈服，却不知道特别柔弱的人其实也是不可侵犯的。因此，天下的混乱局面，常常是逐步加深，最后发展到不可收拾。因为，让人感到畏惧的武夫侠客越来越骄横而难以控制，而人们所轻视的普通男女百姓，意志总是被压抑，便想起来造反。

秦、晋一带的人们生性勇悍，蜀、汉一带的人们生性懦弱。懦弱的人们把触犯禁令看得很重，而勇悍的人们却随便就可以干出违法的事来。这是天下的人们都明白的。在战国时代,秦、晋两国的勇士携带弯弓仗着利剑往来奔驰,呼喊叫嚣,蜀、汉一带的士兵根本没有办法抵挡。然而,当天下战乱平定之后,秦、晋一带勇悍的人,能够杀人报仇,盗掘坟墓,来遂他的心愿,却始终也不敢造反作乱。而蜀人虽然畏惧官吏,遵守法令,俯首听命,但他们当中那些品行不端的人,只要觉得不合自己的心意,便起来造反作乱,这是什么原因呢?看他们平常没事的时候,就连小偷钻进他的家,也害怕会受到伤害而不敢计较,这说明他们并不具有喜欢动乱、难以控制的那种气质。这样的弊端便是会酿成大祸而无法救治,这也是优柔寡断造成的必然结果。

秦、晋一带的百姓,豪迈放荡而且无所顾忌,自恃有力而不把官吏放在眼里。官吏只要有一点不好的行为,他们也不能容忍,大嚷大叫,到处张扬,就连鸡毛蒜皮的小事,也一定要争出个是非曲直不可。再厉害一点的,甚至还会持刀把官吏杀死,以表达他们极端的愤怒情绪。但是他们的行为,也不过如此罢了。所以,秦、晋一带人们的风气是,说不准什么时候就会突然大怒,但绝不会有一生都耿耿于怀却不去报复的怨恨。至于蜀人,别人侮辱他却不会抗争,侵犯他却不能报复,顺从沉默,含垢忍辱,并不针锋相对地突然爆发。一直到他们心里觉得实在忍无可忍的时候,这才聚在一起当强盗,分散开来制造大乱,以此发泄他们很长时间积压在心头的愤怒与不平。因此,秦、晋一带人虽然勇悍,但他们爆发动乱只是泄一时的愤怒,考虑得并不深远,所以造成的危害比较小。蜀人虽然懦弱,但是他们一旦起来作乱,那就是怨恨深到了极点,所以造成的危害相当大。这是勇悍与懦弱两种气质的必然发展结果,没有什么值得奇怪的地方。所以,天下的老百姓,只要让他们心里没有怨恨,或者有怨恨却获得补偿,从而使愤怒的情绪得到慰藉,这样,他们造成的危害还能够加以弥补。只要他们愤

怒的情绪积压在心中不能够得到发泄,那么,他们考虑得就会长远,造成的危害就会深重,只有爆发大动乱发泄完他们的愤怒之后才可能平息下来。

古时候,贤能的人治理天下,既不惧怕强者,也不侮辱弱者,也是因为这个原因。《尚书》里说:"不要虐待孤苦无依的人,也不要畏惧高贵受宠的人。"《诗经》上说:"不侮辱孤单的人,不畏惧强暴的人。"这里表明的意思是,天下的普通男女百姓,他们的力量不足以和别人对抗,他们的智能也不足以与人争辩;战胜他们根本算不上威武,却只能使得他们心怀怨恨,从而起来造反作乱。啊!哪里能找到明了这种道理的人来同他讨论天下大事呢?

### 原文

匹夫匹妇,天下之所易也;武夫任侠,天下之所畏也。天下之人,知夫至刚之不可屈,而不知夫至柔之不可犯也。是以天下之乱,常至于渐深而莫之能止。盖其所畏者,愈骄而不可制,而其所易者,不得志而思以为乱也。

秦、晋之勇,蜀、汉之怯,怯者重犯禁,而勇者轻为奸,天下之所知也。当战国之时,秦、晋之兵弯弓而带剑,驰骋上下,咄嗟叱咤,蜀、汉之士所不能当也。然而天下既安,秦、晋之间,豪民杀人以报仇雠,椎埋发冢以快其意,而终不敢为大变也。蜀人畏吏奉法,首听命,而其匹夫小人,意有所不适,辄起而从乱。此其故何也?观其平居无事,盗入其室,惧伤而不敢校,此非有好乱难制之气也。然其弊常至于大乱而不可救,则亦优柔不决之俗,有以启之耳。

今夫秦、晋之民,倜傥而无所顾,负力而傲其吏。吏有不善而不能以有容也,叫号纷呶,奔走告诉,以争毫厘曲直之际,而其甚者,至有怀刃以贼其长吏,以极其忿怒之节,如是而已矣。故夫秦、晋之俗,有一朝不测之怒,而无终身戚戚不报之怨也。若夫蜀人,辱之而不能竞,犯之而不能报,循循而无言，忍诟而不骤发也。至于其心有所不可复忍，然后聚而为群盗，散而为大乱，以发其愤憾不泄之气。故虽秦、晋之勇，而其为乱也，志近而祸浅；蜀人之怯，而其为变也，怨深而祸大。此其勇怯之势，必至于此而无足怪也。是以天下之民，惟无怨于其心，怨而得偿，以快其怒，则其为毒也，犹可以少解。惟其郁郁而无所泄，则其为志也远，而其毒深，故必有大乱，以发其怒而后息。

古者君子之治天下，强者有所不惮，而弱者有所不侮，盖为是也。《书》曰："无虐惸独，而畏高明。"《诗》曰："不侮鳏寡，不畏强御。"此言天下之匹夫匹妇，其力不足以与敌，而其智不足以与辩，胜之不足以为武，而徒使之怨以为乱故也。嗟夫，安得斯人者，而与之论天下哉！

# 《书》 论

我阅读《史记·商君列传》，看到商鞅为了废除旧法，颁布新令，变更秦国的风俗，诛杀了非议新法的秦国百姓有好几千人，甚至还在太师的脸上刺了字，将太傅的鼻子割掉。这样一来，商鞅的新法才得以畅通无阻地在秦国实行。我每当读到这里的时候，都会情不自禁地对商鞅的勇敢与果断无比佩服。啊！无知的百姓是不能同他们商讨谋划的，但最终却能与他们一起来享受大功告成之后的快乐。假使让天下的人都陈述各自的见解，墨守他们各自所学的知识，并且以此来议论国家大事，那么，事情往往受阻而办不成。

然而，等到后来再读夏、商、周三代的书，看到他们将要改革社会风俗的时候，总是把所要做的事情告诉给老百姓，并且常常是反复叮咛，不厌其烦，务必使老百姓完全明白国君的意图，说服各种不同的意见，从而使老百姓全都相信这样做

对，而后才开始实行。他们所用的语言温和婉转，就如普通人之间讨论问题、互相争辩一样。我开始读的时候，对他们这种做法心存怀疑，认为他们有点软弱迂腐、优柔寡断。但是，他们这样做，却使老百姓乐于服从，毫无勉强无奈的意思。事情进行起来之时，也不会出现纷纷攘攘的不同意见。这实际上是推行王道的人的本意。因此，我常常认为在尧、舜的时代，君臣之间心心相印，亲密无间，在朝廷之上互相赞许一问一答，实在就像是朋友一般。

这样，他们即使有不同意见的争论，也是为了找到办妥事情的正确的方法，彼此之间丝毫也不会在意。直到商代的成汤和周代的武王，他们在率军征战的时候，也还是要反复陈述用兵的意义，以便使天下的老百姓都能够理解。当然，这又是客观形势需要的，不能不这样。只是在天下安定之后，国君与百姓之间产生距离，互相很少交流。国君决定办什么事，而老百姓却在下边发表异议，阻挠国君的计划；即使是下命令，他们也不肯听从。在这种情况下，如果用刑罚来驱从，以权力来胁迫，老百姓谁还敢不服从呢？然而，至高无上的国君却不这样做，而是从容不迫，慢慢地开导老百姓，直到使他们相信自己,跟从自己。这要不是推行王道的人用心如此,谁能停下等待老百姓的觉悟而不厌倦呢?盘庚决定国都西迁的时候,全国的老百姓都怨声载道。盘庚为了说服百姓,先是称颂他的祖先德高圣明,尚且根据实际情况,五次迁都,一直迁到此。接着又对百姓说,现在如果不沿袭祖先的做法,恐怕上帝就会断绝你们的活路,不能拯救你走出死路。这样讲了之后,还恐怕百姓不听从,就进一步指出:"你们如果不和我同心协力,我就要降罪于你们。不仅我要惩罚你们,就是你们的先祖先父也会向我的先王成汤发出请求:'请用重刑惩罚我的子孙。'"由此可见,盘庚在消除老百姓的疑虑和引导他们应当如何做的时候,竟是如此的不厌其烦。

至于商鞅,却完全不是这样。他以为,我既然是为了你们的利益着想,那又何必考虑我怎么做呢?因此,他既不想知道大家在议论什么,也不愿对老百姓讲什么道理。不过,他要办的事情,最终也还是办成了。所以,后世之人议论起来,便总以为夏、商、周三代治理国家有点懦弱而不果断;实际上,这正是王道与霸道的区别所在。这三代时的国君,不忍心鄙夷百姓而欺压他们,所以,当遇到国家大事,便与老百姓共同议论,以便了解老百姓的意向。碰到老百姓不能接受的时候,就反复晓谕开导他们,尽可能详细地阐述自己的道理,说服老百姓放弃不同意见。所以,三代的时候,老百姓都亲近而爱戴他们的国君。啊!这便是王道与霸道所作所为的不同之处。

**原文**

愚读《史记·商君列传》,观其改法定令,变更秦国之风俗,诛秦民之议令者以数千人,黥太子之师,劓太子之傅,而后法令大行,未尝不壮其勇而有决也。曰:嗟夫!世俗之不可与虑始而可与乐终。使天下之人,各陈其所知,而守其所学,以议天下之事,则事将有格而不得成者。

然及观三代之书,至其将有以矫拂世俗之际,则其所以告谕天下者，常叮咛激切，亹亹而不倦，必使天下尽知其君之心，而又从而折其不服之意，使天下皆信以为如此，而后从事。其言回曲宛转，譬如平人自相议论而诘其是非者。愚始读而疑之，以为近于濡滞迂远而无决，然其使天下乐从而无黾勉不得已之意，其事既发而无纷纭异同之论，此则王者之意也。故常以为，当尧、舜之时，其君臣相得之心，欢乐而无间，相与吁俞嗟叹，惟诺于朝廷之中，不啻若朋友之亲，虽其有所相是非论辩，以求曲直之当，亦无足怪者。及至汤、武征伐之际，周旋反复，自述其用兵之意，以明晓天下，此又其势然也。惟其天下既安，君民之势阔远而不同，天子有所欲为，而其匹夫匹妇私有异论于天下，以龃龉其上之画策，令之而莫肯听。当此之时，刑驱而势胁之，天下夫谁敢不听从？而其上之人，优游而徐譬之，使之信之而后从。此非王者之心，谁能处而待之而不倦欤？盖盘庚之迁，天下皆咨嗟而不悦。盘庚为之称其先王盛德明圣而犹五迁，以至于今。今不承于古，恐天之断弃汝命，不救汝死。既又恐其不从也，则又曰："汝罔暨余同心，我先后将降汝罪疾，乃祖先父亦将告我高后曰：'作大戮于朕孙。'"盖其所以开其不悟之心，而谕之以其所以当然者如此其详也。

若夫商君则不然，以为要使汝获其利，而何恤乎吾之所为，故无所求于众人之论，而亦无以告谕于天下，然其事亦终于有成。是以后世之论，以为三代之治柔懦而不决。然此乃王霸之所以为异者也。夫三代之君，惟不忍鄙其民而欺之，故天下有故，而其议及于百姓，以观其意之所向。及其不可听，则又反复而谕之，以穷极其说而服其不然之心，是以其民亲而爱之。呜呼，此王霸之所为不同也哉！

## 图书在版编目（CIP）数据

唐宋八大家文鉴/白春平主编.-北京：华夏出版社，2012.1
（华夏文史名著正点文库）
ISBN 978-7-5080-6616-5
Ⅰ.①唐… Ⅱ.①白… Ⅲ.①唐宋八大家－古典散文－散文集
Ⅳ.①I264.2

中国版本图书馆CIP数据核字（2011）第196002号

|  |  |
|---|---|
| 出版发行： | 华夏出版社 |
|  | （北京市东直门外香河园北里4号　邮编：100028） |
| 经　　销： | 新华书店 |
| 印　　刷： | 北京市建筑工业印刷厂南厂 |
| 装　　订： | 三河市李旗庄少明印装厂 |
| 版　　次： | 2012年1月北京第1版 |
|  | 2012年1月北京第1次印刷 |
| 开　　本： | 880×1230　1/32开 |
| 字　　数： | 358千字 |
| 印　　张： | 14.25 |
| 定　　价： | 26.00元 |

本版图书凡印刷、装订错误，可及时向我社发行部调换